Erkenntnisse aus Atlantis

Wandlung durch neue Energiemuster
Kristall-Heilung

Gesamtausgabe
Band I, II und III

Dr. Frank Alper

G. Reichel Verlag

Amerikanischer Orginaltitel **"Exploring Atlantis"**

Band I (1981), Band II (1982), Band III (1986)

Übersetzung aus dem Amerikanischen:
Gabriele Stähler und Sabine Kaßmann

1. Auflage 1991, 2. Auflage 1993, 3. Auflage 1995

G. Reichel Verlag
Reifenberg 85 , D-91365 Weilersbach
Tel. 09194-8900 Fax. 09194-4262

Umschlagseite: Phillip Sascha Mohr

Gedruckt auf chlorfrei gebleichtem Papier.

ISBN 3-926388-19-6

Inhaltsangabe Teil I

Inhaltsangabe Teil II

Inhaltsangabe Teil III

** WORTE AUS DEM HERZEN FRANKS **

Wir möchten daran erinnern, daß das, was hier geschrieben steht, sich auf spirituelles Heilen bezieht.

Alles hängt ab von Deinem Glauben an Gott.
Es gibt keine Garantien,
keine Versprechen,
nur Dein eigener spiritueller Glaube zählt.
Sei gesegnet.

EINLEITUNG

Dieses Buch besteht aus einer Zusammenstellung spirituell gechannelter Vorträge von Dr. Frank Alper. Es beschäftigt sich mit den sozialen, moralischen, sexuellen und spirituellen Gewohnheiten der alten Atlanter. Der größte Teil dieses Buches ist den Funktionen von Kristallen und deren Anwendung gewidmet. Integriert in dieser Darstellung sind die Größe, Form, Farbe und Funktion der Steine. Es werden zahlreiche geometrische Legemuster der Atlanter zum Heilen in allen Einzelheiten beschrieben, deren Anwendung eine Ergänzung zu alternativen Heilmethoden auf spirituellem, emotionalem und körperlichem Gebiet darstellen.

In diesem Buch werden genauestens die Funktionen des großen Heilungstempels und des Tempels der Delphine erklärt.

Dr. Frank Alper ist im Südwesten der USA ein sehr bekannter und angesehener Lehrer für Metaphysik und spirituelles Wachstum. 1974 gründete er die Arizona Metaphysical Society, die er 1980 den Energien der Church of Tzaddi unterstellte. Die Church of Tzaddi ist eine nicht konfessionelle, metaphysische Kirche, die sich dem spirituellen und persönlichen Wachstum des Individuums durch Unterricht, Heilung, Beratung und Gebet verpflichtet hat.

1975 schloß Frank seine Initiationen ab und erhielt den spirituellen Namen "Christos", was soviel heißt wie "der Wissende". Seit dieser Zeit ist er eins mit seiner Seele "Adamis" und channelt seine Wahrheit auf bewußter Ebene.

Die gechannelten Texte von Dr. Frank Alper werden national in Amerika vertrieben und in gewissen Zeitabständen in Form eines Buches veröffentlicht. Seine Bücher werden von denjenigen, die die Wahrheit suchen, als Leitfaden verwendet.

Über die Jahre haben sich seine energetischen Ebenen bis an den Punkt entwickelt, an dem er Energien direkt mit dem geistigen Zentrum vieler Meister und mit den universalen Aspekten der Schöpfung verknüpfen kann. Als Übermittelnder öffnet er die Kanäle vieler anderer, so daß auf direkte Weise Botschaften des Höheren empfangen werden können.

Kapitel 1

Seid gesegnet. Hier spricht "Strength" von Atlantis.

Vielleicht kann ich euch ein wenig dabei behilflich sein, bestimmte Tatsachen zu verstehen, die die Zivilisation von Atlantis betreffen und das, was sich dort ereignete. Ich möchte euch Informationen über Energiemethoden und Energiesysteme geben, die ihr - und die Menschheit - in der Zukunft verwenden werdet.

Während ihr diese Worte lest, werdet ihr eine Energetisierung spüren, die euch mit meinen Vibrationen und meiner magnetischen Energie vertraut macht. Achtet auf die Unterschiede, die ihr wahrnehmen und fühlen werdet und sorgt euch deswegen nicht. Es kann ein oder zwei Wochen dauern, bis ihr euch an die geringfügigste energetische Schwingungsveränderung gewöhnt habt.

Wir möchten mit einem kleinen Einblick in die Geschichte beginnen.

LEMURIEN

Beginnen wir mit dem Kontinent Lemurien, auch bekannt unter dem Namen MU, der mit seiner Zivilisation etwas über 100.000 Jahre existierte. Einige Berichte besagen, daß seine Entstehung nicht ganz so weit zurückliegt, aber dies ist die Zeit, in der er bevölkert wurde und seine Zivilisation begann.

Es gab in Lemurien[1] zwei Gruppen von Zivilisationen, die sich dort das Gleichgewicht hielten. Die eine drückte sich durch liebende Energien, die andere durch kriegerische Motivationen aus. Dazwischen gab es eine Reihe von Mutationen, die als Arbeitskräfte für beide Seiten dienten. Diese Mutationen hatten eine vergleichsweise geringe Intelligenz, waren aber ziemlich groß und körperlich stark, was sie zu handwerklicher Arbeit, ihrer hauptsächlichen Funktion und Sinngebung,

1 Es wird angenommen, daß der Kontinent von Lemurien an der Westküste von Kalifornien lag und sich bis an die Küsten Asiens ausdehnte

befähigte. Ihre Situation ist fast vergleichbar mit der Sklavenarbeit während der Gründerzeit der Vereinigten Staaten.

Die beiden Zivilisationsgruppen waren ziemlich hoch entwickelt. Diejenigen, die der Liebe dienten, kümmerten sich vornehmlich um ihr Wachstum, um die Erweiterung ihres Wissens und konzentrierten sich darauf, die Arbeit des VATERS[2] zu verrichten. Die andere Gruppe war mehr an Macht interessiert und trotz ihrer hoch entwickelten Intelligenz verwendeten sie ihre Fähigkeiten auf höchst zerstörerische Weise. Viele Seelen, dic auf MU inkarnierten, hatten mehrere Leben in den zwei Zivilisationen verbracht. Dies setzte sie beiden Energien aus und befähigte sie so, ihr zukünftiges Verhaltensmuster, das der Liebe oder das der Gewalt, festzulegen.

ATLANTIS

Auf der anderen Seite des Kontinents, den heutigen Vereinigten Staaten, existierte an der Ostküste eine weitere Landmasse, bekannt unter dem Namen Atlantis. Etwa 20.000 Jahre nach der ersten Besiedclung von MU, um 89.000 a. D. wurde Atlantis bevölkert. Die Seelen von Atlantis wandelten im Lichte, und es gab dort keine Gruppe mit kriegerischen Neigungen. Viele, die auf MU lebten und nicht in die dort herrschenden negativen Schwingungen verstrickt sein wollten, inkarnierten in Atlantis. Als die Zivilisation wuchs und expandierte, entschied die kriegerische Partei von MU, daß es Zeit sei, ihren Machtbereich auszudehnen. Die beiden Kontinente waren mit Tunneln verbunden, von denen viele noch heute sehr tief unter der Erdkruste existieren.

Ein Krieg, der über 50.000 Jahre dauerte, war die Folge. Anfänglich waren es nur kleine Konflikte, die sich aber mit der Zeit so zuspitzten, daß beide Zivilisationen zerstört wurden.

Die Kontinente von Atlantis und Lemurien waren ursprünglich Landmassen, die sich über den Meeresspiegel erhoben. Um das Jahr 85.000 a. D. riefen Veränderungen der Erdschwingungen massive Zerstörungen und Verschiebungen der Erdoberfläche hervor, so daß beide Kontinente im Ozean versanken.

2 Das Hauptziel ihrer Existenz war, reine Energiewirbel und -muster herzustellen, den Planeten angemessen vorzubereiten für kommende hoch entwickelte Wesen

WIEDERBEVÖLKERUNG VON ATLANTIS

In dem Jahre 77.777 a. D. landeten die ersten Schiffe außerirdischer Welten an der Küste, die wir heute als Florida bezeichnen und begannen, Atlantis unter Wasser zu rekonstruieren und von neuem zu besiedeln. Die Reise war lang und dauerte viele Jahrhunderte. Diejenigen, die sich für diesen Dienst freiwillig zur Verfügung gestellt hatten, kamen aus weiter Entfernung, aus Universen, die weit hinter unserem liegen. Sie bestanden meistens aus Familien. Sie wurden geboren, lebten und reinkarnierten sich viele Male zurück auf den Schiffen, so daß ihr Verband für die Sonderunternehmung vollständig intakt war.

Nachdem sie gelandet waren, dauerten die Vorbereitungen noch viele Generationen, bevor der Abstieg hinunter nach Atlantis unternommen wurde. Die Schiffe wurden vollends auseinander genommen, sie verschmolzen ihre Metallhäute zu Barren und Stangen zur Verwendung in Atlantis. Die Maschinen, die Kraftquellen etc. wurden zerlegt und für den Abstieg vorbereitet. Jedes der Schiffe faßte mehrere tausend Individuen; die bevorstehende Aufgabe war keine leichte.

Als die rechte Zeit kam, wurde der Abstieg unternommen. Obwohl es keine kriegerische Partei im frühen Atlantis gab, existierten eine Reihe von Mutationen als Arbeitskräfte. Ich muß zugeben, daß diese Ausführungen nicht sehr spirituell klingen, aber jede Stufe der Entwicklung hat ihren Sinn und ihre Funktion. Jeder einzelne wurde so behandelt, wie es seinen Schwingungen und seinem Platz auf der Evolutionsskala entsprach. Viel Arbeit lag noch vor ihnen.

DIE KRISTALLE IN ATLANTIS

Die Energiequellen von Atlantis waren Kristalle. Nicht solche Kristalle, wie wir sie kennen, sondern hergestellte - oder gewachsene - natürliche Kristalle, die durch künstlich hervorgerufenes Wachstum entstehen, aber so rein sind, wie natürliche Produkte. Manche Kristalle waren fast 7,60 m hoch und etwa 3 m im Durchmesser. Die Kristalle wurden geschliffen und poliert; sie waren exakt symmetrisch und absolut ohne Trübung in ihrer Qualität.

Hätte ein Kristall irgendwelche Verunreinigungen aufgewiesen, wären Explosionen und Zerstörung die Folge gewesen. Der Grund dafür ist, daß Kristalle Träger und Überträger magnetischer Energie sind. Jeder Kristall weist die beiden Pole eines Magnetfeldes auf und nur ein ungestörter, nicht unterbrochener Schwingungsfluß kann eine fehlerfreie Funktion gewährleisten. Eine Trübung hätte einen "Kurzschluß" mit massiven Explosionen ausgelöst.

Die meisten Kristalle waren nicht riesengroß, und die größeren waren alle klar und durchsichtig. Dic kleineren, etwa 1,20 m bis 1,50 m hoch, leuchteten in allen vorstellbaren Farbtönen. Jede Farbe gab dem Kristall eine bestimmte energetische Eigenschaft und Schwingung, die zu verschiedenen Zwecken verwendet wurde, worauf wir später noch eingehen werden.

Die größeren Kristalle waren facettenartig geschliffen und hatten zwölf Seiten. Der Apex des Kristalls war zu einer Spitze geformt, auf die auch die zwölf Facetten zuliefen. Die kleineren Kristalle variierten entsprechend ihrer Aufgabe beträchtlich in der Anzahl der Facetten sowie in ihrer grundlegenden Form.

Während der ersten 20.000 Jahre der Rekonstruktion wurde die Zeit in Atlantis allein darauf verwendet, die Energiesysteme, Stromversorgungsanlagen, Nahrungsmittelquellen u.s.w. herzustellen. Somit hatten die Seelen, die dort inkarniert waren, eine wichtige Funktion. Warum dies so war, erklären wir später.

Diese Seelen waren fast ausnahmslos auf freiwilliger Basis anwesend und hatten einen hohen Grad der Seelenentwicklung erreicht. Damit es ihnen möglich war, auf einem Planeten zu inkarnieren, dessen Schwingungen niedriger waren als die ihren, konnten sie sich bei den ersten drei bis fünf Inkarnationen nur mit sogenannter "Teilkraft" verkörpern. Das heißt, daß sich die Seele, um sich an die Schwingungen des Planeten zu gewöhnen, nicht mit der gesamten Bandbreite ihrer Schwingungen inkarnierte.

Am Anfang bestand die Bevölkerung vorwiegend aus männlichen Wesen, da bei den meisten anfänglich zu bewältigenden Arbeiten körperliche Kraft erforderlich war.

DER TEMPEL DER HEILUNG

Eines der ersten Gebäude, das in der ehemaligen Stadt errichtet wurde, war der große Heilungstempel, ein Bauwerk von großem Ausmaß. Der Eingang des aus marmorähnlichem Material erbauten Tempels bestand aus einem zwölfstufigen Treppenaufgang, der in einen Gang von zwölf Säulen, sechs an jeder Seite, mündete. Der Tempel hatte keine Türen, war offen und damit jedem immer zugänglich. Nachdem man unter den Bögen eingetreten war, befand man sich in einem großen, kreisförmigen Raum. Er hatte etwa 14 m im Durchmesser und war der zentrale Heilungsraum.

In der Mitte des Raumes befand sich ein Tisch, etwa 8,60 m lang und 2,80 m breit. Die Oberfläche bestand aus einem Netz aus uns unbekannten Metallverbindungen, genannt "Orlax". Es war eine Legierung aus Silber, gemahlenen Kristallstaub und Kupfer. Der Tisch wurde gestützt von einem kristallenen pyramidenförmigen Sockel. Den gesamten Raum umschlossen kubische Einbuchtungen, die als individuelle Heilungsräume dienten. Die domförmige Decke dieses Raumes bestand aus ineinandergreifenden Kristallen verschiedenster Farben, die uralte Symbole formten. Viele dieser Symbole findet man heute im hebräischen Alphabet und in den Hieroglyphen wieder. Das durch die Decke schimmernde Licht war hell mit zarten jedoch starken Pastelltönen. Der Eindruck war beruhigend und ehrfurchtgebietend, denn das Muster aus Farbe und Schwingungen war exquisit.

Hinter dem runden Raum befanden sich zu beiden Seiten einzelne Räume, die zu Studienzwecken, für Meditation und Heilungen mit verschiedenen Apparaten benutzt wurden.

Die Kuben, die um den Rand des Heilungsraumes gruppiert waren, hatten die vielfältigsten Funktionen. Schwangere Frauen wurden kurz nach der Empfängnis in einen dieser Kuben gesetzt und darin durch eine Kristallwand eingeschlossen. Die Kristalle wurden dann energetisch mit verschiedenen Frequenzen und Energiefarben aufgeladen durch ähnliche Vorrichtungen wie die uns bekannten Laserstrahlen. Dies sollte die Gesundheit sicherstellen, bestimmte gewünschte Frequenzen in den Fötus einführen und die Bedingungen für die Inkarnation des Kindes festsetzen. Die Frauen blieben etwa vierundzwanzig Stunden in diesem Kubus.

Wenn Menschen ernsthaft krank wurden, wurden sie manchmal je nach der Natur der Krankheit in den Kubus mit der Kristallwand gesetzt und mit den entsprechenden Strahlen energetisiert.

Von einigen wurden die Kuben zu Hilfe genommen, um unter Einwirkung höherer Energieebenen ihre Entwicklungsrate zu beschleunigen und um die Frequenz ihrer Schwingungen zu erhöhen. Der Heilungstisch in dem großen Raum hatte ganz besondere Funktionen zu erfüllen. War für ein Individuum wegen des natürlichen Alterungsprozesses oder durch eine fortgeschrittene Krankheit die Zeit des Todes gekommen, wurde der Seele geholfen, die Transformation schnell und ohne Verzögerung zu durchlaufen, indem man bestimmte Energiestrahlen einsetzte.

Man betrachtete dies nicht als Eingriff in den normalen Prozeß des Lebens, sondern empfand es als notwendig. Denn denjenigen, die sich für diesen Dienst freiwillig zur Verfügung gestellt hatten, war bewußt, daß sie sich, wenn ihre Lebensspanne zu Ende ging, direkt danach wieder inkarnieren würden, um ihre Arbeit fortzusetzen. Dies machte ein schnelles und friedliches Überwechseln notwendig. Die Seele hatte keine Zeit herumzuwandern oder von Schwingungen festgehalten zu werden. Nach der Transformation inkarnierte die Seele nach relativ kurzer Zeit wieder, um ihre Arbeit fortzuführen.

Es gab bestimmte ausgewählte Gruppen von Seelen, deren Lebensspanne mehrere hundert Jahre umfaßte. Dies war durch den Charakter und die Natur ihrer Arbeit bedingt. Die Alterung der Organe wurde durch einen bestimmten Prozeß aufgehalten. Er hatte Ähnlichkeit mit den heute auf der Erde angewendeten energetisierenden Techniken, die die Degenerierung von Gewebe bei ausgewählten Individuen verlangsamen.

DIE BEVÖLKERUNG VON ATLANTIS

Die Bevölkerung von Atlantis war generell gesund. Es gab keine tödlichen Krankheiten, denn die Heilerfähigkeiten reichten aus, um die Gesundheit der Bevölkerung zu erhalten. Auch wurde die Fähigkeit angewendet, Gewebe und Organe zu regenerieren.

In der Mehrzahl waren es Frauen, die im Tempel als Arbeitskräfte dienten; weiche und liebende Schwingungen sollten den Raum erfüllen, denn in Wahrheit ist es Liebe, die heilt.

Die Kleidung der Menschen war schlicht und zweckmäßig. Die Frauen trugen lange oder kurze Gewänder, die denen der heutigen und damaligen Griechen ähnelten. Die Männer kleideten sich in kurze Tunikas. Die Stoffe waren entweder weiß oder pastellfarben. An ihren Füßen trugen sie Sandalen, deren Lederriemen um die Beine gewickelt waren. Sie konnten nicht barfuß gehen, da der Boden mit vulkanischer Asche bedeckt war, an der sie sich die Füße aufgeschnitten hätten.

Jeder Mann, jede Frau und jedes Kind trugen, wenn sie einen vorgeschriebenen Grad der Entwicklung erreicht hatten, eine Schnur als Gürtel um ihre Hüften, die so zusammengeknotet war, daß ein Ende länger war als das andere. An dem längeren Ende waren - vergleichbar mit den Schulterstreifen unserer Soldaten, die Rang und Abteilung markieren - bis zu neun Knoten angebracht. Nur die Höchsten unter den Ältesten waren berechtigt, neun Knoten in ihrem Gürtel zu tragen. Diese Hierarchie wurde zu allen Zeiten anerkannt.

Fühlten ein junger Mann und eine junge Frau eine Übereinstimmung ihrer Schwingungen, gingen sie zum Priester oder zur Priesterin in den Tempel und baten darum, zusammengeführt zu werden. Eine spirituelle Vereinigung ihrer Schwingungen wurde durchgeführt, die es ihnen erlaubte, ihr Leben als "Kameraden", die sich einander mitteilten, zu führen. Veränderte sich im Laufe ihres Lebens ihr Schwingungsmuster, mußten sie nur zum Tempel gehen, um ihre Vereinigung aufzulösen, ohne Gründe oder Bescheinigungen. Es war bekannt und es wurde akzeptiert, daß der Energieaustausch nicht immer konstant blieb, daß Bedürfnisse erfüllt waren, und daß Individuen verschieden schnell wachsen und sich entwickeln. War die Funktion, die einer für den anderen hatte, erfüllt, dann kam die Zeit für eine neue Aufgabe, damit Wachstum und Entwicklung weiter ihren Lauf nehmen konnten.

Die Kinder wurden im Alter von zwei Jahren in einem Kindergarten unter die Aufsicht von Frauen gestellt, die als "Mütter" dienten. Ein Kind wuchs auf in Liebe, in Liebe für alle. Es hatte nicht nur eine Mutter, es hatte viele. Es wuchs auf mit Respekt für alle. Umgeben von anderen Kindern lernte es Brüderlichkeit und die Sitten, die damals existierten. Es gab weder Bedauern noch Traurigkeit, wenn die Eltern ihre Kinder in diesen Kindergarten brachten. Man war sich des Kindes als Individuum bewußt und nicht als Besitztum. Die Eltern wußten, daß sie nur als Vehikel dienten, um dem Kind seine Existenz zu verleihen, und daß alle Kinder allen gemeinsam gehörten. Die Kinder wurden von vielen geliebt und wuchsen in Liebe auf ohne Eifersucht, ohne Frustration und lernten ihre Verantwortung sowie ihre Unabhängigkeit kennen.

Vielleicht wird eines Tages die Menschhcit auf diesem Planeten in der richtigen Beziehung zu ihren Kindern stehen und sie als Individuen anerkennen. Das System in Atlantis erlaubte allen in Freiheit ohne unangemessene Einschränkungen zu leben und zu wachsen. Es stand allen frei, Liebe gegenüber den Kindern auszudrücken, wenn sie es wünschten. Höchstes Ziel der Gesellschaft war absolute Ausdrucksfreiheit und Sinnerfüllung. Die Atlanter lebten als freie Seelen.

Ich verabschiede mich jetzt und segne euch.

Kapitel 2

Hier spricht Adamis. Seid gesegnet.

Ich werde sehr selten sprechen, dafür euch aber meine Anwesenheit ständig spüren lassen. Denjenigen, die noch nicht vertraut sind mit meinem Namen und meiner Schwingung, möchte ich mich vorstellen: Ich bin Franks Seele.
Die hier mitgeteilten Informationen sind sehr zweckmäßig. Heute abend und auch im weiteren Verlauf wird nichts Unbekanntes gesagt werden, denn ihr alle habt früher den Ereignissen beigewohnt. Unser Ziel ist es, die Türen zu öffnen und euch den Schlüssel zum Erschließen eures Inneren zu reichen, damit ihr darin nach Wissen sucht. Die Zeit dafür ist jetzt gekommen. Es ist wichtig, den Wissensreichtum, den eure Seelen beherbergen, auf die Ebene des Bewußtseins zu heben. Ihr müßt euch dieses Wissens in eurer Arbeit und in eurem Lebensverlauf bedienen.
Ich bitte euch, über diese Worte nachzusinnen, die Gedanken und Erfahrungen in eure Meditationen mit einzubringen. Arbeitet daran, eure Türen zu öffnen, denn es sind euch während einer ganzen Lebensspanne viele Schlüssel gegeben worden. Versetzt euch zurück nach Atlantis und versucht die Erfahrungen und die Dinge, die in eurer Vergangenheit geschehen sind, zu rekonstruieren.
Das Thema dieses Abschnittes ist der richtigen Anwendung aller Aspekte des Heilens - spirituelles, emotionales und körperliches - mit Farben in Beziehung auf Kristallenergie gewidmet.
Bestimmte Charakteristika und Eigenschaften einiger großer Kristalle in Atlantis wurden bereits erwähnt. Jetzt wollen wir uns die Kristalle einzeln vornehmen, ihre komplexen Verhaltensweisen auseinandernehmen, so daß ihr die Fähigkeiten, die viele von euch haben, anwenden könnt.
Ich hoffe euch dabei behilflich zu sein, euch dieser Fähigkeiten zu erinnern, um sie bei eurer Arbeit in Zukunft einsetzen zu können.

KLARE KRISTALLE

Der durchsichtige, reine Kristall wird hauptsächlich zur Energieaufnahme von Strom verwendet. Er hat die natürliche Fähigkeit, Energie zu speichern, und kann zu jeder Zeit als Stromquelle angezapft werden. Er wurde für Generatoren, zur Elektrizitätsgewinnung u.s.w. gebraucht. Der klare Kristall dient aber auch dazu, das LICHT des VATERS bereitzustellen und kann bei Heilungen auf höchster Ebene angewendet werden.

Die Kristalle, die als Energiespeicher für die Zukunft vorgesehen waren, trugen eine Vielfalt von Facetten an ihrer Oberfläche. Je höher die Anzahl der Facetten, desto größer ist die Brechung der Lichtenergie, was zu erhöhter Speicherkapazität führt.

Es wurden Techniken zur Anbringung vieler Facetten innerhalb des zwölfseitigen Kristalls entwickelt, was unzählige Oberflächen schuf und den Erhalt der ursprünglich zwölfseitigen Struktur gewährleistete. Diese Technik machte den Kristall nicht nur zur Energiespeicherung, sondern auch zu Heilungen und anderen spirituellen Dingen bereit.

Einige der Kristalle hatten die Form einer umgekehrten Pyramide mit einer gerundeten oder glockenförmigen Spitze. Sie hatten entweder vier oder sechs Seiten und wurden in umgekehrter Position mit der Spitze nach unten verwendet. Die Energie trat bei diesen Kristallen durch die glockenförmige Oberfläche ein, die unzählige Facetten aufwies und dadurch eine größtmögliche Konzentration des Energieflusses in dem Kristall gewährleistete. Diese gebündelte Energie wurde dann zu der Spitze geleitet, wo sie mit zielgerichteter Genauigkeit und Intensität gespalten und zu dem, was wir unter operativem Eingriff verstehen, verwendet wurde.

ROSA KRISTALLE

Jene Kristalle trugen Schattierungen von rosa Pastellfarbtönen. Dieses Rosa wurde für bestimmte Kristalle ausgesucht, um ihnen Weichheit zu verleihen ohne die hohe Intensität der Energie, die sie trugen, zu schwächen. Der Effekt ist etwa vergleichbar mit dem, der entsteht, wenn man jemanden mit einem Vorschlaghammer bearbeitet und ihm gleichzeitig zur Beruhigung den Kopf streichelt.

Euch stehen auch heute rosa Kristalle zur Verfügung, die ihr zur Heilung fortgeschrittener Krankheiten, bei denen große Empfindlichkeit des Gewebes besteht, anwenden könnt. Die Weichheit der Farbe und Energie verursacht keine zusätzlichen Schmerzen und hat eine heilende, beruhigende Wirkung auf das erkrankte Organ.

SMARAGDGRÜNE KRISTALLE

Unter den Kristallen gab es auch rechteckig geformte, die an den zwei breiteren Seiten flach und an den Ecken facettiert waren. Ihr würdet sie als Steine mit Smaragdschliff bezeichnen. Diese Kristalle verwendeten den "Smaragdgrünen Strahl", wie wir es nennen würden. Dieser Kristalltyp und diese Form wird für euch sehr schwer erhältlich sein. Ihr müßtet wahrscheinlich einen Stein zu einem Steinschleifer bringen und die gewünschte Form herstellen lassen.

Von allen zur Heilung verwendeten Kristallstrahlen, spielt dieser hier die wichtigste Rolle. Er wurde dazu verwendet, diejenigen zu stärken und zu revitalisieren, die geschwächt waren, bevor ihre Zeit gekommen war. Sie wurden unter die flache Oberfläche dieses Kristalles gelegt und ganzkörperlich der grünen Strahlung zur Behandlung ausgesetzt. Er hatte die Kraft, Gewebe und spirituelle Schwingungen wieder herzustellen. Auch konnte er die Vibration der Liebe in einem Individuum rekonstruieren.

Glaubt nicht, daß die Bevölkerung von Atlantis in einem Paradies lebte, dem war nicht so. Sie hatten auf ihrer Ebene die gleichen Probleme wie wir.

Es gab noch einen einzigen in seiner Form klar definierten Kristall, dessen Basis flach war. Seine acht Seiten waren wie die der Pyramiden. Diese Kristalle waren nie höher als 45 bis 60 Zentimeter, denn wären sie größer gewesen, hätte ihre Kraft zerstörerisch gewirkt. Sie wurden als Energiequellen benutzt, um die Erdoberfläche zu ernähren und die Vegetation zum Wachstum zu bringen.

Die Kraft dieser Kristalle transportierte durch Dematerialisation diejenigen, die es nötig hatten, von Zeit zu Zeit an die Oberfläche des Planeten. Obwohl Atlantis unter der Wasseroberfläche bestand, reisten die Ältesten viele Male auf die Erdoberfläche. Ihr müßt wissen, daß es zu jener Zeit auch noch andere Zivilisationen auf der Welt gab.

ANDERSFARBIGE KRISTALLE

Der Rest der Kristalle war in verschiedenen blauen, lila, gelben und orangen Farbschattierungen gehalten und zeigte die verschiedensten Formen und Größen. Viele der beim Heilen verwendeten Farben beschränkten sich nicht nur auf den Gebrauch einer, sondern mehrerer Farben in Kombination miteinander, um überlagernde Schwingungseffekte zu erzielen. Als generelle Regel galt, daß man gelbe und orange Farbtöne sowie die blauen und lila Töne untereinander kombinierte, womit dem Heiler ein breites Farbvariationsspektrum zur Verfügung stand.

HEILEN MIT KRISTALLEN

Ich möchte euch einige Situationen aus der damaligen Zeit vorstellen, in denen eine Heilung angebracht war. Nehmen wir an, es wurde ein Kind mit einer sehr hoch entwickelten Seele geboren, das seine Arbeit ganz bewußt in relativ jungen Jahren beginnen sollte. Aus irgendeinem Grunde erlaubte es das Bewußtsein der Seele nicht, auf allen Ebenen mit ihr in Einklang zu stehen, wodurch das Kind in dieser Inkarnation seine Aufgabe nicht erfüllen konnte.

Um die Dinge zu ordnen, hätte man das Kind im großen Tempel der Heilung der Kraft der smaragdgrünen Strahlung ausgesetzt. Dies hätte den Effekt gehabt, die Schwingungen des Kindes in die richtige Bahn zu lenken und Blockaden, die einem Einklang auf allen Ebenen des Bewußtseins im Wege standen, sofort aufzulösen, damit das Kind sein Ziel erreichen konnte.

Stieß einem Individuum im körperlichen Bereich ein Unfall zu, heilten die Wunden auf der Stelle und die Organe regenerierten sich. Ihr könnt bestimmte Muster mit Kristallen legen. Sie bewirken ein Kraftfeld, das gewissen Körperregionen eine Heilung ermöglicht.

Das am meisten angewendete System sah so aus, daß man das Individuum in die Bauchlage brachte und mit zwölf Kristallen ringförmig umgab: einer am Kopf, einer zu Füßen, fünf in gleichmäßigen Abständen an jeder Seite verteilt. Den dreizehnten oder auch Kontrollkristall genannt, behielt man in der Hand und führte ihn über die zwölf Kristalle. In dem so entstehenden einheitlich magnetischem Feld sollte das Individuum etwa fünf bis zehn Minuten in dieser Position liegen bleiben. Die Heilung wäre damit vollbracht. Diese Art des Legens wird für ganzkörperliche vollenergetische Heilungssysteme verwendet.

Ihr könnt auch jemanden im Schneidersitz mit einem Kristall in seinen Handflächen auf dem Boden sitzen lassen. Plaziert sechs Kristalle in Form eines sechszackigen Sternes um ihn herum: einer liegt hinter ihm, eine Spitze direkt vor ihm. Dieses Muster ist besonders geeignet, die spirituellen Schwingungen und das Bewußtsein zu fördern. Im Stehen kreist ihr zwölf Mal mit dem Kontrollkristall über die um das Individuum plazierten sechs Kristalle herum und verbindet so ihre Energien. Dann laßt die Person zehn Minuten in dieser Position ruhen. Diese Heilung hat eine bleibende Wirkung, wenn man sie wöchentlich vier Wochen lang anwendet.

Indem wir die zwölf Kristalle um den Körper in Bauchlage gruppieren, stellen wir bei vollem Bewußtsein ein Kupfersieb her. Die Kristalle werden über dem dritten Auge, den beiden Hände, dem Nabel und je einen über jedem Fuß angebracht und desgleichen unterhalb des Körpers an den mit den obigen Positionen korrespondierenden Stellen. Der Kontrollkristall wird drei Mal darübergeführt, um das Feld zu schließen. Das Individuum bleibt zwanzig Minuten darin liegen. Diese besondere Art von magnetischem Feld repolarisiert die inneren Organe des Körpers, beseitigt Krankheit und korrigiert die Abweichungen des magnetischen Feldes eines jeden Organes im Körper. Um diesen Effekt zu erreichen, braucht man nicht die von uns hergestellte Vorrichtung zu benutzen. Man kann die Kristalle direkt auf den Körper und unter ihn auf den Boden legen.

Die verbreitetste Technik, die euch zur Verfügung steht, ist der Aufenthalt in einem Heilungskreis. Die Person, die Heilung benötigt, wird in die Mitte des Kreises gesetzt. Die anderen Teilnehmer stellen ihre Kristalle vor sich auf den Boden, schicken ihre Energien in sie hinein und weiter zu dem in der Mitte Sitzenden. Ihr werdet beim Experimentieren feststellen, daß dabei viele eine sofortige Heilung erfahren.

Viele von euch haben vergangene Erfahrungen mit Kristallen und Entwicklungen in ihrem Gedächtnis gespeichert. Aber für einige, mit denen ihr diese Methoden teilt - besonders für diejenigen, die noch nicht selbst die Fähigkeit besitzen, zu heilen und noch nicht an die

Heilkraft unseres VATERS glauben - sind sie neu und ein besonders gutes Werkzeug zu ihrer Weiterentwicklung.

Die Kristalle sind Träger großer Energie, die euch dienen, solange ihr sie braucht. Danach werdet ihr sie zur Seite legen, da ihr sie nicht mehr benötigt. Ihr werdet sie nur noch zur Demonstration anwenden oder um jemandem den Gebrauch zu erklären, der sie wiederum so lange benutzt, bis auch er sie zur Seite legen kann. Dies nennen wir Evolution. Wir müssen uns Schritt für Schritt, von einer Stufe zur anderen entwickeln und dabei das, was uns gegeben wurde, anwenden, bis wir den Punkt erreicht haben, wo wir diese Werkzeuge zur Seite legen können, um ohne sie mit unserem VATER zu kommunizieren.

FRAGEN UND ANTWORTEN

Vielleicht ist es jetzt angebracht, zur Klärung des bisher Gesagten auf einige Fragen einzugehen.

Sind die von dir erwähnten Kristalle natürlich oder von Menschenhand gemacht?

Die Kristalle, auf die wir uns bezogen haben, waren natürliche Quarzkristalle, obwohl sie künstlich hergestellt und gewachsen waren.

Werden wir zu gegebener Zeit auf die Alchemisierung der Kristalle, wie wir sie einst kannten, zurückkommen ?

Ja, das werden wir.

Können wir einen Smaragd für den smaragdgrünen Strahl verwenden?

Falls du fragst, ob du den Edelstein, der unter dem Namen "Smaragd" bekannt ist, für die smaragdgrüne Strahlung verwenden kannst, dann ist die Antwort ein Ja.

Welche heilenden Eigenschaften besitzt der rote Rubin?

Der rote Rubin wird generell bei der Heilung von Krankheiten angewandt, die durch verbreitende Masseninfektionen charakterisiert sind, wie z.B. Krebs und

Erkrankungen des Blutes, bei denen viel Energie in sehr kurzer Zeit benötigt wird.

Können sie auch gebraucht werden, um das eigene Wachstum zu fördern?

Ein Teil der Aufgabe der roten Kristalle ist es, die Schwingungen auszugleichen und uns bei der Erdung zu helfen, und zwar durch Aufrechterhaltung der Polarität des Energiefeldes. Dies alleine ist innerhalb des Wachstums förderlich. Die ursprüngliche Kraft des roten Kristalles ist nicht nur speziell für spirituelles Wachstum vorgesehen. Um sie auf diese Art zu verwenden, müßte man sie mit einem anderen Strahl kombinieren, um ihre Stärke abzuschwächen.

Ich möchte etwas über Atlantis unter der Meeresoberfläche wissen. Wie wurde dies bewerkstelligt? Wurde eine kuppelförmige Stadt errichtet?

Atlantis existierte wirklich in einer Konstruktion, die ihr kuppelförmig nennt. Sie existierte auf diese Art oberhalb als auch unterhalb der Oberfläche des Planeten. Der Hauptgrund war, daß dadurch reine Vibrationen, eine Welt in einer Welt geschaffen wurde, denn die Bevölkerung von Atlantis besaß Schwingungen, die viel höher waren, als die der anderen Zivilisationen auf diesem Planeten. Daher war es notwendig, ihre eigene "Welt" herzustellen. Ich beziehe mich hier auf die Zeit, als Atlantis auf der Oberfläche dieses Planeten zu finden war, sowie auf die Zeit nach den Erdverschiebungen, als der Kontinent auf den Meeresgrund sank.

Was geschah mit den Menschen, als Atlantis sank?

Die meisten derer, die in Atlantis lebten, schieden dahin, bevor es sank. Die Überlebenden hielten die Stadt in Gang, bis der Wiederbevölkerungsprozeß begann. Während dieser Zeit überlebten viele in großen wasserfreien Höhlen unter dem Meeresboden, bis sie mit der Hilfe der Wiederbesiedler ihre Stadt und Umgebung rekonstruieren konnten. Wir sprechen darüber später noch im Detail.

Welche Eigenschaften hat der graue Rauchkristall in Bezug auf Heilung?

Dieser Kristall wird verwendet, um Vibrationsverzerrungen einer Person zu korrigieren. Steht z.B. ein Individuum, das als Kanal dient, noch nicht an dem Punkt seiner Entwicklung, an dem es fähig ist, sich zu öffnen, um seine Wahrheit direkt von der Quelle zu empfangen, wurde es einer Reihe von Behandlungen mit dem grauen Kristall unterzogen, der behilflich ist, seine Wahrheit von der Quelle zu erhalten. Wir könnten sagen, der Kristall wird dazu verwendet, die Klarheit der Kommunikation zu verstärken.

Welche Art von operativen Eingriffen wurden mit den verschiedenen Kristallen durchgeführt?

Der nach innen gekehrte rosa Kristall wurde angewandt bei Operationen am Gehirn, an den Augen, an dem Herzen, den Sexual- und Reproduktionsorganen. Die meisten Operationen am Hirn bezogen sich darauf, Schwingungsebenen zu korrigieren und Bereiche des Hirns für spirituelles, emotionales und geistiges Wachstum zu stimulieren. Dieser Prozeß wird bald von denjenigen, die z.Z. mit Kristallen zur Heilung arbeiten, wiederentdeckt werden.

Wurde Atlantis ursprünglich von Außerirdischen gebaut und zu welchem Zweck?

Atlantis war ursprünglich ein Zivilisationsexperiment auf diesem Planeten. Es diente zur Herstellung von Seelenschwingungsebenen für diejenigen, die auf diesem Planeten inkarnieren sollten. Sie besaßen viele wissenschaftlich hoch entwickelte Gerätschaften und ließen viele Arten von Vegetation und Nahrungsmittel wachsen. Der ursprüngliche Sinn lag darin, sich anderen Zivilisationen auf dem Globus mitzuteilen und denjenigen, die

dort inkarniert waren zu helfen, sich schneller weiterzuentwickeln.
Man ist geneigt zu fragen, ob nicht die Atlanter hierher gebracht und samt ihrem Wissen und ihren Geheimnissen begraben wurden, damit die Menschheit, wenn sie fähig und bereit ist, diese Dinge zu benützen, sie wiederentdeckt und zu ihrer Verfügung hat. Vielleicht war es so zum Besten. Vielleicht wäre die Evolution zu schnell vorangetrieben worden und vielleicht hätte Wissen ohne rechtes Verständnis noch mehr Zerstörung als bisher verursacht. Die Zukunft wird es zeigen.
Es gab noch andere Zivilisationen wie Atlantis auf der Welt. Ich wundere mich oft, warum die Menschen nur an Atlantis denken, wenn die Vergangenheit angesprochen wird. Einige dieser Zivilisationen werden wir später noch kennenlernen.

War das Verlieren oder Verändern des ursprünglichen Zwecks der Grund für die erste Zerstörung von Atlantis?

Wir können nicht leugnen, daß dies mit einer der Faktoren war, die zu der Zerstörung führten, aber bestimmt nicht die Hauptursache. Das Sinken der Landmassen war kein vorherbestimmter Faktor, sondern ein Nebenprodukt der Erdveränderungen, die dort vor sich gingen. Der göttliche Plan zieht nicht einfach eine Linie auf der Oberfläche des Planeten und sagt: "Östlich dieser Linie wird die Erde sinken und im Westen wird sie sich erheben."

Waren die Menschen, die in Atlantis lebten sich dessen, was auf sie zukam, bewußt?

Ich würde dies mit "Ja" beantworten. Sie hatten keine Angst, denn sie wußten, daß es keinen Tod gibt."

Wurden Kristalle für Konsultationen und zur Diagnose von Krankheit verwendet?

Die goldfarbenen oder gelben Kristalle wurden zur Diagnose benutzt. Sie wurden über die ganze Körperfläche geführt und wenn der Kristall einen tieferen Farbton annahm, lag eine Verschiebung der Schwingung vor und damit eine Krankheit im Körper; ähnlich, wie wenn ihr eure Hand über den Körper gleiten laßt und Temperaturunterschiede feststellt.

Du hast über die Eigenschaften des roten Rubin gesprochen. Könntest du mir sagen, ob ein getrübter Rubin, einer der mehr violett ist, andere Eigenschaften hat, als der, der eine blutrote Farbe trägt?

Dies ist wirklich so. Der Rubin mit violetten Schattierungen hat heilende Eigenschaften bezüglich spiritueller und emotionaler Stabilität und kann oft die Schwingungen eines Individuums festigen. Dies würde jemandem, der einen bestimmten Punkt erreicht hat, helfen, Reaktionshöhen und -tiefen auf Situationen auszuschalten.

Ist es nicht so, daß der eben erwähnte Rubin nur von bestimmten Menschen getragen werden kann, die diese Schwingungsebenen aushalten können?

Das stimmt absolut. Um deine nächste Frage gleich zu beantworten: der einzige Weg, auf dem man herausfinden kann, ob er oder sie einen hochenergetischen Stein tragen kann ist der, ihn zu tragen. Stimmt der Stein nicht mit seinem Träger über, wird er das bald herausfinden.

Kann ein natürlicher, von Menschenhand gemachter Kristall künstlich gefärbt und zum Heilen benutzt werden?

Die Wirkung von künstlich gefärbten Kristallen ist gut, aber nicht so stark, wie die der von Natur aus farbigen Kristallen. Die effektivste Art, dies zu erreichen wäre, einen Farbflecken auf der Oberfläche des Kristalles anzubringen oder, wenn der Kristall von Menschenhand gemacht ist, ihn direkt in das noch flüssige Material hinzuzufügen.

Dürfen bei dem Heilungsmuster des sechsstrahligen-Sternes nur klare Kristalle verwendet werden?

Es hängt von dem Resultat ab, das ihr erzielen wollt. Zur generellen Heilung könnt ihr irgendeinen aus der Vielfalt der Kristalle wählen. Sie müssen nicht alle die gleiche Farbe und Struktur haben. Wenn es um spirituelles Heilen geht, würde ich vorschlagen, die klaren, weißen Kristalle zu verwenden.

Wenn du dich selbst mit dem Muster des sechsstrahligen-Sternes heilen wolltest, wie würdest du das magnetische Feld schließen, ohne den Kristall zu benutzen, mit dem die Energiepunkte miteinander verbunden werden?

Wenn ihr diese Heilungsmethode bei euch selbst anwendet, leitet ihr den Fluß des Feldes in die Kristalle mental ein. Dies ist ebenso wirksam, wie das Schließen des Kreises von außen.

DIE MUTANTEN

Bevor wir diesen Abschnitt beenden, wollen wir einen weiteren Aspekt der Anwendung von Kristallen besprechen. Dieser bezieht sich auf die Mutanten, die als Arbeitskräfte in Atlantis dienten.

Sie besaßen große Körperkräfte, die für ihre Arbeit notwendig waren und wurden von Zeit zu Zeit in dem großen Heilungstempel revitalisiert, wieder energetisiert, d.h. mit Hilfe der Kristalle wurden Gewebe und Muskeltonus wieder gestärkt.

Der Prozeß war ähnlich den Methoden, die ihr anwendet, um euch selbst zu revitalisieren, indem ihr die Energie durch euren Körper kreisen laßt.[3] Für diejenigen, die dies als Teil ihrer täglichen oder wöchentlichen Routine vernachlässigen, möchte ich vorschlagen, diese Übung aufzunehmen, denn es wird euch gewaltig stärken und eure Energieebenen erhöhen.

Gott segne euch.

3 Der Prozeß besteht darin, einen stimulierenden Energiefluß durch den Körper zu leiten, um müde Muskeln zu erfrischen, Spannungen abzubauen und Stabilität in eurem Körper herzustellen.

Kapitel 3

Hier spricht Adamis. Seid gesegnet.

Ich möchte zu euch über andere Zivilisationen, die mit Atlantis und Lemurien vergleichbar sind, sprechen. Wie schon erwähnt, gab es zur Zeit von Atlantis noch andere Kulturen auf der Erdoberfläche.

ANTI-ATLANTIS

Der folgende Abschnitt bezieht sich auf die Existenz dessen, was als das "Anti-Atlantis" bezeichnet wird.

Diese Zivilisation existiert etwa 1120 km unter der Erdoberfläche in der Nähe des Südpoles. Der Begriff "Anti-Atlantis" bezieht sich nicht auf einen kulturellen und gesellschaftlichen Vergleich, sondern darauf, daß es einen Ausgleichsfaktor zum positiven Kontinent von Atlantis geben müsse. Dieser Name hat einen negativen Beigeschmack, der anzeigt, daß dort eine Bestrafungsregion besteht.

Die in dieser Stadt ansässigen Seelen existieren vorwiegend in geistiger Form und haben die Fähigkeit, wenn nötig, auf Wunsch einen physischen Körper zu manifestieren. Sie leben fast gänzlich isoliert von dem Rest der Welt, aber manchmal kommen sie zu speziellen Projekten oder Missionen an die Oberfläche.

Welcher Natur sind die Seelen, die die Stadt unter der Erdoberfläche bewohnen? Es sind Seelen, die zu der einen oder anderen Zeit von des VATERS Weg abgewichen sind. Allgemein ausgedrückt, gibt es nicht viele unter uns, die nicht von Zeit zu Zeit den Weg des VATERS verlassen haben, aber in diesem Falle handelt es sich mehr um eine Rebellion gegen das göttliche Gesetz. Wird sich die Seele durch Umschulung ihrer Taten bewußt, stimmt sie einer dortigen Inkarnation freiwillig zu, denn dort lernt sie, den Weg zum VATER zurückzufinden. So gesehen ist dies keine Bestrafung. Auch sind die Seelen nicht lebenslänglich auf diese Existenz beschränkt. Die Entscheidung zur Inkarnation wurde aus eigener Wahl zugunsten des Seelenwachstums getroffen. Hier verbringen sie Inkarnation um Inkarnation, bis ihre

Schwingungen ihren normalen Stand erreicht haben und sie ihre Evolution in anderer Form aufnehmen können.

Sie haben eine sehr wichtige Aufgabe, denn zusammen mit der gegenüberliegenden Zivilisation unter dem Nordpol (die wir in Kürze besprechen werden), helfen sie, das Achsengleichgewicht dieses Planeten aufrecht zu erhalten. Die Stadt besteht nicht aus Gebäuden, wie wir sie kennen, denn dies ist dort überflüssig. Es gibt dort auch keine Kristalle, denn auch sie sind nicht notwendig. Diese Seelen haben jedoch die Fähigkeit, die Magnetenergiefelder, die durch die Erdenpole fließen, zu verwerten. Sie verstärken oder korrigieren den Fluß, um die Polarität der Erdachse beizubehalten.

Eine Inkarnation in dieser Zivilisation setzt voraus, daß die Seele absolut kristalliner Natur ist, da es bei dieser Inkarnierung keine körperlichen Strukturen gibt. Dies zeigt auch, daß die Seelen in diesen Gebieten ziemlich hoch entwickelt sind. Daher ist die Abkehr von des VATERS Weg schwerwiegender für sie, denn sie waren einstmals schon an dem Punkt angelangt, an dem sie ihren Weg und ihre Rolle angenommen hatten. Wenn ich sage, daß sie dort viele Inkarnationen verbringen, meine ich damit nur Zeitspannen mit dazwischen liegenden Ruhepausen.

URAMORAN

Ungefähr 6,4 km vom genauen Norden dieses Planeten dringt ein Tunnel in das Innere der Erde. Dort ist eure Atmosphäre reiner als anderswo, und hielte sich dort jemand auf, würde er sich wirklich umgeben fühlen von des VATERS Schwingungen. Es ist ein von der Menschheit unberührter, noch nicht betretener Ort, dessen Vibrationen noch immer ziemlich rein geblieben sind.

Am Ende dieses Tunnels existiert eine Zivilisation verkörperter Wesen, die uns kaum ähneln. Millionen von Jahren eurer Zeitrechnung nach bestand sie dort. Vielleicht sollten wir ihr einen Namen geben, um sie später identifizieren zu können. Man würde ihn "Uramoran" buchstabieren. Dieser Name zeigt die Grundschwingung der dort inkarnierten Wesen und beschreibt ihre Aufgaben. Diejenigen, die die Numerologie zu Hilfe nehmen, um die Schwingung dieser Wesen verstehen zu können, mögen diesen Namen so analysieren.

Diese Zivilisation war und ist viel weiter entwickelt, als die von Atlantis. Die dort Inkarnierten können wahrlich zu den Ältesten dieses und anderer Universen gezählt werden. Man könnte sie die Vorläufer der modernen Zivilisationen nennen. Obwohl sie einen physischen Körper haben, müssen sie nicht essen wie wir, sondern überleben und regenerieren sich durch Energie. Ich glaube, ihr nennt es "Manna". Damit überlebten die Hebräer die Durchquerung der Wüste, aber die Menschheit verstand das nicht, und so wurde Manna in den Schriften als eine Form von physischer Nahrung beschrieben.

In der Mitte dieses Planeten wohnhaft, dient diese Zivilisation als ein Nachrichtenzentrum, das die Kommunikation aus dem Weltraum über große Strecken mit euren Brüdern und Schwestern in größerer Nähe herstellt. Sie helfen auch denjenigen im Weltraum, die nicht über solch ausgefeilte Vorrichtungen verfügen, um die Botschaften selbst zu empfangen. Sie dienen anderen Zivilisationen, die die Mitte dieses Planeten bewohnen, indem sie sie mit Kraft und Energie versorgen.

Immer wenn die Erdschwingungen des Planeten sich verändern während eines Reifungsprozesses, rührt dies zum Teil von den Energien dieser Zivilisationen her.

Es mag für euch schwierig sein zu verstehen wie eine Seele sich Millionen von Jahren an so einem Platz aufhalten kann. Aber denkt an den gewaltigen Unterschied zwischen der Erdenzeit und der spirituellen Zeitrechnung. Beschäftigt man sich mit spirituellen Schwingungen, dann hat man keinen Endpunkt als Orientierungshilfe. Es gibt keinen Bezugsrahmen, der einen Zeitabschnitt als kürzer und einen anderen als länger erscheinen läßt.

Feierten die Menschen ihre Geburtstage nicht mehr, würden manche nicht so schnell altern. Ihr setzt die Bedingungen für euch selbst, indem ihr vergleicht und Grenzen setzt. Ihr werdet sehen, daß ihr mit dem Wachstum eurer Erleuchtung immer weniger Interesse an diesen jährlichen Feiern haben werdet und daß sie schließlich bedeutungslos für euch werden. Eure Beziehung zu derartigen Anlässen nimmt mit eurem Wachstum ab.

ORAX

In Sibirien existierte noch eine andere Zivilisation auf dem Planeten Erde, genannt "Orax".

Sie ist relativ jung und wurde vor erst 105.000 Jahren besiedelt. Diese Region war sanft und gemäßigt und die dort ansässige Zivilisation lebte unter einer Kuppel von magnetischer Energie, die der Kuppel über Atlantis glich.

Ich möchte nicht den Eindruck erwecken, daß die Kuppel in Orax aus Glas oder Plastik bestand. Es war eine Energiekuppel, die einem größerem Zweck als nur dem Schutze diente. Sie war fast gänzlich undurchdringlich und unzerbrechlich. Die Stadt von Orax war umgeben von vielen Tausenden von Kristallen, die lang und sechseckig an den Seiten waren und dieser magnetischen Kuppel als Erdungspunkte dienten. Diese Kristalle riefen das magnetische Feld, das die Stadt schützte, hervor. Die Kraft dieser Kristalle entsprang dem genauen Mittelpunkt der Stadt.

Die Kraft aus der Mitte wurde über ein System aus Kupferdrähten zu jedem einzelnen Kristall an der Peripherie geleitet. An diesen Drähten, die die Stadt zergliederten, gab es viele tausend Punkte, an denen man Energie abzapfen konnte, um mit dem notwendigen Strom versorgt zu sein. Diese Drähte wurden etwa 2 m tief unter die Erde versenkt und dienten außerdem dazu, sie für Vegetation und Nahrungsmittel fruchtbar zu machen. Die Gegend glich einem schönen Paradies.

Wenn ein zu Besuch kommendes Raumschiff Einlaß begehrte, wurde der Strom zu einem oder zwei Kristallen abgeschwächt, so daß eine Öffnung in dem magnetischen Feld dem Schiff den Eintritt ermöglichte. Ohne die Stromdrosselung könnte ein Raumschiff das Kraftfeld nicht durchdringen und würde zerschellen; ähnlich einer Berührung mit Antimaterie, die zu totaler Auflösung führt.

Was war die Aufgabe dieser Zivilisation? Eine ihrer Funktionen war die Aufzucht (und Testen auf Anpassung) von Tieren und Wesen, die sich auf der Erdoberfläche bewegten.

Hauptsächlich diente sie als Meßstation, die Veränderungen der Struktur sowie der Schwingungsentwicklung dieses Planeten aufzeichnete. Alles zielte auf die Zeit ab, zu der der Planet sich soweit entwickelt hatte, daß er die Seelenebene beheimaten konnte, die wie die eure in ihrer Inkarnation mit karmischen Mustern zu tun hatte.

Sobald bekannt wurde, daß die Erde in ihrer Schwingung starke Veränderungen durchlaufen sollte, wurde die Stadt samt der dort Inkarnierten von der Erde wegtransportiert. Eis kam herab und alles wurde durch das Klima unbewohnbar. Die Stadt wurde funktionslos und damit überflüssig.

LANDEBAHNEN IN PERU

Laßt uns jetzt ein wenig über eine Gegend in den Bergen von Peru sprechen, mit der einige von euch bis zu einem gewissen Grad vertraut sind. Viele von euch haben Bilder und Filme gesehen, die hoch in unzugänglichen Bergregionen etwas Ähnliches zeigen wie Landebahnen und die nur aus der Luft hätten erreicht werden können. Es sind Linien und Muster, die in die Oberfläche eingeprägt zu sein scheinen. In diesen Gebieten gab es keine Stadt an sich. Es waren Landeplätze und Zwischenstationen, die dazu benutzt wurden, Wesen auf diesen Planeten zu bringen und sie dann zu Orten, an denen sie leben sollten, weiter zu transportieren.

Ich möchte hier nicht den Eindruck hinterlassen, daß es auf der Erde zu dieser Zeit von Zivilisationen nur so wimmelte. Aber es gab dennoch viele experimentierende Gruppen, die an unterschiedlichen Orten zu den verschiedensten Zeiten landeten. Die meisten verließen die Erde nach Beendigung ihrer Arbeit wieder und nur wenige hinterließen zur späteren Wiederentdeckung durch die Menschheit ein Zeichen auf dem Planeten.

ATLANTIS

Nun kommen wir zurück zu Atlantis, um ein dort existierendes Bauwerk zu beschreiben, über das bisher nicht viel gesprochen wurde, da kaum Informationsmaterial darüber veröffentlicht wurde.

Das Gebäude war rund und hohl, hatte einen einzigen Eingang, einen Durchmesser von 12 Metern und eine Höhe von 25 Metern. Die Spitze dieses Gebäudes war aus pyramidenförmigen Kristallen gebaut, deren kuppelartige, facettierte Enden auf den Boden des Gebäudes gerichtet an der Spitze angebracht waren.

In dem Gebäude waren rund um von Ebene zu Ebene einige hundert Nischen in die Wand eingelassen. Man könnte ihm den Namen "das Haus der Höherentwicklung" geben, denn hier meditierten und kontemplierten die Ältesten. Dort erhielten sie auch Anweisungen bezogen auf die Arbeit, die sie zu verrichten hatten und auf das, was sie in Zukunft erwartete.

Die Schwingungen, die diesen Raum durchfluteten, waren extrem hoch. Als das Ende von Atlantis bevorstand, gingen viele der Ältesten zu diesem Gebäude, um durch eine Methode der Zerlegung ihrer Energien von Atlantis entfernt zu werden. Sie wurden vorbereitet für ihre Zukunft auf der Oberfläche dieses Planeten.

Atlantis war eine Schule, ein Platz der Vorbereitung, an dem den Ältesten die Dinge, die in Zukunft auf diesem Planeten vollbracht werden sollten, bewußt gemacht wurden. Ihre Belehrungen, ihr Lernen und Aufnehmen fand im Inneren dieses kreisförmigen Gebäudes statt.

Versucht euch dieses Bauwerk vorzustellen und euch in euren Meditationen dorthin zurück zu versetzen. Einige von euch werden dann erleben, was sie dort schon einmal erfahren haben. Wenn ihr euch wundert, warum ihr euch dessen nie bewußt ward, so deswegen, weil der Samen nie in eurer Bewußtsein gepflanzt wurde und ihr nie mit dem Auslöser, der diese bestimmte Schwingung hervorruft, konfrontiert wurdet. Nun ist es euch auch möglich, dieses Wissen zu erreichen.

Habt ihr euch schon jemals Gedanken gemacht, warum ihr im Kreise sitzt oder von Kreisen sprecht? Warum sitzt ihr nicht in Quadraten, um eure Heilungen und Diskussionen in diesem Muster weiterzuführen? Es kommt daher, weil ihr euch erinnert. Seit uralten Zeiten schon habt ihr in Kreisen gesessen; so ist es auch jetzt für euch wieder ganz natürlich.

Manchmal taucht der Gedanke auf, daß eine Seele ganz dem VATER hingegeben sein muß, um sich in den vielen aufkommenden Situationen engagieren zu können. Denn sie meldet sich freiwillig, um in Bereichen und unter Bedingungen zu dienen, die wenig erstrebenswert sind, besonders dann, wenn es für die Seele nicht notwendig gewesen wäre, diese Mission anzunehmen.

Es ist überhaupt keine Frage, daß die Mehrheit der Seelen in Atlantis es nicht vorgezogen hätten, lieber in ihrer eigenen Zivilisation oder in spiritueller Form zu existieren, als auf Atlantis. Denn das Leben dort war nicht gerade ein Honiglecken. Sie lebten unter ständigen Spannungen und Bedrohungen. Ihre Arbeit war schwierig und die Verantwortung groß. Aber wenn der VATER eines seiner Kinder fragt, so willigt es immer mit Liebe ein, denn in Wirklichkeit kennt es keinen anderen Weg.

Der Fluß der Evolution ist wahrhaft ein Wunder der Schönheit. Es ist, wie wenn man die Geburt eines Kindes miterlebt in Ehrfurcht vor dem Wunder des VATERS. Wenn es euch möglich wäre, das gesamte Bild der Evolution dieses Planeten und der Zivilisationen zu überblicken, dann könntet ihr einen langsamen, positiven, stufenweisen Fortschritt im Wachstum und den Ereignissen, die geschehen, feststellen. Bei den andauernden Leistungen und dem ständig stattfindenden Verstehen, kann keiner behaupten, daß es ein Leichtes wäre, mit dem VATER Seite an Seite zu gehen. Es könnte so sein, ist aber selten so, da ein Mangel an Bereitschaft und der Fähigkeit besteht, altgewohnte Muster und Verhaltensweisen loszulassen. Es ist die Weigerung, alle Stützen fallen zu lassen in grenzenlosem Vertrauen auf den VATER, daß er euch unterstützt und ihr nicht straucheln werdet.

Im Kampf der Menschheit, eins zu werden mit dem VATER, erlaubt er uns, eine Stütze nach der anderen wegzuwerfen. Wir erleben in kleinen Dosierungen das Vertrauen und die Unterstützung, die der VATER uns zuteil werden läßt, aber wir erlauben uns niemals wirklich, alles auf einmal loszulassen. So stolpern wir manchmal, fallen, erheben uns und schreiten weiter voran auf dem Weg, immer aufwärts. Vielleicht ist es so besser, denn wenn das endgültige Loslassen an der Zeit ist, vollzieht es sich in absoluter Annahme und Verständnis als Resultat vieler Erfahrungen und durchlaufener Situationen.

Atlantis selbst dient heutzutage keinem Zweck mehr; die Stadt gibt es nicht mehr. Vieles an Information ist rein geschichtlich und dient unseren Zwecken hier nicht. Wir möchten euch Information nahe bringen, die ihr in eurem Leben anwenden könnt, Werkzeuge, die eure Arbeit leichter und ertragreicher machen.

In Kürze werden wir euch Energiekonfigurationen mit Kristallen zeigen, damit ihr Erfahrungen von den verschiedenen Formen der Energie sammeln könnt. Haltet dafür einen Kristall bereit, zu dem ihr eine besonders starke Beziehung habt.

Gott segne euch.

KAPITEL 4

Adamis wünscht euch einen guten Abend. Seid gesegnet.

Wir wollen eine Pause einlegen, um einige Fragen zum bisher Gesagten zu beantworten. Später könnt ihr sehen, wie man einige der verschiedenen Kristallformationen, die wir beim letzten Mal besprochen haben, anwendet. Ihr könnt beginnen.

FRAGEN UND ANTWORTEN

Es wurde über Zivilisationen unter der Erde gesprochen, wo bei der einen die Wesen eine physische, bei der anderen die Wesen eine spirituelle Gestalt hatten. Lebten Letztere von festem Gestein umgeben oder in Höhlen?

Du meinst die Zivilisation, die wir Anti-Atlantis nennen. Sie brauchen keinen physischem Raum für ihre Existenz, denn sie können sowohl mit als auch ohne ihn sein. Es ist wahrscheinlich reiner Zufall, daß sie dennoch in einer riesigen Höhle unter der Erdkruste existiert, die zwar nicht notwendig, jedoch vorhanden ist, aber keine bestimmte Aufgabe hat.

Ist die Zivilisation nahe des Nordpols von der Erdoberfläche aus durch Tunnel zugänglich?

Ja. Es kommt noch hinzu, daß die Höhlen, die von dieser Zivilisation bewohnt werden, viel größer sind, als die von Anti-Atlantis. Sie beherbergen Energieanlagen, Ausrüstungen und Stationen, etc.

Sind die Höhlen beleuchtet?

Das Licht wird künstlich hergestellt. Obwohl ein Tunnel zur Erdoberfläche führt, wären die Höhlen zu dunkel, denn sie liegen in zu großen Tiefen, um natürliches Licht empfangen zu können.

Sind es verkörperte Wesen wie wir? Sind sie den Menschen ähnlich oder haben sie eine andere Gestalt? Kannst du sie beschreiben?

Diese Wesen sind vom Charakter her hauptsächlich menschlich. Unter ihrer Haut liegen noch zusätzliche Lagen Fettgewebe, die sie schwerer und dicker erscheinen lassen. Sie haben Haare auf dem Kopf, jedoch nicht im Gesicht. Der Knochenbau des Kopfes ist etwa um ein Viertel größer als eurer. Die Augen sitzen tief. In Ohrenhöhe haben sie Öffnungen, jedoch keine Ohrmuscheln. Der Grund dafür liegt in ihrer größeren Feinfühligkeit und der Tatsache, daß sie "mental" hören.

Ist es möglich für uns mit diesen menschenähnlichen Wesen, die sich mental verständigen, zu kommunizieren?

Es gibt bei euch einige, die fähig sind, sich mit ihnen zu verständigen. Leider überwiegt der Anteil der Menschheit, der sich zum jetzigen Zeitpunkt nicht auf ihre Schwingungen einstellen kann. Diejenigen, die ihre Schwingungsfrequenz erhöht haben, können dies ohne Schwierigkeiten tun.

Bevor wir fortfahren, möchte ich euch bitten, eure Augen für einen Moment zu schließen. Habt keine Angst vor den Energien, die nun durch eure Augen zu pulsieren beginnen. Setzt euch einfach ganz entspannt hin. Fühlt ihr ein Feuer in euch, dann seid nicht besorgt, denn ihr seid nur kristallinen Energien für euer Wachstum ausgesetzt. Ihr könnt eure Augen jetzt wieder öffnen. Wir fahren fort.

Vor etwa einem Jahr haben wir im Unterricht über Wesen, bekannt unter dem Namen "Big Foot" gesprochen, die sich auf der Erde bewegen und Teil einer alten Zivilisation sein sollen. Stehen diese in Beziehung zu denjenigen, die wir besprochen haben und vermehren sie sich?

Sie stehen in Beziehung zueinander, stammen zwar nicht aus denselben Zivilisationen, haben aber einen ähnlichen Stand der Seelenentwicklung. Sie kommunizieren nicht untereinander, denn jede hat in ihrem Gebiet eine andere Aufgabe. Die wenigen, die sich immer noch auf der Erdoberfläche dieses Planeten bewegen, sind die letzten Überbleibsel dieser Zivilisation. Ich würde sagen, daß die zur Zeit noch hier Inkarnierten die letzten Repräsentanten ihrer Art sind und sich nicht weiter vermehren.

Meine Frage bezieht sich auf den smaragdgrünen Strahl. Ich verstehe nicht, wie dieser zustande kommt. Wenn wir einen Edelstein oder Kristall nehmen, müssen wir dann Licht verwenden, um eine Projektion des Strahls hervorzurufen, oder steckt etwas anderes dahinter?

Ich habe dieses Gebiet bei meinen Erklärungen vielleicht ein wenig vernachlässigt. Stellt euch einen großen Energiegenerator im Zentrum der Stadt Atlantis vor. Dieser Generator wurde mit Kristallen betrieben, die nach Atlantis gebracht wurden als es wieder bevölkert wurde. Diese Kristalle trugen einen großen Vorrat an Energie, die über den Generator die ganze Stadt mit Licht und Energie für alle weiteren Aufgaben versorgten. Dies diente auch als Energiequelle, um Kristalle zu regenerieren und wieder aufzuladen, so daß dieser Prozeß allzeit kontinuierlich blieb. Dieses System hätte aber nicht funktioniert, wenn die großen Energiekristalle nicht aufgeladen worden wären, bevor sie nach Atlantis gebracht wurden.

Die Energie fand auf mannigfache Weise Verwendung; z.B. bei der Reinigung und Filterung der Luft. Die Vegetation und die Menschen wurden auf diese Weise mit Energie versorgt, da es kein Sonnenlicht gab, aus dem sie hätten Energie schöpfen können. Die Energie wurde durch den Hauptgenerator in der künstlichen Atmosphäre verteilt und konnte so für verschiedene Energie benötigende Aufgaben verwendet werden. Diese Energie, gebrochen durch Kristalle, war die Quelle, mit deren Hilfe die Heilungen zustande kommen konnten.

Wenn wir diese Kristalle jetzt zu Heilungszwecken verwenden möchten, welche Energie brauchen wir dann?

Ihr habt den Vorteil, verschiedene Energiequellen benutzen zu können. Ihr könnt die Kristalle mit der Energie der Sonne oder des magnetischen Gitters aufladen und so die magnetische Kraft zum Heilen einsetzen. Ihr habt diese beiden Quellen zur Verfügung.

Könntest du den Begriff "magnetische Energie" erläutern?

Magnetische Energie ist eine Schwingungsebene, die Energie, die zwischen zwei definierten Punkten fließt, polarisiert oder ausgleicht. Wir nennen das die positiven und negativen Pole. Sie erzeugt ein Feld fließender Energie oder Elektrizität, das wiederum das Energiefeld um ein Organ im Inneren des Körpers und auch äußerlich um den gesamten Körper ausgleicht. Dies ist der Unterschied zwischen magnetischer Energie und der Energie, die wir normalerweise meinen.

Wie benutzen wir magnetische Energien, um damit zu heilen?

Wir heilen nicht mit den magnetischen Energien selbst. Sie haben eine indirekte Wirkung. Die universalen Energien können eine sofortige Heilung bewirken und ein erkranktes Organ genesen lassen, dadurch, daß sie in der Lage sind, Gewebe wieder herzustellen. Im Grunde ist es die Aufgabe der magnetischen Energie, die gleichmäßige Polarität der Kräfte wiederherzustellen, so daß sich das Organ selbst heilen kann.

Die magnetischen Energien werden auch zur Veränderung der Zellstruktur des Körpers benutzt. Dies ermöglicht es der Menschheit, besser mit ihren Geschwistern im All zu kommunizieren und versetzt sie möglicherweise in die Lage, ihre Energie von einem Ort zum anderen zu befördern.

Ihr müßt verstehen, daß die Entwicklung auf bestimmten Gebieten nicht immer sofort Ergebnisse zeitigt. Die Erfahrung einer bestimmten Entwicklung mag für viele Jahre nicht zugänglich sein, aber es ist notwendig sich weiterzuentwickeln, um bereit zu sein, wenn die Zeit gekommen ist.

Wenn die Menschheit in ihrem Wachstum soweit ist, daß der einzelne sich dematerialisieren kann, um sich von einem Ort zum anderen zu versetzen - oberhalb, sowie unterhalb der Erdoberfläche - dann muß ihr magnetische Energie zur Verfügung stehen. Jene Menschen müssen sich auch der Veränderung der Zellstruktur unterzogen haben, um diesen Übergang leichter und bequemer zu erreichen.

Eine weitere Aufgabe der magnetischen Energien ist es, einem Kind des Lichtes zu helfen, höhere Ebenen des Wachstums in einem kürzeren Zeitraum zu erreichen. Es ist auch möglich, die universalen Energien zu benutzen - und wir haben dies schon viele Male getan - aber der Gebrauch magnetischer Energien wirkt schneller.

Wenn die Zeit kommt - vielleicht noch zu euren Lebzeiten - daß die Menschheit sich über große Entfernungen durch den Weltraum hindurchtransportiert, wird dies durch das magnetische Gittersystem ermöglicht. Diese Gitter, die magnetische Energie tragen, ermöglichen Reisen von großen Entfernungen in Geschwindigkeiten, die weit größer sind, als diese möglich wären durch die bloße Nutzung universaler Energiequellen.

Heilt ihr Gefühle, nervöse Zustände, eine Seele, eine Wunde oder eine Verletzung, dann sollt ihr die Energie des VATERS nutzen, die eine weit größere Schwingung der Liebe trägt. Nennen wir die magnetischen Energien das Arbeitspferd, das die Grundlage und das Fundament legt, auf dem die Energien des VATERS Ausdruck finden und angewendet werden.

Sind einige der Vortexe mit magnetischer Energie verbunden?

Alle Vortexe sind mit dem magnetischen Gittersystem verbunden. Gibt es einen bestimmten Grund, warum du diese Frage stellst?

Ja. Wird die molekulare Struktur unserer Körper verändert, wenn wir diesen Vortexen und magnetischen Energien ausgesetzt sind?

Das ist ihre Aufgabe. Diejenigen, die fähig sind, einen Vortex zu finden und an einem solchen Ort für einige Zeit zu verweilen, werden den Unterschied in der Kraft des Energiefeldes feststellen. Ihr werdet es fühlen können und euch dessen sofort bewußt werden. Es wird eine permanente Wirkung auf euch haben, da die Veränderungen von Bestand sind.

Die Vortexe sind wie Austrittspunkte aus dem Fluß des Gittersystems. Sie transportieren Schwingungen und Schiffe über riesige Entfernungen hinweg zu den Vortexen gelegen über den Gebieten, in denen sie wirken werden. Ohne Magnetismus würde nichts das Universum zusammenhalten, da er für die Polarität verantwortlich ist. Er erhält den Fluß der Pendelbewegungen innerhalb der theoretischen Grenzen des Universums und natürlich innerhalb aller Schöpfung.

Ist es nicht möglich, in eine andere Dimension zu schauen, wenn man sich in einem Energievortex befindet? Ist es nicht wie eine Zeitverschiebung ?

Man fühlt sich wie im Zentrum eines Orkans; wie auf dem Grunde eines strudelnden Trichters, fast so, als würde man hineingesogen werden. Das Gefühl des Schwindels und der Leichtigkeit, das dann auftritt rührt daher, daß ihr euch für einige Augenblicke in Teilaspekten spiritueller Zeit befindet und nicht in irdischer. Daher erscheint es euch, als wäret ihr in einem anderen Raum und in eine andere Dimension transportiert worden, und das findet auch tatsächlich statt, da der Zeitrahmen ein ganz anderer ist. Es scheint, als wäret ihr nur für den Bruchteil einer Sekunde darin, aber wenn ihr auf eure Uhr schaut, können Stunden vergangen sein. Ihr befindet euch nicht wirklich in einer Zeitverschiebung, da ihr immer noch hier seid, aber ihr erfahrt diese Schwingungen.

Haben diese Vortexe feste Positionen oder ändern sie diese?

Viele Jahre lang sind diese Vortexe ungefähr in denselben Positionen geblieben. Seit einigen Jahren verändern sie sich und werden es in den nächsten Jahren noch tun. Einige Gebiete, die ein hohes Maß an spiritueller Wachstumsenergie aufwiesen, wie z. B. Phönix, sind in Negativität verwickelt worden. Andere Gebiete wurden infolge klimatischer Veränderungen überbevölkert, wodurch sich die Vortexe zu verschieben begannen.

Die Kinder des Lichtes sollen sich durch diese Veränderungen in anderen intensiveren Gebieten sammeln und vereinen, damit sie durch ihre Anzahl an Stärke gewinnen. Deshalb werden die Stellungen der Vortexe immer flexibel bleiben.

Wenn das Energiegitter im Universum auf immer festgesetzt ist, wie können sich dann die Vortexe verschieben?

Ein Vortex kann an jedem Kreuzungspunkt des Magnetgitters errichtet werden. Am Gitter entlangzufahren, um den Vortex in ein anderes Gebiet zu versetzen ist nicht das Problem, sondern es besteht darin, ihn an einen anderen Kreuzungspunkt innerhalb des Netzes zu projezieren und den vorherigen auszulöschen. Es ist als öffne man eine Tür und schließe eine andere.

Kannst du uns sagen wer oder welche Planungsgruppe das Gittersystem errichtete und kontrolliert?

Das Gittersystem und die Kontrolle der magnetischen Energie, die diesem Planeten zufließt, untersteht einer Gruppe von Seelen, die unter dem Namen der Weißen Bruderschaft bekannt ist.

Existieren noch irgendwelche großen Höhlen, die wissenschaftliche Errungenschaften aus atlantischer Zeit beherbergen und darauf warten, geöffnet zu werden?

Es gibt drei solcher Höhlen oder Lagerplätze, an denen sich wertvolle Einrichtungen und Informationen befinden. Zwei davon liegen auf der Erdoberfläche und eine in einer versiegelten Höhle unter Wasser. Die Menschheit ist noch nicht so weit entwickelt, daß sie diese Geschenke zum jetzigen Zeitpunkt empfangen kann. Ihr müßt verstehen, daß jedes Geschenk der Liebe auch ein Geschenk des Krieges sein kann.

Die Menschheit braucht den Standort dieser Höhlen nicht zu erfahren. Ihr müßt nur daran glauben und wissen, daß denjenigen die Verantwortung für diese Einrichtungen zur rechten Zeit übertragen und der genaue Standort mitgeteilt werden wird, ohne daß es ein Suchen nach verschollenen Höhlen geben wird.

In diesem Zusammenhang möchte ich euch etwas sehr Wichtiges mitteilen. Über die ganze Erde verteilt gibt es Gebiete, in denen Dokumente, Maschinen und Instrumente für Wissen und Wachstum zum Gebrauch der Menschheit verborgen liegen. Würde sich die Menschheit noch so sehr bemühen, sie würde diese Dinge nicht entdecken bis sie reif genug ist, sie richtig und konstruktiv anzuwenden. Alle notwendigen Vorkehrungen sind getroffen worden, um einen Mißbrauch dieser Information auszuschließen.

Ich möchte gerne wissen, warum und wozu die Sphinx gebaut wurde. Gibt es Räume in ihr oder hat sie Tunnel?

Wir wollen euch einen generellen Überblick über dieses Bauwerk geben. Es wurde als Ehrendenkmal errichtet. Es ist nicht massiv, sondern besteht in seinem Inneren aus einem Irrgarten an Tunnels und kleinen Räumen, die zur Meditation, Kontemplation und Energetisierung geistige Verwendung fanden. Nun sage ich geistig, denn das ist das Konzept in den Köpfen der Menschen. Sie war nicht als Grabstätte errichtet worden; niemals wurde hier jemand begraben. Berichte, die dies behaupteten, entsprechen nicht der Wahrheit.

Innerhalb der Oberfläche oder unterhalb ihrer Verschalung gibt es Kammern, in denen sich auch viele verlorengegangene spirituelle Schätze an Wissen und Information befinden. Auch diese werden nicht entdeckt werden, bis die richtige Zeit gekommen ist. Erst dann wird die Welt erfahren, daß sich im Inneren dieses Bauwerkes plötzlich ein Spalt aufgetan hat, durch den die Menschen eintreten können, um sich die verlorenen Schätze wieder zu Nutzen zu machen.

Wir segnen euch im Namen des Heiligen Vaters.

KAPITEL 5

Hier spricht Adamis. Seid gesegnet.

In diesem Kapitel werde ich zeigen, wie man Kristalle in verschiedenen Mustern und Konfigurationen plazieren kann, um Kraftquellen und Heileffekte zu erzielen. Alle folgenden Muster wurden in Atlantis und in anderen alten Zivilisationen angewandt.

DER SECHSSTRAHLIGE STERN

Wir beginnen mit der Konfiguration des sechsstrahligen Sternes, den wir schon oben kurz erwähnt haben. Wir möchten dieses Thema noch einmal aufgreifen, damit ihr die Aufgabe jedes einzelnen Kristalles innerhalb dieser Konfiguration versteht. Dieses Verständnis versetzt euch in die Lage, die Voraussetzungen für den Energiefluß und die Erfüllung der Aufgabe zu schaffen.

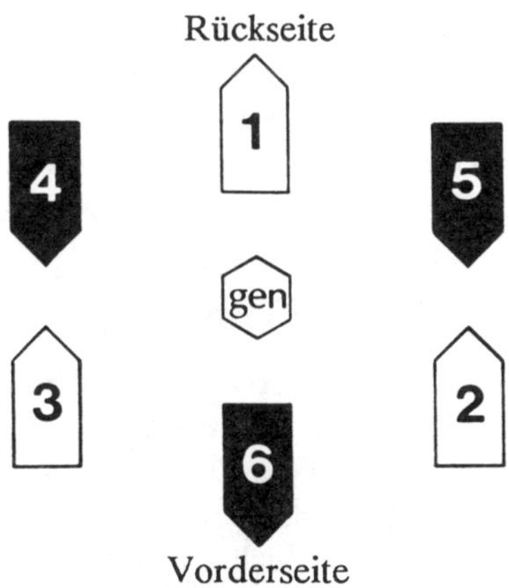

Die beiden Hauptpunkte dieser Konfiguration, Nummer 1 hinter dem Rücken und Nummer 6 vor den Füßen (wenn man in der Lotusposition sitzt) symbolisieren den Ausgleich zwischen dem Spirituellen (hinten) und dem Physischen (vorne). Diese beiden Kristalle regeln die Repolarisierung und das Gleichgewicht der Schwingungen im Menschen. Die Kristalle Nummer 4 und Nummer 5 bilden mit Kristall Nummer 1 die körperliche Dreiheit. Die Kristalle in Beinhöhe, Nummer 2 und 3, stellen die spirituelle Dreiheit dar.

Ihr werdet festgestellt haben, daß diese Energiepunkte in direktem Zusammenhang mit jenen stehen, die in der Nummerologie von Moses verwendet werden. Die beiden Kristalle auf der linken Seite, Nummer 2 und 5, beziehen sich spirituell und physisch auf die untere Hälfte des Körpers, von der Taille an abwärts, die beiden Kristalle auf der rechten Seite, Nummer 3 und 4, auf die obere Hälfte des Körpers.

So könnt ihr alle Aspekte des Menschseins abdecken und den spirituellen und körperlichen Energiefluß ganzkörperlich korrigieren. Wenn jemand ein ernsthaftes körperliches Leiden hat, schlagen wir vor, den größten Kristall für Position Nummer 6 zu verwenden, in dem Dreieck also, das sich auf das Körperliche bezieht. So wird ein größerer Energiefluß freigesetzt, um die körperlichen Schwingungen zu heilen. Erfreut sich jemand guter Gesundheit, braucht aber eine spirituelle oder emotionale Heilung, so raten wir, den größten Kristall in die Position Nummer 1 zu plazieren.

Der siebente Kristall in diesem Muster wird Generator genannt. Er wird von der Person, die die Heilung empfängt, in den Händen gehalten. Er dient als Empfänger der Energien, die auf die sechs umliegenden Kristalle verteilt werden, damit ein einheitliches Feld entsteht und der Körper sich aus diesem Fluß nehmen kann, was er benötigt.

FRAGEN UND ANTWORTEN

Muß der siebente Kristall ein klarer Quartz sein oder kann man auch einen andersfarbigen Edelstein benützen?

Wenn möglich, ist ein klarer Quartz als Generator vorzuziehen. Jeder sollte einen persönlichen Kristall haben, den nur er oder sie ausschließlich als Generator benutzt und der keine andere Aufgabe haben soll. Dadurch wird er seine eigenen Energiemuster erweitern, indem er sich mit den Energien der jeweiligen Person aufladen und wirksamere Heilungsprozesse hervorrufen wird.

DER ZWÖLFSTRAHLIGE STERN

Wir haben bereits erwähnt, daß die Zwölfteilung eine der umfangreichsten und vollständigsten Einteilungen ist und daher wollen wir jetzt den zwölfstrahligen Stern besprechen. In jeder seiner Spitzen trägt er die Energie eines der "einfachen" Buchstaben des hebräischen Alphabets.

Der zwölfstrahlige Stern ist vielleicht eine der stärksten Konfigurationen, die man bei einem Energiemuster zur Heilung verwenden kann. Die richtige Methode, die Kristalle dafür in Position zu legen, sieht folgendermaßen aus:

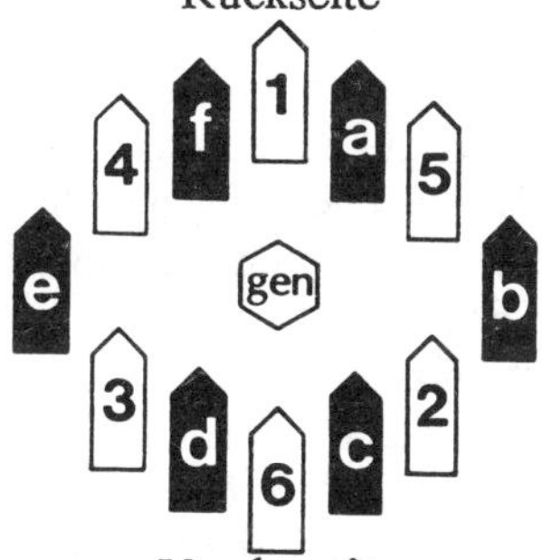

Legt sechs der Kristalle zu einem sechsstrahligen Stern, nur weiter von einander entfernt, wobei alle Kristalle mit den Spitzen rückwärts zeigen. Dann vervollständigt das Muster mit den anderen sechs Kristallen, bezeichnet sie mit den Buchstaben a,b,c,d,e,f, zu einem zwölfstrahligen Stern. Einige werden denken, es ist ein Kreis, und dies stimmt beinahe auch außer, daß wir euch zuerst den sechsstrahligen Stern auslegen lassen. Dadurch nämlich legt ihr die Energien sternförmig fest.

Jeder der zwölf Kristalle steht in Beziehung zu einem der sechs grundlegenden energetischen Schöpfungsmuster. Die mit Zahlen bezeichneten Kristalle beziehen sich auf die männlichen Aspekte, die mit Buchstaben bezeichneten auf die femininen - 1-a, 5-b, 2-c, 6-d, 3-e, 4-f. Diese Dualität des Ausdrucks ermöglicht die Heilung aller Aspekte eines Menschen, also die Erfassung der gesamten Bestandteile aller Schwingungsebenen des Menschen.

Allerdings darf dieses bestimmte Kristallmuster nicht generell bei jedem Menschen angewendet werden, der euch um Heilung bittet. Wenn ihr entscheidet, wen ihr einer solchen Energie aussetzen wollt und wen nicht, dann habt nicht das Gefühl des Be- oder Verurteilens. Ihr müßt allein entscheiden, ob derjenige mit den Energien in Einklang steht. Ihr tragt die Verantwortung für diese Anwendung.

Die Energien dieses Musters sind stark und vollständig. Sie sollen vor allem bei denjenigen Kindern des Lichts angewendet werden, die bereit sind, eine bewußte Beziehung zu ihren Seelen und Meistern herzustellen. Die Angleichung ihrer Schwingungsmuster hilft ihnen schneller und tiefer zu einer bewußten Erleuchtung zu kommen und hat einen vollkommenen Reinigungs- und Entgiftungseffekt. Es bleibt kein Aspekt von diesem besonderen Energiemuster unberührt, und jede Körperzelle wird von diesen Energien positiv beeinflußt.

Was den Generatorkristall anbetrifft, so gilt: je größer er ist, um so kraftvoller wird das Energiefeld sein, das ihr hervorrufen könnt. Die Größe steht in direktem Zusammenhang mit diesem Prozeß: je größer der Generator, desto größer ist auch seine Fähigkeit konzentriertere Energieströme auszustrahlen.

Mit der Zeit wäre es ratsam, euch zwei verschieden große Generatorkristalle zu beschaffen. Einen, den ihr für eure Mitmenschen verwendet, die sich noch in einem frühen Stadium ihrer Entwicklung befinden und den größeren für diejenigen, die stärkere Energieflüsse ohne Probleme vertragen können.

DER KREIS

Wenn ihr im Kreis sitzt, ist es egal, wie groß er ist, solange ihr mindestens zu dritt seid. Alle Teilnehmer sollten sich bei den Händen halten. In der Kreismitte werden drei Kristalle im Dreieck so aufgestellt, daß die Seiten des Dreiecks gleich lang sind. In der Mitte des Dreiecks steht ein Generatorkristall. Jeder Teilnehmer beginnt nun zu meditieren und konzentriert sich darauf, die Schwingung um den Kreis zu erhöhen. Wenn die Schwingungsebene einheitlich ist und gleichmäßig fließt, schickt jeder seinen Energiefluß durch Konzentration zu dem Generatorkristall in der Mitte des Dreiecks. Dieser Fluß wird dann von dem Generator auf die Kristalle des Dreiecks übertragen und von dort auf die Teilnehmer des Kreises zur Heilung.

Dieses Muster dient zwei Zielen. Zu allererst soll es den im Kreis Sitzenden spirituelle Heilung bringen, ähnlich einer Meditation. Außerdem soll es die Schwingungen und Kräfte des Generators erhöhen, so daß er euch zukünftig noch besser dienen kann.

Wenn jemand im Kreis ein körperliches Leiden hat und man dies heilen möchte, so soll er in dem Kreis als Teil des Ganzen bleiben. Dann ändert man die Form des Kristalldreiecks, indem man die Seiten verlängert und es mit der Spitze auf jene Person richtet, die die Heilung empfangen soll. Dies hat die Wirkung einer Pyramide. Man bewegt dann den Generator bis er etwa 1/3 oberhalb der Grundlinie des Zentrums ist. Danach wiederholt den Schwingungsangleichungsprozeß im Kreis und schickt die Energien in den Generator. Die Energien fließen dann in konzentrierter Form zu der zu heilenden Person.

Wir sagten vorhin, daß man mindestens zu dritt sein muß, um eine vollkommene Einheit zu bilden. Doch wie überall, gibt es auch hier Ausnahmen. Eine davon werden wir jetzt erläutern.

KONFLIKTE LÖSEN

Wenn zwischen zwei Menschen Spannungen, Mißverständnisse oder emotionale Konflikte herrschen, empfehlen wir die folgende Übung, um ein Verstehen und einen Ausgleich der Energieschwingungen zwischen den beiden wieder herzustellen.

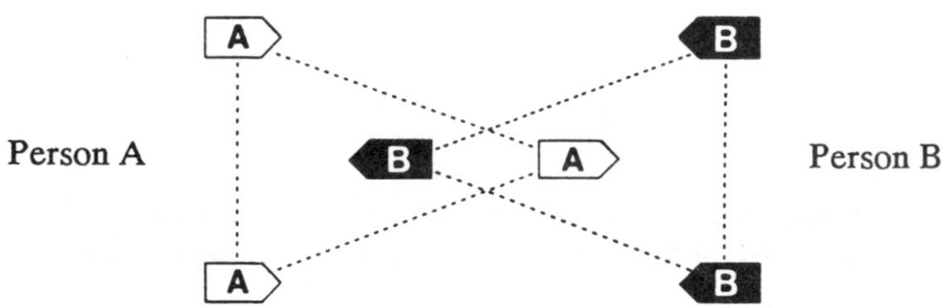

Die beiden Personen sollten sich mit den Gesichtern zueinander gewandt in einem Abstand von etwa 1 m in Lotusposition gegenüber sitzen. Jeder nehme zwei Kristalle und stelle sie in einer Linie von rechts nach links vor sich auf. Jeder plaziert dann seinen Kristall mit der Spitze auf den anderen gerichtet und zwar so, daß es ein Dreieck ergibt. Nun zieht eine imaginäre Trennungslinie zwischen den beiden. Der richtungsweisende Kristall sollte oberhalb dieser Linie im Bereich des anderen liegen. Dies verbindet die beiden Dreiecke und schafft ein unsichtbares diamantförmiges Muster in der Mitte wo sich die beiden Dreiecke überschneiden.

Die Wirkung ist symbolisch. Ihr verbindet die Energien der Dreiheit des einen mit den Energien der Dreiheit des anderen. Das wird Heilung, Befreiung und Verstehen zwischen beiden Personen hervorrufen.

Dieses Muster ist sehr wirksam bei zwei Menschen, deren spirituelle Schwingungen fast gleich sind und übereinstimmen, denn es verbindet sie noch mehr miteinander. Ebenso wirksam ist es zwischen Eltern und Kindern, da es die Beziehung noch friedvoller und verständiger macht.

FEUERKRISTALLE

Es gibt noch eine andere Anordnung, die ihr kennen solltet. Zu diesem Muster benötigt man fünf Kristalle, von denen vier im Rechteck anordnet werden, wobei die beiden langen Seiten doppelt so lang sein sollen wie die kürzeren. Der Generator wird genau in die Mitte des Rechtecks gestellt.

Dieses Muster bewirkt neun Energiedreiecke - ABC, ACD, BCD, ABD, AGD, ABG, BCG, CDG,- der Generator als neuntes mit eingeschlossen.

Diese Konfiguration ist nicht sehr weit verbreitet, da sie eine ganz spezielle Aufgabe hat. Sie hilft einer Person sich dem Zyklus von Schwingungen anzugleichen, der sich numerologisch auf das Jahr bezieht, in dem sie geboren wurde. Zum Beispiel: Angenommen, eine Person hat ein Neunerjahr begonnen, ein Jahr der Vervollkommnung. Das klingt sehr einfach, aber manchmal bedeutete das viel Spannung und Stress, da eine Vervollkommnung nicht nur positive Aspekte mit sich bringt, sondern auch negative. Eine widerwärtige Beziehung mag sich verstärken, um schneller zum Abschluß gebracht zu werden.

Wenn jemand Probleme hat und sich überwältigt fühlt von all dem Druck mit verschiedenen Energie- und Schwingungsaspekten konfrontiert zu sein, dann sollte er diese Konfiguration anwenden, denn sie hilft ihm, die Situationen nacheinander und friedvoller zu meistern. Die Anwendung dieser Konfiguration gibt einem die Stärke und den inneren Frieden, diese Lebensphase erfolgreich ohne übermäßige Anspannung abzuschließen.

Steht jemand am Anfang, in einem Einerjahr, in einem Jahr mit neuen Anfängen, neuen Ideen und neuen Projekten, so sollte er über diese Konfiguration meditieren, da dies der Richtung des neuen Denkprozesses mehr Klarheit gibt. Sie kann Wolken und Zweifel bezüglich der Realisation des anvisierten Projektes entfernen.

Wir haben von einem Rechteck gesprochen mit vier Kristallen in jeder Ecke und einem in der Mitte. Versucht euch vorzustellen, daß wir es mit einem neunfacettigen rechteckigen Kristall zu tun haben, wenn die Energien von dem Generator in die Kristalle in den Ecken fließen. Spirituell können wir uns die Struktur als eine feste Einheit vorstellen, die genauso wie ein großer Kristall wirkt. Das gleiche gilt auch für Energiemuster der anderen Konfigurationen, die wir besprochen haben.

ALLGEMEINE REGELN FÜR DIE ANWENDUNG VON KRISTALLEN

Als Generator empfehle ich einen klaren, reinen Quarzkristall. Für die anderen Punkte könnt ihr auch Bleikristalle verwenden, wenn ihr wollt. Ich schlage vor, daß ihr möglichst nicht beides zugleich gebraucht. Wenn ihr ein Muster zu spiritueller Heilung legt, benutzt lila oder violette Kristalle. Soll die Heilung eine körperliche sein, dann nehmt rostfarbene Kristalle. Zur spirituellen Heilung können auch rosa Kristalle verwendet werden.

Alle bisher besprochenen Muster oder Konfigurationen wurden in den Heilungstempeln von Atlantis angewandt. Viele von euch haben diese Muster schon vorher gebraucht. Wir schlagen vor, diese Konfigurationen aufzubauen, die Wirkung ihrer Energie zu erfühlen und sich damit vertraut zu machen, denn sie werden wunderbare Werkzeuge im Kontakt mit anderen sein.

Alle besprochenen Konfigurationen können anstelle von Kristallen auch mit Magneten gestellt und sogar in ihrer Wirkung verstärkt werden. Die Magnete schaffen ein eigenes passendes magnetisches Feld. Jedoch sollte die Anwendung der Magnete beschränkt bleiben auf körperliche Heilungen und nicht auf spirituelle. Das ist die einzige Einschränkung ihres Gebrauchs, denn sie sind sehr effektiv bei körperlichen Heilungen.

Durch die Anwendung von Kristallen schafft ihr einen elektrischen Energiefluß, der es ermöglicht, Heilungen zu bewirken, zu denen ihr ohne die Kristalle nicht fähig wäret. Ihr könnt bei der Stimulation von Gewebs- und Knochenregeneration behilflich sein und durch die Anregung von Zellen Organe innerhalb des Körpers regenerieren. Das heißt nicht, daß ihr im Verlaufe eurer normalen Entwicklung nicht auch alleine diese Fähigkeiten entwickelt, denn in der Tat wird es so sein. Für jetzt wißt einfach, daß die Kristalle diese Funktion ausführen.

FRAGEN UND ANTWORTEN

Gibt es zeitliche Begrenzungen für die Anwendung eines der Energiemuster?

Für die Anwendung jeder Kristallkonfiguration würde ich durchschnittlich 15 bis 20 Minuten vorschlagen. Schaut jedoch von Zeit zu Zeit nach, ob diejenige Person mit der Energie zurecht kommt. Sollten sich Kopfschmerzen oder ein Energiestau im Körper bilden, dann verkürzt die Zeit der Anwendung.

Manchmal kommt es vor, daß jemand, der für einen hohen Energiefluß offen ist, sich nicht für längere Zeit dieser Energie aussetzen kann. Es kann notwendig werden, die Energie langsam unter Kontrolle zu verstärken, um zu sehen, wie derjenige auf die Energie reagiert.

Wir segnen euch im Namen des Vaters!

KAPITEL 6

Hier spricht Adamis. Seid gesegnet.

Das nun folgende Material unterscheidet sich ein wenig in seinem Charakter von dem vorhergehenden. Aus diesem Grund werden die Energien des Vaters die Leitung des folgenden Abschnitts übernehmen.

Hier spricht Euer VATER:

Seid gesegnet, meine Kinder.

HEILUNG UND KRISTALLE

Ich spreche nun über die Bedeutung der Kristalle und der magnetischen Energien, die im Laufe eures Lebens eine Rolle für euch spielen werden. Ihr habt bis jetzt die Energiemusterformationen kennen und erfahren gelernt, die die verschiedenen magnetischen Heilfelder schaffen können. Diese dienen nicht nur der Heilung des Körpers und der Beziehung zwischen zwei Menschen, sondern auch eurer eigenen, inneren Gefühle und aller Schwierigkeiten, die euch im Alltag aus dem Gleichgewicht bringen.

In dem neuen zukünftigen Zentrum wird ein Raum speziell für die Anwendung von Kristallen zu Heilzwecken eingerichtet werden. Ich werde euch nun beschreiben, wie ein solcher Raum gestaltet ist als Vorbild für andere Zentren, die nach dem gleichen Muster errichtet werden können.

Der Heilungstisch in der Mitte soll von unten und oben mit Kupfer verkleidet sein. Zwölf Generatorkristalle sind in dem Raum an den Wandverbindungen und an der Decke befestigt, wobei die Spitzen auf den Tisch zeigen.

Diese zwölf Generatorkristalle werden das magnetische Feld dieses Raumes konstant halten. Eine kranke Person auf dem Tisch wird der

Polarität des magnetischen Feldes ausgesetzt. Dieses ist sehr stark - stärker als jedes magnetische Feld, das ein Organ im menschlichen Körper umgibt. Daher wird es jede Störung in der Polarität der Energien innerhalb des Körpers korrigieren.

Es ist kein Zufall, daß das Dach des neuen Zentrums aus Kupfer gefertigt ist. Dies war einer der Gründe, warum Er zu diesem Gebäude geführt wurde, denn das Kupferdach hilft die magnetischen Schwingungen zu leiten.

Ich werde einige Methoden beschreiben, wie ihr in Zukunft Kristalle verwenden werdet. Viele von euch haben dies schon in Atlantis getan und es ist für euch ein Prozeß des Wiedererlernens. Die Heilungsverfahren, die ich beschreiben werde, sind nicht für alle in gleichem Ausmaß wirksam, denn in den Heilungsgesetzen ist festgelegt, daß diese Energien auch von der Person angenommen werden müssen. Man muß an die Heilung glauben, und daran, daß die Krankheit nicht länger andauert. Man kann Epilepsie heilen, indem man Energieströme im Gehirn kurzschließt, da dort die Hauptursache für diese Störung liegt.

Eure Heilungen von Schleimbeutelentzündungen und Arthritis werden viel effektiver sein durch dem Abbau von Kalziumablagerungen in den Gelenken. Ihr werdet in Zukunft Systeme zur Auflösung von Blutklumpen und zur Behebung von Blutdruckhochdruck entwickeln.

Aber das wichtigste wird die spirituelle Heilung sein. Immer mehr hoch entwickelte Seelen und Meister inkarnieren sich auf eurem Planeten. Für viele von ihnen besteht ein Teil ihrer Mission darin, in einem sehr zarten Alter ihr Bewußtsein zu entwickeln, so daß sie den größten Teil ihrer Inkarnation ihrem Auftrage widmen können. Oft schließt ihre Sensitivität die Türen zu ihrer wahren Realität, und sie verbringen viele Jahre eingehüllt in den Mantel emotionaler Verstrickungen. Sie sind unfähig, ihr spirituelles Wissen zu gebrauchen. Gerade hier können Kristalle und die Legeformationen helfen.

Ihr werdet fähig sein, jemanden mit drei oder vier Behandlungen Erfüllung zu bringen. Diese Behandlungsmethode sollte nicht angewandt werden ohne den Rat eures Meisters oder eures höheren Selbsts einzuholen. Sie soll nur in spezifischen Momenten benutzt werden. Aber für alle Kinder stehen Maßnahmen zur Verfügung, die ihr

Wachstum beschleunigen und es ihnen ermöglichen, die nächste Ebene in kürzerer Zeit zu erreichen.

Folgendes möchte ich euch sagen, meine Kinder: noch zu euren Lebzeiten werdet ihr sehen, wie die Krankheit, die man als Krebs bezeichnet, aufhört zu existieren, denn mit der Erleuchtung, der Erhöhung der Schwingung dieses Planeten, wird die Selbstverurteilung verschwinden.

Die Ursachen für Ärger und das Heraufbeschwören eines solchen Tumors werden nicht mehr gegeben sein. Diejenigen, die zur Zeit diese Krankheit haben, werdet ihr durch eine wirksame Heilung retten - und damit auch - ein weiteres Kind für euren VATER. Dafür segne ich euch.

Jetzt möchte ich euch bitten, euch für einen Moment zurückzulehnen, eure Augen zu schließen und euch auf eine Berührung mit mir vorzubereiten, damit ich fortfahren kann, eure molekulare Struktur zu verändern. Wie zuvor, werdet ihr mein Licht durch euer spirituelles Auge wahrnehmen. Laßt uns dies nun tun... Es ist geschehen... Ihr könnt euch jetzt ausruhen.

Nun, meine Kinder, verlasse ich euch und segne euch im Namen aller spirituellen Brüder und Schwestern überall. Seid gesegnet, meine Kinder.

***

Hier spricht Adamis.

EINE SPIRITUELLE STADT

Ich möchte mit euch besprechen, was ich unter "spiritueller" Stadt verstehe. Einige von euch werden vielleicht vertraut sein mit einem der alten Axiome von Meister Hermes: "Wie oben, so auch unten". Das heißt entweder, daß "oben" die Erdoberfläche und "unten" das Erdinnere bedeutet; oder aber die spirituelle Ebene ("oben") und die körperliche ("unten"). Hierzu möchte ich folgendes sagen:

Als Atlantis erstmals wiederbevölkert wurde unter Wasser, woher wußten die dort Inkarnierten, nach welchem Muster die Stadt und die Gebäude anzulegen waren und wo der große Heilungstempel und die bereits erwähnten zylindrischen Bauten zu plazieren waren? Woher wußten die anderen alten Zivilisationen in Sibirien und im Zentrum der Erde wie ihre Städte zu konstruieren waren? Sie hatten keine Baupläne.

Ich werde diesen Prozeß erläutern, denn ihr habt bereits jetzt und auch zukünftig in eurem Leben damit zu tun.

Ein System oder Muster, das sich auf oder in der Erdoberfläche manifestieren soll, wird in seiner eigentlichen Struktur zunächst in energetischer Form spirituell geschaffen. Das findet viele hunderte und tausende von Jahren statt, bevor es sich physisch als Struktur manifestiert, aber es ist in jeder Zeitspanne existent. Wenn das Projekt dann in der Realität Form annehmen will, werden jene, die damit zu tun haben, manchmal ohne sich dessen bewußt zu sein, sich in die Energien dieser Struktur einfühlen und Ideen, Pläne, Maßstäbe und Dimensionen entwikkeln. Das Geistige wird sich der Idee bewußt. Die Idee ist der Überträger spiritueller Energie, so daß sie sich verwirklichen läßt.

Aber sie erschafft nichts, sondern verwandelt nur die Energie, damit sie dann in eine manifeste Struktur gebracht werden kann. So wurde die Stadt Atlantis errichtet, ebenso die große Pyramide von Gizeh nebst all den alten und noch zukünftigen Städten.

Versteht, daß ich nicht von einer Person spreche, die sich ein Stück Land kauft und nun beschließt, ein Eigenheim darauf zu errichten, sondern von einer Konstruktion, in Auftrag gegeben von unserem VATER, für die Menschheit zu spirituellen Zwecken. Hat Frank euch nicht auch gesagt, daß Solomon ihm vor acht Jahren sagte, daß die Energien seines "Tempels" schon im Äther über dieser Stadt schweben und daß das Zentrum aus Solomons Tempel und seiner Energie bestehen wird? Und so wird es sein. Er wird die nötigen Energien haben, um die ihm zugewiesene Arbeit in diesem Gebiet zu vollbringen.

Ebenso existieren schon jetzt die Energiemuster für die anderen zwölf Lichtzentren, die über das ganze Land verteilt sein werden.

Jetzt möchte ich euch etwas nahebringen, was ich bisher noch nicht besprochen habe. Vielleicht ist es noch niemandem auf dieser Ebene zuteil geworden.

Viele der Kristalle, die in Atlantis verwendet wurden, sind durch Energiemanifestationen von der spirituellen Stadt Atlantis dorthin befördert worden. Sie waren "Apporte" geschaffen aus der Luft. Sie existierten in der Energiestadt von Atlantis, wurden dann transportiert und in physische Form umgewandelt, um der physisch manifestierten Stadt dienlich zu sein. Viele der Feuerkristalle sind tatsächlich von der Erdoberfläche nach unten transportiert worden, aber viele wurden auch in die Stadt "apportiert" - besonders diejenigen mit spezieller Farb- und Formgebung für die verschiedenen Heilungsarten, die wir beschrieben haben.

VISUALISATION

Ich möchte gerne ein Experiment mit euch machen. Bitte schließt die Augen und hört auf meine Stimme. Ich möchte, daß ihr euch einen großen klaren, reinen Kristall vorstellt. Er ist ungefähr zwei Meter hoch, zylindrisch, aber facettiert und läuft an beiden Enden spitz zu. Seht ihn weit über euch. Er ist so weit weg, daß ihr ihn fast nicht sehen könnt; versucht ihn wahrzunehmen. Es ist wirklich ein Energiekristall, der noch keine körperlich manifestierte Struktur angenommen hat.

Nun möchte ich, daß ihr mit eurer Gedankenkraft den Kristall langsam näher und näher zu euch heranzieht. Je näher er kommt, desto heller und kompakter wird er. Jetzt beginnt ihr seine Kraft zu spüren; zieht sie direkt in eueren Geist, laßt dann los und entspannt euch.

Was ihr erreicht habt ist ähnlich der Methode, durch die Energieobjekte physische Form annehmen. Den letzten Schritt habe ich ausgelassen, nämlich die Erschaffung der Realität in eurem Geist, den Übergang des Feinstofflichen in das Physische, denn dafür seid ihr noch nicht reif - aber ihr werdet es eines Tages sein. Ihr werdet Kristalle sich manifestieren sehen und sie für viele wunderbare Dinge verwenden.

Während eurer Wachstumsphase sind viele von euch durch geführte Meditationen in andere geistige Ebenen gelangt und waren fähig, ein wenig in die Zukunft zu schauen. Ihr konntet Städte und Gebäude sehen, die im einundzwanzigsten Jahrhundert existieren werden. Wie war es möglich, das zu sehen? Ihr habt diese Bilder nicht durch eure Vorstellung geschaffen. Die Energien dafür existierten bereits und ihr konntet sie anzapfen, um sie in eure Vision zu bringen. Alles was jemals war und alles, was jemals sein wird, existiert auch jetzt.

Die Energien von "Strength" aus Atlantis sind jetzt unter uns.

Obwohl "Strength" untersagt wurde, hier noch länger zu sprechen, werden wir seine Gedanken und Worte an euch weiterleiten. Ihr werdet seine Kraft spüren.

MAGNETISCHE KRAFT

Beobachtet die rechte Faust von "Strength". Ballt eure Hand zu einer festen Faust und hebt sie leicht. Konzentriert euch auf eure Faust und fühlt, wie sie härter und härter und fester wird. Presst nicht zu kräftig. Laßt sie fest sein und doch entspannt. Fühlt, wie die Energien in dieser Hand sich festigen, kristallisieren und eure Hand in einen Kristall verwandeln. Bewirkt dies mit Gedankenkraft. Fühlt, wie diese Kraft langsam euren Oberarm hinaufläuft. Versucht euer Handgelenk zu beugen; es ist steif. Ihr braucht nicht länger darüber nachzudenken, ob euer Arm müde wird, denn ihr werdet ihn stundenlang in dieser Position halten können, da ein einheitliches Energieflußmuster im ganzen Arm herrscht. Ich nehme jetzt die Energie fort, und eure Hände entspannen sich jetzt.

Der Grund, aus dem ich diese Übung mit euch gemacht habe, ist ganz einfach: Seid ihr an einem Ort, an dem ihr eure Kristalle nicht dabei habt, oder sie nicht benutzen wollt, dann wiederholt diese Übung einfach mit euren Händen. Ruft die magnetische Energie in eure Hände und benutzt diese als Heilungskristalle. Ihr werdet eine Konzentration an Energie in ihnen spüren wie die, die ihr soeben erfahren habt, nur noch viel, viel stärker. Sie wird die Resultate eurer Heilungen sehr fördern.

Ich möchte vorschlagen, dies nicht nur mit euren Händen, sondern auch mit euren Füßen zu üben; auch mit eurem Kopf und anderen Teilen eures Körpers, den dies wird euch bei der Kristallisation eurer eigenen Strukturen, der Erhaltung eurer Gesundheit und Polarität helfen. Ihr erzielt dadurch auch eine genauere geistige Kontrolle.

Nun schließt nochmals eure Augen und fixiert einen Punkt zwischen den Augen, der ganz weit weg ist. Zieht die Energien an dieser Stelle zusammen und konzentriert euch darauf. Scheint sich die Energie in euren Augen verdichtet zu haben, so daß sie sich wie verfestigte Energie anfühlen, dann öffnet sie schnell und schaut fest geradeaus. Entspannt euch jetzt.

Diese Übung schult die Fähigkeit, die menschliche Aura zu sehen. Einige von euch werden auch durch diese Übung die Organe im Körper eines anderen sehen können, um eine Krankheit zu diagnostizieren. Sie zieht einen Fluß kristalliner Energie in euer Sehen. Sie wird außerdem eure Augen gesund halten und herkömmlichen Augenkrankheiten vorbeugen.

ÜBERNATÜRLICHE CHIRURGIE

Viele von euch haben schon von übersinnlichen Operationen gehört und werden die Wirksamkeit stark angezweifelt haben. Einige, die diese Art von Operationen praktizieren, sind wirklich Schwindler und Scharlatane, aber es gibt auch welche, die dies wirklich beherrschen. Sie wenden dabei hauptsächlich die Methode an, die ich euch gezeigt habe, nämlich den Fluß kristalliner Energien in den Händen so stark zu konzentrieren, daß es ihnen gelingt, die molekulare Struktur der Haut zu öffnen und in den Körper einzudringen.

Diese Art von Operation und Heilung ist vergleichbar mit einer Hand, die als Laserstrahl dient, also einer Hand mit einer kleinen Nadelspitze aus Licht. Man kann diese Operation sowohl mit den Händen als auch mit den Augen ausführen.

FRAGEN UND ANTWORTEN

Ist es einfacher, einen Kristall in Zwölfergruppen zu materialisieren?

Ja. Je mehr Energie generiert wird, desto höher der Erfolg. Es gibt aber Menschen, die es auch alleine können; dies hat die Vergangenheit schon gezeigt.

Die Brüder im All werden viele dieser Kristalle besitzen. Werden einige davon an Zentren gegeben, um bei der Transformation dieses Planeten behilflich zu sein?

Ja. Viele dieser Kristalle, die sich an Bord der Raumschiffe eurer Brüder und Schwestern befinden, werden zu ihrer Verwendung auf die Erde getragen. Viele werden sich hier manifestieren. Andere werden durch den Prozeß der Dematerialisierung an den gewünschten Ort gebracht. Würden sie mißbraucht, können sie sofort zerstört werden.

Wird ein Kampf mit der Gruppe stattfinden, die sie vielleicht mißbraucht, oder spielt sich das mehr im Individuum ab, in denjenigen, die Macht und Kontrolle suchen?

Es wird sich mehr im Individuum abspielen. Wir glauben nicht, daß dies zu einem großen Problem wird. Es wird mit größter Sorgfalt darüber gewacht, daß die Kristalle nicht in falsche Hände geraten.

Bevor wir mit diesem Kapitel abschließen, werden wir noch ein anderes Experiment durchführen. Wir wollen versuchen, einen eurer Brüder aus Atlantis in den Raum zu holen. Er wird nicht körperlich, sondern energetisch hier anwesend sein.

Bitte schließt eure Augen. Ich gebe euch einen Namen, auf den ihr euch konzentriert, um diese Energie anzuziehen. Ihr könnt dann mental kommunizieren und beliebige Fragen stellen. Der Name ist "Alteros" und wir werden seine Energien hervorbringen... So, nun laßt ihn jetzt wieder gehen.

Wir segnen euch im Namen unseres Vaters und wünschen euch stetiges Wachstum.

Kapitel 7

Hier spricht Adamis. Seid gesegnet.
Ich möchte euch verschiedene Gegenstände beschreiben, die bald konstruiert werden, und die ihr selbst anfertigen könnt, Gegenstände, die ihr in der Vergangenheit zur Erhaltung eurer Gesundheit genutzt habt. Sie werden auch euer Wachstum auf einer bewußten Ebene unterstützen.

DRAHTGITTER

Das erste Gitter besteht aus Kupferdraht. Es sollte 90 cm breit und lang genug sein, daß ihr auf ihm liegen könnt. Die Quadrate, aus denen das Gitter besteht, sollten exakt eine Seitenlänge von 3,2 cm haben. Ihr könnt das Gitter herstellen, indem ihr die Drähte schlingt, bis das Muster fertig ist. Ich schlage vor, daß ihr ein langes Stück Draht an jedem der vier Ecken überhängen laßt. Haltet diese Kupferdrähte in euren Händen, wenn ihr für fünfzehn Minuten auf dem Gitter liegt. Der Draht braucht nicht dicker zu sein als Bilderdraht.

Später werden wir eine Kupferspule bauen, die in Durchmesser und Länge groß genug sein wird, um einen menschlichen Körper aufzunehmen. Sie wird speziell zur Behandlung von Krankheiten und Beschwerden des ganzen Körpers eingesetzt, zum Beispiel für hohen Blutdruck, Arthritis und andere Krankheiten, die den ganzen Körper betreffen.

Eine aufregende Zukunft liegt vor euch. Mehr und mehr Erinnerungen werden euch bewußt werden. Noch einmal erinnere ich euch daran, daß das neue Zentrum nicht zufällig ein Kupferdach hat. Es ist alles ein Teil dessen, was geschehen muß.

FRAGEN UND ANTWORTEN

Wie können wir unsere Kristalle nach dem Erwerb reinigen, und wie können wir sie auf unsere eigenen Schwingungen einstimmen?

Habt ihr einen Kristall erworben, dann schrubbt ihn mit einer Bürste in warmem Wasser, um Oberfläche und Ritzen von allen fremden Partikeln zu reinigen. Wenn ihr das getan habt, taucht den Kristall zehn Minuten lang in warmes Salzwasser, um ihn von jeglicher Negativität, die er vielleicht aufgenommen hat, zu befreien. Ist der Kristall wieder trocken, dann legt ihn eine Stunde lang in Sonnenlicht. So wird der Kristall für euch aufgeladen. Es ist zwar nicht notwendig, aber ratsam, den Kristall periodisch den Energien der Sonne auszusetzen.

Laßt den Kristall zu eurem Freund werden, so daß er eure Schwingungen aufnimmt. Haltet ihn in der Hand, wenn ihr meditiert. Wenn das für euch unangenehm ist, dann legt ihn auf oder neben euren Körper, so daß er innerhalb eures Aura-Feldes ist und eure Schwingungen aufnimmt. Nehmt ihn mit, wenn ihr in eine Gruppe geht. Tragt ihn bei euch. Je länger er in eurer Gegenwart und in euren Schwingungen bleibt, desto eher wird er eine Erweiterung von euch selbst werden, die ihr nutzen könnt.

Sorgt euch nicht wie manch andere darum, daß andere euren Kristall berühren und ihre Schwingungen auf ihm zurücklassen könnten. Sollte das geschehen und solltet ihr irgendeine Negativität spüren, dann badet ihn einfach in Salzwasser. So entfernt ihr jegliche Negativität.

Es gibt Kristalle in einem ganz tiefen Lavendelblau. Sie sind sehr selten. Welche Fähigkeiten des Heilens haben sie?

Der Kristall, auf den du dich beziehst, stammt aus Uruguay. Seine Funktion und Aufgabe im Heilen sind rein spiritueller Natur. Er kann dazu verwendet werden, jemanden zu unterstützen, der einen Exorzismus durchführt. Er hilft Besessenheit oder eine starke negative Energie zu entfernen, die in das Energiefeld einer Person eingedrungen ist. Der Grund warum gerade dieser Kristall dafür benutzt wird, ist seine hohe Intensität spirituell orientierter Schwingungen, die euch viel Macht und Kontrolle bei diesem Unterfangen gibt. Ein Exorzismus oder die Austreibung einer fremden Wesenheit kann nicht leichten Herzens von jedermann gemacht werden. Es erfordert eine starke Kontrolle und Beherrschung des Energieflusses.

Dieser Kristall kann auch bei unheilbaren Krankheiten verwendet werden, besonders dann, wenn vorübergehend Besserung eingetreten ist und der Fall in die Kategorie möglicher Spontanheilungen fällt.

Gibt es schwarze Kristalle?

Ja, sie wurden in Atlantis benutzt. Auf der Erdoberfläche gibt es normalerweise keine. Wenn einer hier erscheint, dann als Apport. Sie sind ganz besonders stark, und ein Mißbrauch könnte großen Schaden verursachen. Sie wurden verwandt, um Seelen von einer Schwingungsebene zu verbannen, und zwar in einen Bereich, wo das Licht unseres VATERS nicht scheint.

Könntest du uns etwas über die Aufgabe und die Schwingungen des großen Kristalles sagen, der hier im Raum am Kamin liegt?

Ein großer Kristall wird Generator genannt. Er ist größer als andere, die wir besitzen und dient als Schwamm. Er nimmt atmosphärische Energien auf und verteilt sie an alle Anwesenden im Raum. Darüber hinaus kann er, wenn wir die Bedingungen so festlegen, als Relais-Station für die Energien der Kommunikation dienen. Die Schwingungen kommen durch den Generator und fließen dem Individuum zu, das channelt.

In Sedona zum Beispiel, in Arizona, an einem als »Ruby Focus« bekannten Ort, channelte die Seele Evangeline jede Nacht und saß dabei an einem Kristall, der viermal so groß war wie unserer. Sie benutzte ihn als Kommunikationsgenerator, durch den alte Meister ihre Botschaften channelten.

Könntest du über Dematerialisierung sprechen? Was ist ihr spiritueller Zweck?

Der Prozeß der Dematerialisierung und der, einen Apport entstehen zu lassen, sind teilweise gleich. Im Fall eines Apports sprechen wir über ein Objekt, dessen normaler Seinszustand reine Energie ist. Wir könnten sagen, daß es bereits dematerialisiert ist, keinen Körper und keine physische Substanz hat. Indem wir ihm Körper, Substanz und Räumlichkeit geben, geschieht die Materialisation in die physische Form.

Wenn wir es mit Dematerialisation zu tun haben, nehmen wir eine physische Form, verwandeln sie in reine Energie, und rematerialisieren sie an einem anderen Ort. Es ist nur eine Form des Transports, die anders nicht auszuführen wäre. Es ist recht einfach, diesen Prozeß zu erklären, doch weniger leicht, ihn durchzuführen.

Als wir euch die Hände heben ließen, um eure Arme kristallin werden zu lassen - wo ihr nicht mehr Fleisch und Blut gespürt habt, sondern das Gefühl hattet, aus Kristall zu sein - habt ihr den Prozeß erfahren, durch den man gehen muß, bevor eine Dematerialisierung geschehen kann. Die Beschränkungen der physischen Welt müssen fallen und aufgehoben werden. Wenn das erreicht ist, ist es durch einen energetischen Prozeß leicht, die Zellstruktur zu disassimilieren und sie an einem anderen Ort wieder zu assimilieren.

Es gibt Geister, die diese Methode benutzen, um Spielchen und Tricks mit Menschen zu treiben. Ich glaube, ihr nennt sie Gespenster; aber vorwiegend dient dieser Mechanismus dem Transport.

Wie ich verstanden habe, findet im Bermuda-Dreieck zu gewissen Zeiten im Jahr eine Desintegration von Objekten statt. Gibt es einen Aufbau von Kristallen, der so kraftvoll ist, daß er sie zerstören kann? Ist es möglich, daß sie in ein anderes Gebiet transportiert worden sind?

Wenn in dem Gebiet, das man als Bermuda-Dreieck kennt, etwas verschwindet, dann rührt das von einem mächtigen Energie-Aufbau beschädigter Feuer-Kristalle aus Atlantis her. Ist das Kraftfeld stark genug, wird alles, was in dieses Kraftfeld gerät, desintegriert und in reine Energie verwandelt. Die Energie der Kristalle wirkt ständig, ist aber nur zu bestimmten Zeiten stark genug, um diese Auflösungen zu bewirken.

Es wurden Theorien entwickelt, daß es viele dieser Flugzeuge und Schiffe in "Schwarze Löcher" oder Zeitverwerfungen verschlagen hätte, aber das stimmt nicht. Diejenigen, die von diesem Kraftfeld erfaßt wurden, sind lediglich in die geistige Form übergegangen.

In Atlantis gab es einen Raum, dessen Decke, Boden und Wände aus Kristallen gemacht waren. Kannst du mir sagen, welchen Zweck dieser Raum hatte?

Der kristallene Raum wurde für Initiationen benutzt, außerdem ganz speziell für Dematerialisation und Reisen in andere Gebiete. Es war ein Konzentrationspunkt, kraftvoll genug, um dies zu bewirken. Viele wurden aus dem All in diesen Raum gebracht, um in Atlantis zu dienen, und andere verließen Atlantis auf dem gleichen Weg. Viele der Ältesten, die von der Zerstörung von Atlantis verschont wurden, gingen so fort.

Ich bekomme immer wieder das Bild eines dreieckigen, aus Kristallen gebauten Raumes in Atlantis. Könntest du mir bitte dazu etwas sagen?

Die dreieckig geformte Struktur, auf die du dich beziehst, bestand nicht aus Kristallen. Das scheint nur so wegen der hohen Energiekonzentration dort. Tatsächlich ist es die Decke eines Hauses, das in der Form einer Pyramide gebaut war. Das Gebäude wurde zur Reinigung niederer Lebensformen wie Tiere und Pflanzen gebraucht, um sie in den frühen Phasen ihrer Entwicklung zu reinigen.

Du erinnerst dich zum Teil daran, weil du mit der Konstruktion und dem Bau dieses Raumes in einem vergangenen Leben zu tun hattest. Damals schrieb man das Jahr 47.834 vor Christus.

In Atlantis gab es ein pyramidenförmiges Gebäude. Die Wände waren Licht. Die Kristalle, die man dort benutzte, hatten alle Farben eines Kaleidoskops, und ein Ton der Tonleiter wurde in diesem Gebäude gespielt. Wozu wurde es verwendet?

Das Gebäude, von dem du sprichst, war Teil des großen Heilungs-Tempels von Atlantis, auf der linken Seite des Komplexes. Es wurde als Regenerations-Kammer benutzt. Die spezielle Schwingung des Tons war eine Frequenz, die zur Regeneration von Gewebe und Knochen diente. Man nannte das Gebäude "Uranil".

Während der Evolution von Atlantis und der hier inkarnierten Seelen wurde die Frequenz des Tons geändert. Am Ende hatte er eine andere Schwingung als zu der Zeit, als der Raum ursprünglich gebaut worden war. Die Seelen erhielten dort etwas ähnliches wie ein "Mantra", einen individuellen Klang. Wächst ein Individuum, dann ändert sich auch das Mantra, denn es entspricht dann einer anderen Schwingung.

Ich habe Geschichten von Schiffen gehört, die in das Bermuda-Dreieck gefahren, verschwunden und dann wiedergekommen sind. Als man einige der Besatzungsmitglieder fand, diagnostizierte man sie als verrückt, und sie erzählten wilde und wenig übereinstimmende Geschichten. Kannst du dazu einen Kommentar geben?

Die Erklärung ist ganz einfach. In bestimmten Perioden, wenn das Kraftfeld der Kristalle nicht stark genug ist, um eine totale Auflösung zu schaffen, bewirkt es Verletzungen. Man könnte es mit einem Menschen vergleichen, der die Überdosis einer Schockbehandlung erhält: nicht genug, um eine Person zu töten oder zu zerstören, aber genug, um das Gehirn zu beschädigen und eine Geisteskrankheit oder andere Symptome hervorzurufen. Diese Individuen wurden nicht zerstört und dann wieder zurückgebracht. Was sie plappern sind Halluzinationen, Gedanken der Angst und Manifestationen ihrer Geisteskrankheit. Dies sind unglückliche Ereignisse.

Auf dem Grund des Ozeans in jener Region wurde ein in den Fels gegrabenes Gitter-System gefunden. Sagst du bitte etwas dazu?

Du wirst dich erinnern, daß wir von einem zentralen Kern mit einem Gitter-System gesprochen haben, das von dem Zentrumskern ausging, der die Stadt als Haupt-Energieversorgung umgab. Dies sind die Überbleibsel eines Teils des Gittersystems, das damals existierte. Bei seiner Zerstörung grub es Spuren dort in die Felsen ein, wo die Kupferspulen lagen.

Als du über den Gebrauch von Kristallen für die Chirurgie in Atlantis gesprochen hast, sagtest du etwas über Strahlen von Kristallenergie, die zu speziellen Bereichen des Gehirns geleitet wurden und die emotionalen, mentalen und spirituellen Aspekte der Behandelten betrafen. Könntest du bitte genauer auf die Gehirnpartien eingehen?

Es wäre für uns äußerst schwierig, diese Partien genau zu lokalisieren und dir zu beschreiben. Wir werden ein Diagramm zeichnen lassen, mit dem du diese Bereiche finden kannst.

Auf den Philippinen gibt es eine Gruppe Männer, die sich Geistheiler, psychische Chirurgen nennen. Sie nutzen magnetische Energie, um Operationen durchzuführen. Sind das Fähigkeiten, an die sie sich erinnern, oder bringen sie sich das selbst bei? Wenn ja, wie kann man es dann auch andernorts zustande bringen?

Einige der Geistheiler auf den Philippinen haben sich ihrer Fähigkeiten erinnert und sie wachgerufen, aber ich würde sagen, daß die Mehrzahl von ihnen erst heute in dieser Funktion geschult wurde. Es gibt keinen Grund zur Annahme, daß nicht irgendjemand an einem beliebigen Platz auf der Erde die gleiche Fähigkeit entwickeln könnte. Der Grund, warum sie sich auf diese Region konzentrieren, ist, weil die Lehrer dieser Technik eben dort leben.

Geschieht so etwas, ist es wie ein Schneeballsystem. Man geht an die Quelle, denn es ist leichter, dort diese Technik zu erlernen. Ist man diesen Schwingungen ausgesetzt und kann man beobachten, wie diese Operationen ausgeführt werden, dann stärkt das den Glauben und hilft, die nötige geistige Kontrolle zu entwickeln. Wie bereits gesagt, es gibt einige, die diese Kunst nur vortäuschen, andere hingegen beherrschen tatsächlich diese Form der Chirurgie.

Auf Hawaii gibt es einige sehr alte Medizinmänner und -frauen, Kahuna genannt. Sind sie direkte Abkömmlinge der Atlanter?

Ja. Da gibt es eine direkte Verbindung. Als Atlantis zerstört wurde, inkarnierte die Mehrheit der Ältesten in Ägypten, um dort die Wiederbesiedlung zu beginnen, und um die Zwölf Stämme Israels zu bilden. Es gab einzelne Auserwählte, die in verschiedenen Gegenden der Welt inkarnierten, um die Arbeit des VATERS auch dorthin zu tragen.

Etliche Generationen lang wurden die Geheimnisse der Kahuna der Gesellschaft und Menschheit nicht offenbart. Viele Menschen verstehen das nicht, denn euch wird gelehrt, daß Wissen dazu da ist, um weitergegeben zu werden. Wissen sollte erst dann in die Öffentlichkeit getragen werden, wenn es geschätzt und angenommen werden kann, nicht vorher. So entscheidet derjenige, der das Wissen hat, ob er es mitteilen will oder nicht.

Gibt es bestimmte indianische Stämme, die direkte Nachfahren von Atlantis sind?

Die Sioux und die Mohawk fallen in diese Kategorie.

Bestand das atlantische Volk aus einer Rasse oder aus mehreren? Kamen sie ursprünglich von einem anderen Planeten, um diesen zu besiedeln, oder wurden sie für die Erde geschaffen?

Die Mehrheit der Seelen, die in Atlantis inkarnierten, bestand aus vielen Rassen und unterschiedlichen Entwicklungsstufen. Jene, die zur Wiederbesiedlung von Atlantis kamen, inkarnierten aus anderen Welten und Ebenen spiritueller Evolution und Entwicklung.

In Atlantis existierte ein Kastensystem. Wie schon zuvor gesagt, gab es die Rasse der Mutanten, die körperliche Arbeit verrichteten. Vielleicht waren dies die ersten Anfänge einer kastenorientierten Gesellschaft auf diesem Planeten, aber auch das geschah nicht aus Zufall. Jene, die zu den Ältesten und Führern von Atlantis wurden, hatten einen sehr verschiedenen Hintergrund und eine unterschiedliche Herkunft, und jeder war Spezialist auf einem genau definierten Gebiet.

War Atlantis der "Garten Eden"?

Der ganze Planet Erde ist der "Garten Eden". Das ist rein symbolisch - dabei ist Adam das männliche Prinzip, Eva das weibliche, der Garten der Ausdruck von Liebe und die Schlange die Versuchung. Energien - eine Dreiheit von Energien und die Versuchung, so daß ein Gleichgewicht entsteht.

Wie viele Tempel gab es in Atlantis und welchen Zweck hatten sie?

Zwölf Tempel hatte man in Atlantis gebaut. Zentraler Brennpunkt war der große Heilungstempel. Alle Tempel wurden teilweise als Leuchtfeuer für Energie gebaut und als Orte der Meditation, an denen man spirituellen Frieden finden konnte. Sie waren nicht als anbetungswürdige Monumente gebaut, denn jedes Individuum war hoch genug entwickelt, um sich seiner Fähigkeiten bewußt zu sein, mit denen es mit seinem VATER kommunizieren konnte. Sie kannten ihren eigentlichen Ursprung und wußten um den Zweck ihrer Anwesenheit in Atlantis.

Es scheint, daß alle oder die meisten Bewohner von Atlantis spirituell sehr entwickelt waren. War das von Geburt oder früher Kindheit an so, oder gab es eine Art Trainingsprogramm, das ihr Wachstum beschleunigte?

Alles, was du gesagt hast trifft zu. Viele von ihnen wurden ganz bewußt geboren, starben ebenso bewußt, und wurden bewußt wiedergeboren. Alle, die in Atlantis lebten, wußten, daß sie nach ihrem Tod wiederkehren würden. Das war ihre Aufgabe. Einigen wurde mit Heilbehandlungen geholfen, ihr Wissen auf eine bewußte Ebene zu bringen, indem man die euch beschriebenen Behandlungsarten einsetzte. Zum Beispiel wurden sie u. a. in die Kammern gebracht und hinter den kristallenen Wänden eingeschlossen, oder den Laserstrahlen kristallener Energie ausgesetzt.

Obwohl die Mehrzahl der Seelen, die in Atlantis inkarnierten, sehr hoch entwickelt war, galt das nicht für alle. In vielen Fällen gingen besonders jene, die noch viele Lektionen zu lernen hatten, durch einen Prozeß der "Entfaltung", der dem ähnelte, den die Menschheit gegenwärtig erlebt.

Haben die Menschen in Atlantis mit den Walen und Delphinen kommuniziert und gespielt?

Das glaube ich nicht. Aber ich würde sagen, sie waren mit Sicherheit weit genug entwickelt, um dazu fähig zu sein.

Viele von euch sind zu eurer jetzigen Zeit dazu in der Lage. Es gibt viele, die mit tierischem und pflanzlichem Leben kommunizieren.

Kannst du mir bitte sagen, ob das Volk der Mayas von Atlantis stammte?

Sie kamen nicht von Atlantis, sondern wanderten direkt aus anderen Welten ein. Einige von Atlantis haben sich unter sie gemischt, um ihnen zu helfen, ihre Kultur aufzubauen und sind mit der Zeit ganz und gar in dieser Kultur aufgegangen.

Sind die Mayas von diesem Planeten zu einem anderen ausgewandert, denn niemand weiß, was mit ihnen geschehen ist?

Sie sind schrittweise ausgewandert. Gegenwärtig leben sie nicht einmal mehr innerhalb dieses Sternensystems.

Bevor wir diesen Abschnitt beenden, möchte ich euch daran erinnern, einige der euch gelehrten Kristallformationen zu üben. Diese Energiemuster werden für euch immer wichtiger. Sie werden euch bestimmt helfen, weiter zu wachsen und eure Energiemuster zu stabilisieren.

Wir segnen euch im Namen des Vaters.
Gott segne euch.

KAPITEL 8

Hier spricht Adamis. Seid gesegnet.

Kern des folgenden Gesprächs wird die Rolle der Atlanter für die Menschheit in der gegenwärtigen Epoche sein. Im Laufe unserer Studien über Atlantis können wir den Fortschritt, den die in Atlantis inkarnierten Seelen gemacht haben, nicht vernachlässigen. Wir müssen uns ihre Funktion ansehen, und warum sie zum jetzigen Zeitpunkt inkarniert sind. Wenn wir damit fertig sind, werden wir mit Kristallen experimentieren.

DIE ÄLTESTEN

Nicht alle Seelen, die in Atlantis inkarnierten, erreichten in ihrer Entwicklung eine Stufe, die sie für den Status als "Ältere" qualifizierten. Nach der Zerstörung der Stadt inkarnierten viele der Seelen ohne bestimmte Funktion, um ihr Wachstum und ihre Entwicklung fortzusetzen. Die Seelen, die einen hohen Entwicklungsgrad erreicht hatten, vor allem jene, die mit Energie und Kristallen zu tun hatten, übernahmen die Rolle bewußter Meister auf der Erde, um die Arbeit, die sie in Atlantis begonnen hatten, fortzusetzen und zu fördern.

Ihr mögt euch fragen, warum ihr jetzt dem Prozeß der Kristallisierung ausgesetzt seid, wenn doch eure Seelen vor so vielen Jahrtausenden so hoch entwickelt waren.

Wann immer eine neue Inkarnation angenommen wird, ist es nötig, diesen Prozeß zu durchlaufen. Bedenkt, daß wir uns nicht mit der Seele abgeben, sondern mit physischer Struktur. Wenn die Zeit reif ist, wenn die Arbeit ausgeführt werden kann, dann wird dieser Prozeß stattfinden.

Als die ersten Atlanter auf der Erdoberfläche inkarnierten, brachten sie all ihr Wissen, all ihre Macht, und all ihre Fähigkeiten mit. Das war nötig, denn ohne dies hätten sie ihre Arbeit nicht fortsetzen können.

DIE PYRAMIDEN

Eines der ersten Projekte, die man durchgeführt hat, war die Errichtung der Bauwerke, die man als Pyramiden kennt, in vielen Gegenden des Planeten. Man baute sie, um die Kommunikation aufrechtzuerhalten und Kanäle zu den Brüdern und Schwestern im All zu öffnen. Sie waren auch dazu da, um gesammelte Energien von und zu den Raumschiffen zu kanalisieren, als auch von den Energiewirbeln, die von den Gittersystemen ausgingen.

Es waren die Ältesten, die die Erbauer der Pyramiden den Prozeß der Levitation lehrten, der es ihnen ermöglichte, die großen Steine an die richtigen Stellen zu bringen. Viele von euch waren an diesen Projekten beteiligt und werden die Kunst der Levitation in eurem gegenwärtigen Leben lernen.

DIE HEBRÄER

Sowohl die alten als auch die neuen Versionen der Bibel beziehen sich oft auf die einstige Gegenwart der Ältesten. Da war zum Beispiel Jakob, der Vater der Zwölf Stämme Israels. Erinnert euch, daß die Seele eines der Ältesten, - inkarniert als Frau -, nötig war, um eine andere, entwickelte Seele zu gebären.[4] Ich könnte euch hunderte von Namen nennen und ich bin sicher, ihr kennt die meisten davon.

Viele dieser Ältesten inkarnierten sich als Teil der Hebräer. Von jener Zeit bis beinahe zum heutigen Tag haben sie sich selbst wegen der Ereignisse, die geschahen als Moses die Zehn Gebote brachte, verurteilt. Sie glaubten, daß sie "Sünder" seien und haben sich dadurch bei ihrer Mission und bei der Arbeit ihres VATERS viele Hindernisse in den Weg gelegt. Erst in den letzten Inkarnationen ist man sich bewußt geworden, daß man dieses Urteil selbst hervorgerufen hatte, und hat begonnen, es loszulassen. Viele von euch tragen dieses Urteil als Schuld in sich, auch wenn ihr euch dessen nicht bewußt seid.

4 Immer ist eine energetische Übereinstimmung von der Mutter mit der Seele des Kindes notwendig, um eine Empfängnis möglich zu machen.

VERLORENE FÄHIGKEITEN

Die wichtigste Rolle für einen Ältesten aus Atlantis ist heute, sich der verlorenen Künste, Fähigkeiten und Erfahrungen wieder zu erinnern. Das ist nötig, damit die Energien wieder auf einer bewußten Ebene "lebendig" und jetzt und in der Zukunft genutzt werden können.

Die Welt bewegt sich mit unerhörter Geschwindigkeit, und sie wird sich noch steigern. Was heute eine neue Technologie ist, ist nächsten Monat bereits veraltet. Wenn der erste, bewußte Kontakt mit euren Brüdern und Schwestern im All hergestellt sein wird, dann liegt es in der Verantwortung jener, die aus der Vergangenheit mit der Kommunikation vertraut sind, diese Funktion wieder aufzunehmen.

EURE BRÜDER IM ALL

Die Energiesysteme vieler von euch wurden in euren Meditationen auf die Schiffe transportiert, um sich dort vertraut zu machen. Einige von euch kommunizierten mit euren Brüdern im Raum. Dadurch wurden sie sich ihrer Schwingungen wieder bewußt. Der Kristallisationsprozeß, der gegenwärtig in euren Körpern stattfindet, wird die Intensität und Frequenz dieser energetischen Einstimmung erhöhen.

Habt ihr eine Meditation beendet und fühlt euch schwach, dann ruht und versucht nicht, aufzustehen. Wenn euer Körper schmerzt, dann macht keine Übungen, um dies zu lindern; ruht einfach. Der Umwandlungsprozeß bringt diese Nebeneffekte mit sich, und sie müssen sich einfach ihren Weg bahnen. Ihr werdet nicht krank, sondern nur erschöpft sein.

Falls ich es noch nicht erwähnt habe, dann tue ich es jetzt: als Ergebnis des Kristallisationsprozesses werden eure Körper beträchtlich langsamer altern, euch mehr Jahre bester Gesundheit und eine verlängerte Lebensspanne bringen. Das soll aber nicht heißen, daß ihr Hunderte von Jahren leben werdet, denn das ist nicht so.

IMPLANTATION VON KRISTALLEN

Bitte schließt für einen Moment eure Augen und hört mir zu. Da ist ein Lichtstrahl, ein kristallines Licht, das nun durch euer Scheitelchakra[5] in eure Körper zu fließen beginnt. Es ist ein sehr feiner Strahl, der einen langen, spitzen Kristall vor euren Augen entstehen läßt. Die Energien, die zur Spitze dieses Kristalls fließen, konzentrieren sich nun im Bereich eures Nabels. Stellt euch diesen Bereich vor. Seht den Strahl von Energie, der sich auf diesen Teil eures Körpers ansammelt. An dem Punkt, an dem die Energie mit eurem Körper zusammentrifft, bildet sich ein Kristall - ein kleiner, hexagonaler Kristall. Dieser Kristall wird nun in euer Nabelchakra implantiert, und obwohl er nicht wirklich körperlich ist, seid ihr euch bewußt, daß er da ist. Nun ruht euch einen Moment aus.

Diese Energie wird dort für den Rest eures Lebens in Kraft sein. Sie wird nie verschwinden und nie stärker werden, sondern als gleichbleibender Faktor für euch dort präsent bleiben.

Setzt euch nun bitte mit den Handflächen nach oben hin, und schließt wieder eure Augen. Ihr verspürt nun in der Mitte eurer Handflächen einen scharfen Schmerz. Das kommt daher, daß gerade jetzt ein Kristall in jede Handfläche eingepflanzt wird. Die Kristalle sind smaragdgrün, und ihr werdet sie zum Heilen und Energetisieren benutzen.

Bitte bewegt eure Hände nicht, auch nicht, wenn sie sich ein wenig taub anfühlen. Das geht gleich vorbei.

Ihr dürft euch nun wieder ausruhen.

Mit der Zeit wird jeder von euch zweiundzwanzig Kristalle in verschiedenen Teilen eures Körpers implantiert haben. Wenn das vollständig geschehen ist, sind die Veränderungen in den Zellen erreicht.

Wir werden nun noch einen Kristall implantieren, und zwar in das Chakra, das mit spiritueller Kommunikation zu tun hat, an der Basis eures Schädels, auf der Wirbelsäule. Bitte sitzt nun ganz ruhig und bewegt euch nicht. Dieser Kristall ist tief violett. Wir werden damit gleich fertig sein... Nun dürft ihr euch wieder ausruhen.

Ich bitte euch, euch gelegentlich in euren Meditationen an die Energien zu erinnern, die ich in eure spirituellen Körper implantiert

5 Das Scheitel-Chakra ist der Empfangspunkt spiritueller Energie nahe dem vorderen Haaransatz in der Mitte des Kopfes

habe. So könnt ihr euch an sie gewöhnen und zur richtigen Nutzung den Fluß dieser Energien geistig kontrollieren. Wißt, daß ihr diese Energien bereits einmal genutzt habt; wann immer ihr sie jetzt verwendet, werden sie euch an diese Zeit erinnern.

Wenn ihr diese Kristallenergien zum Heilen anwenden möchtet, streckt einfach eure Hände aus und stellt geistig einen Energiefluß aus den Handflächen kommend her. Wollt ihr sie zum Heilen nicht nutzen, dann müßt ihr das nicht tun. Betrachtet diese Technik lediglich als eine eurer Möglichkeiten.

Die Kristalle im Nabel und im Kommunikations-Chakra unterstützen eure Entwicklung.

Als nächstes werden wir Kristalle hinter euren Augen und in den Fußsohlen implantieren...

Ihr habt diese Energien gespürt, und ich weiß, daß ihr diesen Vorgang bewußt wahrgenommen habt und daran glaubt. Im Unbewußten gibt es jedoch immer noch bestimmte Zweifel. Das ist normal und ihr braucht euch dessen nicht zu schämen. Aus diesem Grund haben wir euch gebeten, diese Energien zu nutzen, so daß ihre Gegenwart für euch auf allen Ebenen Realität wird. Wenn ihr diese Energien fließen lassen wollt, werden sie es tun, ohne von Zweifeln behindert zu werden. Sie werden euch, so wie vorgesehen, dienen.

Die Rolle der Ältesten von Atlantis wird innerhalb der nächsten drei oder vier Jahre klarer bestimmt werden. Die Massen der Menschheit werden von ihren Schwingungen angezogen werden und ihren Rat und ihre Führung suchen. Auch wollen sie Hilfe beim Überleben in den sich verändernden Schwingungen erhalten. Es ist die Verantwortung der Ältesten, sich vorzubereiten, so daß sie dieser Rolle gerecht werden können.

Dieser Planet wird nicht zerstört werden. Es gibt keinen Grund zur Panik, aber Weiterentwicklung ist dringend erforderlich, und es gibt viel Druck dahingehend. Andernfalls könnte es zu einer Zerstörung anderer Art kommen.

Ich segne euch im Namen des Vaters.

Kapitel 9

Hier spricht Adamis. Seid gesegnet.

Bevor wir die Besprechung über das Einpflanzen von Kristallen weiter fortführen, möchte ich gerne ein wenig Zeit für Fragen verwenden, die sich zu diesem Thema ergeben haben.

Um den Fluß magnetischer Energie durch eure Körper anzuregen, bitte ich euch, eure rechte Hand leicht zu heben und zu einer Faust zu ballen, wie wir es bereits vorher schon getan haben. Fühlt, wie die Energien durch euer Scheitelchakra einströmen und zu eurer Faust fließen. Spürt noch einmal die Kraft und die sich festigende Struktur eurer Hand.

KRISTALLIMPLANTATIONEN

Wir fahren fort mit den Kristallimplantationen in euren Augen. Schließt bitte eure Augen, nicht zu fest, so daß keine Spannung oder kein Druck entsteht. Entspannt eure Gesichtsmuskeln. Die Energien der Kristalle treten an beiden Seiten eures Kopfes etwa 2 1/2 cm hinter euren Augen ein, was einen leichten doch nicht allzu starken Druck erzeugt. Diese Kristalle haben einen rötlichen Farbton, da ihre Aufgabe die Anwendung von Kraft erfordert. Wir werden sie jetzt an ihrem Platz versiegeln... Ruht euch einen Moment aus.

Ich werde nun die Funktion dieser Kristalle erklären, die den bereits beschriebenen "glockenförmigen" Kristallen in Atlantis ähnlich sind: ein Ende läuft spitz zu, das andere ist leicht gerundet. Wir richten das gerundete Ende auf unsere Augen. Die Aufgabe dieser Kristalle besteht darin, euch bei Heilungen einen Einblick in einen anderen Menschen zu geben, euch bei der Diagnose von Körperkrankheiten und beim Abwenden negativer Energie, die euch vielleicht von einem anderen geschickt wird, behiflich zu sein. Ihr werdet tatsächlich fähig sein, durch euren bloßen Willen ein Schutzschild um euch und andere zu legen.

Die Kristalle können euch auch bei der "Hellsichtigkeit" behilflich sein. Ihr könnt durch sie diese Fähigkeit nicht erlangen, sie fördern jedoch die Entwicklung bereits vorhandener Hellsichtigkeit. Einige werden auch in den Körper "hineinsehen" können, um Krankheiten festzustellen.

EUER HERZCHAKRA

Jetzt gehen wir zur Implantation in das Herzchakra. Schließt eure Augen, atmet langsam und ruhig in einem gleichmäßigen Rhythmus. Seid nicht besorgt, wenn ihr eine Art Druck oder Schwere in der Herzgegend spürt; dies ist nur die Wirkung der auf diese Stelle gelenkten Energie. Euer Herz beginnt sich nun zu öffnen und ein weißer Lichtstrahl scheint durch euren Brustkorb in euer Herz einzudringen. Jetzt versiegeln wir den Kristall an seinem Platz. Ihr könnt euch nun entspannen.

Dieser Kristall hat eine runde Form mit 144 Facetten an seiner Oberfläche. Symbolisch bedeutet dies die Vervollkommnung eures "Zwölf von Zwölfen", die Beziehung und Einstimmung der Zentren eures Körpers, eurer mentalen und spirituellen Essenz. Er hält die Energien eurer Vollkommenheit bereit. Der Kristall erzeugt weder Wärme noch Kälte, sondern einfach einen beruhigenden Glanz.

Die Aufgabe des Kristalles hat mit euch selbst und eurer Arbeit zu tun. Wenn ihr z.B. vor einer Gruppe von Leuten einen Vortrag haltet, dann wird - aktiviert durch euren Herzkristall - ein Fluß von Energie in Gang gesetzt, so daß andere die Schwingungen eurer Liebe spüren. Dies wird ihnen helfen, eure Wahrheit anzunehmen und wird hoffentlich ein Ansporn sein, ihr eigenes Wachstum zu fördern.

EUER KEHLKOPFCHAKRA

Der letzte Kristall, den wir einpflanzen möchten, wird im Halschakra an der Stelle, wo der Hals in den Nacken übergeht, sitzen. Der Kristall hat die Form eines Spitzkegels mit glatter Oberfläche ohne Facetten und ist zartblau.

Atmet langsam und rhythmisch und fühlt die Energien mit jedem Atemzug in eure Kehle eindringen. Jetzt versiegeln wir den Kristall an seinem Platze... Entspannt euch nun.

Der Kristall hilft euch, die Wahrheit zu finden und auszudrücken, denn spirituelle Kommunikation funktioniert zumeist nicht verbal, sondern mental bzw. durch Channeling.

FRAGEN UND ANTWORTEN

Kann die Implantation in den Augen auch unser körperliches Sehvermögen verbessern?

> Ohne Frage. Besteht wirklich die Notwendigkeit und der Wunsch, das Sehvermögen zu verbessern, kann dies durch Energetisierung des Kristalls bewirkt werden.

KLANG- UND TONVIBRATIONEN

Wir wollen uns nun mit einigen Aspekten der Klänge und Töne beschäftigen, die euch helfen, eure Schwingungen zu erhöhen und anzugleichen an jene, die ihr damals in Atlantis hörtet.

Viele der Töne, die wir ansprechen werden, scheinen ähnlich zu klingen, wie die Buchstaben des alten hebräischen Alphabets und sind auch tatsächlich eine Ableitung der vokalen Schwingungen, die in den frühen Tagen von Atlantis verwendet wurden.

Wir werden diese Schwingungen zunächst für euch singen und dann in eurem Alphabet buchstabieren, damit ihr sie wiederholen könnt.

Der erste klingt wie "ALEOU", der zweite wie "BA-EO": zusammen "ALEOU BA-EO". Entspannt euren Mund und versucht, dies ohne Spannung erklingen zu lassen. Erlaubt dem Klang in eurem Mund herumzukullern: "ALEOU BA-EO".

Dies läßt eure Kehle vibrieren und weckt Schwingungen in euch, denen ihr euch viele tausend Jahre gar nicht bewußt ward.

Die nächsten sind "GA-MO-AL" und "DOU-LAE". Ein weiterer, von großer spiritueller Bedeutung ist "HA-JO-HA", da ihr durch Aussprechen seiner Schwingungen die Energie eures VATERS anruft. Versucht es.

Versucht auch noch diesen Klang: "VO-AA".

Vielleicht findet ihr jemanden, der euch die Klänge in Notenform aufzeichnen kann, so daß ihr sie danach wiederholen könnt.

Es gibt noch andere Klangkombinationen, die eure tiefsten Schwingungen hervorbringen, und die ihr bei euren Meditationen verwenden könnt. Dies wird euch tatsächlich mit der Quelle eures eigenen Lichtes in Berührung bringen.

Haltet für einen Moment inne, damit sich alles setzen und ihr es aufnehmen könnt.

Es ist wichtig zu wissen, daß die Klangschwingungen dieselbe Aufgabe wie Stimmgabeln haben. Wenn ihr sie mit der Wange berühren könntet, würdet ihr ihren Puls spüren. Das Singen dieser Chants stimuliert und energetisiert euren Vibrationsfluß.

Ihr erinnert euch, daß die meisten auf Atlantis inkarnierten, um zu dienen und es deshalb notwendig war, ihre ursprünglich höheren Schwingungen zu verlangsamen, um sich an die Schwingungen einer Inkarnation auf diesen Planeten anpassen zu können.

Die Klänge und Töne, die die Atlanter sangen, befähigten sie, die Kraft ihrer Schwingung hervorzurufen, wenn sie diese benötigten und diente der Anregung ihres gesamten Energiesystems. Die Gesänge und Klangkombinationen wurden nicht aus dem selben Grund verwendet, wie viele eurer Religionen es heute tun. Sie dienten nicht dem Lobgesang zu Ehren des VATERS, sondern wurden als individueller Ausdruck und zur eigenen Erleuchtung gebraucht.

Jeder von euch hat zu einem dieser Töne eine besondere Neigung. Wenn wir diese Klangserie abgeschlossen haben, wird jeder von euch seinen Ton erkennen. Ihr könnt ihn dann als eine Form von Mantra verwenden, um eure alten Schwingungen zu lockern und zu stimulieren. Diese klingenden Symbole wurden nicht zur Kommunikation verwendet, sondern zur Freisetzung von Energiemustern, die ein Erinnern an Informationen und Erfahrungen aus vergangenen Leben hervorrufen, das dann wieder verwendet werden kann.

Nehmt euch die Zeit, die Wirkung und Anwendung der Kristallimplantationen in euch selbst zu beobachten und zu praktizieren. Dies wird euch helfen, ihrer Anwesenheit bewußt zu sein und ihnen nicht erlauben, inaktiv zu sein. Tut ihr dies, dann werdet ihr ein konstantes Wachstum, höhere Vitalität und größere Energie bei euren Alltags-Aktivitäten feststellen.

FRAGEN UND ANTWORTEN

Müssen die Klänge in der Reihenfolge, wie du sie uns gegeben hast, gesungen werden oder können wir sie auch einzeln verwenden?

Es gibt bestimmte Kombinationen, die zusammen gesungen werden, andere wiederum einzeln. Meistens werden sie aus dreien kombiniert.

Du sagtest eben "aus dreien". Bedeutet das, daß wir sie dreimal oder siebenmal oder beide zusammen erklingen lassen sollen?

Es sind drei von einander getrennte Schwingungen, die zusammen gesungen werden, eine nach der anderen. Die meisten werden dann dreimal, manche auch siebenmal gesungen.

Gott segne euch.

KAPITEL 10

Hier spricht Adamis. Seid gesegnet.

Wir lassen jetzt die Energien für das Zentrum fließen, so daß es wachsen und sich vergrößern möge und jeder, der durch seine Tür schreitet, erfüllt werde.

DER TEMPEL DER DELPHINE

Wir wollen jetzt über ein Gebäude in Atlantis sprechen, das als Tempel der Delphine bekannt war. Dieser Name ist symbolisch aufzufassen. Der Delphin repräsentiert seit Äonen von Jahren die höchste Entwicklungsstufe unter den Säugetieren, welche im Wasser leben, aber mit Lungen atmen. Dieser Tempel war daher der Tempel der Weisen. Er war rechteckig, in seiner Form also nicht ungewöhnlich. Dennoch waren die Sitze in seinem Inneren kreisförmig angeordnet, was ihr heute als Estrade bezeichnet. Es gab einen langen Tisch für die höchsten Priester und Ältesten, die die Oberhäupter von Atlantis darstellten.

Ihr könnt dieses Gebäude in etwa mit einer Priesterschule heutiger Katholiken vergleichen, zu dem nur die Ältesten und die Priester Zutritt hatten. Es diente als Tribunal und Gerichtshof. Das mag sich sehr fremdartig anhören, vielleicht sogar unspirituell, aber wenn einer der Bürger von Atlantis seine Fähigkeiten und Kräfte mißbrauchte, mußte er sich im Tempel der Delphine für sein Vergehen rechtfertigen.

Die Ältesten und Priester entschieden über die zu folgenden Schritte, wenn die Erklärungen des Betreffenden nicht akzeptabel waren. Bei besonders schwerwiegenden Verstößen wurden durch Verwendung von Kristallasern geistig-energetische Entwicklungsschritte aus dem Erinnerungsvermögen ausgelöscht. Dadurch sollte ein bestimmter Entwicklungsschritt wiederholt und richtig erlernt werden. Dies mag wie eine Verurteilung aussehen und nach euren Richtlinien war es das vielleicht auch. Aber so lauteten die Gesetze in Atlantis.

Die etwas positivere Seite davon war die Belohnung der vorher als "Mutanten" bezeichneten Inkarnierten, die auch im Tempel der Delphine vorgenommen wurde, wenn sie sich durch ihre Handlungsweise als würdig erwiesen. Durch eine spezielle Behandlung wurde ihre geistige Entwicklungsstufe angehoben, während sie ihre Physis behielten. Es war nicht möglich, ihre Körperstruktur zu ändern, was jedoch bei ihrer folgenden Inkarnation berücksichtigt wurde. Das war dann die "Halle der Gerechtigkeit".

DER TEMPEL DER KLÄNGE

Es gab noch andere Gebäude in Atlantis, die als Schulen dienten. Eines der wichtigen war der "Tempel der Klänge", in das Kinder ab zehn Jahren gebracht wurden, um ihr Verständnis und Unterscheidungsvermögen von Tönen und Klängen zu trainieren. Dies geschah, damit sie in herangereiftem Alter die Pflichten derjenigen übernehmen konnten, die sich altersbedingt nicht mehr auf die hohen Energieebenen schwingen konnten.

So blieben Kommunikation und Energiemuster gewahrt.

KLÄNGE UND TÖNE (FORTSETZUNG)

In einem vorhergehenden Kapitel haben wir angefangen, für euch die in Atlantis verwendeten Töne und Klänge zu singen. Damit fahren wir nun fort. Wenn diese vollständig sind, werden sie auf einem Tonband zusammengestellt.

Der siebente Klang ist "ZOO-UR". Singt dies zweimal, um die Schwingungen zu erfahren. "ZOO-UR", "ZOO-UR".

Der nächste Chant ist "CHO-RA". Singt die beiden gemeinsam und hört auf den Zusammenklang beider Schwingungen. "ZOO-UR", "CHO-RA". Dies erweckt in euch eine Schwingung, deren ihr euch einer sehr langen Zeit nicht bewußt ward.

Aber ich warne euch. Merkwürdige Gefühle und Emotionen können freigesetzt werden, wenn wir uns dieser Abfolge von Chants unterziehen. Fühlt euch dadurch nicht beunruhigt, denn es ist ein Teil eures Selbstes, der euch bewußt wird. Es geschieht nichts Fremdartiges dabei. Es sind nur die schlafenden Teile eures Selbsts.

Der neunte Chant lautet "TU-LA-RO". Der zehnte symbolisiert die Zehn und die Eins und steht im Einklang mit dem "Yod" des hebräischen Alphabets und dem "Yod" der universalen Symbolik. Deshalb ist dieser Chant so besonders stark und höchst spirituell. "YO-OOH-DAA".

Singt ihr den zehnten, fünften, sechsten und die fünf Chants zusammen, dann ruft ihr die Schwingung des Schöpfers des Universums hervor. Wir schlagen vor, daß ihr von den Kombinationen, die für euch zuträglichsten und stärksten auswählt und auswendig lernt. Dadurch wird die Einheit mit eurem VATER schneller vollzogen, viel schneller als es viele Jahre des Studiums und der Konzentration bewerkstelligen könnten.

Wir möchten an dieser Stelle noch zwei weitere Chants vorstellen. Der elfte lautet "CO-LAE-AH" und der letzte für diesen Abschnitt heißt "LAU-RR-U".

Ich weiß, daß ihr den Sinn dieser Gesänge nicht vollständig erfaßt habt. Zum näheren Verständnis werden wir euch, wenn die Chants vollständig sind, eine Reihe von Zahlenkombinationen dieser Chants geben. Sie werden euch helfen, die Schwingungen und Erinnerungen hervorzurufen, die sich auf bestimmte Gebiete einer Arbeit beziehen. Einige werden euch bei Heilungen, Hellsehen, Channelings und der Energetisierung eures Körpers behilflich sein. Andere werden euch befähigen, jenen zu helfen, die unter körperlichen oder geistigen Krankheiten leiden. Eine der Hauptfunktionen der Chants ist natürlich, euch bei der Kommunikation mit euren Brüdern und Schwestern im All und anderen Welten zu helfen.

Ich kann gar nicht genug darauf hinweisen, wie wichtig diese Töne und Klänge sind und welche Rolle sie in naher Zukunft für die Menschheit hier auf der Erde spielen. Alles bewegt sich zunehmend schneller. Die Schwingungen des Alls rücken näher und näher an die Menschheit heran. Sie muß sich darauf vorbereiten, richtig mit ihnen umzugehen, sie aufzunehmen und zu verstehen. Wir haben euch diese Chants mitgeteilt, damit ihr sie anderen weitergebt und allen helft, die Zukunft vorzubereiten.

Seit etwa 10 000 Jahren sind diese Gesänge nicht mehr auf der Erde erklungen. Die Schwingungen, die ihr in diesem kleinen Kreise durch bloßes Singen hervorgerufen habt, beginnen sich in der Atmosphäre auszubreiten und haben dadurch eine weitreichende Wirkung.

FRAGEN UND ANTWORTEN

Wirkt es sich nachteilig aus, wenn man ein und denselben Chant übt oder sollten wir lieber Kombinationen verwenden?

Wenn ihr euch von einem Chant besonders angezogen fühlt, könnt ihr ihn beibehalten und ihn immer wieder singen. Oder ihr chantet jeden einzeln, um euch mit ihm vertraut zu machen. Zu manchen Zeiten werdet ihr zwei oder drei zusammen praktizieren wollen, um einen bestimmten Zweck damit zu erfüllen; es ist dann wirklich eine Frage der Zusammensetzung.

Sollten wir die Chants nur für uns selbst verwenden oder mit anderen teilen, um diese in ihrem Wachstum zu unterstützen?

Die Chants sind sowohl für den Eigengebrauch als auch dazu gedacht, sie mit anderen zu teilen. Aber die einzige Bitte, die ich an euch habe ist Diskretion walten zu lassen, indem ihr euer Unterscheidungsvermögen einsetzt und jemanden, der gerade erst seinen Weg begonnen hat, nicht diesen Schwingungsebenen aussetzt, denn er könnte in diesem Stadium überfordert sein. Aber natürlich könnt ihr mit denjenigen teilen, die sie richtig aufzunehmen verstehen. Deswegen haben wir sie euch auch vermittelt.

Ist es ausreichend, bei der musikalischen Reproduktion dieser Chants nur die Töne dazu hörbar zu machen, oder ist es effektiver, die Silben dazu auszusprechen?

Die Töne alleine haben nicht die gesamte Wirksamkeit, sondern nur etwa die Hälfte. Wir empfehlen daher, zuerst den Ton herzustellen und dann die Töne mit den Silben zu belegen. Dies erzeugt einen vollständigen Ausdruck.

***

Mein Name ist YRAK. Ich segne euch.

Ich bin gebeten worden, euch meine Energien für die folgende Abhandlung zur Verfügung zu stellen, denn jeder von euch hat mindestens eine Inkarnation mit mir in Atlantis erlebt. Daher werdet ihr euch wäh-

rend ich spreche, mit meinen Schwingungen vertraut fühlen und vielleicht sogar meine Worte verstehen.

ANWENDUNG DER "AUGENKRISTALLE"

Ich spreche zu euch, um die Schwingungen und das Wissen jener Zeit, die wir in Atlantis miteinander verbrachten, wieder hervorzuholen. Dies bringt für jeden von euch ein größeres Bewußtseinswachstum und ermöglicht euch den Gebrauch jenes Wissens in eurer jetzigen Inkarnation.

Ich diente in Atlantis als Lehrer oder Schulmeister, wenn ihr so wollt. Ich unterrichtete 12-14jährige Kinder auf den Gebieten der Koordination und Projektion von Energie. Ich brachte den Kindern von Atlantis bei, wie sie den Energiefluß in ihren Körpern richtig kontrollieren und in die entsprechenden Teile leiten können. Ich lehrte sie auch, diese Energien mit höchster Genauigkeit und Intensität auf andere Individuen und Orte zu projizieren.

Ich nehme wahr, daß jeder von euch eine Kristallimplantation hinter den Augen erhalten hat. Dies war das erste, was unternommen wurde, wenn die Kinder zu mir gebracht wurden, um unter meiner Schwingung zu lernen. Auf diesem Gebiet der Kristallenergie wurde die Hauptarbeit geleistet. Durch den Gebrauch von Kristallen hinter den physischen Augen wird die Projektion und Kontrolle von Energie weitaus genauer und konzentrierter.

Die Augen können nicht wirklich sehen. Sie spiegeln nur Gedanken und Bilder wider. Es ist eine Art Sehen hinter den physischen Augen, das die Realität und was wirklich existiert sieht.

Wenn wir das, was wirklich besteht, heilen wollen, dann müssen wir fähig sein, ohne emotionale Beteiligung unsere Persönlichkeit oder unser eingreifendes Ego zu sehen. Das ist nicht durch physisches Sehen möglich.

Bitte schließt die Augen und aktiviert in eurem Geiste die hinter den Augen eingepflanzten Kristalle. Sucht euch jemanden in diesem Raum aus, stellt euch diese Person geistig vor oder denkt an sie und projiziert liebevolle, heilende Gedanken auf sie. Entspannt euch dann wieder.

Ich gehe nun durch den Raum reihum und möchte, daß ihr eure Erfahrungen mitteilt:

"Es war ein beruhigendes, fließendes Gefühl. Die Schwingungen waren sehr stark. Ich wollte gar nicht zurückkommen. Lila, blau, gold und grün dominierten als Farben."

"Es war so, als könnte ich regelrecht in den Körper dieser Person sehen".

"Ich sah ein starkes Licht, schickte es zu jener Person und fühlte, daß eine Heilung stattgefunden hatte."

"Während ich die Energie ausrichtete, sah ich den Raum so klar, wie mit geöffneten Augen".

Ihr werdet alle das Resultat, nämlich mit geschlossenen Augen zu sehen, erreichen. Erst dann werdet ihr die Wahrheit erkennen, wie sie ist und nicht wie wir glauben, daß sie sein sollte.

Probiert es aus. Mit jedem Mal nimmt die Klarheit zu.

Diese Methode wird im Laufe der Jahre zu einem wirksamen Werkzeug werden, das speziell zur Diagnose von Krankheiten und Schmerzen dient, denn ihr werdet fähig sein, direkt in den Körper hineinzusehen. Was ihr damit entwickelt sind sogenannte "Röntgenaugen", und dies zu erreichen ist nicht unmöglich.

Nachdem ich euch meine Energie habe nochmals erfahren lassen, ziehe ich mich nun zurück. Ich möchte euch darauf hinweisen, daß ich für euch da bin und ihr mich rufen könnt, solltet ihr meine Energie benötigen. Sprecht nur in Gedanken meinen Namen aus und ich werde da sein. Durch den zwanzigsten Chant könnt ihr meine Schwingungen anzurufen.

Ich segne euch.

***

Hier spricht Adamis.

DIE AUFERSTEHUNG VON ATLANTIS

Nun wenden wir uns einem Gebiet zu, mit dem sich viele schon eine ganze Weile beschäftigen. Bestimmte Teile des Kontinents von Atlantis werden wieder auftauchen, jedoch nicht alles. Würde der gesamte Kontinent sich anheben, würden die Wassermassen viele zur Zeit bestehende Zivilisationen zerstören.

Wenn dies geschieht, dann glaubt nicht, daß dem Menschen alle Geheimnisse und Schätze von Atlantis zur Verfügung stünden. Dies wird nicht der Fall sein, denn das meiste davon ist nicht mehr vorhanden. Die Dokumente, die Formeln, die Apparate und Gerätschaften wurden entweder mit der Zeit zerstört oder vor dem Untergang fortgeschafft. Vieles existiert noch, ist aber versteckt und wartet auf eine Zeit, in der die Menschheit fähig sein wird, das Wissen richtig anzuwenden und nicht zu ihrer eigenen Zerstörung.

Das Auftauchen von Atlantis wird eine wichtige Rolle für die Nationen der Welt spielen. Es wird ihnen nicht länger möglich sein, die Wahrheit über die Evolution der Menschen zu ignorieren.

Das Ergebnis wird hauptsächlich sein, daß die Wissenschaft endlich die Wahrheit akzeptieren wird, die dann logisch und statistisch bewiesen werden kann. Sie muß die Tatsachen hinnehmen, weil sie einfach existent sind, so wie ihr manches gelernt habt, indem ihr daran glaubtet. Die Lockerung der Restriktionen und das Beenden des wissenschaftlichen Geplänkels werden Raum für Gott schaffen. Vielleicht werden gegensätzliche Seiten dann endlich fähig sein, miteinander Hand in Hand zu arbeiten.

Es gibt Überreste von Ruinen alter Zivilisationen, die schon viele Jahrhunderte unter dem Wüstensand begraben liegen. Aber Kristalle werden nicht gefunden werden. Sie werden zerstört, bevor der Kontinent auftauchen wird. Sie dürfen nicht in die Hände der Menschheit fallen, da sie zu deren sachgemäßen Anwendung noch nicht fähig sind. Sollte sich hingegen der Wachstumsprozeß beschleunigen und die Menschen bis zu diesem Zeitpunkt eine zufriedenstellende geistige Ebene erreicht haben, könnte sich dies ändern, - aber es scheint unwahrscheinlich.

An bestimmten Orten auf der ganzen Welt existieren Kristalle von enormer Größe, die dorthin durch Apport gebracht worden sind. Sie sind dazu bestimmt, von hohen Energie- und Kommunikationskanälen benutzt zu werden. Es ist notwendig, ihre Existenz zu hüten und geheim zu halten.

In den letzten fünf Jahren mußten drei dieser Kristalle zerstört werden, denn sie wurden von denjenigen, die Zugang zu ihnen hatten, mißbraucht. Ihr müßt eines verstehen:

Wird ein Kristall einmal mißbraucht, so können die Energien, die er dabei aufnimmt, zu einer starken Zerstörungskraft gegen die Kräfte des Lichtes werden. Die Kristalle werden deshalb zerstört und auf dieselbe Weise entfernt, wie sie manifestiert wurden.

Einige von euch werden feststellen, daß eure Kristalle zu wachsen beginnen. Dies zeigt sich nicht so offensichtlich an dem Größenwachstum des Mutterkristalles, wie an den kleinen Kristallspitzen, die sich spurenhaft an den Seitenflächen des Hauptkristalles zu zeigen beginnen. Dies ist ein normaler Prozeß und soll euch eine Vorstellung geben von den Fähigkeiten, die ein Kristall bei seiner Anwendung entwickelt. Wenn er sich schon von selbst regenerieren kann, stellt euch vor, was er dann erst für die Menschheit tun kann!

Euer Bewußtsein öffnet und weitet sich mit jedem Tag. Es wird Tage geben, an denen es scheint, als würdet ihr sehr gefordert und als ströme zu viel Wissen auf einmal auf euch ein. In diesem Fall versucht euch zu beruhigen, atmet tief durch und laßt eure Schwingungen dadurch nicht stören. Wißt, daß das, was zu euch kommt, euch gehört und nehmt es daher einfach an. Bewahrt es auf, um es euch zu einem späteren Zeitpunkt nochmals anzusehen und einen Aspekt nach dem anderen zu untersuchen, zu sortieren und aufzunehmen.

Eure Pfade werden schmäler. Die Straßen, die ihr betretet, werden enger und zwingen euch, einen Fuß genau vor den anderen zu setzen. Der Freiraum eurer Ausdrucksmöglichkeiten verringert sich; aber dies haben wir euch schon mitgeteilt, damit wir eures Erfolges sicher sein können.

Um eines möchte ich euch bitten: Findet jeden Tag eine Person, haltet ihre oder seine Hand für eine Weile und sendet ihr eure Liebesschwingung. Beginnt damit, bewußt eure Liebe zu teilen. Es ist an der Zeit, daß ihr anderen erlaubt, eure Seele zu erfahren und ihnen helft aufzuwachen und ihren eigenen Weg zu finden. Dies wäre ein Anfang, wenn auch nur ein kleiner, aber: euer Geben und Teilen wird zehnfach zu euch zurückkehren.

Möge Gott euch segnen.

Kapitel 11

Adamis wünscht euch einen Guten Abend. Seid gesegnet.

Mit jedem Tag, der vergeht, wachsen die Schwingungen in eurem Tempel und beginnen sich auszubreiten über die ganze Stadt. Alle, die mit diesem Tempel zu tun haben, werden sich angezogen fühlen. Der Heilungsraum im hinteren Teil wird ähnlich der Heilungskammer im Tempel von Atlantis gestaltet. An der Decke wird ein Kupfernetz mit vierundzwanzig Kristallen in besonderer Anordnung installiert.

KLÄNGE UND TÖNE (FORTSETZUNG)

Wir werden uns nochmals mit den Chants beschäftigen, um sie zu vervollständigen. Dann werden wir euch in die Kombinationen von Buchstaben und dazugehöriger Chants einführen. Ihr werdet sie für euer Wachstum, eure spirituelle Kommunikation und vielfältige andere Gelegenheiten verwenden.

Wir fangen mit dem dreizehnten Chant an. Wir singen ihn euch einmal vor und ihr wiederholt ihn zweimal.

"MO-RAA-AH", "MO-RAA-AH", "MO-RAA-AH". Dieser Chant trägt die kraftvollen weiblichen Schwingungen in sich und wird von denjenigen benutzt, die Probleme haben, ihre weiblichen Aspekte zu erkennen und zu akzeptieren. Er dient dem Energieausgleich.

Die vierzehnte Schwingung lautet wie folgt: "NO-OH-RAA", "NO-OH-RAA", "NO-OH-RAA". Sie unterscheidet sich von der vorhergehenden dreizehnten dadurch, daß sie eher im Stakato gesungen wird, aber keine besondere Bedeutung hat. Der Chant unterstreicht nur die Lebendigkeit dieser Schwingung und die Resonanz.

Der fünfzehnte Chant "SO-MAA-AH" ist der Klang des Wissens, der Erkenntnis und des Erreichens. Er stellt ein ausgezeichnetes Mantra dar, durch das man sich in seinem Inneren mit Gott in Verbindung setzt und besagt, daß ihr eure "Dreiheit" in Beziehung auf euer göttliches Selbst angenommen habt.

Der sechzehnte Chant lautet "O-OH-DAI", "O-OH-DAI", "O-OH-DAI". Er ist ein Symbol für die Anrufung der Energien und Schwingungen des irdischen Bereiches. Die Schwingungen sind in ihrer Struktur sehr erdverhaftet und werden oft als Einleitung für eine Abfolge von Schwingungen oder Botschaften verwendet, die sich direkt auf körperliche Dinge beziehen. Dies kann sich auf eine gesellschaftliche Struktur oder auf den physischen Körper eines Menschen beziehen.

Der siebzehnte Chant lautet "FAA-RO", "FAA-RO", "FAA-RO" und wird selten alleine gebraucht. Er dient als Verbindungselement und wird wegen seiner Gesamtwirkung vornehmlich in Kombination mit anderen Tönen gesungen. Er ist das Verbindungselement.

Der achtzehn Chant ist "ZAU-RAAM", "ZAU-RAAM", "ZAU-RAAM". Spürt, wie eure Schwingung stimuliert wird während ihr singt. Er weckt Gefühle und Wahrnehmungen in euch, die Jahrzehnte zugedeckt waren. Er erinnert euch an das, was ihr seid und ruft vergangene Lebenserfahrungen und Wissen wieder wach. Es ist ein Chant des Wiedererkennens und dient dazu, euch selbst oder andere zu identifizieren.

Wir ziehen uns nun für kurze Zeit zurück, um das Wort an "STRENGTH" zu übergeben. Danach werden wir zurückkehren.

***

Hier sprechen die Energien von "STRENGTH". Seid gesegnet.

DIE ENERGIE VON ATLANTIS

Ich möchte über die von den Ältesten benutzen Energie in Atlantis sprechen, und darüber, wie sie von euch in der jetzigen Inkarnation verwendet werden kann. Es wäre ratsam, diese Energiefelder zu üben, so daß ihr mit ihrem Gebrauch vertraut seid und sie beherrscht. Sie werden euch große Dienste leisten beim Heilen, und wenn ihr euren Brüdern und Schwestern bei ihrem Wachstum behilflich seid.

Alle in Atlantis hatten die Fähigkeit, Energien anzuziehen, um sie auf vielfältige Weise zu nutzen und auf andere zu übertragen. Dies war oft ein längerer Prozeß und oft wurde auch ein stärkeres, konzentrierteres Energiefeld für Heilung oder für spirituellen Fortschritt benötigt. So wurden Systeme entwickelt, die die Energiefelder zu starken Strahlen bündelten, die jeder in Form von Kraftschüben auf andere übertragen konnte. Dies bewirkte bemerkenswerte Heilungen und Veränderungen in der Schwingungsfrequenz.

Streckt eure rechte Hand aus, schließt sie zu einer Faust ähnlich wie bei der Einpflanzung der Kristalle in eure Hände. Stellt euch vor, wie ihr eure Körper mit magnetischer Energie aufladet und schickt diese Energie in die Hand. Haltet den Fluß aufrecht und fühlt, wie sich die Intensität der Kraft zunehmend steigert.

Öffnet eure Augen und eure Fäuste wieder, sendet den Energiestrom zur Heilung in den Raum und fühlt, wie die Energiewelle aus eurem Arm strömt. Das soeben ausgerichtete Kraftfeld kann durch die Augen und gegebenenfalls auch durch das Herz projiziert werden, z.B. wenn ihr jemandem, der unter einem emotionalen Trauma leidet, eine starke Ladung Liebesenergie schicken wollt.

Bitte streckt jetzt beide Hände vor euch aus, die Finger sollen aneinander liegen, die Fingerspitzen beider Hände in einem Abstand von etwa 7 cm zueinander. Ladet euch nochmals mit magnetischer Energie auf und laßt sie in beide Hände fließen. Wenn ihr den Fluß und das Energiefeld zwischen euren Händen hergestellt habt, öffnet eure Augen und versucht dieses Energiefeld im Geiste festzuhalten. Laßt es weiterhin fließen und versucht es zu intensivieren. Ihr werdet ein starkes Kribbeln in euren Fingern spüren, wenn sich das Kräftefeld verstärkt. Effektiv ladet ihr eine Hand mit der anderen auf und bildet damit in beiden Händen ein starkes Energiefeld. Wenn dieses Feld so stark ist, daß ihr das Gefühl habt, ihr könntet eure Hände nicht näher zusammenführen, dann sendet es durch den Körper der anderen Person, indem ihr sie schnell auflegt und über die betroffenen Stellen streicht, um sie zu heilen. Ruht euch einen Moment aus.

Was wir euch bisher beschrieben haben, kann mit oder auch ohne Kristalle genauso erfolgreich ausgeführt werden. Wir wollten euch jedoch zeigen, daß ihr dieses Energiefeld nur mit Hilfe eures eigenen Körpers herstellen könnte, ohne Hilfsmittel von außen. Ihr habt jetzt die Fähigkeit, diese Schwingungsebene ohne Probleme zu halten. Dies alleine mag euch einen Hinweis über euer bisher erreichtes Wachstum geben.

DIE ZEREMONIEN IM TEMPEL DER DELPHINE

Ich möchte über einige Zeremonien berichten, die im Tempel der Delphine in Atlantis abgehalten wurden. Wie schon vorher erwähnt, waren manchmal die "Mutanten" in ihrer Seelenentwicklung so fortgeschritten, daß sie in ihrer nächsten Inkarnation auf einer höher entwickelten Ebene beginnen konnten. Ich möchte beschreiben, wie dies vor sich ging.

Statt der Hände, die man benutzen konnte, wurden für die Energieübertragung auf die Seele der Mutanten Kristallaser verwendet. Die Kristalle ermöglichten das minuziöse Einführen von Energie in noch kleinere und noch genauer definierte Schwingungsströme, als es durch irgendeinen Körperteil möglich gewesen wäre.

Nach Zustimmung einer Schwingungserhöhung der "Mutanten"-Seelen, wurde Energie in den bewußten Teil des Gehirns geleitet. Dieses Wissen, dieser Entwicklungsschritt wurde dann energetisch datenbankähnlich im Wissenszentrum[5] der Seele aufgenommen. Dies gleicht fast einer normalen Inkarnation, bei der ein Individuum über einen Zeitraum von siebzig bis achzig Jahren zu Wissen und Wachstum gelangt, das dann von der Seele absorbiert wird. Das Ergebnis bei diesen Mutanten war, daß sie in nur einem kurzen Augenblick Jahrzehnte körperlicher Inkarnationen erlebten und diese Evolution und Entwicklungsschritte in die Datenbanken ihrer Seelen integrierten.

Dasselbe galt auch umgekehrt. Bei Verstößen gegen das universelle Gesetz wurde durch den umgekehrten Prozeß Wissen und Gelerntes abgezogen. Dies ermöglichte denjenigen, die ihre Fähigkeiten mißbraucht hatten, diese nochmals zu schätzen und in künftigen Inkarnationen richtig anzuwenden.

WIE DIE MUTANTEN ZUSTANDE KAMEN

Dieses Thema zeugt vielleicht nicht von gutem Geschmack, aber ihr solltet darüber informiert sein und es verstehen. Vielleicht wird euch eines Tages hierzu eine Frage gestellt, und ihr solltet auf sie vorbereitet sein. Worüber ich sprechen möchte war eher eine Ausnahme, aber es gab sie dennoch. Gelegentlich gab es unter den Ältesten einige, die die Energiekontrolle so hoch und präzise entwickelt hatten, daß sie ihr Selbst - energetisch gesehen - in andere Lebensformen hineinprojizieren konnten, um diese zu erfahren. Bei solchen Experimenten kam es vor, daß Meeres- und Landtiere durch ihren natürlichen Reproduktionsvorgang Mutanten zur Welt brachten. Dies geschah deshalb, weil manchmal die Energie und die Schwingung der Ältesten in dem Tier zurückblieben.

Einige dieser Kreaturen, die aus solchen Experimenten hervorgingen, waren abscheulich. Sie waren weder Mensch noch Tier, da die Charakteristika dieser abartigen Wesen oft nicht klar definierbar und von der Art her nicht einordbar waren. Vor diesen Unternehmungen wurde strengstens gewarnt. Sie riefen ernste Probleme für die Ältesten in Atlantis hervor, denn sie wußten nicht, wie sie mit dieser Situation umgehen sollten. Daher wurden diese Praktiken verboten. Dennoch waren für viele Jahrhunderte groteske Mutanten auf der Erde beheimatet.

In alten Mythologien werden solche Kreaturen manchmal beschrieben. Solche Prozesse verletzten die Vererbungsgesetze, Entwicklungen und genetischen Konstruktionen und brachten merkwürdige Kreaturen hervor. Es kursieren Geschichten, daß einige dieser Wesen noch heute existieren, aber keiner weiß, ob dies stimmt.

Diese Unternehmungen führten zum Inkrafttreten des universalen Gesetzes, das da lautet: "Du sollst weder dein Selbst einem anderen Individuum aufdrängen, noch ihm deine Schwingungen einpflanzen." Was damals geschah, kann auch heute wieder passieren. Natürlich ist dies nicht statthaft. Würde jemand solche Aktivitäten praktizieren, zöge er ein höchst strenges Karma auf sich. Das Ergebnis eines solchen Versuchs würde spirituell aufgelöst werden, da es keinen Platz in der göttlichen Ordnung hat.

Mit diesen Worten überlasse ich euch wieder Adamis.
Möge Gott euch segnen.

***

Hier spricht Adamis wieder. Seid gesegnet.

DIE GÖTTLICHE ORDNUNG

STRENGTH hat zu euch über die Abschaffung einer Situation gesprochen, die nicht der göttlichen Ordnung entspricht. Eure Lehrer lehren, daß geistig gesehen, alles immer in der göttlichen Ordnung ist und auch gar nicht anders sein kann. Aber ich möchte euch daran erinnern, daß, wenn man aus dem freien Willen heraus handelt - immer zwei verschiedene Möglichkeiten gegeben sind. Wir können daher eine den göttlichen Gesetzen zuwiderlaufende Handlungsweise nicht ausschließen.

Obwohl immer alles in der göttlichen Ordnung ist, gibt es Momente, bei denen der Samen für einen Zerfall dieser Ordnung gelegt wird. Er muß noch im Keime erstickt werden, denn wächst und gedeiht er, würde er die göttliche Ordnung stören was nicht sein darf. Dies geschieht fortwährend und ist vielleicht das, was viele von euch als den Kampf zwischen den Kräften der Liebe und denen der Dunkelheit bezeichnen.

Euer VATER siegt immer, aber das Suchen und Aussortieren der Samen geht weiter, um sie wieder in Samen der Liebe zu verwandeln. Ich möchte nicht den Eindruck erwecken, daß ein Krieg zwischen den Mächten existierte, denn dies trifft nicht zu. Die Ursache liegt im Streben der Menschen nach Macht und Herrschaft, was nicht nur auf diesen Planeten beschränkt ist. Oft wünscht sich ein Mensch selbstsüchtig Prestige ohne an die Konsequenzen zu denken.

Laßt uns als Beispiel einen Mann wie Adolf Hitler nehmen, der in den Verlauf der Natur eingreifen wollte, um auf seine Weise den perfekten Menschen zu schaffen. Damit setzte er sich auf den Richterthron und machte sich selbst zum Gott. Hätte man dies gestattet, wäre die Welt zerstört worden.

Die Samen der Verführung sind groß und verlockten den Menschen von Anbeginn aller Zeiten. Glaubt nicht, daß eure Brüder und Schwestern in Atlantis immun gegen die Verführung gewesen seien. Auch dort gab es Korruption.

DAS ATLANTISCHE KASTENSYSTEM

In Atlantis herrschte ein Kastensystem. Es gab Mutanten als Arbeitskräfte, Bauern, ferner Menschen, die als Erzieher von Kindern als "Eltern" dienten, höhere Arbeitskräfte und Techniker, die sich mit technischen Konstruktionen beschäftigten. Es gab auch Künstler und viele andere bis hin zu den sieben Ebenen von Ältesten und Priestern. Durch ganz genau bestimmte Zuweisungen der Positionen wurde gewährleistet, daß sich die Kasten nicht gegenseitig verletzten. Ich werde dieses System jetzt genauer erläutern.

Viele der Seelen in Atlantis waren nie zuvor einer solchen Gesellschaftsform ausgesetzt gewesen, denn viele hatten noch nie eine Inkarnation auf diesem Planeten erlebt und waren daher mit einem solchen System nicht vertraut. So bestand ihr Lernstoff im gegenseitigen Akzeptieren, Lehren der universellen Bruderschaft, was viele Jahrhunderte in Anspruch nahm. In der Zwischenzeit errichteten sie das Kastensystem, um das Funktionieren ihrer besonderen Fähigkeiten zu gewährleisten. Ohne diese Kontrolle und Zuweisungen von Verantwortung, wären die Errungenschaften von Atlantis vielleicht weit geringer gewesen, als sie es waren.

FRAGEN UND ANTWORTEN

Ich habe eine Frage zu dem, was "Strength" vorhin sagte: Wurde das Projizieren von Energie auf Tiere verboten?

Ja, denn sie hatten das Zurückholen der Energien nicht unter Kontrolle. Nur deshalb wurden Mutanten geboren.

Waren alle Mutanten abscheulich?

Es fällt mir schwer, darüber Auskunft zu geben; ich kann nur sagen, daß sich diese Abarten sehr von der Norm unterschieden.

Wurden zur Unterscheidung der Ränge im Kastensystem verschiedene Tücher getragen? Wurde dies manchmal mißbraucht?

Zwei Systeme wurden verwendet, um Rang und Titel anzuzeigen. Eines war ein Tuch und das andere ein Gürtel um die Taille, der an seinem längeren Ende bis zu sieben Knoten aufweisen konnte. Diese Symbole wurden manchmal mißbraucht, um die Vorteile einer höheren Kaste zu erwerben. Aber in den meisten Fällen konnte größerer Schaden verhindert werden.

Blieben beim Rückzug einer Projektion noch genügend Schwingungen in dem Tier zurück, um eine enge Verbindung herzustellen oder konnte man auch ganz in dem Tier gefangen bleiben?

Es gab Fälle, bei denen die Projektion so vollständig war, daß es unmöglich wurde, sich zurückzuziehen. So blieben sie in dem Tier eingeschlossen und erlitten einen körperlichen Tod.

Es kommt auch heute vor, das sich jemand durch Astralprojektion so lange und weit entfernt, daß er das, was als Silberschnur bekannt ist, durchtrennt und einen physischen Tod erleidet, da er nicht mehr in seinen Körper zurückkehren kann. Aber das ist sehr selten und sollte euch nicht beunruhigen. Doch es geschieht wie damals auch in Atlantis.

Bei welchen Verstößen wurde ein Mensch zur Entfernung seiner Wachstumsschritte verurteilt?

Nach kriminellen Delikten wie sie heute begangen werden. Ich möchte als Beispiel nochmals Adolf Hitler anführen, bei dem gewiß die Umkehrung seines Wachstumsprozesses auf der Seelenebene angewendet worden wäre. Jedes größere kriminelle Vergehen zum Schaden einer anderen Person, oder Mord aus persönlichem Profit, hätte zu einer solchen Maßnahme geführt. Die Gesetze diesbezüglich waren damals strenger als die heutigen. Das war aufgrund der Gesellschaftsform und der Umstände, unter denen sie lebten, notwendig.

Gott segne euch.

KAPITEL 12

Hier spricht Adamis. Guten Abend und seid gesegnet.
In diesem Abschnitt werden wir die Chants abschließen und sie zusammenstellen, damit ihr mit ihrem Klang vertraut werdet. Wir werden uns mit den kombinierten Chants befassen, die ihr für euer Wachstum und für eure Arbeit zu Hilfe nehmen könnt.

DIE RESTLICHEN CHANTS (ABSCHLUß)

Ich singe einmal vor, ihr wiederholt bitte zweimal: "KO-FAA-RO", "KO-FAA-RO","KO-FAA-RO". Dieser Chant wird oft in Verbindung mit dem achten in Bezug auf die Erde und körperliche Schwingungen eingesetzt und ist von besonderer Bedeutung, wenn man mit Kindern arbeitet, speziell mit jenen Kindern, die die Seele eines Erleuchteten in sich tragen. Das Singen dieser Klänge hilft, eine ausgeglichene Schwingung beizubehalten.

Der zwanzigste Chant ist "RU-AH-SHIM", "RU-AH-SHIM", "RU-AH-SHIM" und hat eine sehr starke Schwingung. Er wurde hauptsächlich bei der Kommunikation im All angewendet und bewirkt eine sehr hohe Schwingung. Die Atlanter benutzten ihn als Rufsignal zu Beginn einer Kommunikation mit ihren Brüdern im All. Dieser Klang hat eine kräftige Resonanz und schafft ein starkes Schwingungsfeld. Wir benutzen ihn auch, wenn wir das Gefühl haben, daß die Energie erschöpft oder aus irgendeinem Grunde geschwächt ist. Er wird den Fluß eurer Schwingung anregen.

Der einundzwanzigste ist "SHEMA", "SHEMA", "SHEMA". Die Aussprache und das Buchstabieren korrespondierenden mit den hebräischen Buchstaben. Es bedeutet "Sei gesegnet". Mit diesem Chant ruft man die Mutterschwingungen, die Schwingungsaspekte von Sananda.[6] Es sind Schwingungen der Liebe und des Gebetes und sie werden mit anderen Chants kombiniert, um diesen die Qualität der Liebe als Katalysator hinzuzufügen.

Der zweiundzwanzigste Chant ist "TRI-AAH", "TRI-AAH", "TRI-AAH". Singt ihn noch einmal und haltet ihn so lange wie möglich, bis ihr die ganze Kraft dieser Schwingung erfahrt. Spürt, wie die Kraft der

6 Sanada repräsentiert den weibl. Liebesaspekt Gottes

Energie durch eure Arme schießt. Dieser Chant schafft ein Bewußtwerden eures inneren Wachstums und die Erkenntnis, wer ihr seid und was eure Seele erreicht hat. Ihr würdigt und erkennt eure Schwingungen an.

Es ist der Chant eines Meisters, oder durch den du deine Identität annäherst an die dir innewohnende Meisterschaft. Mit ihm kann man die Energien vieler alter und weiser spiritueller Meister rufen, deren Dienste und Wissen euch dann zur Verfügung stehen werden.

Der dreiundzwanzigste Chant heißt "THU-MAAR", "THU-MAAR", "THU-MAAR". Er dient dem Wiedererkennen, und seine Schwingungen klingen ständig durch das Universum. Wenn ihr euch dieser Schwingungen bewußt werdet und euch einschwingen könnt, wie z.B. jetzt, dann werden Teile eures höheren Selbst angeregt und öffnen euch Tore zu einem Wissen, das dann in euer Bewußtsein zu fließen beginnt.

Dieser Chant ist bei eurer Selbstverwirklichung und Entfaltung behilflich.

Er ist der letzte und lautet: "AU-MA-LAA", "AU-MA-LAA", "AU-MA-LAA". Ihr werdet die große Anzahl von "A's" feststellen und diejenigen von euch, die sich mit hebräischer Numerologie beschäftigt haben, wissen, daß dies von immenser Kraft zeugt. Es ist eine Schwingung zum Schutz gegen große Negativität oder wenn euren Schwingungen großer Widerstand entgegengebracht wird.

Der Tag wird kommen, da die Energien eures VATERS euch bestätigen, daß ihr niemals mehr um eure Sicherheit und euer Wohlbefinden auf dem Weg des Dienens fürchten müßt. Ihr seid beschützt während ihr arbeitet, und für euer Wohlergehen ist gesorgt. Diese Schwingung schützt euch mit ihren Energien.

Nun haben wir alle Chants vollständig und für eine Weile wird es der letzte Abschnitt der Reise durch Atlantis sein. Wir werden das, was wir bisher besprochen haben, erweitern und danach Raum für Kommentare und Fragen geben.

WAHRHEIT VERSUS TATSACHEN

Wir haben vieles von unserem Wissens über Atlantis mit euch geteilt. Ich habe nicht behauptet, daß dies Tatsachen sind, sondern lediglich, daß es unsere Wahrheit ist. Ihr müßt selbst herausfinden, ob das Gesagte für euch als Tatsache eine Gültigkeit hat. Die Informationen, die wir euch gaben, dienten nicht dazu, eure Neugier zu befriedigen, Phänomene aufzudecken oder euch zu schockieren, sondern dazu, mehr Information bewußt zu machen. Einige der Informationen tragen nur sehr wenig zu eurer künftigen Arbeit bei, aber ihr solltet ein ganzes Bild erhalten, um die Energien und das Wissen aufzunehmen, das euch in Zukunft dienlich sein kann.

Die alten Geheimnisse von Atlantis - sie werden Geheimnisse genannt, da sie noch nicht wiedergefunden worden sind - werden eines Tages entdeckt und der Menschheit wiedergegeben. Einige sind verlorengegangen oder zerstört worden, sie werden aber durch Channeln den Menschen zur rechten Zeit vorgestellt, damit die notwendige Information zugänglich ist.

Ich möchte Atlantis vergleichen mit eurem heutigen Leben, denn die Zivilisation, die wir besprochen haben, weist trotz der Entwicklung vieler Seelen durch ihr Kastensystem manchmal einen semi-barbarischen Zug auf. Dennoch glaube ich, daß ihr den Zweck und Grund versteht. Es war ein Beispiel für euch, daß Gesetze und Zustände in einer Gesellschaft verändert werden müssen. So lautet auch das Gesetz der Flexibilität.

Das Wissen und die Geschichte von Atlantis sind nur eine der Lektionen eures Lernsystems. Schenkt diesem Wissen daher nicht allzuviel Bedeutung, so daß es nicht eure Lebensführung dominiert. Es ist einfach nur ein Teil, den ihr abrufen könnt, wenn ihr spezielle Schwingungen benötigt. Was ich da eben gesagt habe, bezieht sich ebenfalls auf alle anderen Lerngebiete.

Ein ausgeglichenes Wesen ist immer vorrangig.

Alle von euch haben schon Menschen erlebt, die ihre Ausgeglichenheit dadurch verloren haben, daß sie sich zu stark auf ein Ausdrucks- und Lerngebiet konzentrierten. Viele Male kamen sie von ihrem Weg ab. Wir haben euch die Vielfältigkeit der verschiedenen damaligen und heute existierenden Zivilisationen auf diesem Planeten vorgestellt. Dieses Wissen bildet eine feste Basis, die ihr später benutzen werdet, wenn eure Schwingungen sich weit über diese Galaxie in andere Universen ausdehnen.

BEWOHNBARMACHUNG VON PLANETEN

Die Bewohnbarmachung eines Planeten ist kompliziert und nicht allein dadurch zustande zu bringen, daß Gott eine gewisse Anzahl von Seelen dazu bestimmt, sich nun auf diesem Planeten zu inkarnieren. Inner- und oberhalb der Atmosphäre dieses Planeten müssen beständig die richtigen Schwingungen und Energien herrschen. Sie müssen den dort inkarnierenden Wesen das Überleben ermöglichen und die Erfüllung ihres Inkarnationsmusters gewährleisten.

Dieser Planet ist das, was wir einen "karmischen" Planeten nennen. Aber das wird nicht immer so bleiben, denn im Laufe seiner Entwicklung wird er aus diesem Zustand herauswachsen und inkarnierte Wesen sowie Gesellschaftsformen beherbergen, die nicht mehr in karmische Muster verstrickt sind. Dies wird ein langsamer evolutionärer Prozeß sein, der sich 1985, wenn sich die Schwingungsveränderungen auf diesem Planeten vollzogen haben, bemerkbar macht.[7]

Viele Seelen, die hier inkarniert waren, werden nicht mehr hierher zurückkommen, aber nicht, weil sie ihr Muster erfüllt hätten, sondern weil sie nicht gewachsen sind. Sie werden auf einen anderen Planeten umgesiedelt, der eine ähnliche Energiestruktur aufweist und die Bandbreite ihrer Schwingungen hat.

Dies geschieht nicht im Zuge einer Bestrafung oder eines Auswahlverfahrens, sondern aus Notwendigkeit. Das Wachstum auf planetarischer Ebene ist genauso wenig aufzuhalten, wie das Wachstum einer individuellen Seele. Dies alles bezieht sich auf Ebenen der Übereinstimmung und wenn diese nicht mehr gegeben sind, müssen Veränderungen in die Wege geleitet werden.

Die Zivilisation von Atlantis war, allgemein gesehen, für ihre Zeit sehr weit fortgeschritten. Als es zerstört wurde und die Ältesten wieder auf die Oberfläche des Planeten zurückkehrten, um dort zu leben, hatten viele von ihnen ernsthafte Probleme bei der Gewöhnung an die Oberflächenschwingungen. Oft benötigten sie mehrere Inkarnationen, um sich anzugleichen und normal funktionieren zu können.

Fast 10.000 Jahre sind seitdem vergangen und die Menschheit ist immer noch nicht auf der Bewußtseinsebene, auf der die Zivilisation von Atlantis stand. Dies zeigt euch die Spanne, die zwischen den beiden Schwingungen liegt, und die jetzt sehr schnell verkürzt wird.

7 Diese Veränderung war am 23. März 1985 beendet

PROJIZIEREN VON SCHWINGUNGEN UND ESSENZ

Es gibt ein Gebiet aus dem letzten Abschnitt, das ich mit euch noch etwas ausführlicher besprechen möchte. Es bezieht sich auf das Projizieren der Schwingung und Essenz einer höheren Seele auf ein anderes Wesen, um dieses erfahren zu können. Wir haben darüber in Bezug auf die Entstehung mutierter Tiere gesprochen, aber ich möchte hier noch einen anderen Aspekt anschneiden, der sich mit Projektionen von einem Menschen auf den anderen befaßt.

Dies wird auf eine bestimmte Art und Weise noch praktiziert und ist eine Verletzung des universellen Gesetzes. Keinem Menschen ist es erlaubt, in die persönlichen Schwingungen eines anderen einzudringen. Es ist nicht anders als wollte man die Krankheit eines anderen auf sich nehmen, um ihn zu heilen. Es gibt Menschen, die dies versuchen und manchmal - leider - die Kontrolle über die Handlungen eines anderen erlangen. In den meisten Fällen ist eine solche Besitznahme nicht vollständig, aber dennoch ein teilweises Eindringen, und zwar in einem Grad, der ausreicht, Kontrolle über die Entscheidungen und Handlungen eines anderen zu gewinnen.

Ich möchte euch davor warnen, etwas derartiges selbst zu versuchen, und was noch viel wichtiger ist: Ihr solltet aufmerksam sein und euch vor jeglichem Eingreifen eines anderen in eure eigene Identität schützen. Sollte ein anderer versuchen, eure Gedanken und euer geistiges Feld zu beherrschen, ruft sofort eures VATERS Schutz an. Bittet ihn, sich dieser Angelegenheit anzunehmen und ich verspreche euch, daß dieser Versuch unterbleiben wird und niemals mehr unternommen werden wird. Gäbe es so etwas wie "Sünde", dann wäre dies ein hervorragendes Beispiel dafür. So etwas kann weder erlaubt noch toleriert werden, denn es ist ein schmerzlicher Verstoß gegen die Willensfreiheit des Menschen.

Ich möchte euch dazu ein Beispiel geben. Unter den Besuchern dieses Zentrums befand sich zeitweise jemand, der starke mentale Kräfte besitzt und diese manchmal zu Kontrollzwecken einsetzte. Obwohl er die Konsequenzen dieser Handlungen kannte, nahm er davon keinen Abstand. Schließlich wandte sich seine Handlung spirituell gegen ihn und griff seine geistige Substanz so an, daß er viele Monate in einer Nervenheilanstalt verbringen mußte. Niemand, nur er selbst, hatte sich dies angetan. Indem er agierte, zog er bereits die Reaktion auf sich.

Ich erwähnte diesen Vorfall nur, um euch zu zeigen, daß die Sensibilität eurer Schwingungen mit eurem Wachstum ständig in großem Umfang zunimmt. Eure Aufmerksamkeit gegenüber den niedrigeren Schwingungsaspekten der Liebe wächst und ihr müßt euch ständig auf einer Ebene aufhalten, von der aus ihr die Anwesenheit dieser Energien erkennen könnt. Gestattet ihre Existenz, aber schützt euch vor ihren Auswirkungen.

FRAGEN UND ANTWORTEN

Es wird viel über Zivilisationen auf anderen Planeten gesprochen, aber auf welche Weise begann das Leben überhaupt im Universum? Es scheint, daß es zu einem Zeitpunkt einen Anfang gab.

Als der VATER dieses Universum schuf, entstanden Millionen von Planeten. Die einen benötigten eine längere Entwicklungszeit als die anderen. Als die ersten Planeten bereit waren das, was wir inkarniertes Leben nennen, zu beherbergen, handelte es sich bei den ersten Seelenebenen, die sich verkörpern sollten, um niedrigere Schwingungen, wie sie Pflanzen, die Vegetation oder niedere Tiere aufweisen. Die Entwicklung zu einer höheren oder menschlichen Seele brauchte eine viel längere Zeit. Damit liegt eine große Zeitspanne zwischen der ersten "menschlichen" Inkarnation und derjenigen niedrigerer Formen.

Diese niedrigeren Formen waren ebenfalls notwendig für die Planeten, auf denen physisches Leben bestand, um die Atmosphäre für menschliches Leben aufrechtzuhalten.

Die ersten Verkörperungen in menschlicher Gestalt waren weit weniger entwickelt als heute. Sie entsprachen dem Stand eines heutigen zwölf- oder fünfzehnjährigen. Auch die äußere Form unterschied sich von der unseren. Es ist wichtig zu verstehen, daß eine rudimentäre körperliche Struktur nicht gleich bedeutet, daß darin eine niedrigere Seele wohnt. Es bedeutet lediglich eine Akklimatisierung und Entwicklungsstufe in Bezug auf die physische Struktur, nicht aber auf die Seele.

Dieses Konzept haben eure Anthropologen nicht verstanden und brachte deshalb Verwirrung in ihre Theorien über die Entwicklungsgeschichte des Menschen. Sie folgerten nach logischem Muster, daß eine weniger effiziente Körperform auch notwendigerweise eine niedrigere Seelenform mit sich bringen müsse. Aber so vollzieht sich die Entwicklung absolut nicht.

Liegt es an unserer Inkarnation in Atlantis, daß wir das Gefühl haben, etwas stimme nicht; daß die Dinge anders sein sollten, als sie es sind?

Die Inkarnationen in Atlantis sind nur zum Teil verantwortlich für euer Gefühl des Mangels an Harmonie in der heutigen Gesellschaft. Der Hauptursprung dieser Gefühle ist in den Erfahrungen vieler Inkarnationen zu suchen, die ihr in anderen Welten und in der Zeit eures Wachstums gemacht habt, da ihr noch nicht verkörpert ward. Ihr seid euch bewußt - zumindest von eurer Seelenebene her -, daß die Existenz von Liebe und Harmonie getragen werden muß. Ihr kommt zu dieser Einsicht, wenn euer Bewußtsein sich an das Wissen erinnert, das ihr als Seelen in unverkörperter Form angesammelt habt. So spielten diese schon eine Rolle, wenn auch keine bedeutende.

Gab es in Atlantis so etwas wie Meister und spirituelle Lehrer für die dort Inkarnierten?

Diejenigen, die in Atlantis inkarnierten, waren nicht abhängig von spirituellen Meistern oder Lehrern, da sie ihre eigenen Meister waren. Selbst die Bevölkerung, die in normaler, weltlicher Inkarnation existierte, war spirituell fortgeschritten genug, um sich ihrer Seele gegenwärtig zu sein und in dieser Form zu kommunizieren.

Aus welchem Grund kamen diese Völker nach Atlantis?

Die Hauptaufgabe der Wiederbevölkerung von Atlantis bestand darin, die Schwingungen der dort existierenden Bevölkerung anzuheben und ihnen Wissen und Wachstum zu bringen, sie auf die Erdoberfläche zu transportierten, und dann alles allen bekannt und nutzbar zu machen.

Wir segnen euch im Namen des Vaters.

Kapitel 13

Hier spricht Adamis. Seid gesegnet.

Ich spreche heute abend zu euch in der Kapazität von "Atemose dem II", einem Herrscher der frühen Tage von Atlantis.
Wir werden einiges über die Sitten und deren gesellschaftliche Wirkung erfahren, die in dem frühen Atlantis herrschten. Damit man die Natur der Völker richtig verstehen kann, muß man erst ihre moralischen Sitten und Gesetze kennen, denn sie sind eng mit ihren Leben verbunden.

DIE SITTEN VON ATLANTIS

Es gab vorwiegend zwei Sittencodexe in Atlantis. Eine war sehr streng, die andere ausdrucksfreudig und locker. Dies sollte den verschiedenartigen Seelen im Laufe ihrer Inkarnationen erlauben, sich auf beide Arten auszudrücken. Es war ein notwendiger Lernprozeß für sie.

Eine Heirat, wie wir sie heute kennen und ein Hochzeitszertifikat gab es ebensowenig, wie Standesämter, Standesbeamte und Pfarrer, die die Zeremonien vornahmen. Im Heilungstempel übernahm der Priester in einer einfachen, grundlegenden Zeremonie diese Aufgabe, wenn es zu so einer gewünschten Verbindung kam.

Diese Verbindungen, und ich nenne sie bewußt Verbindungen, da sie auf einer ganz anderen Ebene stattfanden, waren keine "Verträge", die man lebenslänglich einging. Es gab zwar viele Paare, die ein Leben lang zusammen blieben, aber fast 75 Prozent tauschten Energien miteinander aus und lernten voneinander, um dann später Beziehungen mit anderen aufzubauen. Die Verbindungen konnten einfach in gegenseitigem Einvernehmen aufgelöst werden. Es bedurfte dazu keiner weiteren Legalisierung oder Zeremonie. *

In der niedrigeren Kaste, deren Mitglieder gerade in ihren Lebenszeiten begannen, die Werte und Anstandsformen zu lernen, herrschten eher lockere Sitten. Es war notwendig für sie, sich gegenseitig zu erfahren und die eigenen Werte in Bezug auf den anderen kennenzulernen.

Ein Teil dieses Kastensystems waren die Mutanten. Zu aller Schande muß ich gestehen, daß die Mutanten oft nicht besser als Tiere oder Sklaven behandelt wurden, was aber dem Zweck ihrer Erschaffung und ihrer Aufgabe entsprach.

Zu sagen, es hätte kein Verbrechen und daher keine Bestrafung gegeben, wäre nicht ganz korrekt, denn sie existierten.

Wenn zwei Menschen sich verbanden, trat ein ungeschriebener Bund der Treue in Kraft, der vornehmlich für Frauen galt. Wurde dieser verletzt, wurden sie für einige Zeit in die Felder zum Arbeiten geschickt. Einem Mann wurde dieselbe Handlung nicht als Vergehen angerechnet, denn zu den damaligen Zeiten bestand eine Doppelmoral. Es gab keine Abtreibungen; wer empfing, der gebar, denn, die Kinder wurden gemeinschaftlich von Frauen großgezogen, die als "Mütter" fungierten. Hatte ein junges Mädchen ein Kind, dann verdarb dies nicht ihr ganzes Erwachsenenleben, denn sie war nicht für das Großziehen des Kindes verantwortlich.

Problematisch aber war in Atlantis die Vermischung zwischen Mensch und Tier. Sie diente als eine Art Experiment und öffnete im wahrsten Sinne des Wortes die "Büchse der Pandora". Hieraus resultierte eine Vielzahl von Mutanten, die manchmal zu einem schwerwiegenden Problem für die Bevölkerung wurden. Schließlich wurden diese Praktiken unterbunden, und man beseitigte die Mutanten aus diesen Verbindungen.

Im Verlauf der Geschichte wurden diese Praktiken auf der Erdoberfläche wiederbelebt. Die griechische Mythologie erzählt von den Formen dieser Mutanten. Ich versichere euch, daß sie keine Legenden waren, sondern Wirklichkeit.

DAS GEISTIGE UND DIE SITTENGESETZE

Die Sittengesetze, die in Atlantis galten, basierten auf spirituellen Entwicklungsebenen. Es war ein geistiges System, das, so glaubte man, auch in der Physis funktioniere. Daher wurde auch das Kastensystem geschaffen, das der einen Ebene nicht erlaubte, sich auf dem Gebiet der anderen einzumischen. Es wurde erwartet, daß sie getrennt voneinander, - strukturell und schwingungsmäßig - nur mit ihresgleichen lebten, arbeiteten und umgingen. Daraus ergaben sich für die Bevölkerung viele Probleme, denn manchmal wollten Zwei eine Verbindung eingehen, die ihnen verboten werden mußte - etwa so, wie Eltern heutzutage eine Heirat zwischen ihren eigenen Kindern unterbinden.

Es wurden Stimmen laut, die die unterschiedliche Behandlung - schließlich waren doch alle die Kinder Gottes - beklagten. Mit der Zeit entstand eine Gruppe von Rebellen. Viele dieser Rebellen waren Seelen aus Lemurien, die sich in Atlantis inkarniert hatten und immer noch kriegerisch gesinnt waren, denn Lemurien bestand aus Kriegern, die es darauf abgesehen hatten, Atlantis zu erobern. Im großen und ganzen waren die Ältesten und der größte Teil der Bevölkerung auf Frieden und Liebe bedacht. Sie verabscheuten Krieg und wehrten sich oft nicht, wenn sie angegriffen wurden. Es gab in diesem Land Tunnel unter Wasser, die die Kontinente vom Osten bis zum Westen miteinander verbanden.

Ich möchte euch hier mit einigen Annahmen konfrontieren, um euch mit der Denkweise der damaligen Menschheit vertraut zu machen. Der größte Teil der Bevölkerung war sich seiner spirituellen Essenz bewußt. Sie kannten ihren VATER, den HERRN. Sie wußten, daß ihr Leben ewig war, und daß sie sich zu Reinkarnationsmustern verpflichtet hatten - für einige als Teil ihres normalen Wachstums, für die meisten aber als Teil einer Inkarnation im "Dienste" ihres VATERS.

Wollte ein Mann sich mit einer Frau vereinen, die nicht die seine war, so tat er dies unter folgendem Vorwand. Er fühlte sich als Kind Gottes, und wenn er ein anderes Kind Gottes liebte, warum sollte es ihm nicht erlaubt sein, diese Liebe durch die Vereinigung der Schwingungen zu verstärken? Da alle Seelen frei und unabhängig voneinander waren und nur sich selbst gegenüber verpflichtet, sollte ihnen auch das ermöglicht werden.

Nehmt zum Beispiel zwei körperlose Seelen, die nur in ihrer geistigen Form bestehen. Sie treffen sich, erkennen sich anhand ihrer Schwingungen und beschließen, sich miteinander zu vereinen und einander zu erfahren - wie zwei Energiebälle, die für kurze Zeit zu einem werden. Ich glaube, keiner von euch hätte weder etwas dagegen dabei Zeuge zu sein noch einen Einwand, daß es überhaupt geschieht. Ihr würdet sagen: "Dies ist eine wunderbare spirituelle Erfahrung." Warum soll es in der gleichen Situation eine Schande für zwei Seelen sein, die eine Inkarnation miteinander teilen und verkörpert sind? In ihrer reinsten Form sind beide Erfahrungen ein und dasselbe.

Ihr werdet sicher gemerkt haben, daß ich es vermieden habe von "lustvollen", "fleischlichen" Erfahrungen zu sprechen. Ich beziehe mich auf einen spirituellen Ausdruck der Liebe, denn so fand dies in Atlantis statt und größtenteils kannte die Bevölkerung keinen Neid, Ärger oder Groll. Alle waren voller Liebe, Mitgefühl und Verständnis. Sie konnten nur sich selbst mit anderen teilen, denn sie besaßen niemand anderen.

Die hier mitgeteilten Gedanken schlagen Furchen in die Denk- und Lebensweise der heutigen Menschheit. Wenn Individuen wachsen und sich ihres spirituellen Seins bewußt werden, verschwinden langsam ihre versteckten Unsicherheiten und verändern sich. Der Mensch wird sicher in seinem eigenen Inneren und in der Beziehung zu seinem VATER.

Männer waren nicht damit beschäftigt, Frauen anzusammeln oder Vielweiberei zu betreiben, wie es in späteren Zivilisationen in den Harems geschah. Es geschieht immer nur dort, wo jemand ein anderes Wesen besitzen will. Teilen heißt zu teilen und nicht zu besitzen.

VERBRECHEN UND BESTRAFUNG

Es wäre nicht richtig, zu sagen, es hätte keine Verbrechen gegeben, denn die Bevölkerung bestand aus mit Emotionen behafteten Männern und Frauen. Was geschah mit einem Menschen, der einen anderen umgebracht hatte? Seine Hände wurden ihm abgeschnitten, damit er diese Tat nie wieder begehen konnte. Es mag euch grausam erscheinen, aber laßt es mich rational erklären. Wenn einer dem anderen das Leben nimmt, und ein anderer dafür dessen Leben, dann wäre letzterer auch nicht besser als der erste, denn er brächte sich in eine ausschließliche Richterpositionen. Keiner hat das Recht, zu irgend einer Zeit einem anderen das Leben zu nehmen.

Die einzige Ausnahme in moderneren Zeiten ist der Krieg, wenn jemand aus Gründen der Selbsterhaltung kämpft. Wenn es auch nicht geplant war, ein Leben für ein anderes zu nehmen, so stand es doch als Lernerfahrung auf dem Plan. Ist dies nicht die göttliche Ordnung ? Begeht jemand einen Fehler, findet eine Lernerfahrung statt. Er lernt den Gebrauch seiner Hände zu weit wichtigeren Zwecken zu würdigen, als das Leben eines anderen zu nehmen. Er erkennt ihren Wert, sie ernähren ihn und leisten arbeitsmäßig ihren Beitrag. Auf diese Weise lernt die Seele.

Das Abschneiden der Hände beschädigt nicht die Seele. Es veränderte lediglich das Vehikel, das die Seele in dieser Inkarnation benutzte. Es gibt bis zum heutigen Tag viele, die keine Hände haben. Manche kommen deformiert zur Welt. Macht es denn wirklich einen Unterschied, ob die Deformation von Geburt an besteht oder demjenigen später im Laufe seines Lebens zugefügt wird? Es ist lediglich wichtig, die Lektion zu lernen. So lautete die Rechtfertigung für diese Art von Heimzahlung für das Vergehen, Hand an das Leben eines anderen zu legen.

Was das Stehlen von Gütern oder Nahrungsmitteln anbetraf, so wurde man nach einem solchen Vergehen auf die Felder zum Arbeiten geschickt. Die Gesetze waren sehr einfach.

Vereinigung zwischen zwei Mitgliedern verschiedener Kasten war verboten. Dies mag im Gegensatz stehen zu dem, was wir euch bisher mitgeteilt haben, aber das Gesetz bestand aus demselben Grund, aus dem die Menschen sich nicht mit Tieren paaren sollten: nämlich wegen der unterschiedlichen Schwingungsebenen. Gehörte ein Elternteil eines Kindes einer höheren und der andere einer niedrigeren Kaste an, dann entstand oft ein Mutant daraus. Dieser Defekt kam durch die Unverträglichkeit der Schwingungen zustande. Wir haben euch schon darauf hingewiesen, daß es nicht richtig ist, eure Schwingungen in Beziehung zu einem anderen Individuum zu erniedrigen. Dasselbe Gesetz galt auch zur damaligen Zeit.

MEHRFACHGEBURTEN

Es ist interessant festzustellen, daß in früheren Zeiten prozentual gesehen die Anzahl der Mehrfachgeburten höher lag als heute. Der Grund war vorbestimmt und lag darin, daß eine Seele oft Projektionen von sich selbst abgab, die dann in Mehrfachgeburten resultierte. Jeder Teil sollte dem anderen bei der Arbeit und seinem Wachstum behilflich sein. Es hing von dem Projekt ab, mit dem sie im Laufe ihrer Inkarnation zu tun hatten - eine Form "kontrollierter" Vermehrung, die aber auf der Seelenebene stattfand. Denkt nur nicht, daß dies nicht auch zu euren Lebzeiten stattfindet, es geschieht ganz sicher.

FRAGEN UND ANTWORTEN

Was geschah mit demjenigen, dem die Hände abgehackt wurden? Sorgten andere für ihn?

Er wurde versorgt, und man kümmerte sich um ihn. Das Gefühl abhängig von anderen zu sein, erhöhte diese Form von "Gerechtigkeit". Es gab niemand, den man vernachlässigte, egal ob er krank, alt oder behindert war. Für alle wurde gesorgt.

Du erwähntest vorhin, daß in einer niedrigeren Kaste "lockerere" und in einer höheren Kaste strengere Sitten herrschten. Kannst du das ein wenig ausführen?

Je höher entwickelt ein Wesen war, desto reiner waren seine Schwingungen in Leben. Viele, die in den großen Tempeln von Atlantis arbeiteten, hatten feine, sensitive Schwingungen und lebten im Zölibat, um jede Veränderung ihrer Schwingung zu vermeiden.

Auf längere Zeit hin gesehen überwiegt bei einem so hoch entwickelten Wesen, das sein Leben nur auf den VATER und das Geistige ausrichtet, das Bedürfnis des Schwingungsaustausches auf dieser Frequenzebene gegenüber dem Bedürfnis nach körperlicher Befriedigung, denn dies alleine kann die eigenen Schwingungen herabsetzen. Ich möchte damit nicht sagen, daß das für euch zutreffen muß; dies ist nicht so; noch ist es notwendig, diese Praxis aufzunehmen. Sollte sie für euch zutreffen, dann wäre es ein ganz normaler Wachstumsschritt.

Die niedrigeren Kasten beschäftigten sich nicht mit derartigen Dingen. Sie vermischten und vermehrten sich freizügig. Daher waren ihre Schwingungen viel rauher und ungeschliffener. Da sie in ihren eigenen Kreisen blieben, gab es diesbezüglich keine Probleme. Manchmal kam es vor, daß sich zwei mit sehr unterschiedlichen Schwingungsebenen vereinten. Dies resultierte, wie schon gesagt, oft in Geburten von deformierten und abartigen Wesen und war eher die Ausnahme als die Regel.

Ich interessiere mich für die Rechtfertigung des Doppelmoralkodexes.

Aus eurer Sicht betrachtet, gibt es keine Rechtfertigung für die Doppelmoral jener Zeiten. Ihr müßt euch in jene Gegend und in die damaligen Umstände versetzen. Wenn ihr dazu fähig seid, könnt ihr vielleicht verstehen, daß das niedrigere Kastensystem dem Stand von Arbeitssklaven gleichkommt. Sie verrichteten handwerkliche Arbeiten, um die Ältesten und andere zu entlasten und ihnen zu erlauben, mehr Zeit für die Gebiete der Entwicklung zu haben. Aus diesem Grunde wurde ihnen mehr Freiheit gegeben, sich auszudrücken und ihre Schwingungen auszutauschen. Diejenigen, die höher entwickelt waren, unterstanden vermutlich in ihren früheren Inkarnationen den gleichen Umständen. Alle durchlaufen die gleichen Erfahrungen. Gibt es denn wirklich Unterschiede zwischen bestimmten heutigen Gesellschaftsformen und den der Kannibalen und Kopfjäger?

Meine Frage bezieht sich auf die Tunnel. Wenn die Atlanter angegriffen wurden von kriegerischen Stämmen, flüchteten sie wohl durch die Tunnel. Waren diese Tunnel eine Verbindung zu anderen Kontinenten?

Ja. Es gibt noch heute unter der Oberfläche eures Planeten ein Netzwerk von Tunneln, das die meisten Kontinente miteinander verbindet. Besonders in den südlichen Teilen eures Landes wurden einige davon wiederentdeckt.

Du hast eine geistige Vereinigung von zwei Seelen angesprochen - auch, daß dies in Atlantis stattfand. Mir ist nicht klar, was für eine Rolle die sexueller Ebene dabei spielt?

Diese Vereinigung geschah auf beiden Ebenen. Die spirituelle wurde erreicht, indem man einfach zusammen saß oder Hände hielt. Die körperliche ging einher mit dem Verständnis, daß sie gewertet wird als eine Vervollkommnung des spirituellen Ausdrucks. So wurde der körperliche Akt eher zum sekundären Ausdruck als zum primären. Das ist der Hauptunterschied.

Es ist nun Zeit, meine Energien aus Adamis zurückzuziehen. Ich segne euch für das freudige Miteinanderteilen. Wir werden es auch noch oft in Zukunft tun.

Gott segne euch.

Kapitel 14

Hier spricht Adamis. Guten Abend und seid gesegnet.

Ihr werdet jetzt eine Energie wahrnehmen, bekannt unter dem Namen "Zorax", die vorher noch nicht zu euch gesprochen hat. Er wird über das Gebiet der Kommunikation und das, was ihr mentale Telepathie nennt, sprechen.

***

Ich bin Zorax. Seid gesegnet.

Meine Energien werden euch behilflich sein, euch an Kommunikations-Methoden zu erinnern, die ihr in vergangenen Leben, besonders während der Inkarnationen in Atlantis, angewandt habt. Ich werde euch Anweisungen geben, wie ihr sie zurückgewinnen könnt, um sie in eurem heutigen Leben zu benutzen. Die Zeit vergeht schnell, und bevor ihr euch darüber bewußt werdet, werdet ihr es mit der Kommunikation mit dem All zu tun haben. Es wird notwendig für euch sein, mit anderen Individuen auf eurem Planeten mental in Kontakt zu treten.

MENTALE TELEPATHIE

Bitte schließt eure Augen, hört auf meine Stimme und erlaubt den Energien in die Teile eures Gehirns einzufließen, die ich angebe. Die Kunst mentaler Telepathie ist fast so etwas wie ein Sehen ohne zu sehen.

Um dies zu erreichen, benutzen wir dazu die Vorderlappen des Gehirns in Verbindung mit dem spirituellen dritten Auge. Ich schicke jetzt allen von euch einen konzentrierten Energiefluß in diese Bereiche eures Gehirns, so daß ihr aufmerksamer auf sie werdet und vielleicht einen leichten nicht all zu starken Druck dort fühlt. Ich möchte euch vertraut machen mit dem Gefühl, was ihr spürt, wenn ihr diese Gebiete aktiviert.

Es scheint, als ob eure Augen leicht anschwellen und sehr schwer werden. Haltet eure Augen immer noch geschlossen und schaut geradeaus, um die Öffnung zu eurer spirituellen Vision zu finden. Projiziert die Energie, die sich hinter euren Augen gesammelt hat durch das dritte Auge hindurch. Ihr werdet merken, daß, während ihr Energie durch eurer Scheitelchakra ein- und ausatmet, sie zu den vorderen Gehirnlappen und durch das dritte Auge fließt. Auf diese Weise könnt ihr Gedanken, Bilder und Informationen an andere schicken.

Wenn jemand eine solche Botschaft, Energie oder Gedanken empfängt, dann dreht er nur den Prozeß um und zieht die Energie durch sein drittes Auge zu den Hirnvorderlappen und das Verstehen des Gesendeten wird sich im Geistigen einstellen. So haben wir einen Sender und einen Empfänger hergestellt.

Entspannt euch jetzt.

Im Laufe eures spirituellen Wachstums werdet ihr einen Punkt, eine Ebene und Schwingungsfrequenz erreichen, die euch befähigt, euch über die Grenzen der Schwingungen eures Universums auszuweiten. Viele in Atlantis waren dazu imstande. Ich möchte den Prozeß, wie ihr diesen Durchbruch erreichen könnt, beschreiben. Normalerweise beschränkt der Mensch durch den Ausdruck seines Selbst den Bereich seines eigenen Universums. Er wird danach streben, Gott oder den Schöpfer seines Universums zu erreichen und fühlt, daß dies das Optimum, das Größte ist, wozu er fähig ist. Das ist aber nicht so.

Ich fühle gerade an diesem Punkt, daß es Zeit für mich ist, zu gehen. Adamis wird dort fortfahren, wo ich aufgehört habe. Wir werden wieder miteinander sprechen. Seid gesegnet.

***

Hier spricht Adamis. Seid gesegnet.

Ich möchte mich für diesen abrupten Wechsel entschuldigen. Während des Channelns entstanden eine Reihe von Stresswellenschwingungen. Es waren welche der Freude, Traurigkeit, des Verständnisses und der Fragen; darum wurde der Kontakt abgeschnitten und wir fahren dort fort, wo Zorax aufhörte.

DIE KOMMUNIKATION IN ATLANTIS

Wenn ein Kind des VATERS wächst und spirituell erwacht, dann erreicht es eine ziemlich rudimentäre Kommunikationsebene, etwa die der Rasse der Mutanten in Atlantis. Es betraf die Kommunikation mit Elementargeistern - nicht auf eine negative Weise, sondern nur auf einer niedrigeren Schwingungsstufe.

Entwickelt sich die Seele weiter, dann verstärken sich die Frequenzen ihrer Energien und befähigen sie, sich in Ebenen der Wahrheit, näher und näher dem VATER, einzuschwingen, also in die Quelle der Wahrheit eines jeden Universums. Diese Form von Evolution und Wachstum setzt sich fort und ist höchst anstrebsam, denn nur so kann jemand, der sich spirituelle Kommunikation wünscht, die reine Wahrheit erfahren.

Während der Tage von Atlantis war es für viele dort Inkarnierte notwendig, Informationen und Anweisungen von sehr hoch entwickelten Meistern und Spezialisten für bestimmte Gebiete einzuholen. Einige, die diese Information benötigten, waren noch nicht so weit entwickelt, daß sie diese Schwingungsebenen direkt channeln konnten. Darum geschah folgendes.

Im Tempel der Delphine gab es einen Kommunikationsraum, der ausschließlich der Kommunikation diente und vielleicht vergleichbar mit einer Radiostation wäre. Wenn jemand ein Training oder spirituelle Belehrungen benötigte, ging er in diesen Raum und setzte sich auf einen Stuhl. Je nach der Frequenz der Schwingung, die er anstrebte, wurden verschieden große Kristalle aufgefahren. Sie wurden über den vorderen Hirnlappen und dem dritten Auge angebracht.

Wenn das angestrebte Kommunikationsziel eine höhere Frequenz hatte, als diejenige des Empfängers, dann fungierte der Kristall als eine Art Umschaltstelle. Er erniedrigte die Schwingungsfrequenz, um sie an jene des Informationsempfängers anzugleichen. So wurde eine Verbindung zwischen zwei Energieebenen geschaffen. Ohne dieses System wäre viel an wichtigem Wissen nicht nach Atlantis gelangt und damit natürlich auch euch allen auf der Erde nicht zugänglich.

DER HEUTIGE ÜBERMITTLUNGSPROZESS NACH UNTEN

Seit jenen frühen Zeiten gibt es noch andere Methoden für den Übermittlungsprozeß nach unten. Es gibt Führer und Lehrer auf verschiedenen Ebenen, die hier behilflich sind. Dennoch ergeben und ergaben sich hieraus Probleme, denn oft wurde eine Schwingung durch den Herunterschaltungsprozeß mit Hilfe der Kristalle ein wenig verändert, so daß sich damit der Inhalt eines Satzes oder einer Wortwendung wandelte.

Dies ist einer unter vielen Gründen, warum eure Lehrer euch ständig dazu ermutigen, euer eigenes Unterscheidungsvermögen in Bezug auf spirituelle Information, die euch zuteil wird, einzusetzen. Die Verzerrung geschieht nicht absichtlich, sondern beruht manchmal nur auf einer oder zwei "verlorengegangenen" Schwingungen.

Daher ist es auch von größter Wichtigkeit, daß jeder für sich selbst die Erhöhung seiner Schwingungen und seiner Frequenz zum Ziele hat, um den Herabschaltungsprozeß zu umgehen. Auf diese Weise seid ihr in direkter Verbindung mit den Energiequellen anderer universeller Ebenen.

ZUR EIGENEN WAHRHEIT KOMMEN

Nur auf diese Weise kann man wahrlich zu sich selbst sagen: "So empfange ich endlich meine Wahrheit und in der Gewißheit, daß dies meine eigene Wahrheit ist, spreche ich zum VATER. Deshalb gibt es für mich keine anderen Wahrheiten."

Doch hier liegt das Problem. Ist dieser Wachstumsschritt erfolgt und die Einheit der Liebe zwischen Mensch und Gott erreicht, überkommt den Menschen ein Gefühl von Frieden, Befriedigung und Zufriedenheit. Er meint, seine Aufgabe erfüllt zu haben. In einigen Aspekten wurde die Menschheit gesegnet - und so sollte es auch sein - aber auf der anderen Seite sollte man erkennen, daß die Erreichung dieses Ziel erst der Anfang ist und es bald wieder Zeit wird, von Neuem zu beginnen.[8]

8 Der Zyklus des Wachstums ist eine ständig expandierende Energie-Spirale. Wenn eine Ebene vollendet ist, öffnen sich Türen zu neuen Ebenen der Interpretation und Wahrheit, die näher und näher zur Einheit mit Gott führen.

Euer Universum ist nicht mehr als ein Sandkorn in der Schöpfung. Es ist Zeit anzuerkennen, daß die erreichte Liebe und Einheit mit dem VATER ewige Liebe ist. Ihr müßt jedoch eure Hand selbst ausstrecken, um noch weiter reichen zu können. Keiner verlangt von euch, die Liebe des VATERS fallen zu lassen oder zur Seite zu schieben, denn dies ist unmöglich. Aber die Fähigkeit der Seele ist unerschöpflich, sie erweitert sich, wächst und hat immer mehr Platz für Neues.

Wir senden eine Projektion unserer Seele über die Begrenzungen der Schwingungen unseres VATERS hinaus, um die Schöpfung zu erproben auf der Suche nach neuen Gebieten und Schwingungsebenen, um damit in Verbindung zu treten, davon zu lernen, sie zu teilen und zu erfahren. Es ist ein aufregendes Unterfangen, denn neue Tore tauchen auf. Ihr öffnet sie und erforscht neue Gebiete eures geistigen Inneren. Eure Schwingungen wachsen und erhöhen sich. Ihr beginnt Dinge zu verstehen, die ihr niemals zuvor gehört habt und es werden euch Konzepte nahegebracht, durch die die Teile eines Puzzles zusammenpassen.

Ihr wachst und es erscheint, als ob ihr mit jedem Tag, der vergeht, größer und größer, weiser und weiser würdet. Eines Tages sagt ihr zu euch selbst: "Warum nicht? Ich bin ein Kind der Schöpfung, warum sollte ich mir nicht die Energien des Schöpfers aussuchen können?" Ihr begebt euch in Meditation und versenkt euch so tief ihr könnt. Ihr probiert es noch einmal, weiter und weiter, höher und höher.

Vielleicht werdet ihr eines Tages bei euren Experimenten und eurem Suchen die Worte vernehmen: "Ja, mein Kind". Tränen werden euch in den Augen stehen und eine Liebe, wie ihr sie noch nie zuvor erfahren habt, dringt in euer Herz und ihr werdet wissen. Das ist der Moment der Erleuchtung in eurer Existenz, denn ihr habt die Quelle eurer Schöpfung erreicht.

Ihr werdet Wahrnehmungen in euren Körpern haben, die euch jede Zelle eures Seins bewußt machen, denn ihr werdet sie alle erfahren; alle Billionen Zellen. In diesem Augenblick werdet ihr erkennen, woher ihr kommt.

Von diesem Moment an werdet ihr für den Rest eures Lebens wissen, wer ihr seid. Nichts mehr wird euch von eurem Weg ablenken können und selbstverständlich nichts, das euch von eurem VATER trennen könnte. Ihr werdet es selber wissen.

GRÜNDE FÜR DIE ZERSTÖRUNG VON ATLANTIS

Es gibt verschiedene Gründe warum Atlantis zerstört wurde: Einer davon war die eigene Begrenzung des Menschen, die ihn hinderte, sein Selbst zu erweitern. Sie waren zufrieden mit der Wachstumsebene, die sie erreicht hatten und existierten nur, um Macht und Kontrolle und das auf dieser Ebene Erreichte zu praktizieren. Für viele von ihnen kam es mit der Zeit zu Entgleisungen, denn das universelle Gesetz erlaubt keinen Stillstand. Man geht entweder in die eine oder in die andere Richtung. Versucht jemand still zu stehen, dann hat er bereits die andere Richtung eingeschlagen, in der wir Negativität, Zweifel, Ego und Kontroll-Ausübung seitens der Persönlichkeit finden. Das war so bei vielen.

Am Ende, als Atlantis wirklich zerstört wurde, waren viele der Ältesten anwesend, einige aber auch nicht. Es war nicht Gott, der sagte: "Dieser Älteste bleibt, jener geht." Es hing vom Bewußtsein und Glauben ab, vom Wachstum und der Fähigkeit, die Schwingungen der Dinge aufzugreifen, die geschehen sollten. Es ging darum, des VATERS Worte hören zu können, die ganz klar sagten: "Ihr, die ihr auf diese Weise gedient habt, braucht nicht zu bleiben und zu leiden." Aber viele konnten diese Worte nicht wahrnehmen, denn sie hatten dem VATER das taube Ohr zugekehrt und erlebten so den Schmerz und Schrecken eines physischen Todes, um dann wieder aufzuerstehen.

DER PHYSISCHE TOD

Wäre es nicht wunderbar, wenn die Menschheit sterben könnte ohne den physischen Tod erfahren zu müssen? Physischer Tod beinhaltet Krankheit, Schmerz, Demoralisierung des Charakters und Leiden. Dies kann erreicht werden. Wenn ihr euch eurer beendeten Aufgabe hier gewahr wäret, könntet ihr einfach dieses Leben verlassen. Ich wiederhole: Wenn ihr wirklich diese Inkarnation zum jetzigen Zeitpunkt verlassen möchtet, dann genügt es, zu meditieren, eure Augen zu schließen und sie für achtundvierzig Stunden geschlossen zu halten. Entlaßt ihr euch selbst innerhalb dieses Zeitraumes, dann wäret ihr innerhalb von achtundvierzig Stunden frei. Dies ist der Wille und die Kraft der Seele, kann aber erst zustande kommen, wenn die Menschen um ihre ewige Existenz wissen und sie akzeptieren. Solange sie ihr Leben als einzige Existenz ansehen, werden sie es nicht freiwillig aufgeben.

So muß der Mensch erst wachsen, verstehen und seinen VATER finden. Erst dann kann das, was ich mit euch geteilt habe, zustande kommen. Mit Wissen und dem Verständnis wird sich die Angst auflösen, um gänzlich zu verschwinden.

FRAGEN UND ANTWORTEN

Wurde Atlantis durch die Experimente und den Mißbrauch der Dematerialisationsenergie zerstört?

Es waren nicht so sehr die Energieebenen der Dematerialisation, sondern die Nutzbarmachung größerer Energiequellen, die zur Selbstverteidigung und Kontrolle auf manchen Gebieten verwendet werden sollten. Sie rief Explosionen und die Zerstörung bestimmter Feuerkristalle hervor und endete mit einer energetischen Kettenreaktion, die Atlantis zerstörte.

Gibt es eine Beziehung zwischen der Schwingungsebene des Mineralreiches und der Negativität?

Jedes Energiespektrum unterliegt in seinem Ausdruck der Dualität. Die Schwingungen bezüglich des Mineralreiches haben negative und positive Pole genau wie die der Menschheit.

ANWENDUNG UND MISSBRAUCH VON MACHT

Das technische Wissen und die in Atlantis angewandten Konstruktionsmethoden spielten als Hilfestellung bei der Erbauung der Pyramiden auf der Erde in den kommenden Jahrhunderten eine große Rolle; besonders bei der Bearbeitung, der Levitationsmethode und Installierung der Steine am richtigen Ort, im richtigen Winkel- und Seitenverhältnis, u.s.w.

All diese Konstruktionen dienten in erster Linie als energetische Relais- und Umspannstationen zum Transformieren auf ein niedrigeres Niveau. Es war ihre wichtigste Aufgabe. Die Menschheit hat den Pyramiden noch andere Funktionen zugeschrieben, aber diese waren nur Nebenprodukte der exakten Konstruktion und Plazierung. Ihre Lehrinhalte, ihre Heil- und Konservierungsfähigkeiten sind das Resultat dieser Konstruktionsform.

Kraft ist etwas Segensreiches, ihr Mißbrauch hingegen ein Schrecken für alle, die beteiligt sind. Wozu ist Macht gut, wenn sie niemandem hilft zu wachsen? Was nützt euch die Anerkennung eurer Kraft und eurer Fähigkeiten, wenn man sich zugleich aus Angst vor eurer Gegenwart zurückzieht? Habt ihr Kraft, die Kraft der Liebe, dann könnt ihr sie dazu verwenden, den anderen Aspekt der Kraft damit zu besiegen. Es ist sogar eure Verpflichtung.

Es ist nicht verkehrt, für seine Überzeugung zu kämpfen, nur verwendet dabei keine Gewehre, Panzer und Flugzeuge. Eure Werkzeuge sind Schwingungen. In Atlantis vergaßen sie das; das war ihr Fehler, der zur Vernichtung führte: die Quelle ihrer stärksten Waffen geriet in Vergessenheit.

Es gab ein wenig bekanntes Gebiet von Atlantis, über das wir in unserem nächsten Abschnitt berichten möchten. Es war ein experimenteller "Garten von Eden", der vollkommen isoliert existierte. Vielleicht wird das, was dort anvisiert und versucht wurde, eines Tages auf der Erde Wirklichkeit werden.

Gott segne euch.

KAPITEL 15

Hier sind die Energien von "Strength" von Atlantis. Seid gesegnet.

Dies ist das letzte Kapitel des ersten Buches . Meine Energien sind hier, um diese Reihe unserer Erörterungen abzuschließen. Vielleicht paßt es ganz gut, daß wir über einen Bereich von Atlantis sprechen, der existierte, bevor der Kontinent auf den Meeresgrund sank. Das zweite Buch wird sich auf das Atlantis der Zeit beziehen, als der Kontinent über den Meeren lag, und wir werden die Zivilisation beschreiben, die dort vor den Verschiebungen lebte und bevor Atlantis versank.

DAS ATLANTIS ÜBER DEN MEEREN

Laßt uns in der Zeit zum Jahr 94.000 v. Chr. zurückgehen, als der Kontinent noch als Landmasse an der Oberfläche lag. Auf ihm gab es ein Gebiet, mehrere hundert Meilen östlich der Ostküste der Vereinigten Staaten, in dem eine experimentelle Zivilisation lebte. Das Gebiet war von Bergen umgeben und fast ganz isoliert. Wenn man etwas als "Garten Eden" bezeichnen könnte, dann wäre es dort zu finden gewesen. Ich möchte euch die Bedingungen beschreiben, unter denen diese Zivilisation lebte, so daß alle, die diese Seiten lesen, inspiriert werden mögen, noch entschiedener und begieriger ihre eigene Wahrheit zu suchen und die Zukunftsaussichten der Menschheit zu verstehen, wenn sie nur diese bestehende Möglichkeit anerkennen würde.

Alle, die in diesem Gebiet lebten, wandelten mit Gott. Alle glaubten und wußten von ihrer Identität. Alle waren sich ihrer Beziehung zum VATER bewußt, und so waren alle eins. Auf der Skala der Evolution lagen alle im gleichen Schwingungsbereich. Daher funktionierte ihre Zivilisation in einer gleichförmigen, stabilen Form, und der Austausch zwischen den Einzelnen war immer erfüllend. Alle waren in der Lage, sich gegenseitig ähnliche Energien zurückzugeben.

Sie wußten, daß sie, wenn die Zeit ihrer Inkarnation zu Ende ging, wieder zurückkommen würden, um ihre Leben an dem Punkt fortzuführen, an dem sie aufgehört hatten. Das bedeutete, daß es für sie das

Wort "Angst" nicht gab. Und das Wort "Eifersucht" existierte für sie ebenfalls nicht.

Biologisch und genetisch waren sie nicht alle gleich. Sie waren unterschiedlich groß und schwer und unterschiedlich gefärbt, aber sie kommunizierten alle von Seele zu Seele miteinander. Sie lebten ein Leben der Liebe.

Oft ist darauf hingewiesen worden, daß negative Energien ein Mittel für Lernerfahrungen sind. Das ist ganz richtig, muß aber nicht so sein. Es reicht aus, ihre Existenz als Hindernis anzuerkennen; dann braucht man nicht auf sie einzugehen. Wenn jemand eins mit dem VATER ist, ohne Angst, ohne Widerstände, ohne Eifersucht, braucht er sich mit den negativen Aspekten nicht abzugeben. Das kommt daher, weil man weiß, wer man ist und seinem Selbst so vertraut, daß man sich auf seine Taten und Reaktionen verlassen kann.

Es gab keine Verbrechen oder Verletzungen der geistigen oder irdischen Gesetze. Alle wußten, daß alles allen gehörte. Niemand besaß etwas und alle nutzten das, was da war. Sie nahmen, was sie brauchten, und waren ihre Bedürfnisse gestillt, so wurden die Vorräte wieder erneuert. Auf diese Weise blieb der Fluß des Reichtums ungebrochen.

Es bestand kein Bedürfnis, sich Besitz anzueignen, denn man besaß alles und doch nichts. Wenn ein Mann und eine Frau miteinander sein wollten, taten sie es. Es gab keine Monogamie, oder Polygamie, Sklaverei oder Knechtschaft oder Doppelmoral. Man lebte ein perfektes Leben.

SOZIALE STRUKTUREN

Die Gesellschaft war grundsätzlich agrarischer Natur. Ihre Bedürfnisse waren einfach, und sie bauten ihre Früchte an, denn sie lebten ganz von Früchten, Nüssen und Beeren. Sie verbrachten ihr Leben in Wachstum, Miteinander-Teilen und Kommunikation. Jeden Tag, wenn sie aufstanden, versammelte sich die Gemeinschaft, um den VATER für einen neuen Tag ihres Lebens zu danken. Sie meditierten und teilten miteinander ihre Gefühle, die Eindrücke und Inspirationen, die sie während ihrer Meditationen empfangen hatten. Sie chanteten und sangen. Sie aßen zusammen und begannen dann die tägliche Arbeit.

Die Kinder blieben in einer zentralen "Schule"; sie lebten dort und nahmen an allen Aufgaben teil, sofern sie dazu in der Lage waren. Babies wurden nicht zu den Versammlungen gebracht, denn sie hatten noch keine Selbstkontrolle, um die Treffen nicht zu stören. Die Kinder wuchsen alle in dem Wissen auf, daß die ganze Gemeinschaft ihre Eltern waren. Gefühle wie: "Das ist mein Kind, und das ist dein Kind" gab es nicht. Alle waren "unsere Kinder". Die Eltern verstanden, daß sie nur Vehikel waren, die anderen Seelen erlaubten, Erfahrungen und Wachstum in der Physis zu machen. Sie wußten, daß sie die Kinder nicht "besitzen" konnten, daß sie nur als Kanal für ihren Eintritt dienten; und waren sie da, dann wurden sie als Wesen, und nicht als Besitz betrachtet. Jemanden besitzen zu wollen heißt, sein Wachstum einzuschränken.

Wenn das morgendliche Mahl beendet war und die Leute zu ihrer Arbeit gingen, gab es keine Rollentrennung, die den Männern eine bestimmte Art von Arbeit zuordnete und den Frauen eine andere, oder etwas wie "diese Woche bist du mit dieser Arbeit an der Reihe, und ich mit jener". Was immer nötig war, wurde getan, denn alle waren gleich.

Erforderte ein Projekt körperliche Stärke, sage ich nicht, daß die Männer bei dieser Arbeit nicht halfen. Das taten sie wirklich, aber nicht aus einer Position der Stärke heraus. Sie sagten auch nicht: "Ich bin kräftiger als du", sondern verrichteten die Arbeit, weil sie nötig war.

In dieser Zivilisation gab es keine Haustiere, denn ihre Schwingungen waren zu rein. Habt ihr euch jemals gefragt, warum es in eurer Zivilisation Haustiere gibt? Wenn ihre Schwingungen niedriger sind als eure und ihr nicht in der Lage seid, sie als gleich anzusehen, warum sind sie dann da? Vielleicht dienen sie euch als Puffer, als Ventil für Streß und Liebe. Vielleicht möchte der Mensch aus egoistischen Gründen jemanden um sich haben, der ihm dienstbar ist und etwas, das ihm als Besitz dient. Gäbe es alle diese Reaktionen nicht, wäre das Bedürfnis, Tiere zu halten nicht vorhanden.

Die Kinder hatten keine Spielzeuge, sie spielten mit Gott. Sie saßen nicht formal in Klassenzimmern, um strukturierte Inhalte zu lernen. Sie wurden über das Leben, über das Universum und über das Sein belehrt. Ihre wahre Erziehung fing an, wenn sie handeln konnten, Erfahrungen sammelten und aktiv Teil der Gesellschaft wurden.

Könnt ihr euch vorstellen, wieviel Chancen diese Gesellschaft heutzutage hätte, zu überleben? Sie wären gleich null, denn sie würde von der Umwelt überwältigt werden.

Wenn die Zeit für ein Mitglied dieser Gesellschaft kam, dahinzuscheiden, starb man nicht auf die Art, wie ihr sie heute als "normal" erfahrt. Ihre Körper erkrankten nicht, denn sie kannten keine Krankheiten. Sie lebten hunderte von Jahren, aber wenn die Zeit kam, daß ihr physischer Körper alterte und nicht mehr auf förderliche Weise dienen konnte, verließ ihn die Seele. Das Individuum ging in den Tempel, suchte eine der Gebetskammern auf, versetzte sich in einen tiefen Trance-Zustand und ließ alles hinter sich. So einfach war das. Die physischen Körper wurden verbrannt und wurden zu Erde, aus der sie gemacht waren.

DIE WIEDERKEHR DES "GARTEN EDEN"

Diese begrenzte Gesellschaft bestand ursprünglich aus Seelen, die von anderen Planeten innerhalb unseres Universums kamen. Sie wollten auf der Erde diese Zivilisation aufbauen. Sie waren nicht durch irgendwelche karmischen Muster auf diesem Planeten verstrickt und wollten dies auch nicht. Sie waren über diese Ausdrucksform hinaus gewachsen. Als der VATER den Planeten Erde erschuf, machte er ihn zum Garten Eden, und eines Tages wird er es wieder sein.

Was spielen Millionen Jahre für eine Rolle, der Planet entwickelt sich weiter, trotz all der Ereignisse, die er durchmachte, trotz all der Äonen der Zeit, in der sich die Menschheit von ihrem VATER entfernt und ihre Brüder erschlagen hat. Seine Schwingungen erhöhen sich ständig, denn wie ihr wißt, "gewinnt" der VATER immer. Wenn die Zeit gekommen ist und die Schwingungen rein sein werden, wird der Garten kommen. Es wird so wie am Anfang sein. Der Planet wurde in Liebe geschaffen und wird deshalb in der Liebe sein. Alle, die diese Tatsache und die Existenz dieser Liebe nicht anerkennen, werden ihr Wachstum anderswo fortsetzen.

Das Reich der Tiere repräsentiert symbolisch die Erde, die Erdung. Wenn sich die Schwingungen der Erde an die der Lebewesen angeglichen haben, wird dieses Symbol nicht mehr notwendig sein. Ein Beispiel dafür ist eure biblische Geschichte von der Schlange, die ein reines Symbol ist.

Diese Zivilisation existierte noch, als sich die Erdplatten verschoben und Atlantis auf den Meeresboden sank. Sie wurde nie wieder aufgebaut, denn das hätte keinen Sinn gehabt. Die Zivilisation sollte ausschließlich auf der Oberfläche des Planeten existieren.

Wir haben euch viele Aspekte von Atlantis beschrieben und auch viele andere Zivilisationen, die es auf dem Planeten Erde gab und noch immer gibt. Vielleicht haben wir einige Mythen zerstört und euch an der Gültigkeit dessen zweifeln lassen, was ihr früher geglaubt habt. Vielleicht auch nicht. In der langfristigen Analyse ist das unwichtig, denn jeder von uns muß in seiner eigenen Wahrheit und Philosophie leben.

Wir haben Türen zur Anregung für euer Bewußtsein geöffnet, um in euch die Erinnerung an Vergangenes wachzurufen, und um euch neue persönliche Erfahrungen zugänglich zu machen.

Nun ist es Zeit für mich, zu gehen. Ich wünsche euch einen Guten Abend und segne euch im Namen des Vaters. Gott segne euch.

***

Hier spricht Adamis. Seid gesegnet.
Während dieser Sitzungen haben wir versucht, euch ein Bild von Zivilisationen aufzuzeigen, die in der Vergangenheit existiert haben. Obwohl sie vielleicht höher entwickelt waren und auf einem anderen Niveau funktionierten als eure gegenwärtige Zivilisation, hatten auch sie viele Probleme und Bereiche, mit denen sie nicht zurecht kamen und das Bedürfnis, innerhalb ihrer Lebensmuster Anpassungen vorzunehmen.

ABSCHLIESSENDE BEMERKUNGEN

Laßt euch dies als Beispiel dienen, daß Perfektion unerreichbar ist. Wir streben nach Wachstum, nicht nach Perfektion. Es ist nötig zu verstehen, daß Wachstum ein ewiger Faktor ist. Nie wird man in seinem Dasein an den Punkt kommen, wo man anhalten und sagen kann: "Ich weiß alles" oder "Ich habe das Optimum an Wachstum erreicht". Das wird nie der Fall sein.
Die Existenz der Menschheit ist nur ein Markierungsstein auf dem Weg der Illusion. Es ist die Verantwortung aller im Laufe des Lebens

sich ihrer Verpflichtung - täglich zu wachsen - zu versichern. Sie haben die Verpflichtung, die Gegenwart ihres VATERS in allem zu sehen, sie in sich selbst und in ihren Mitmenschen.
Der Bau großer, wissenschaftlicher Anlagen, der Start von Raumschiffen, die Entwicklung der Kraft der Laser, all dies sind Nebensachen. Ohne ihren wahren Sinn zu verstehen, haben sie keinen Wert oder keine Bedeutung. Wahre Werte liegen in jedem Einzelnen Individuum und in ihren Beziehungen untereinander.
Lernt aus der Erfahrung eurer Vorfahren. Lernt aus ihren Fehlern, so daß ihr nicht die gleichen Fehler macht. Wie sähe die Welt heute aus, wenn sich Atlantis nicht selbst zerstört hätte und bis in den heutigen Tag hinein existierte? Diese Frage kann ich nicht für euch beantworten, denn es hat nicht überlebt. Vielleicht wäre die Welt in einem besseren Zustand. Oder vielleicht ist sie jetzt besser als sie es gewesen wäre. Jeder von uns muß diese Frage nach seiner eigenen Wahrheit für sich selbst beantworten.
Noch im Laufe eures Lebens wird die Zeit kommen, daß viele der vergessenen Künste von Atlantis für euch Realität werden. Einige davon spielen bereits jetzt, eine Rolle in euren Leben, besonders, was das Verständnis und den Gebrauch von Kristallen und Lasern angeht. Laßt uns hoffen, daß die Menschheit diese Dinge, wenn sie sich offenbaren nicht zur Zerstörung benutzen wird, sondern für Wachstum und zum Besseren der Menschheit. Laßt uns auf ihr Verstehen hoffen, daß diese Werkzeuge für das Wachstum geschaffen sind und nicht zum persönlichen Nutzen oder für Machtansprüche, daß alles für alle da ist. Wird das verstanden, dann wird wahrhaftig der Garten Eden kommen.

Nun schließe ich diesen Teil der Schwingungen ab und beende diesen Studienbereich. Wir versiegeln ihn mit Liebe. Wir bitten alle, ihr Bewußtsein den mitgeteilten Gedanken und Schwingungen zu öffnen, und ihrer eigenen Wahrheit zu folgen. Wir segnen alle Energien, die sich uns mitgeteilt haben und dabei halfen, die Informationen hervorzubringen und an euch weiterzuleiten.

Ich segne euch im Namen des Vaters. Gott segne euch.

II. Teil

KAPITEL 1

Hier spricht "Strength" aus Atlantis. Seid gesegnet.

Wir beginnen den zweiten Teil mit dem Ziel, die alten Schwingungen für die Gegenwart und Zukunft erneuernd aufzubereiten. Die Seele der Menschheit hat sich so weit entwickelt, daß sie fähig ist, die Information, die ich und viele andere in den folgenden Abschnitten mitteilen werden, zu begreifen und aufzunehmen. Wir hoffen, daß viele von euch mit der Frequenz so vertraut werden, daß ihr fähig sein werdet, selbst mit uns in Verbindung zu treten.
Euch dies zu lehren ist eine unserer Aufgaben.
Unsere Schritte können bis fast 100.000 Jahre vor Christus zurückverfolgt werden bis in eine Epoche der Geschichte, die die Zeit der "Samenlegung" genannt wurde, eine Zeit der Klärung mit schlüsselfunktionsartigen Hinweisen auf magnetische Schwingungen. (Dies schließt die Konstruktion der steinernen und kristallenen Pyramiden ein, die als magnetische Antennen und zur Errichtung magnetischer Felder dienten, durch die der Planet Erde ernährt wurde). Einige von euch hier waren mit den Projekten, die wir besprechen werden, beschäftigt.
Wir möchten Grundlagen und Verständnis darüber vermitteln, wie magnetische Schwingungen auf diesem Planeten damals verwendet wurden und vielfach noch heutzutage im Einsatz sind.

KRISTALLPYRAMIDEN

Begraben unter Sand und sich bewegenden Landmassen liegen auf diesem Planeten zwölf mal zwölf geometrische kristallene Konstruktionen, die ihr als Pyramiden bezeichnet. Es gab auch welche aus Stein mit einer Spitze aus Kristall. Die meisten von ihnen existieren nicht mehr.

Welche Funktion hatten diese Konstruktionen, wie wurde ihr Standort bestimmt und wie beeinflußte dieser ihre Fähigkeiten? Das wollen wir jetzt besprechen.

Die Kristalle für solche Bauwerke wurden weder mit Raumschiffen hierher transportiert noch aus der Erde ausgegraben, sondern auf ähnliche Weise erschaffen, wie die in Atlantis.

Diese Pyramiden hatten nur drei Seiten anstelle von vieren, wie ihr sie kennt. Das Proportionsverhältnis der Seitenlänge zu der Basis war fast identisch mit dem der vierseitigen Pyramiden. Dies schuf einen energetischen Fokuspunkt genau in der Mitte in 1/3 Höhe von der Basis entfernt. Diese Pyramiden waren nicht massiv sondern hohl, hatten keine einzelnen Räume und waren bloße Gehäuse.

Die Pyramiden erreichten nicht die Größe und das Ausmaß einiger der größeren Pyramiden, die heute noch existieren, denn das war nicht notwendig. Die meisten waren etwa 300 m im Basisdurchschnitt und das Verhältnis der Seitenlänge zur Spitze war den ägyptischen Pyramiden fast gleich.

DIE DREIECKSFÖRMIGE ANORDNUNG DER PYRAMIDEN

Beim Bau der Pyramiden wurden sie strategisch so plaziert, daß sie ein Dreiecksmuster ergaben, durch das alle Kontinente in einem Frequenznetzwerk eingebunden waren. So wurde ein Band um den gesamten Globus geschaffen. Einige der Dreiecksformationen waren viel größer als andere. Dies war nötig wegen des Höhenunterschieds der südlichsten Spitzen mancher Kontinente zu anderen, so daß die Kombination der Dreiecksformationen eher einem Sägeblatt als einem glatten Band entsprach.

Etwa 175.000 vor der Zeit, die wir angesprochen haben - also vor 275.000 Jahren - war der Planet durch eine Schwingungsveränderung gegangen, die sich eher in einer Veränderung der Energiemuster als in großen geographischen oder kataklysmischen Wirkungen niederschlug. Es war ein sehr langsamer Entwicklungsprozeß an dessen Ende es notwendig erschien, die Kristallstrukturen zu errichten, um die Schwingungen wieder herzustellen und dem universellen Gittersystem anzugleichen.

Viel Energie konnte gespeichert werden in diesen Konstruktionen, die eine Doppelaufgabe erfüllten, denn die Energie mußte sowohl oberhalb wie auch unterhalb der Erdoberfläche ausgeglichen sein. Die

Wesen der geistigen Welt zogen vom Erdmittelpunkt aus den zentralen Fokuspunkten des Inneren der Pyramiden Energie und verwendeten den Magnetismus, um die Schwingungen im Erdinneren zu verändern und mit den Energien der Schwingungsebenen oberhalb des Planeten auszugleichen.

Neue Energievortexe wurden im Gittersystem errichtet, um bestimmte Gebiete, die von Gottes Kindern bevölkert und bewohnt werden sollten, zu energetisieren. Es war zu erwarten, daß mit Erhöhung der Erdschwingungen höher entwickelte Seelen sich hier ansiedeln würden. So lautet immer die göttliche Ordnung.

DER STANDORT DER PYRAMIDEN

Die Bauwerke standen in folgenden Gebieten: zwölf im mittleren Osten, zwölf in Nordamerika, davon eine im Staate von Arizona, acht in Südamerika, vierzehn auf den Britischen Inseln, fünfzehn in Europa und sechunddreißig in Asien. Der Rest war auf kleinere Dreiecksformationen verteilt. Viele von ihnen existieren nicht mehr auf der heutigen Erdoberfläche, da sie auf Landmassen gebaut wurden, die mittlerweile im Meer versunken sind, wie z.B. die Kontinente von Atlantis und Lemurien.

Es ist wahrscheinlich nur schwer zu verstehen, daß nicht alle jener Konstruktionen in physischer Form existieren, aber dennoch heutzutage funktionieren. Laßt mich dies erklären.

Die physische Form vieler Pyramiden ist durch Erdbeben und sich bewegende Landmassen zerstört worden, aber ihre Energien bestehen weiterhin an den Orten ihrer Errichtung und werden immer dort bleiben. Nicht die physische vergängliche Form spielt eine Rolle, sondern die energetischen Schwingungen, die ewig sind.

Vielleicht mag das teilweise eine Erklärung dafür sein, daß es in euren Ozeanen Gebiete von hoher Energie gibt, die zu bestimmten Jahreszeiten mysteriöse Begebenheiten oberhalb bewirken, wie z.B. das Verschwinden von Schiffen und Flugzeugen, von denen auch unter der Oberfläche jegliche Spur fehlt.[1]

Nur die Schwingungen einer Konstruktion sind von Dauer. Was bedeutet schon ein physisches Gehäuse, solange man seine spirituelle

1 Ein bekanntes Beispiel hierfür ist das Bermuda-Dreieck vor der Küste Floridas.

Existenz wahrnimmt? Es ist so, als sagte man: "Das Geistige kann nicht ohne die physische Form existieren" und wir wissen alle, daß dies nicht stimmt.

Der Konstruktionsprozeß dauerte fast 10.000 Erdjahre und bot nach seinem Abschluß ein wunderbares Bild. Ein Ausgleich fand statt. Die bemerkenswerten Veränderungen zeigten sich in den Atmosphären und in der Vegetation, das Pflanzen- und Tierreich veränderten sich. Ein Netzwerk von Schwingungen wurde errichtet als Kommunikationsstelle mit dem All. Es diente Raumschiffen zur Orientierung. Sie errichteten auch einen Schutzschild aus energetischen Schwingungen, um die Erde vor einer Kollision mit anderen Objekten zu bewahren.

All dies wurde getan, um einen Planeten der Liebe für die Menschheit zu erschaffen, eine Atmosphäre, in der eine Seele sich selbst ernähren, wachsen und mitteilen konnte. Dies ist es, was eure Bibel den "Garten Eden" nennt. Was für einen Unterschied macht es schon, ob man von einem Garten oder einem Planeten spricht? Sind nicht die Planeten Blumen im Garten der Schöpfung?

Ihr könnt jetzt Fragen stellen.

FRAGEN UND ANTWORTEN

Wie wurden die Kristalle hergestellt?

Wegen der ungewöhnlichen Größen und Formen, die für eine Dreiecksstruktur gebraucht wurden, war es praktischer, sie als Apporte aus der universellen Masse zu erschaffen. So begannen sie in physischer Form zu existieren. Dies wurde von sehr hoch entwickelten Meistern bewirkt, die die Fähigkeit besaßen, durch Projektion Energie in physische Materie zu verwandeln.

Nicht alle Konstruktionen hatten die gleichen Farbschattierungen und Farbtöne. Die meisten waren klar. In bestimmten Schlüsselpositionen hatten die Kristalle eine bestimmte Farbe mit bestimmten Funktionen.

An den Spitzen dieser Dreieckskonstruktionen waren die oberen Hälften dieser Pyramiden leuchtend lila und violett. In anderen Gebieten waren die Basen, die unteren

Hälften, aus leuchtend orangen und roten Kristallen gebaut, um die Energie in die Erde zu ziehen.
Bei besonderem Bedarf nach einer bestimmten Schwingung, war es von Zeit zu Zeit auch möglich, die klaren Kristalle zu färben. Zum Beispiel wurde durch die Bewegungen und Vernarbungen der Erde eine Wiederbepflanzung notwendig.[2] Dies wurde bewerkstelligt, indem man bestimmte Konstruktionen von den Schiffen aus in farbige Strahlen tauchte, was ihnen für einige Zeit die gewünschte Energiequalität gab. Im Gleichklang mit den sich ändernden klimatischen Verhältnissen, der zu haltenden Balance und der normalen Entwicklung machte der Planet Fortschritte.

Kannst du uns sagen, an welcher Stelle in Arizona sich die Pyramide befindet?

Es wäre im Moment nicht weise, dies jetzt zu tun. Würde sie entdeckt, könnte dies Chaos hervorrufen. Die Menschheit ist zur Zeit noch nicht reif genug, um mit einer solchen Kraft richtig umzugehen.
Ich möchte nur soviel sagen: die Pyramide befindet sich innerhalb eines 130 Meilen großen Radius ausgehend von Phönix/Arizona (USA).

Gab es auch schwarze Kristallpyramiden?

Ja. Es gab acht von ihnen. Sie waren nicht ganz schwarz, sondern eher rauchgrau. Diese Pyramiden waren ausgesprochen stark und wurden zur Produktion von höchst konzentrierter intensiver Schwingung verwendet. Die daraus resultierenden Energiefelder wurden, weil sie von so hoher Intensität waren, für den Raumfahrttransport genutzt.

2 Die sich bewegenden Landmassen führten zu fast totaler Zerstörung der Vegetation und des Pflanzenlebens auf der Erdoberfläche.

Haben die schwarzen Kristalle, die ich besitze, die gleichen Energien?

Die Kristalle, die du besitzt, sind sehr alt und haben zu ihrem Wachstum viele Millionen Jahre gebraucht. Sie sind ein Nebenprodukt dessen, was ihr Kohle nennt. Sie haben die Fähigkeit, sehr starke Energiefelder zu produzieren und fallen damit auch in diese allgemeine Kategorie.

Wir möchten euch bei dem Gebrauch dieser Kristalle zur Vorsicht mahnen. Wir bitten euch, spirituell zu erfragen, ob und bevor ihr sie an anderen ausprobieren könnt. Es gibt Menschen, die vielleicht nicht fähig sind, die Intensität dieser Schwingungen zu ertragen.

WEITERE AUFGABEN DER PYRAMIDEN

Die Pyramiden hatten noch andere Aufgaben. Alle hatten unten eine Öffnung, durch die man eintreten konnte. Das Innere der Pyramiden wurde häufig als Transportmittel für inkarnierte Wesen benutzt. Man könnte sagen, daß sie als Dematerialisierungskammern dienten, die die Fähigkeit hatten, jemanden in reine Energie zu verwandeln, um ihn an einem anderen Ort wieder zu materialisieren. Die Pyramiden wurden auch als Heilungs- und Unterrichtsräume verwendet.

In bestimmten Gebieten, die viele von euch bereist haben, habt ihr so intensive Schwingungen erlebt, daß ihr manchmal die Orientierung verloren zu haben glaubtet. Sollte euch dies in Zukunft wiederfahren, dann achtet auf die Schwingungen. Seid euch unserer Worte bewußt und schwingt euch auf die Energien ein, damit ihr das Wissen, das noch jetzt dort existiert, empfangen könnt.

Ich trete nun zur Seite und mache Platz für jemanden anderen, der mit euch sprechen möchte. Er behandelt einen Aspekt der Kristalle, der für euch heutzutage wichtig ist und in Zukunft immer wichtiger wird.

***

Hier spricht Kryon. Seid gesegnet.
Ich bringe euch meine Energien von außerhalb der Grenzen eures Universums. Ich komme vom Universum bekannt unter dem Namen "Quadrille 5 ". Ich bin hier, um euch Informationen bezüglich der Fähigkeiten und des Gebrauches von Kristallen zu geben, mit denen viele von euch in den kommenden Jahrzehnten zu tun haben werden.

KRISTALLE ALS ENERGIESPEICHER

Die natürlichen Kristalle sind auf Grund ihrer molekularen Struktur Sender und Empfänger universeller magnetischer Schwingungen. Sie dienen als Energiespeicher, die sich selbst aufladen. Manche haben sich überladen und explodierten, was während der Zerstörung von Atlantis der Fall war.

Wenn magnetische Energie in einem Kristall gespeichert werden kann, liegt es auf der Hand, daß dies auch für eine andere Energieform z. B für die spirituelle gültig ist. Ich möchte etwas mit euch ausprobieren: Nehmt einen Kristall in die Hand, schließt eure Augen und sendet einen Gedanken oder eine Botschaft in euren Kristall hinein. Dann gebt einer anderen Person diesen Kristall in die Hand. Bittet sie, sich auf den Kristall einzuschwingen und euch zu sagen, welche Art von Nachricht oder Schwingung sie empfangen hat. Ihr werdet über die Resultate erstaunt sein.

Im ersten Teil des Buches sprachen wir darüber, wie manchmal noch ungeborene Kinder in kristallinen Schwingungen gebadet wurden, um das Muster der Energie festzusetzen, das sie als Erwachsener haben sollten. Durch seine Fähigkeit, Schwingungen umzuwandeln, wird der Kristall in der Zukunft ein Hilfsmittel werden für Erziehung und spirituelles Wachstum. Die Menschheit wird nicht lange Zeit zwischen zwei Wachstumsstadien verbringen müssen, sondern sie wird in sehr kurzer Zeit das lernen, wofür sie jetzt noch viele Jahre braucht.

"KRISTALLCOMPUTER" ZUR HEILUNG

Ihr könnt sie "Kristallcomputer" nennen, wenn ihr wollt. Dennoch sind sie viel weiter entwickelt, als eure Computer. Sie verursachen keine Kurzschlüsse, bei denen gespeicherte Daten verloren gehen können, sondern arbeiten absolut perfekt. Wäre es nicht wunderbar, wenn ihr in eure Bücherei gehen könntet, euch aus dem Regal den Kristall mit dem von euch gewünschten Wissensgebiet aussuchtet und durch bloßes Halten des Kristall darüber lernen könntet? Dies wird euch jetzt weit hergeholt erscheinen, aber es wird Realität werden.

Ganz neue Gebiete werden sich eröffnen. Wollt ihr jemanden von Mangel an Selbstwertgefühl oder Selbstvertrauen heilen, dann werdet ihr einen Kristall angefüllt mit den Schwingungen der Liebe in seine Hände legen und ihn sein Selbst erfahren lassen. Es wird nicht mehr lange dauern bis die Menschheit geheilt sein wird, vorausgesetzt, daß sie sich nicht schon vorher selbst zerstört hat.

Körperliche Krankheiten, wie wir sie heute kennen, werden zu bloßen Erinnerungen, und so sollte es auch sein. Der Garten Eden wird wieder erblühen.

Ich befinde mich hier in einem unbestimmbaren Abstand von euch entfernt im All und trotzdem können meine Schwingungen sofort und perfekt durch die kristalline Struktur Dr. F. Alpers empfangen werden. Dies ist ein Teil der Entwicklung der Menschheit.

Ich verabschiede mich nun. Seid gesegnet.

***

Hier spricht Adamis.

Es ist heilend für uns, unsere Wahrheit auf diesen Ebenen des spirituellen Wissens mit euch zu teilen. Wir hoffen, daß dies erst der Anfang eines Energiekreises von Licht und Liebe ist, der an Intensität gewinnt und allen hilft, sich ihrer Identität und des Einsseins der Menschheit bewußt zu werden.

Wir werden ein wenig in die Philosophie gehen, um euch einen Vergleich zwischen eurer körperlichen Präsenz und der spirituellen Form zu geben, damit ihr die Perfektion eurer Schöpfung verstehen könnt.

DIE FÄHIGKEITEN DES GEISTES

Die Fähigkeiten der Menschheit, der menschlichen Seele, sind unbegreiflich. Die Kontrolle des Geistes über die universellen Energiemuster ist grenzenlos. Notwendig sind nur Verständnis und Akzeptanz.

Stellt euch vor, ihr alle wäret Kristalle, aber nicht in fester, sondern in flüssiger Form mit der Kraft und Widerstandsfähigkeit eines Diamanten, perfekt ohne Trübung oder Splitterung. Als ein solcher dient ihr als Empfänger. Durch euer bloßes Sein durchfließen euch die Energien des Universums und lassen einen kleinen Rest ihrer Schwingungen in euch zurück, um euch zu nähren, den kristallinen Teil in euch zu vergrößern und euch wachsen zu lassen. Ein Kristall wächst durch die Eingabe von Energie, so wie ihr durch Aneignen von Wissen und Verstehen.

Ihr steht wie ein Leuchtturm aus Klarheit und Perfektion, umstrahlt vom Universum in eurer Reichweite. Ihr seid im Einklang mit den Energien eurer Schöpfung und alles ist für euch in göttlicher Ordnung.

Was ich gerade beschrieben habe, spielt sich für euch in Wirklichkeit ab. Jedesmal wenn ihr etwas Spirituelles empfangt oder etwas von euch gebt, wachst ihr. Die Reinheit eurer kristallinen Struktur wird stärker und dadurch gefördert. Die Wolken beginnen sich aufzulösen und eine schärfere Klarheit setzt ein.

DIE AUFGABE DES KÖRPERS

Für die Menschheit ist es wahrlich an der Zeit, die wirkliche Aufgabe des Körpers zu verstehen, der als Werkzeug karmischen Ausdruckes auf Erden gesehen werden kann. Dies ist aber nicht seine hauptsächliche Aufgabe, sondern es geht darum, den Körper in eine perfekte Schwingung zu bringen, der es der Seele dann erlaubt, mit ihrem eigenen Ursprung in Verbindung zu treten.

Ihr habt vielleicht einen Gedanken und die Antwort ist schon in euch. Ihr mögt etwas benötigen, und schon steht es euch zur Verfügung. Ihr habt den Wunsch, etwas zu erschaffen, und es ist bereits geschehen.

So lange die Menschen sich nicht bewußt sind, daß der Körper genauso zu schützen ist, da er dem Geistigen entspringt, wird dies nicht geschehen. Man kann bei einem Radio keinen klaren Empfang erwarten, wenn statische Störungen die Übermittlung verzerren. Genauso ist es mit der Menschheit.

Ihr kennt sicherlich die Situation, wo ihr jemanden begegnet, ihn anseht und zu euch selbst sagt: "Bei diesem Wissen, das er besitzt, muß er ein Meister sein." Man kann fast sicher sein, daß dies ein Meister ist; ein Meister seiner selbst, denn wen könnte er sonst meistern? Aber auch ihr seid Meister. Viele von euch, die sich jetzt hier befinden, haben Seelen, die man in Atlantis als Meisterseelen bezeichnet hätte. Es gibt unter euch nicht einen einzigen, der nicht schon diese Aufgabe innegehabt hätte. Ihr würdet jetzt nicht in diesem Kreise sitzen, wenn dies nicht so wäre.

Trotz allem gab es zu jenen Zeiten Dinge, die nicht perfekt waren. Die Zerstörung von Atlantis spricht für sich.

EINE GESELLSCHAFT DER LIEBE

Laßt uns zurückgehen in die Zeit bevor die Stadt Atlantis unter der Meeresoberfläche existierte. Laßt uns 90.000 Jahre zurückgehen, als der Kontinent Atlantis sich noch oberhalb des Atlantischen Ozeans als Landmasse erstreckte. Wir wissen bereits, daß die atlantischen Zivilisationen oberhalb des Meeres sich von denen unterhalb des Meeres unterschieden. Erstere war keine sehr hoch entwickelte Gesellschaft und hatte keine technischen Wunder aufzuweisen. Es war eine Gesellschaft der Liebe, der Einheit, des Miteinander-Teilens, gebettet in Vollkommenheit, genährt durch die göttliche Ordnung.

Dies war kein Geschenk Gottes, sondern das Resultat von Millionen von Jahren Evolutionsgeschichte eures Planeten Erde, die den Höhepunkt mit der Erschaffung der Menschheit erreichte und Platz machte für Reinheit und göttliche Ordnung.

Mit der Evolution der Erde veränderte sich auch der Weg, den die Menschheit bisher beschritten hatte. Heißt das, daß die Menschheit gezwungen wurde, aufgrund physischer und geographischer Umstände einen Rückschritt anstelle eines Fortschrittes zu machen? Nicht unbedingt.

DIE ZERSTÖRUNG UND DER WIEDERAUFBAU

Als Atlantis sank, war die Erde durch Zerstörungen aufgewühlt. Viele der Konstruktionen, die dazu errichtet waren, die Schwingungen auf der Erdoberfläche zu erhalten (wie z.B. die Pyramiden, die Strength erwähnt hatte), wurden zerstört, aber ihre Energiekörper blieben bestehen. So wurde aus wissenschaftlicher Sicht ein Wiederaufbau von Atlantis angesteuert, indem man neue Energiequellen und ein neues Gleichgewicht herstellte, um so eine Lernsituation für die inkarnierten Seelen zu schaffen.

Eine ähnliche Situation ereignete sich danach noch mehrere Male, z.B. als die Hebräer Gott verließen und Moses die Gesetzestafeln vom Berge mitbrachte, während der Kreuzfahrten und eurer Weltkriege.

Auf die Frage, wann dies ein Ende hat, gibt es zwei Antworten: Wenn die Menschheit sich weiterhin in Negativität verstrickt und dem Weltuntergang huldigt, dann wird dieser ihr Ende bedeuten. Danach wird die Menschheit auferstehen und in Licht und Liebe wandeln, sich von Negativität und Katastrophen abwenden und auf Vollkommenheit bestehen, um ein Ende in Liebe zu erreichen.

Werdet zu einem Kristall. Berührt andere Kristalle damit. Klärt ihre Schwingungen und gleicht sie denjenigen ihres Schöpfers an. Helft ihnen so zu sein, daß die Energiewellen des Universums durch sie hindurchfließen können im Gleichklang mit der göttlichen Ordnung.

Wir sprachen von alten Zivilisationen, die für euch keine Rolle mehr spielen. Aber ihr Wissen und das, was wir aus ihren Fehlern lernen können ist wichtig für euch; auch die Klarheit, die ihr durch die Erfahrung dieser Schwingungen erlebt habt. "Macht zerstört". Diese Worte wiederhole ich nun schon seit Tausenden von Jahren, aber sie scheinen immer wieder auf taube Ohren zu stoßen, denn das Schwert der Zerstörung ist die Macht. Die Kraft, die erhält, ist die Liebe.

Bisher hat die Menschheit alle Schlachten und Schwerter überlebt. Könnte das nicht vielleicht ein Hinweis darauf sein, daß Gott wünscht, daß wir liebevoll miteinander umgehen?

Es ist nicht notwendig, daß eure Erde nochmals zu einem zweiten Atlantis wird. Dieser Teil der Geschichte muß sich nicht wiederholen. Man sollte daraus lernen, ihn verstehen, um ihn dann hinter sich zu lassen. Es gibt wohl wenig Unterschied zwischen einem explodierenden Kristall oder einem "Kristall", der "Wasserstoffbombe" heißt?

Es möchte jetzt noch jemand zu euch sprechen. Er wird gleich da sein.

***

Hier spricht "Nyro". Ich segne euch.

Dies ist das erste Mal, daß ich durch diesen Kanal zu euch komme. Ich habe eine recht ungewöhnliche Energie. Ich repräsentiere die kristalline Struktur der Menschheit. Die Art, wie ich mich hier einführe, mag euch fremd erscheinen, aber ich bin kein festes Gefüge von Schwingungen, sondern eher eine Energieprojektion, die weite Gebiete durchdringt.

DIE SUCHE NACH PERFEKTION

Unzählige Male in der Geschichte humanoider Inkarnationen auf diesem Planeten wurde es versucht, eine perfekte Zivilisation und Gesellschaft aufzubauen, was bisher niemals gelungen ist. Meine Energien, sowie die vieler anderer wurden für viele Jahrhunderte zurückgehalten und warten darauf, daß die Menschheit sich wieder einschwingt und bewußt wird. Diese Zeit ist jetzt gekommen.

Meine Aufgabe ist es, meine Energien jedem von euch zugänglich zu machen. Ruft meine Projektionen in euren Meditationen an und konzentriert euch auf die Förderung des Kristallisationsprozesses eurer Energien, und sie werden zustande kommen.

Das Universum ist ein Werkzeug, das ihr euch zu eurem Wachstum und eurer Evolution nutzbar machen solltet. Es gehört euch und ihr braucht nur darum zu bitten, dann wird euch gegeben. Fragt ihr nicht danach, erhaltet ihr es auch nicht.

MAGNETISCHE ENERGIE, FARBFREQUENZEN UND KLÄNGE

Wir werden jetzt die Funktion magnetischer Energie in Verbindung mit dem, was ihr als "Farbtherapie" bezeichnet, besprechen. Wie immer besteht die Vollkommenheit aus einer Dreiheit der Energie. Das dritte "Bein" der Dreiheit besteht aus Klängen oder Tönen. In dem Gebrauch magnetischer Energie, von Farbfrequenzen und Klängen liegt die Reinheit universeller Schwingungen. Es ist das in Gleichklang bringen des physischen und spirituellen Körpers des Menschen mit ihnen.

Stellt euch einen Menschen vor, der an einer tödlichen Krankheit leidet und zur Behandlung kommt. Er wird auf eine Maschine mit eingebautem Computer gelegt, die seine speziellen Frequenzen aufzeichnet. Der Computer analysiert sie und erstellt die exakte Kombination von Farbe, Klang und Energie, die notwendig ist, das erkrankte Organ wieder in Einklang zu bringen. Setzt man diesen Menschen der Dreierkombination, die seiner individuellen Gesundheit entspricht, aus, so kann er innerhalb einer Behandlung von seinen Leiden befreit werden. Der Körper ist wieder im Einklang.

Dies ist bisher in kleinen Experimentierkreisen mit Erfolg ausprobiert worden, wird aber unglücklicherweise von medizinischer Seite her abgelehnt aus Angst, es könne ihre Art zu praktizieren untergraben; dabei könnte es die Menschheit heilen.

Zum Abschluß will ich euch noch eine Aufgabe stellen: Nehmt am besten drei Kristalle - mit einem geht es auch -, bestrahlt sie etwa 15 Minuten lang mit der Energie verschiedener Rottöne. Danach setzt euch selbst diesen Schwingungen aus und beobachtet das Resultat. Achtet auf den Unterschied zu vorher und beobachtet, wie und welcher Teil eures Lebens dadurch angesprochen wird. Schreibt auf, was ihr wahrnehmt, denn wir werden es später besprechen.

Nach Beendigung der Aufgabe legt eure Kristalle für etwa eine Stunde ins Sonnenlicht und setzt sie dann blauem Licht aus, um sie zu reinigen. Dann wiederholt das Experiment und achtet auf den Unterschied in der Auswirkung.

Ich verabschiede mich nun von euch. Seid gesegnet.

***

Hier spricht wieder Adamis.

Sollte es für dieses Experiment zu schwierig sein, die richtigen Lichtquellen zu finden, so könnt ihr auch ein Stück Stoff oder eine Folie in entsprechender Farbe über euren Kristall legen und ihn dann mit weißem Licht bestrahlen. Dies hat den gleichen Effekt.
Wir beenden nun diesen Abschnitt und bitten euch, alle Fragen die entstanden sind aufzuschreiben, damit wir sie das nächste Mal besprechen können.

Wir segnen euch.

KAPITEL 2

Hier spricht Adamis. Seid gesegnet.

In dem folgenden Kapitel wollen wir uns mit dem "Planeten Atlantis" beschäftigen.

DER PLANET ATLANTIS

Vor ewigen Zeiten existierte in dieser Galaxie ein Planet, der unter dem Namen Atlantis bekannt war. Wenig weiß man über ihn und seine Zivilisation. Informationen über ihn wurden uns bis zu dieser Stunde nicht mitgeteilt. Aber jetzt ist es an der Zeit, euch die Geschichte dieses Planeten zu eröffnen, wie er den Planeten Erde in seinem Frühstadium beeinflußte und wie seine Auswirkungen noch heute bestehen.

Der Planet Atlantis wurde vor vielen Millionen von Jahren zerstört. Er hatte damals etwa die Größe der Erde und auch in etwa die gleiche Atmosphäre, so daß auch ihr euch auf dem Planeten bequem hättet inkarnierten können.

Es gab neun Landmassen mit erdähnlichen klimatischen Bedingungen. Dennoch unterschieden sich die dort ansässigen Zivilisationen in ihrer Lebensführung und Erscheinungsart von einander, und es gab einen großen Unterschied zum Leben auf der Erde.

Die Bewohner des Planeten Atlantis lebten alle in derselben Gedankenwelt und dienten einem Zweck. Die soziale Ordnung ergab sich durch die Unterteilung in eine wissenschaftliche und eine landwirtschaftliche Gruppe, die beide zusammenarbeiteten und sich gegenseitig ergänzten.

Insgesamt hatten die Schwingungen auf der Oberfläche dieses Planeten eine höhere Frequenz, was für die dort Inkarnierten notwendig war, denn sie hatten eine höhere Bewußtseinsebene erreicht, als diejenigen, die damals den Planeten Erde bewohnten.

Es gab weder Kriege, Raub noch Vorurteile; um mit eurer Terminologie zu sprechen, es war der ideale sozialistische Staat, in dem jede Wahrheit allen zugänglich war. Der Planet war ein experimentelles

Labor, das bei der Lösung von Problemen, die in anderen Teilen der Galaxie auftraten, behilflich war, denn es standen dort wissenschaftliche Mittel zur Verfügung, um entstehende Unregelmäßigkeiten auszugleichen.

Sie waren dort sehr fortschrittlich im Gebrauch von Energie und der Kontrolle von magnetischen Schwingungen. Da ihre Antriebsquellen kristalliner Natur waren, funktionierten auch ihre Generatoren durch riesengroße Kristalle, die weit größer waren, als die Feuerkristalle[3], die damals in Atlantis auf eurem Planeten eingesetzt wurden. Durch ihre immense Kraft konnten Aufgaben in den äußersten Randgebieten dieser Galaxie ausgeführt werden.

Wenn das Inkarnationsmuster einer Seele auf dem Planeten Atlantis beendet war, wurde sie für eine Zeit des spirituellen Dienens vorbereitet, zum Beispiel auf die Aufgabe eines Beraters. Dies war die Endphase von Inkarnationen und man fragt sich, warum der Planet nicht auch heute noch existiert.

DIE ZERSTÖRUNG DES PLANETEN ATLANTIS

Der Planet Atlantis wurde durch eine Kollision mit einem Stern zerstört, der fast hundertmal so groß war, wie der Planet selbst. Daß dies geschehen würde, war schon im Voraus bekannt. (Es ist bemerkenswert, wie sich die Geschichte wiederholt, denn eure Wissenschaftler haben bestätigt, daß ein riesengroßer Planet, der sich Millionen von Lichtjahren entfernt im Universum befindet, sich genau auf die Erde zubewegt). Als es zu diesem Zusammenstoß kam, war der Planet bereits geräumt. Die dort Inkarnierten waren von der Oberfläche transportiert worden, so wie dies auch hier geschehen würde, sollten die gleichen Umstände eintreten, was durchaus unter bestimmten Umständen möglich ist.

Das Wichtigste aber ist, daß das Wissen und die Weisheit der Zivilisation des Planeten Atlantis nicht verloren gingen. Mit höchst fortschrittlichen Computersystemen erstellte diese Zivilisation die universellen Energiemuster. All das Wissen und die Weisheit, die den Wiederaufbau von Atlantis auf der Erde ermöglichten, kam von den Älte-

3 244 m im Durchmesser und 160 m hoch

sten des Planeten Atlantis, die sich hier für diesen Dienst reinkarniert hatten.

Konzentriert euch in euren Meditationen auf jene Zeit in der Geschichte, denn viele von euch hatten eine Inkarnation auf dem Planeten Atlantis. Vielleicht wird dies zu einer Informationsquelle für euch und öffnet euch viele neue Türen bei eurer Suche nach Wissen.

KRISTALLGRUPPEN

Es gab auf Atlantis eine Ausdrucksart, die wir ein wenig näher untersuchen wollen. Es geht um den Gebrauch von Kristallen in Verbindung mit Farbe und Tönen. Als man dazu überging, mehr als nur die universellen magnetischen Felder zu benutzen, kam es zur Anwendung von Kristallgruppen: je eine zur Anziehung von Energie, Farbe und Klängen.

Stellt euch eine Gruppe mit drei Spitzen vor, die wie eine Antenne dazu dient, diese Schwingungsdreiheit heranzuziehen und sie dann als ein einziges Energieband zur allumfassenden Heilung wieder abzugeben.

Bis jetzt haben wir nur über einzelne Kristalle gesprochen. In Erweiterung möchten wir uns jetzt mit der Formation von Kristallgruppen beschäftigen, denn in der Natur kommen die Kristalle in Gruppen vor. Durch Beschädigung bei den Ausgrabungen brechen einige von ihrem Zentrum ab. Benutzen wir eine ganze Kristallgruppe, so ist es, als ob jemand seine ausgestreckte Hand zu Gott emporrichtet und durch jeden Finger Energie in seinen Körper fließen läßt. Auf diese Weise wurden auch die Kristallgruppen auf dem Planeten Atlantis verwendet.

WISSEN SPEICHERN

Die Kristallgruppen waren auch Wissensspeicher. Wie wir bereits festgestellt haben, sind die Kristalle selbst schon Computer, von denen jeder einzelne die Fähigkeit besitzt, verschiedenartige Energiemuster entsprechend ihrer Schwingungskonditionierung zu speichern. Eine Art der Wissensübertragung lief über Kupferdrähte, die die Energieschwingungen von Datenbanken auf die Kristalle übertrugen. Wenn diese Energien wieder abgegeben werden sollten, wurden an diese Kristalle nicht nur Maschinen, sondern auch Individuen angeschlossen.

Zum Aufbau von Atlantis auf der Erde brauchte man die Kristallgruppen nicht. In Zukunft werden sie jedoch notwendig werden. Darum ist es ratsam für die Menschheit, sich mit dem Gebrauch dieses Wissens vertraut zu machen.

Ich ziehe mich jetzt für einen Moment zurück, um Meister Lukas aus der Bibel das Wort zu erteilen. Da seine Energien mit der Heilungsenergie des Planeten Erde in Verbindung stehen, wird er euch über Farben und Klänge belehren. Wer einmal mit seinen Schwingungen Verbindung hatte, dem stehen sie immer zur Verfügung. Solltet ihr im Zusammenhang mit Heilungsmustern oder Farben Fragen haben, könnt ihr euch an ihn wenden.

***

Hier spricht Lukas. Seid gesegnet. Es ist schon sehr lange her, seit meine Energien durch diesen Kanal gechannelt wurden, und es ist mir eine Freude wieder hier zu sein. Wie Adamis schon sagte, bin ich hier, um euch in allen Aspekten des Heilens unter Anwendung verschiedener Techniken zu helfen. Ruft mich, wenn ihr mich braucht, und ich stelle mich mit Freuden zu Diensten.

KLÄNGE, FARBEN ZUR HEILUNG MIT KRISTALLEN

Wir möchten euch jetzt eine Verbindung von Klängen und Farben zeigen, die ihr gemeinsam mit euren Kristallmustern verwenden könnt.

In Verbindung mit der Farbe Rot steht der Klang von F.

In Verbindung mit der Farbe Orange steht der Klang von B-moll.

In Verbindung mit der Farbe Goldgelb steht der Klang von G-dur.

In Verbindung mit der Farbe Grün steht die Klangkombination von C und E.

In Verbindung mit der Farbe Blau steht der Ton D.

In Verbindung mit der Farbe Indigo steht der Klang von A-moll.

In Verbindung mit der Farbe Violett steht der Dreiklang aus den Tönen B, D, G.

Wenn eine Schwingungsveränderung und eine bestimmte Krankheit festgestellt wurde, dann stellt eure Kristalle in der hierfür geeigneten Weise auf, bestrahlt sie mit den zur Heilung notwendigen Farben und ruft gleichzeitig den dazugehörigen Klang hervor. Auf diese Wiese stellt ihr die harmonischen Schwingungen her, die in vollständigem Einklang mit der Organstruktur stehen und könnt so eine direkte Heilung bewirken.

Es geschieht nicht oft, daß jemand aus der geistigen Welt oder jemand, der inkarniert ist, euch sagt, ihr könntet eine sofortige Heilung herbeiführen. Aber dies ist möglich, denn alle Teile der ORDNUNG kehren zu ihrer Vollkommenheit zurück. Zuvor lag das Problem in der Unvollständigkeit der Energiemuster, denen ein Organ zur Behandlung unterzogen wurde. In der Medizin und der Wissenschaft wird schon lange mit den Auswirkungen von Farbe und Farbtherapie experimentiert. Jetzt sind auch Klänge und Töne diesbezüglich von Interesse.

Es ist jetzt Zeit, die Einzelteile zusammenzufügen und die Menschheit zu heilen. Ich kann nicht stark genug betonen, wie wichtig es ist, diese Gebiete weiter zu entwickeln, auch wenn ihr auf Widerstand von medizinischer Seite stoßt. Denn ihr werdet erfolgreich damit sein. Es wird Zeit, daß ihr euch klar und stark zu eurer Wahrheit bekennt, die Zeit zu schweigen ist vorbei.

Wir haben euch diese Information nicht schon früher gegeben, weil die Gefahr des Mißbrauchs sehr groß ist. Selbst jetzt zögern wir noch etwas, denn das Kraftfeld, das durch die Zusammenfassung der drei Schwingungen hervorgerufen wird, kann genauso gut zur Zerstörung verwendet werden.

Versteht mich richtig! Sprecht nur im kleinen Kreis über dieses Thema, und zwar so lange bis ihr Gewißheit habt, daß die große Allgemeinheit den rechten Gebrauch davon machen wird.

Ich verabschiede mich nun von euch. Seid gesegnet.

***

Hier spricht Adamis.

Laßt uns ein wenig Zeit einräumen für Fragen und Antworten.

FRAGEN UND ANTWORTEN

Lukas hat bei den Ausführungen über das Korrespondieren verschiedener Farben mit Klängen, die Farbe Schwarz nicht erwähnt. Gibt es hierfür einen Grund?

Der Grund liegt darin, daß wir diese Farbe neben weiteren Farben und Klängen im nächsten Kapitel besprechen wollen.

Lukas gab uns bestimmte Noten mit den Nebenbezeichnungen "dur" oder "moll". Meinte er damit Akkorde?

Ja. Es ist damit die Note gemeint, die in einem entsprechenden Dur- oder Molldreiklang eingebunden ist.

Gibt es zur Zeit auf unserem Planeten Instrumente, deren Klänge rein genug sind, um sie mit diesen Farben gemeinsam zu benutzen, oder werden wir sie erst in Zukunft finden?

Den reinsten Ton könntet ihr auf dem besten eurer Synthesizer erreichen. Aber auch ein gutgestimmtes Klavier wäre hierfür geeignet.

Könntest du noch einmal wiederholen, wie wir Klänge, Farben und Kristalle miteinander kombinieren sollen, um eine Heilung zu erzielen?

Wir schlagen vor, daß ihr euch die Klänge auf Band aufnehmt, um sie in entsprechenden Situationen wieder abspielen zu können. Legt zuerst das Kristallmuster, bestrahlt es mit dem gewünschten Farbton und laßt zu gleicher Zeit die entsprechenden Akkorde oder Töne erklingen.

Gibt es bei uns heutzutage Lieder oder eine Musik, die heilende Qualitäten in sich birgt?

Es gibt viele Lieder, die diese Art von Schwingung haben, denn viele haben sich hier inkarniert, um diese Klänge der Menschheit zu bringen.

Wenn Lukas uns mitteilt, daß wir für eine Heilung eine bestimmte Farbe und einem bestimmten Klang verwenden sollen, meint er damit die Heilung einer Krankheit oder die Heilung eines bestimmten Chakras?

Er meint das Heilen einer Krankheit, was von der Wahl einer jeweils spezifischen Farbe abhängt. Das Heilen der Chakras besprechen wir zu einem späteren Zeitpunkt, da es bezüglich Farbe und Ton ein sehr komplexes Thema ist.

Ist die Größe des Kristalls bei diesen Anwendungen von Bedeutung?

Der einzige Unterschied liegt in der Zeitspanne, die benötigt wird, um ein Kraftfeld mit entsprechender Stärke aufzubauen. Je größer der Kristall, desto kürzer die Zeitspanne.[4]

***

Dies sind die Energien der Schöpfung. Seid gesegnet.

4 Ein Kristall mit einem Durchmesser von 2,5 bis 3,8cm und einer Länge von 7,6cm wäre für eine allgemeine Anwendung am geeignetsten.

DIE ZENTRALEN GEISTIGEN WESEN

Eine Seele, die auf dem Weg ihrer Entwicklung zum Geistigen ihre körperlichen oder karmischen Inkarnationen beendet hat, wird zu einer Art ätherischem kristallinen Muster. Wenn sich das Geistige soweit entwickelt hat, daß es als sogenanntes "zentrales" geistiges Wesen dienen kann - zentral ist gleichbedeutend etwa mit einer zentralen aber energetischen Datenbank - dann teilt es sich selbst und erschafft Seelen. An diesem Punkt in seiner Evolution angelangt, sind seine Schwingungen mit denen des Universums eins und rein magnetisch.

Stellt euch eine Radiostation mit einer Energiequelle vor, die stetig über ein mentales Gitternetz Schwingungen austrahlt, die von anderen aufgenommen werden. Wenn geistige Materie sich teilt, dann behält sie den Kern ihrer Existenz bei und schafft Energieprojektionen, die sich durch winzige Nuancen voneinander unterscheiden. Diese Energieprojektionen entwickeln sich zu Seelen und damit ist auch eine "Seelenfamilie" entstanden.

Alle stehen miteinander in Beziehung. Darum könnt ihr sie "Seelenbrüder und Seelenschwestern" oder "Zwillingsseelen" oder "Seelenpartner" nennen, das ist gleichgültig. Ich möchte nicht direkt sagen, daß sie von dem Zentrum aus gesteuert werden, denn das wäre nicht ganz richtig. Es besteht jedoch eine ständige Schwingungseingabe vom Zentrum zu jedem geistigen Wesen, der der geschaffenen Seele als Antrieb und Motivation dient, sich zu entwickeln und zu wachsen, solange sie existiert. Ist die Seele inkarniert, so zeigt sich die Verbindung in Form spiritueller Kommunikation. Es gibt hier einige von euch, die feststellen, daß sie fähig sind, in ihren Meditationen mit Adamis, der Seele dieses Kanals, in Verbindung zu treten. Vielleicht habt ihr euch darüber auch schon gewundert, aber es liegt daran, daß ein Teil seines Zentrums immer noch in nur geistiger Form besteht und Abstrahlungen herabschickt, auf die ihr euch beziehen könnt.

VEREINIGUNG VON GEISTIGEN WESEN

In der vom Geistigen hervorgerufenen Evolution kommt eine Zeit, in der es notwendig wird, sich in physischer Form wiederzutreffen. Wenn eine solche Innkarnation vorgesehen ist, dann sendet die Zentralzelle eine stärkere magnetische Schwingung an bestimmte Seelen, wodurch ein Faktor eingeführt wird, der, falls sie sich treffen sollten, ein gegenseitiges Wiedererkennen, eine Einheit und Verbindung ermöglicht. Dies ereignet sich heutzutage immer häufiger, denn euer Planet braucht Einigkeit.

Wie kommt es eigentlich zu Evolution und Wachstum eines Individuums? Die individuellen Schwingungen werden kristalliner. Die Fähigkeit seine Schwingungen, seine Gedanken und sein Wesen auf eine größere Menschenmenge zu projizieren, stellt sich ein. Ihr erlaubt damit anderen, euch und euer wahres Muster zu erkennen und eurem Gott in erfüllenderer Weise zu dienen.

Ich möchte hier ein wenig unterstreichen, wie wichtig es für euch ist, euch als universelle Wesen zu verstehen und zu akzeptieren. Das Anerkennen eurer Identität ist für euch eine große Herausforderung, aber stellt euch den inneren Frieden vor, der eintritt, wenn ihr sagen könnt: "Endlich weiß ich, wer ich bin, und ich akzeptiere mein Selbst." An diesem Punkt steht euch das Universum mit all seinen Schwingungen zur Verfügung, denn eure eigenen Frequenzen stehen mit denen des Universums in Einklang. Nur dann, und nur dann, kann eure wahre Arbeit beginnen.

LIEBE UND HARMONIE

Manche meiner Durchsagen mögen euch kalt oder zu wissenschaftlich erscheinen und ihr fragt euch, wo da die Liebe in meinen Worten mitschwingt. Doch glaubt mir, all meine Worte sind Ausdruck der Liebe, doch das Universum und der Raum dahinter sind, was die Schöpfung anbelangt, höchst umfangreich. Ein großes Maß an Wissenschaft ist notwendig, damit ein Universum funktioniert und konstant sein Gleichgewicht halten kann.

Ihr seid Seelen der Liebe und doch seid ihr Kristalle. Diese beiden müssen Hand in Hand so zusammenarbeiten, daß das eine euch die Kraft gibt, Tore zu öffnen und das andere euch ermöglicht, euch euren Brüdern und Schwestern mitzuteilen. Unterlaßt nicht eines zu Gunsten des anderen, denn beides muß im Gleichgewicht miteinander stehen.

DER GELBBRAUNE KRISTALL

Es gibt einen Kristall von gelblicher Farbe, über den ich gerne jetzt sprechen möchte. Er ist eher melangiert als klar und wird speziell bei der Kommunikation mit Erdgeistern und diesbezüglichen Heilungen verwendet. Die Schwingungen, die diese Art von Kristallen speichern und leiten können, stehen in direkter Beziehung zur Erde und denjenigen, die für die Aufrechterhaltung ihrer Funktion, Aufgabe und Vegetation verantwortlich sind. Diese Kristalle können euch "erden", indem sie sich auf den erdhaften Aspekt in euch selbst beziehen. Sie treten viel seltener auf, als die klaren Kristalle, aber versucht dennoch, einige zu bekommen, um eure Sammlung zu bereichern.

Euere Existenz wird immer schöner, denn neue Wege euch auszudrücken öffnen sich ständig für euch. Es ist mir ein Vergnügen dem "Schalten" zu lauschen, wie ihr andere Gänge im Geistigen einlegt, denn darum geht es hier.

Nun möchte ich mich zurückziehen. Der Segen der Schöpfung liegt auf euch.

***

Hier ist Adamis.

Um Spannungen abzubauen, die seit neustem auf eurem Planeten dadurch auftraten, daß viel über das Wiederauftauchen von Atlantis gesprochen wurde, möchte ich dieses Thema an dieser Stelle aufgreifen. Schon viele Male erhielten Kinder des Lichtes Unterweisungen, Bauwerke alter Zivilisationen wiederherzustellen. Viele mißverstehen diese Mission und darum möchte ich mit dem nächsten Abschnitt zur Aufklärung beitragen.

DER WIEDERAUFBAU DES SALOMONTEMPELS

Vor Jahren wurde Dr. F. Alper als bewußtem Kanal, - zu meiner großer Freude mit mir als seine Seele - die Aufgabe übertragen, den großen Salomonstempel als Heilungszentrum für die Welt zu rekonstruieren. Er nahm an, daß es sich hierbei allerhöchstens um das maßstabsgetreue Nachbauen des Tempels handelte, und darum, sein ursprüngliches Energiemuster wiederherzustellen. Aber das war nicht alles, denn es stellte sich heraus, daß das Gebäude mit den Erfordernissen, die die Evolution der Menschheit und deren Bewußtseinsentwicklung mit sich bringt, im Einklang stehen muß. Es wird nicht die geringste äußere Ähnlichkeit mit dem alten Salomonstempel haben, und dennoch wird es jenes Gebäude sein. Der Schlüssel liegt im Energetischen, denn von der äußeren Form abgesehen, existiert der Große Tempel bis ins Detail als Energieform, die bereits über seiner neuen Entstehungsstelle schwebt.

Atlantis wird gerade wieder aufgebaut und ist an die Oberfläche gestiegen, denn mit jedem Tag erhöhen sich die Schwingungen und behaupten sich, gleichgültig ob eine physische Masse besteht oder nicht. Es sind die Energien, die wichtig sind, denn sie tragen das Wissen in sich.

Übertragt dies auf alles Symbolische, das ihr empfangt, denn es ist eine Energieform, die sich gemäß eures eigenen Bewußtseins und Wunsches in physischer Form manifestiert. Die Form, die es annimmt, ist nicht von Bedeutung so lange die Energie da ist.

Wenn von Zeit zu Zeit von der Wiederkehr des Messias gesprochen wird, dann stellen sich viele Jesus in seiner physischen Erscheinungsform vor; aber das ist falsch: Reihte man alle von verschiedenen Religionen bisher beschriebenen Messiasse nebeneinander auf, so gliche keiner dem anderen, aber dennoch wären sie eins. Wenn ihr eure Augen schließen würdet, könntet ihr keinen von dem anderen unterscheiden. Wenn die Augen geschlossen sind und das Geistige die Führung übernimmt, dann tritt die Wahrheit zutage.

Im nächsten Kapitel werden wir euch mit Methoden zur Durchführung von Operationen mit Kristallen bekannt machen. Dies sind sehr hoch entwickelte Heilungstechniken, die euch allen zuteil werden.

Wir sind nun am Ende dieses Kapitels angelangt. Gott segne euch.

KAPITEL 3

Hier spricht Adamis. Seid gesegnet.

Wir besprechen jetzt eine Heilungsmethode, die Laseroperation genannt wird. Normalerweise wurde sie angewandt bei weit fortgeschrittenen körperlichen Krankheiten, sowie bei spirituellen Energiestörungen oder Besessenheit.

DIE LASEROPERATION

Störungen im Energetischen wurden durch Laseroperationen behoben, indem man den Körper von fremden Kräften oder Seelen, die ihn besetzten, mit dieser Methode befreite. Wir müssen allerdings sagen, daß dieses Problem in der gehobeneren Kaste unter den sogenannten Ältesten von Atlantis, die im hohen Dienste standen, nicht auftrat. Meistens traten diese Fälle in niedrigeren Kasten, bei den Arbeitern und der Allgemeinbevölkerung von Atlantis auf.

Die Kristalle, die bei der Laseroperation verwendet wurden, waren viereckig und ungefähr 1,20 m hoch. Jede Seite betrug etwa 23 cm. An beiden Enden liefen ihre vier Flächen spitz zu. Da die Form die Funktion bestimmte, war festgelegt, daß ein vierseitiger Kristall die Schwingungen weitaus besser halten und bündeln kann, als ein normaler sechsseitiger.

KUPFERGEWINDEHÜLLEN

Die Kristalle waren umwickelt von sieben Kupferdrähten, von denen einer eng um die sechs anderen gewickelt war und sie umschloß. Der Raum zwischen den einzelnen Umwindungen der Kupferspirale betrug jeweils 7,5 cm. Die Kupferspirale selbst hatte keinen Berührungskontakt mit dem Kristall, sondern umkreiste seine Seiten in einem Abstand von 1,80 m.

Der Kristall war auf einem Metallbett befestigt, dessen Material sich auf diesem Planeten nicht finden läßt. Es war eine hoch dehnbare

Metallegierung, die keine Energie leitete und so die Energie nicht abzog, die durch den Kristall lief.

Die Kupferspirale war mit einer hochentwickelten Computerdatenbank verbunden. Nachdem die Frequenz für eine Krankheit bestimmt war, ging eine entsprechende Energieschwingung von der Spirale auf den Kristall über und zu dem Draht, der an seinem hinteren Enden befestigt war.

Zwischen der Kupferspirale und dem Kristall wurde so der gesamten Länge nach ein Energiefeld aufrecht gehalten, das über sein vorderes Ende zur Behandlung auf den Patienten übertragen wurde. Die Energie stand in vollkommenem Einklang mit dem erkrankten Organ und bewirkte eine absolute Heilung. Die Energiefrequenz von Farbe und Ton wurden in die Gewebefrequenzen eingeschwungen, um die Energiemuster des Körpers wieder in Einklang zu bringen.

Heutzutage wird ein Organspender nach der Blutgruppe und Gewebeverträglichkeit ausgesucht. Würde dies richtig gemacht, dann müßte das Energiefeld des erkrankten Organes gemessen werden, und ein Spender mit gleichen Energiefrequenzen gefunden werden; damit wäre eine Verträglichkeit gewährleistet.

In Atlantis wurden Anschlüsse in den Computer geleitet, um die genaue Energiefrequenz festzustellen, die dann auf das erkrankte Gewebe übertragen wurde und Heilung bewirkte. Ihr werdet dieses Wissen auch bald haben, denn die Entwicklung zu einem höheren Bewußtseinsstand fordert die Beseitigung vieler eurer Krankheiten, die euer Wachstum verzögern und eure Schwingungen erniedrigen.

FRAGEN UND ANTWORTEN

Verletzt der Kristallaser das Gewebe?

Nein. Es handelt sich hierbei um einen reinen Regenerationsprozeß ohne körperlich sichtbare Effekte.

Wirkt diese Behandlungsmethode genauso gut am Nervensystem wie an den Organen selbst?

Ja, absolut. Die Impulse werden dann durch das Nervensystem geleitet und können Geisteskrankheiten sowie andere nervlich bedingte Störungen heilen, außer den sogenannten karmischen Krankheiten, die eine Seele sich selbst auferlegt hat.

Würdest du auch das "Downsche Syndrom" in diese Kategorie aufnehmen?

Ja, selbstverständlich, denn es ist eine Krankheit, die schon vor der Geburt als karmische Erfahrung ausgesucht wurde. Die Kinder sind oft sehr hoch entwickelt und sich ihrer Seelenebene bewußt. Die Eltern können oft mit diesen Kindern auf der geistigen Ebene kommunizieren.

Ihr könnt viele Geisteskrankheiten mit Hilfe von magnetischer Energie, die durch einen Kristall übertragen wird, korrigieren, was besonders auf Epilepsie zutrifft: Die magnetische Energie bereinigt die Kurzschlüsse im energetischen Gehirnumfluß und beseitigt damit die Anfälle. Das gleiche gilt bei Menschen, die von Fremdenergien besetzt sind, die ihre eigene Energien stören.

DIE IMMUNITÄT

Wenn die Menschheit einen höheren Entwicklungsstand erreicht hat, verschwinden auch niedrigere Schwingungsformen wie die bisherigen Krankheiten es sind, denn die höheren Energieebenen schaffen eine Immunität gegen die niedrigen Schwingungen mancher Krankheiten. Ihr werdet euch fragen, wie die inkarnierten Seelen diese Aspekte karmischer Erfahrung erarbeiten? Die Seele hat diese Schwingungsebene schon durchlaufen und hat daher eine größere Erfahrung.

Viele der "Lichtseelen", die auf der Erde inkarniert sind, haben schon die Ebenen niedrigerer Schwingungen bestimmter Krankheiten durchlaufen, sind aber aufgrund ihrer Sensibilität für Viren anfällig. Sagt ihr nicht oft zu euch selbst: "Ich habe jetzt keine Zeit für diese Erkältung." Lehnt ihr denn nicht oft manche Krankheiten schon im Geiste ab und vertreibt sie dadurch? Der Grund liegt darin, daß ihr sie schon einmal durchlaufen habt und diese Erfahrung nicht mehr braucht.

"Sternenkinder"[5] könnt ihr an ihren Nasenneben- und Stirnhöhlenproblemen erkennen, denn ihr Körper ist nicht darauf eingestellt, all die Luftverunreinigungen der Atmosphäre zu absorbieren. Nehmen sie die Verunreinigung in ihre Schwingungen auf, entstehen neben den obengenannten Schwierigkeiten auch Probleme im Ohren- und Halsbereich. Im Körper muß Ausgeglichenheit herrschen, d.h., daß die Menschheit zu einer höheren Immunitätsschwingung gelangen muß, um eine größere gesundheitliche Stabilität zu erreichen.

Alle diese Probleme gab es auch schon in Atlantis, obwohl die Krankheitsbilder bei gleichen Auswirkungen anders waren. Die "Kristalloperationen" wurden nicht an den Ältesten von Atlantis, die der höheren Kaste zugeordnet waren, ausgeführt, denn sie dienten auf höheren Ebenen. Die meisten Krankheiten traten bei den Mutanten, den Arbeitern und der breiten Bevölkerung auf, die dort aus Evolutionsgründen inkarniert waren. Die Ältesten lebten isoliert in einem anderen Gebiet und waren somit vor der Atmosphäre geschützt, in der sich die Krankheiten entwickelten.

KRISTALLGRUPPEN ZUR HEILUNG

Wir möchten jetzt über Kristallgruppen sprechen. Darunter versteht man Kristalle mit nur einer Spitze, die eine gemeinsame Basis miteinander teilen.

Eine Kristallgruppe mit zwei Kristallspitzen hilft denjenigen, die eine gespaltene Persönlichkeit haben oder Masken tragen, diese loszuwerden und ihr Inneres und Äußeres miteinander in Einklang zu bringen.

Eine Gruppe mit drei Kristallspitzen repräsentiert die Dreiheit eures Ausdrucks. Stellt euch im Geiste vor, daß euch jede dieser Spitzen dient; verbindet dann diese Energien und erschafft die Einheit eures Selbstes.

Die Anwendung von Kristallgruppen bei Heilungen bedingt andere Legemuster als bei denen mit einzelnen Kristallen. Wenn ihr eine Kristallgruppe habt, dann bohrt ein Loch durch die beschädigte Basis und stellt eine Lichtquelle darunter: Ihr erhaltet wunderbare Lichtbre-

5 Sternenkinder sind Menschen, deren Seelen viele Inkarnationen unter dem Einfluß magnetischer Schwingungen auf den Raumschiffen verbracht haben.

chungen, die eine heilende Wirkung auf euch und andere Anwesende haben.

Benutzt ihr Kristallgruppen in einem Muster, so sollten sie auf Kupferdraht plaziert werden. Einzelne Kristalle werden flach hingelegt, die Gruppen hingegen stehen mit den Spitzen aufrecht und ziehen so die Energie an sich. Der Draht, mit dem sie untereinander verbunden sind, leitet die Energie von einer Gruppe zur anderen und bildet so das gewünschte Kraftfeld für die Heilung.

Die Gruppen werden in zwei ineinander geschachtelte Dreiecke doppelreihig angeordnet. Zur Heilung der oberen Körperhälfte sollte die Spitze des Dreiecks hinter dem Kopf und die Basis in Ellenbogenhöhe zu liegen kommen. Nehmt die größeren Kristallgruppen für das äußere Dreieck, damit die Energie in dem aufrechten Feld ohne Zerstreuung gehalten wird.

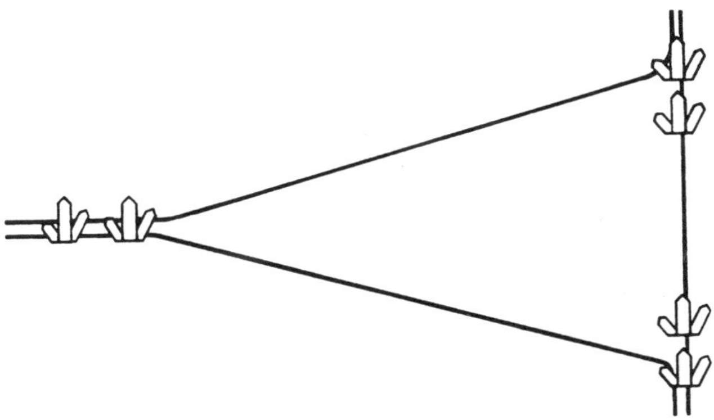

Dieses Muster erzeugt ein Kraftfeld, das ein Muster zum Schutze gegen Negativität bildet, die Gesundheit und ein bestimmtes Energieniveau erhält. Eine Behandlung mit diesem Muster wirkt noch vier bis fünf Tage nach. Ihr könnt euch in Yogaposition in dieses Muster setzen, wobei die Spitze des Dreiecks vor euch und die Basis hinter eurem Rücken verlaufen sollte.

FRAGEN UND ANTWORTEN

Muß man den Draht um die Kristallgruppen wickeln?

Nein. Nur der Kontakt mit dem Draht ist wichtig, denn dadurch entsteht ein sich verbindendes Energiefeld, das die gewünschten Resultate bewirkt.

LEGEMUSTER ZUR HEILUNG

Als Alternative Anwendung könnte man die Gruppen auch in dem Muster auf das Kupfernetz legen, das wir im ersten Teil dieses Buches schon beschrieben haben. Dies brächte den größten Erfolg, denn dieses Energiefeld wäre vielfach größer, als bei der oben beschriebenen Anwendung mit nur einem Draht.

Die folgenden Techniken seien demjenigen empfohlen, der sein Chakrasystem spirituell ausgleichen will: Legt die Kristallgruppen in gleichmäßigen Abständen in einer geraden Reihe auf ein Bündel Kupferdrähte vor euch auf den Tisch. Legt euch dann unter den Tisch und laßt die Energie durch euren Körper fließen. So werden die Chakren auf eine Linie "gezogen", was eine Zentrierung des Bewußtseins zur Folge hat. Ihr müßt wissen, daß mit eurem Wachstum sich die ätherischen Chakras von selbst zentrieren und euch damit die Tür öffnen, eure Seele bewußt wahrzunehmen.

Wenn jemand, den ihr kennt, krank ist, dann leitet eure heilenden Energien in eine Kristallgruppe, indem ihr sie in euren Händen haltet. Gebt sie hernach demjenigen als "Medizin", um sich selbst zu heilen. Die Energie bleibt für einige Zeit in dem Kristall erhalten, selbst wenn sie benutzt wird. Dies ist besonders empfehlenswert bei denjenigen, die man nicht regelmäßig zur Behandlung treffen kann. Hat jemand einen Tumor, dann ladet die Kristallgruppe mit den entsprechenden Energien auf und laßt sie denjenigen jeden Tag an der befallenen Stelle auflegen. Es wird funktionieren. Eine Kristallgruppe ist wirksamer als ein einzelner Kristall, denn sie kann mehr Energie speichern.

SPEZIFISCHE KRANKHEITEN

Wir werden verschiedene Krankheiten, die die Menschen befallen im Hinblick auf das Legemuster, die Art des Kristalls und seine Effektivität bezüglich einer Heilung, besprechen.

Die Nebennierendrüsen
Verwendet wird hierbei ein Dreiecksmuster aus einzelnen Kristallen, daß dem Buchstaben "Y" ähnelt: Legt je einen Kristall auf eure Zehen und einen auf die Taille mit der Spitze nach unten.

Allergien
Die Behandlung geht in zwei Etappen vor sich: Das erste Dreieck dient dazu, dem Patienten in einer Beratung die Ursache seiner Allergie bewußt zu machen. Ist dies gelungen, legen wir ein Dreieck aus einzelnen Kristallen: einer auf dem Herzen und je einer in den Händen zur emotionalen Ableitung. Dann umgibt man die liegende Person mit dem Kristall-Legemuster des zwölfstrahligen Sterns, das wir schon in einem vorhergehenden Kapitel erläutert haben.

Arthritis
Hier werden entweder zwölf einspitzige Kristalle oder das Doppeldiamantmuster mit Kristallgruppen, das wir auch schon vorher besprochen haben, verwendet. Handelt es sich um eine weit fortgeschrittene Arthritis, dann sind die Kristallgruppen wirksamer.

Die Blase
Stellt ein Doppeldreieck aus Kristallgruppen so auf, daß die Spitze zwischen den Beinen und die Seiten entlang dem Nabel zu liegen kommen. Es ist förderlich, einen Generatorkristall direkt über die erkrankte Stelle zu legen.

Knochenartiges Wachstum
Knochenartiges Gebilde oder Sporne (sie kommen am häufigsten vor) benötigen bei der Behandlung ein starkes Energiefeld. In fortgeschrittenem Stadium müssen sie operativ entfernt werden. In vielen Fällen kann man sie verkleinern, indem man sie mit zwei Kristallen,

deren Spitzen zueinander gekehrt sind, einrahmt und sie durch das damit entstandene Magnetfeld energetisiert.

Brustkrebs

Alle Arten von Brustkrebs werden mit einspitzigen Kristallen behandelt. Legt ein Dreieck, indem ihr am Halschakra und auf jede der Brüste einen Kristall plaziert. Dies ist auch einzuhalten, wenn der Krebs nur in der einen Brust auftaucht.

Knochenbrüche

Legt einen einspitzigen Kristall unter und einen über den Bruch, so daß sie mit den Spitzen zueinander zeigen. Es wird den Heilungsprozeß beschleunigen, nachdem der Bruch vom Arzt vorher behandelt wurde. Es wird auch die Möglichkeit von Komplikationen und Entzündungen verringern.

Bronchitis

Benutzt hierfür eine Doppeldreiecksformation aus Kristallgruppen mit den Spitzen hinter dem Kopf und den Basisgruppen an den Seiten der Lungengegend.

Verbrennungen

Nehmt dasselbe Muster wie bei der Behandlung von Knochenbrüchen. Ihr könnt auch einen dritten Kristall über die verbrannte Stelle halten, um den Erneuerungsprozeß der Haut zu beschleunigen.

Allgemeine Formen von Krebs

Es ist von größter Wichtigkeit, daß man dem Patienten den Ursprung seiner Krankheit bewußt macht. Ohne dieses Bewußtsein, wird es nicht möglich sein, eine Genesung zu erreichen. Wenn man dem Patienten keinen zufriedenstellenden Ursachenzusammenhang nahebringen kann, kann es auch zu keiner Heilung der Krankheit kommen.

Nehmen wir an, der erste Schritt verliefe erfolgreich und ihr wollt mit der Behandlung fortfahren. Nehmt dann eine einzige Kristallgruppe und legt sie direkt auf die beeinträchtigte Stelle. Nehmt drei weitere: Legt einen davon auf das Herz und je einen in die Hände, um das spirituelle Dreieck zu vervollständigen.

Wenn Krebs unterhalb der Taille auftritt, dann legt eine Kristallgruppe auf das Herz, eine auf das Nabelchakra und je einen auf die Fußballen.

Sollte der Krebs sich undefinierbar ausgebreitet haben, schlage ich vor, insgesamt neun Kristallgruppen zu verwenden, je eine auf die sieben Chakren und je eine in beiden Händen, also insgesamt neun, was der Zahl der Vervollkommnung entspricht. Dieses Muster sollte nicht länger als fünf Minuten lang angewendet werden und dann auch nur in weit fortgeschrittenem Stadium mit Streuung. Wir beenden diese Behandlung mit der Schließung der Chakren.[6] Letzteres ist sehr wichtig.

Hirnlähmung

Hierbei wenden wir die gleiche Behandlung wie bei Geistesbehinderungen an; es handelt sich jedoch hier um eine karmische Situation.

Abhängigkeit von chemischen Substanzen

Diese Behandlung geht in zwei Etappen vor sich. Zunächst hält die betroffene Person etwa zehn Minuten lang täglich einen Kristall in jeder Hand, einer liegt unterdessen auf dem Herzen bis die Konstitution desjenigen mit der Zeit so kräftig ist, das "Hoch", hervorgerufen durch die Stimulation von chemischen Stoffen, ersetzen zu können. Ist das erreicht, dann lege man denjenigen in das Kristallmuster des sechsstrahligen Sterns, das wir im ersten Teil bereits besprochen haben, um das Energiesystem und den Energiefluß wieder in Ordnung zu bringen.

Chemisches Ungleichgewicht

Bei unausgeglichener chemischer Körperkonstitution kann entweder das Legemuster des zwölfstrahligen Sterns oder das des Doppeldiamanten aus Kristallgruppen angewendet werden.

Dickdarmkatarrh

Auch hier gibt es in der Behandlung zwei Stufen: Zuerst wird ein Dreieck aus einzelnen Kristallen verwendet, wobei die betroffene Person je einen Kristall in den Händen hält und einer auf der erkrankten Körperstelle liegt. Nachdem eine Erleichterung eingetreten ist, nimmt

6 Dazu berührt ihr ganz sanft die Stellen jedes einzelnen Chakras und setzt im Geiste fest, daß die "Öffnungen" wieder ihre normale Aufnahmekapazität haben.

man drei Kristallgruppen: eine legt man hinter den Kopf, die beiden anderen an der Basis entlang der Gürtellinie, so daß ein Dreieck entsteht.

Darmbeschwerden, starke Schleimablagerungen

Die Behandlungsform, die wir jetzt beschreiben, kann bei allen Arten von Infektionen der Darmgegend angewendet werden: Es wird ein Dreieck aus sechs einspitzigen Kristallen folgendermaßen angeordnet: ein Kristall liegt zwischen den Füßen, zwei an den Seiten in Nabelhöhe, einer direkt auf dem Nabel und je einer rechts und links parallel zu den Knien.

Diabetis

Nehmt hierfür das Doppeldiamantmuster aus Kristallgruppen, die am Kopf und am Fußende und an beiden Seiten in Hüfthöhe plaziert und mit einem Kupferdraht verbunden werden.

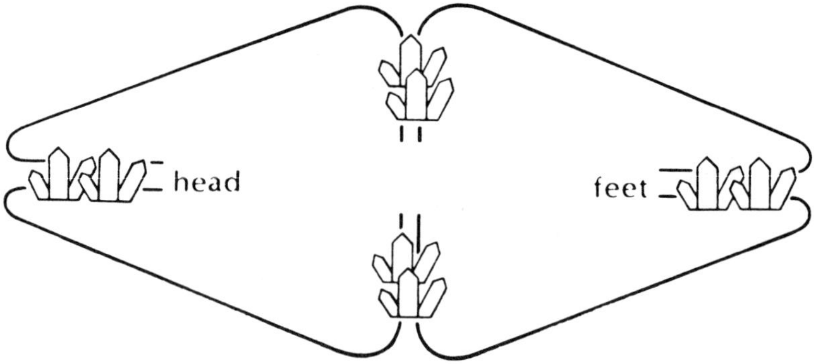

Emphysem

Benutzt Kristallgruppen, angeordnet in doppelten Dreiecken mit den Dreiecksspitzen hinter dem Kopf und der Basis entlang der Taille. Die untere Hälfte des Diamantmusters enfällt. Verbindet die Kristallgruppen auf Gürtellinienhöhe mit einem Kupferdraht, der unter dem Körper entlangläuft.

Epilepsie

Legt einen einspitzigen Kristall rechts und links des Kopfes etwa 2,5 cm oberhalb der Ohrmuschel mit den Spitzen nach innen zeigend. Dies stellt den Energiefluß wieder her und korrigiert den Kurzschluß im Hirngewebe.

Augen

Zur allgemeinen Behandlung der Augen bei Überanstrengung, Kurzsichtigkeit und Astigmatismus halten wir zwei Kristalle rechts und links seitlich etwa 2,5 cm hinter die äußeren Augenecken.

Bei grauem Star und Anfangsstadien von Hornhautproblemen halten wir die Kristalle mit den Spitzen an die seitlichen Augenbegrenzungen, was nicht länger als fünf Minuten dauern sollte, jedoch täglich wiederholt werden kann.

Fußpilz

Plaziert zwei einspitzige Kristalle mit den Spitzen zu den Fußballen. Dies wird die Fußchakren energetisieren und Heilung bewirken.

Die Gallenblase

Bildet ein doppeltes Dreieck aus Kristallgruppen mit der Dreiecksspitze zwischen den Beinen und den Seiten entlang des Nabels. Es hilft auch, einen Generatorkristall direkt auf das betroffene Organ zu legen.

Die Genitalien

Bei Problemen des Genitalbereichs ist die Behandlung bei Mann und Frau gleich: Man läßt sie sich auf den Bauch legen, plaziert einen Kristall mit der Spitze nach unten zeigend auf das Kreuzbein und zwei weitere jeweils mit den Spitzen nach oben in die Falten, die das Gesäß mit den Oberschenkeln bildet. Dort sind ebenfalls Chakren.

Zahnfleischprobleme

Hierfür, sowie auch für die Zähne zutreffend, legt man ein Dreieck aus Kristallen, wobei einer mit der Spitze nach oben auf der Kehle, und die beiden anderen auf jeder Seite des Kiefers mit den Spitzen nach innen zeigend zu liegen kommen. Wenn ihr ganz kleine Kristalle habt, dann legt einen zwischen Lippen und Zähne und je einen zwischen die Zähne und die Wangen.

Gehörprobleme

Legt einen Kristall auf den Kopf mit der Spitze nach unten und die anderen beiden hinter die Ohren im Mastoidbereich mit den Spitzen nach innen zeigend.

Herzkrankheiten

Wendet das Kristallmuster des sechsstrahligen Sterns - nicht des zwölfstrahligen Sterns - an und benutzt einen Generatorkristall auf der Mitte des Brustkorbes.

Hepatitis

Benutzt hierfür das Doppeldreieck mit den Kristallgruppen: Die eine Dreiecksspitze liegt zwischen den Füßen, die anderen beiden zu Seiten der Taille. Bei Benutzung von Kristallgruppen, vergeßt nie, sie mit dem Kupferdraht zu verbinden.

Herpes

Diese Krankheit betrifft das gesamte Körpersystem. Daher müssen wir ein entsprechend umfassendes System zur Heilung anwenden, nämlich den zwölfstrahligen Stern mit einem Generatorkristall über dem Nabel.

Bluthochdruck

Verwendet hier, sowie bei niedrigem Blutdruck und allen Kreislaufproblemen das Kristallmuster des zwölfstrahligen Sterns.

Hyperaktivität

Legt je einen einspitzigen Kristall mit den Spitzen nach innen zeigend etwa 2,5 cm an beiden Seiten oberhalb des Ohrenrandes. Dies stellt den Energiefluß wieder her und korrigiert somit den Kurzschluß im Gehirn.

Hypoglykämie
Benutzt das Doppeldiamantmuster mit den acht kupferdrahtverbundenen Kristallgruppen.

Unterkiefergelenke
Ein Kristall wird mit der Spitze nach oben auf das Kehlchakra gelegt und die anderen beiden werden hinten an die Kieferknochen angelehnt, um so ein Dreieck zu schaffen.

Niere und/oder Leber
Hierfür wird ein Doppeldreieck aus Gruppen verwendet, dessen Spitze sich zwischen den Beinen befinden und dessen Seiten entlang des Nabels verlaufen. Es ist auch von Vorteil, einen Generatorkristall über das angegriffene Organ zu legen.

Leukämie
Die zu behandelnde Person sollte auf dem Boden liegen. Ein Kristall wird auf jedes Fußgelenk, ein Kristall in jede Hand, einer auf das Kehlchakra, einer auf den Nabel und einer hinter den Kopf gelegt.

Lupus
Diese Krankheit betrifft das gesamte Körpersystem. Daher muß ein ganzheitliches System zur Heilung angewendet werden. Dazu nehmen wir das Muster des zwölfstrahligen Sterns und legen einen Generatorkristall auf das Nabelchakra.

Lymphprobleme
Legt einzelne Kristalle auf jede Schulter in Achselhöhe mit den Spitzen nach unten, einen auf den Nabel mit der Spitze nach unten und jeweils einen auf jedes Knie mit den Spitzen nach oben; insgesamt fünf Kristalle.

Depression
Verwendet das Muster des zwölfstrahligen Sterns und beachtet dabei, das Muster des sechsstrahligen Sterns zuerst zu legen, um es dann zum zwölfstrahligen Stern aufzufüllen.

Geistige Zurückgebliebenheit

Bevor wir diese Krankheit behandeln, müssen wir feststellen, welch karmischer Natur die Behinderung ist; ob derjenige bereit ist, sie loszulassen oder ob er sie noch beibehalten muß. In jedem Falle ist sie karmisch und wird manchmal von der Seele mitgebracht. Manchmal ist die Krankheit ein "Geburtsfehler", der die Situation für eine karmische Erfahrung schafft, die durchlebt werden muß.

Bei den Fällen von geistiger Zurückgebliebenheit als Resultat eines Geburtsfehlers, kann manchmal das ganze Karma noch innerhalb der bestehenden Inkarnation erlöst werden. Genau mit diesen Fällen beschäftigen wir uns hier. Die karmischen Behinderungen, die vorgeburtlich[7] schon vorhanden waren, behandeln wir nicht.

Wenn eine heilbare Minderentwicklung vorliegt, legen wir einen einspitzigen Kristall für 10 Minuten etwa 2,5 cm oberhalb der Ohren so daß die Spitze nach innen zeigt. Danach wird ein Kristall mit der Spitze nach unten zeigend hinter das Kopfende, ein weiterer mit der Spitze nach unten auf das Kehlchakra, das Herzchakra und den Nabel gelegt; zwei weitere an die Fußballen mit den Spitzen nach oben gelegt. So werden die magnetischen Schwingungen rekonstruiert, die mit dem Nervensystem und dem Impulssystem des Hirns verbunden sind. Falls man den Zustand überhaupt beheben kann, dann durch diese Methode. Sollte nach drei Behandlungen, die in Abständen von je einer Woche stattfinden, sich keine Veränderung zeigen, dann ist die Krankheit nicht zu heilen.

Migräne

Migräneschmerzen werden oft durch einen unregelmäßigen Energiefluß durch den Körper hervorgerufen. In solchen Fällen benutzen wir vier einzelne Kristalle: einen an jeder Seite des Halses, je einen zwischen Klavikula und Hals mit den Spitzen nach unten und je einen an den Fußballen mit den Spitzen nach oben. Dies gleicht den Energiestrom in den Hauptmeridianen aus.

Multiple Sklerose

Benutzt den zwölfstrahligen Stern wie wir ihn im ersten Teil beschrieben haben.

---

7 Von der Seele vorgeplante Bedingungen

Muskeldystrophie

Benutzt hier das Diamantmuster mit den acht doppelt gelegten Kristallgruppen, die unten mit einem Kupferdraht unter dem Kopf, zwischen den Füßen und den Punkten entlang der Taille verbunden sind. Legt einen einzelnen Generatorkristall an die besonders schmerzenden oder stark betroffenen Körperteile - jedoch nicht länger als fünf Minuten.

Narkolepsie

Verwendet das Muster des zwölfstrahligen Sterns.

Allgemeine neuromuskuläre Probleme

Legt hierfür die Kristallgruppen in Diamantform mit den Spitzen hinter den Kopf und an den Füßen und mit den Seiten entlang der Taille. Verwendet Doppelgruppen, die ihr unten mit Kupferdraht verbindet.

Fettsucht

So wie alle Probleme, die mit emotionaler Unsicherheit zu tun haben, muß auch die Fettsucht zunächst auf geistiger Ebene behandelt werden. Kristalle werden nicht direkt gegen die Fettsucht eingesetzt, sondern eher gegen ihre Ursachen. Legt das Muster des zwölfstrahligen Sterns aus, um die Emotionen zu heilen.

Der Pankreas

Legt ein Doppeldreieck aus Kristallgruppen mit der Spitze zwischen den Beinen und den Seiten entlang des Nabels. Es ist auch günstig, einen Generatorkristall direkt auf das betroffene Organ zu legen.

Parkinsonkrankheit

Die Behandlung hierfür läuft in zwei Phasen ab: wenn ein Körperbereich besonders stark in Mitleidenschaft gezogen ist, legt einen einspitzigen Kristall direkt auf die schmerzende Stelle. Legt einen weiteren auf den dieser Stelle am nahegelegensten Energieeintrittspunkt.[8]

8 Ein Energieeintrittspunkt ist eine Stelle an der Haut, die mit dem Körperenergiesystem verbunden ist. Durch sie kann man Energie einfließen lassen. Nachdem der Schmerz nachgelassen hat, verwendet anschließend zur Heilung das Muster des zwölfstrahligen Sterns.

Hypophysenunterfunktion

Die Behandlungsweise gleicht der für Epilepsie, bei der man die Energiezentren des Hirns stimuliert. Verwendet dazu zwei einspitzige Kristalle mit den Spitzen nach innen zeigend etwa 2,5 cm oberhalb der Ohren und dem dritten am Hinterkopf mit der Spitze nach unten zeigend.

Die Prostata

Verwendet drei Kristalle, die alle mit ihren Spitzen zueinander zeigen. Plaziert einen im Prostatabereich und je einen rechts und links in Nabelhöhe.

Vernarbtes Gewebe

Äußerlich kann Narbengewebe exzellent durch die Anwendung von natürlichen Vitamincremen geheilt werden. Inneres Narbengewebe erfordert je nach Lage ein Dreiecksmuster aus Kristallen über dieser Stelle. Verwendet keine Kristalle bei Operationsnarben, speziell denen von Herzoperationen oder bei Herzinsuffizienz, denn das Energiefeld könnte zu stark sein. In solchen Fällen ist eine Fernheilung angebracht, da sie sanfter ist. Vermeidet es, zu viel Energie bei zu sensibilisiertem Gewebe anzuwenden.

Ischiasnerv, Entzündungen

Plaziert einen Kristall mit der Spitze nach unten auf den verlängerten Rücken, einen an jede Hüftseite mit der Spitze nach unten zeigend und zwei an den Fußsohlen mit den Spitzen nach oben.

Nebenhöhlenprobleme

Über den Weg der Ohren kann man Nebenhöhlen am besten behandeln. Legt einen Kristall mit der Spitze nach unten an das Kopfende und je einen mit der Spitze nach innen in Ohrenhöhe. Wendet dieses Muster aber nicht länger als drei Minuten an, sonst wird das Energiefeld zu stark.

Alle Kristallanwendungen im Kopfbereich sollten nicht länger als 2 - 3 Minuten dauern, denn der Kopf hat die natürliche Tendenz, Energie zu speichern und somit könnte es zu Kopfschmerzen kommen.

Hautauswüchse
Nehmt in jede Hand einen Kristall und haltet sie täglich für etwa zehn Minuten mit ihren Spitzen entlang der entsprechenden Stelle.

Beschädigung der Wirbelsäule
Zwei Kristalle werden verwendet: einer im Nacken mit der Spitze nach unten und einer zu den Füßen mit der Spitze nach oben.

Wirbelsäulenprobleme
In Bauchlage werden ein einspitziger Kristall mit der Spitze zum Ende der Wirbelsäule gerichtet und einer mit der Spitze nach unten über die Beschwerdegegend gelegt, denn ihr wollt bewirken, daß die Energie nicht die gesamte Wirbelsäule entlangläuft, sondern nur an einer bestimmten Stelle bleibt.

Die Milz
Stellt ein Doppeldreieck aus Kristallgruppen auf mit der Spitze zwischen den Beinen, wobei die Seiten am Nabel vorbeilaufen. Es ist hilfreich, einen Generatorkristall direkt auf des erkrankte Organ aufzulegen.

Verstauchungen
Handelt es sich um Verstauchungen am Fußgelenk, so plaziert einen Kristall mit der Spitze am Fußballen und haltet einen weiteren Kristall mit der Spitze am Knie. Sitzt die Verstauchung im Handgelenk, so plaziert einen Kristall in der Hand mit der Spitze nach oben und einen weiteren an der Schulter mit der Spitze nach unten.

Roter Hals
Legt an jede Unterkieferseite und auf das Kehlchakra je einen Kristall, wobei alle mit ihren Spitzen nach innen zeigen.

Die Schilddrüse
Benutzt ein einfaches Kristalldreieck. Ein Kristall liegt mit der Spitze nach oben auf dem Hals, einer zu jeder Kopfseite oben mit der Spitze nach unten, damit ein Dreieck entsteht, etwa in "Y"-Form mit dem Kopf in der Mitte.

Vergiftungen

Nachdem man festgestellt hat, wo die Vergiftung sitzt, legt man ein Doppeldreieck aus Kristallgruppen mit der Spitze zwischen den Füßen. Wenn sich der Zustand auf den gesamten Körper ausgeweitet hat, benutzt das gleiche Muster wie für Diabetis.

Geschwüre

Die Behandlung hat zwei Schritte: zuerst legt man ein Dreiecksmuster aus einspitzigen Kristallen: ein Kristall liegt auf der Stelle, wo sich das Geschwür befindet, die anderen beiden je in einer Hand. Tritt Erleichterung ein, legt ein Dreieck aus Kristallgruppen mit der Spitze hinter dem Kopf und die Basis entlang der Taillenlinie.

Sumpffieber

Legt diejenige Person in das Muster des sechsstrahligen Sterns.

Geschlechtskrankheiten

Die Behandlung umfaßt zwei Abschnitte. Der erste bezieht sich auf die emotionale Ebene, denn meistens liegen hier schwere Probleme im Selbstwertgefühl und der Reinlichkeit vor. Würde man sich um diesen Bereich nicht kümmern, würde die betroffene Person an der Krankheit festhalten.

Um spirituellen Frieden und Heilung herzustellen, schlagen wir vor, für etwa 10 Minuten ein Dreieck aus einspitzigen Kristallen zu legen, wobei die Spitze hinter dem Kopf und die Basis auf der Gürtellinie liegt. Alle Kristallspitzen zeigen nach oben.

Danach legt ein Doppeldreieck aus Kristallgruppen: die Spitze liegt zwischen den Oberschenkeln und die Basisenden in Nabelhöhe.

Damit ist ein Dreieck über dem Genitalbereich geschaffen, das für Frauen und Männer gleichermaßen angewendet wird.

Wir beenden an dieser Stelle unsere Diskussion. Übt bis zum nächsten Mal die verschiedenen Muster, die wir vorgeschlagen haben und überprüft ihre Wirkung.

KAPITEL 4

Hier sprechen die Energien der Schöpfung. Seid gesegnet.

Ich habe weder Form noch Körper; ich bin der Zustand der Schöpfung. Meine Energien werden zu euch gesandt, um über soziale Themen, spirituelle und karmische Gesetze zu sprechen, denen die Bewohner der Stadt Atlantis unterworfen waren.

ATLANTIS UND KARMA

Die Zivilisation auf dem Meeresboden war im Hinblick auf ihre Art und ihre Aufgabe einzigartig. Die Bewohner waren nicht gekommen, um sich Erfahrungen anzueignen, sondern um später den Menschenseelen bei ihren Inkarnationen auf der Erde zur Seite zu stehen.

Aus diesem Grund gab es immer wieder Mißklang zwischen den Erdschwingungen und denen des Universums. Die "Kinder des Lichts" unter euch, die sich ihres spirituellen Ursprungs bewußt sind, erfahren heute Ähnliches. Doch irgendwann wird es sich klären - so, wie es damals den Atlantern bewußt wurde - und ihr werdet hin und her gerissen sein zwischen eurer Erziehung und dem, was ihr als universelle Wahrheit erkennt.

Wie schon erwähnt, gab es auf Atlantis ein strenges Kastensystem. Die unterste Stufe bildeten die Mutanten, also jene, deren Seele sich auf einer sehr niedrigen Entwicklungsstufe befand. Sie hatten beim Aufbau der Zivilisation die harten und niedrigen Arbeiten zu verrichten. Die nächste Stufe setzte sich aus Seelen zusammen, deren Entwicklungsstand dem der späteren Ägypter oder Hebräer vergleichbar war. In dieser Versuchssituation dienten sie als Richtlinie und Energiemuster und Pläne für die Zukunft. In dieser Gruppe gab es die meisten Konflikte.

Die nächste Schicht umfaßte die Techniker und auf den obersten Rängen standen die Ältesten, die Führer und jene, die erleuchtet bzw. "emporgestiegene Meister" waren. Als Atlantis am Ende zerstört wurde, waren es - welche Ironie - gerade die beiden obersten Schichten, die Ältesten und die "emporgestiegenen Meister", die die größten

Schäden anrichteten. Sie verwickelten sich in Experimente, die jeglichem Naturgesetz und den kosmischen Gesetzen in Bezug auf Vereinbarkeit zuwiderliefen. Sie paarten sich mit Wesen niedrigerer Schwingungen aus dem Meer und produzierten damit schreckliche Mißgeburten. Viele davon gingen in eure Bücher ein als mythologische Wesen, doch sie waren real und keine Mythen.

Das Karma eines Planeten entspricht immer den Erfahrungen der dortigen Wesen. Deshalb sind nicht alle Inkarnierten an den verschiedensten Orten des Universums genau denselben karmischen Gesetzen unterworfen. Sie alle stehen auf unterschiedlichen Entwicklungsstufen.

Hat jemand die Schwingungen eines Planeten überwunden und universelle Bewußtheit erlangt, so sind für ihn alle karmischen Gesetze zu einem einzigen geworden und völlig identisch, da sie eines Ursprungs sind. Überwindet jemand auch noch das Universum und gelangt in die Schwingungen der Schöpfung, so gibt es überhaupt kein Karma mehr. Dann ist die Seele eins mit der Schöpfung und alles Lernen ist dann längst abgeschlossen. Es gibt nur noch Wissen gepaart mit Wahrheit und Tätigwerden. Alles Negative ist aufgelöst.

DIE GESETZE VON ATLANTIS

Kehren wir zurück zur Mittelschicht des Kastensystems, die die Mehrzahl der Bewohner von Atlantis ausmachte.

Auf Atlantis gab es Gesetze in Form von Schwingungen zur Regelung der karmischen Muster[9]. Diese Gesetze waren speziell auf den Gebieten des Familienrechts und in körperlichen Angelegenheiten viel weiter entwickelt als eure heutigen, denn man hatte damals ein viel tieferes Beziehungsbewußtsein. Wollte man eine Ehe auflösen, so geschah dies immer im beiderseitigen Einvernehmen. Unterließ einer jedoch die entsprechenden Schritte und verletzte die weiterhin bestehende Ehe durch körperliche Vereinigung mit jemand anderem, so wurde er bestraft durch Spott, Zwangsarbeit auf den Feldern mit den Mutanten und Ausschluß aus der Gemeinschaft.

9 Karmische Muster sind Erfahrungen, die auf sehr subtile Art von den Energieschwingungen "geschickt" werden, die den Planeten gerade umgeben. Das Ergebnis des Lernprozesses aus diesen Erfahrungen kann dem Betroffenen helfen, seine Wahrheit zu finden.

Dieses Gesetz war deshalb so streng, weil es gerade in einer solchen fortgeschrittenen Gesellschaft von größter Wichtigkeit ist, die Integrität der Rasse zu bewahren. Es ist vergleichbar mit einer Hochzüchtung, um die Reinheit der Anlagen zu erhalten. Hätte man Kreuzungen mit Andersartigen erlaubt, so wären die für Atlantis notwendigen Schwingungen ernstlich in Gefahr geraten. Deshalb verbot man es.

Denkt daran, diese Zivilisation lebte unter sehr ungewöhnlichen Umständen, die für ein harmonisches Funktionieren ganz spezielle Gesetze notwendig machten.

Diebstahl wurde mit Verbannung geahndet. Wurde, was zugegebenermaßen sehr selten vorkam, ein Mord begangen, so setzte man den Schuldigen im Tempel der Delphine einer sehr intensiven Energiestrahlung aus, die die moralische Abweichung korrigierte, die den Mörder zu seiner Tat getrieben hatte. Danach mußte er sich einer harten Umschulung unterziehen. Auf Atlantis hielt man nicht sehr viel von der Todesstrafe. Man wußte, daß der Mörder letztlich nur physisches Leben zerstört hatte, nicht aber die wahre Existenz des Opfers, und daß auch sie selber die wahre Existenz nicht zerstören konnten. Ihre Verantwortung lag darin, helfend zur Seite zu stehen.

So etwas wie eine "ledige Mutter" gab es dort nicht. Nach dem Gesetz durfte keine Frau vor Erreichung des 16. Lebensjahres Kinder gebären. In diesem Alter wurde dann normalerweise geheiratet. Wurde eine unverheiratete Frau dennoch schwanger, so wurde das Kind genauso behandelt, wie ein eheliches. Man schimpfte es nicht "Bastard", es wurde weder verachtet, noch wuchs es mit psychischen Blockaden auf, sondern wurde mit allen anderen Kindern im Kindergarten großgezogen und von allen geliebt.

DIE GESETZE DES KARMAS UND IHR

Es gab und gibt noch immer in großem Ausmaß einen ganz bestimmten Konfliktherd: die spirituelle Ehe im Gegensatz zur emotionalen und körperlichen. Wir müssen dies ansprechen, denn es betrifft in hohem Maße euer jetziges Leben und auch eure Zukunft.

Euer Universalgesetz lautet: "Eine spirituelle Ehe ist eine Vereinigung von harmonischen Schwingungen". Die Vereinigung kann aus der Ferne oder auch in großer Nähe erfolgen, das ist gleich. Hat diese

Vereinigung einmal stattgefunden, so ist sie für die Ewigkeit, denn Harmonie kann nicht vergehen und die Ehe besteht in Liebe. Sie lebt in Reinheit ohne Beschränkungen, Verpflichtungen, Enttäuschungen oder Qualen, sie ist auf Wahrhaftigkeit gegründet.

Wenn zwei mit diesem Glück gesegnet sind, in einer solchen Ehe zu leben, ist es noch eine zusätzliche Segnung, ihre Ehe unter Gottes Schwingungen auf der physischen Ebene zu vervollständigen, wenn sie das wollen und ungeachtet dessen, ob sie sich in der körperlichen Existenz einander verpflichtet haben.

Über diese Aussage läßt sich streiten. Ich will nicht behaupten, daß die körperliche Vereinigung ein Muß ist, das wäre lächerlich. Aber ich sage, wenn dies für euch wichtig wird, so ist es eure Wahrheit. Ist dem nicht so, so seid ihr gesegnet für das, was ihr an Werten ausdrückt.

Dieses Gesetz auf die Erde angewendet, ist ganz anders. Wenn man eine intime Beziehung durch soziale Gesetze limitiert, sind meine Worte tatsächlich karmisch, denn die Gesellschaft ebenso wie die Kirche verachtet solches. Daher ist derjenige, der eine solche freie Verbindung mit einem Gefühl von Schuld und Unwahrheit eingeht, in einer karmischen Situation.

Diese Art von Beziehung gab es auch in Atlantis. Viele der Ältesten transzendierten die Schwingungen Hdes Kastensystem. Sie gingen intime Beziehungen ein mit der Allgemeinbevölkerung, denn sie waren sich der Freiheit des persönlichen Ausdrucks von universeller Ebene her bewußt; sie kannten aber auch die gesellschaftlich auferlegten Beschränkungen. Für einige erwuchs daraus kein Karma, denn sie bezogen sich auf ihre universelle Wahrheit. Für andere ergab sich Karma dadurch, daß sie sich schuldig fühlten für ihr Vergehen. Über Letztere sprechen wir hier.

Es gab für sie keine Form der Bestrafung. Sie zogen es durch ihr eigenes Selbst auf sich. So inkarnierten sich von ihnen einige in Atlantis später freiwillig in einer niedrigeren Kaste, um das Üben ihrer Wahrheit auf universeller Ebene aufs Neue zu trainieren. Es war keine Strafe oder eine Entscheidung Gottes, sondern eine Wahl aus dem freien Willen der Seele.

DIE GESETZE UND DIE PERSÖNLICHE FREIHEIT

Es gibt noch viele hier auf der Erde, die unter dem Schatten dieser Schwingungen stehen. Sie verhalten sich immer noch negativ in verschiedenen sozialen Beziehungen aufgrund ihrer Erfahrungen aus früheren Zeiten. Es ist zu hoffen, daß manche von ihnen diese Zeilen lesen, sie richtig anzuwenden wissen, um dadurch von den Schwingungen dieser karmischen Beschränkungen befreit zu werden.

Es ist die Verantwortung jeder inkarnierten Seele, sich die höchste Stufe ihrer Wahrheit und die Quelle ihrer Schwingungen bewußt zu machen und ihr Leben danach auszurichten. Dies ist leicht gesagt, aber schwierig umzusetzen. Wir hier wissen dies, aber es ist Teil eurer Erfahrung in eurer Annäherung an euer göttliches Selbst und eure Seele. Wenn ihr eure Einheit und den Wert eurer Seele auf allen Ebenen anerkennt, dann wird euch die Wahrheit vor allen Beschränkungen bewahren und dann werdet ihr der Menschheit wahrlich dienen können und fähig sein, euer Selbst mit anderen ohne Einschränkung zu teilen, und alle werden euch als wahrhaftig anerkennen.

SEELEN WÄHREND DER ZERSTÖRUNG VON ATLANTIS

Als Atlantis zerstört wurde, gab es viele, die mit dieser Zerstörung nichts zu tun hatten. Wie wurde nun entschieden, wer bleiben, wer auf die Erdoberfläche transportiert werden sollte oder schon vorher ausscheiden durfte? In Wahrheit bestimmte es jeder selbst. Es gab einige, die so ein Überwechseln noch nie erlebt hatten und das Erleben eines schmerzhaften physischen Todes für reinigend hielten. Sie beschlossen zu bleiben. Ob es ihnen wirklich so dienlich war, wie sie es erwartet hatten, bleibt dahingestellt. Auf jeden Fall war es ihre eigene Entscheidung.

Was geschah mit denjenigen, die blieben und mit denjenigen, die untergingen? Eure Bibel gibt darüber Auskunft. Die Ältesten, die durch das Tunnelnetzwerk an die Erdoberfläche kamen, wurden über die ganze Erde verteilt. Diejenigen, die sich im mittleren Osten ansiedelten, waren die Begründer der hebräischen Zivilisation. Sie bildeten die Stämme Israels und verteilten sich in der ganzen Welt. Viele, die in geistiger Form existierten, inkarnierten in verschiedenen Gegenden der Welt, um bei der Wiederbevölkerung der Erde behilflich zu sein.

Eure Theologen und Sprachwissenschaftlern, die sich mit alten Sprachen und Philosophien beschäftigt haben, können euch bestätigen, daß die überlieferten Geschichten miteinander identisch sind, obwohl sie aus ganz verschiedenen Flecken der Erde stammen. Nur ihre Fassungen sind unterschiedlich.

Nun möchte ich mich zurückziehen. Es war mir eine Ehre, hier gewesen zu sein. Seid mit den Energien der Schöpfung gesegnet.

***

Ich bin "Irgan". Ich bin eine Energie einer Zivilisation aus dem Erdinneren und habe keinen Körper so wie ihr ihn habt. Ich diene in Form einer spirituellen Essenz und benötige dazu keine dicke, haarige Schutzhaut. In dieser Form habe ich auch schon während eurer Zivilisation in Atlantis unter der Meeresoberfläche gedient. Ich möchte über die Aufgaben sprechen, die wir für die Seelen in Atlantis zu jener Zeit zu erledigen hatten.

DIE FEUERKRISTALLE VON ATLANTIS

Als Atlantis das erste Mal unter dem Meeresspiegel vor mehr als 80.000 Jahren sank, gab es drei riesengroße "Feuerkristalle", die durch das Tunnelsystem transportiert und installiert wurden. Sie dienten als Generatoren und Schwingungsbeschleuniger, um den dortigen Wesen bei der Manifestation von Kristallen aus Energie und Materie behilflich zu sein.

Um Energie durch die Feuerkristalle zu erzeugen und zum Fließen zu bringen, war es nötig, die Vortexe von unten und auch von oben zu koordinieren. Es war eine unserer Hauptaufgaben während des Wiederaufbaus der Stadt, diese Energien im Gleichgewicht zu halten mit denen der Kristalle, so daß diese als Generatoren und Regeneratoren für Energietransformatoren dienen konnten.

Mit euren Worten ausgedrückt, war das ein sehr langweiliger Job, aber es entstanden in Atlantis Konflikte und große Probleme mit den

Energiefeldern, die von der Erdmitte aus auf dieses Gebiet projiziert wurden. Krieg herrschte zwischen den beiden Kontinenten von Lemurien und Atlantis. Er wurde mit energetischen Waffen geführt, die große Verwüstungen anrichten und den Schwingungsfluß sehr stören konnten. Sie waren von solcher Stärke, daß sie den Planeten hätten zersprengen können, was letztendlich beinahe auch geschehen wäre, wenn nicht die ausgleichenden Kräfte von unten und von oben da gewesen wären. Sonst wären wir jetzt nicht hier, sondern auf einem anderen Planeten.

Als dieses große Unglück geschah, wurde von den Kräften beschlossen, das Wissen und die Ebene der Schwingungen vor der Menschheit verborgen zu halten, bis sie gelernt hat, sie weise und richtig zu handhaben. Initiierte und Meister haben versucht in dieses Wissen, das wir mit euch hier teilen, einzudringen, aber es war ihnen versiegelt. Jetzt ist es an der Zeit, es offen zu legen.

DER AUSGLEICH VON ENERGIEN

Was immer auf der Oberfläche eures Planeten geschieht, ist das Resultat der gemeinsamen Bemühungen von oben und unten. Wie sollte es auch anders sein? Die universellen Gesetze von Aktion und Reaktion, Ursache und Wirkung, Gewicht und Gegengewicht gelten für alle Situationen und sind immer gültig. Die gleichmäßige Verteilung der Energien ist notwendig für den Ausgleich von Aktion.

Wie könnte man etwas anheben, wenn es nicht von unten sowohl als auch von oben angehoben würde, denn es muß immer ein Ausgleich da sein. Dies trifft sowohl für die Erdoberfläche als auch für die Atmosphäre zu. So ist es die Pflicht eures Wachstums und eurer Evolution auf die Energien zu achten, die von unten kommen und euch bei allen Dingen behilflich sein können.

Ich diene zur Zeit in keiner Gesellschaftsform, sondern habe "Ferien" und helfe der Menschheit auf einem bestimmten Wissensgebiet. Die Zivilisation, in der ich diente, existiert immer noch und wird immer existieren neben vielen anderen, die im Inneren der Erde verteilt sind. Hört nicht auf die Gerüchte, denen zufolge die Erde ein Raumschiff sein soll, denn das stimmt nicht. Sie ist ein lebendiger Planet, der von Gott geschaffen wurde. Sie fühlt und reagiert, wenn auch auf sehr rudimentäre Weise.

Ich verabschiede mich nun mit Grüßen aus der "Unterwelt".

***

Hier spricht Adamis. Wir sind jetzt bereit, Fragen zu beantworten, solltet ihr welche haben.

FRAGEN UND ANTWORTEN

Könntest du etwas mehr über die Gesetze sagen und wie sie sich heute auf die Erde auswirken?

Es gibt viele Variablen in diesem Gesetz.[10] Jeder Fall muß aufs Neue seinen Umständen entsprechend beurteilt werden. Wir werden jetzt Verschiedenes dazu besprechen.

Zwei Individuen, die sich ihres spirituellen Ursprungs nicht bewußt sind, - daher das universelle Gesetz nicht kennen - und ein körperliches, sexuelles Verhältnis miteinander eingehen wollen, obwohl beide noch mit einem anderen Partner verheiratet sind, ziehen sicher Karma auf sich. Dies geschieht, weil das, was sie tun nicht ihrer Wahrheit entspricht, sondern nur ihren emotionalen Begierden. Daher gestaltet sich das Karma von selbst.

Wenn in gleicher Situation zwei Menschen glauben, sie seien vom Emotionalen her ineinander verliebt und stellen auf diese Wahrheit begründet eine Beziehung her, bei der sie später aber feststellen, daß diese Beziehung andere verletzt, ziehen sie auch Karma auf sich, denn es ist die Reaktion, die die karmische Situation hervorruft.

Sind zwei Personen sich ihres spirituellen Ursprungs bewußt und vereinen sich auf spiritueller Ebene in einer Beziehung

10 Für genauere Angaben siehe das Buch "Universelle Gesetze" von F.Alper

und wünschen dann, auch auf emotionaler und körperlicher Ebene ihre Beziehung zu vervollständigen, dann entsteht kein Karma.
Wird diese Beziehung entdeckt, die Wahrheit besprochen und anderen mitgeteilt, so entsteht kein Karma, selbst wenn Schmerz auftritt. Es obliegt dann der anderen Seite, dies zu verstehen, sich darauf einzurichten und gemäß der eigenen Wahrheit die Begebenheit anzunehmen oder abzulehnen.
Das universelle Gesetz lautet: "Wenn deine Tat deiner Wahrheit entspricht, entsteht kein Karma". Wie ich schon vorher sagte: Wir können hier nicht verallgemeinern, denn die Situationen sind unterschiedlich.

Kannst du darüber sprechen, wie es sich mit Scheidungen verhält?

Es gibt kein Karma in Bezug auf Scheidung. Es ist eine Tatsache, daß die meisten Ehen vertragsmäßig in einer Scheidung enden, um einer karmischen Situation ein Ende zu setzen. Wenn zum Beispiel zwei Seelen ein vorheriges Leben miteinander geteilt haben, bei dem der eine den anderen stark unterdrückt hat und ihm den Ausdruck seines freien Willens und der eigenen Bedürfnisse verwehrte, so können die beiden entscheiden, sich nochmals unter den gleichen Bedingungen zu verbinden, um die unterdrückte Seite zu lehren, ihre eigenen Bedürfnisse zu wahren. Der einzige Weg dies zu erlernen, ist manchmal die Scheidung als Ausdruck des Bedürfnisses nach freier Willensäußerung zu erwirken. Auf diese Weise wird das Karma beendet.
Wenn z.B. kein vergangenes Karma besteht und zwei verheiratete Menschen sich in verschiedene Richtungen entwickeln, warum sollten sie sich quälen? Wie wir schon vorher sagten, die wahre, ewige Ehe liegt im Bereich der Schwingungen. Der Ehevertrag ist ein von Menschen gemachtes Gesetz.

Könntest du über die zehn Gebote in Beziehung auf Ehebruch und Scheidung sprechen?

Die 10 Gebote in ihrer Orginalfassung treffen auf den heutigen Menschen vielfach nicht mehr zu. Die Interpretation muß neu überarbeitet und erweitert werden, denn wie ihr wißt, ändern sich Gesetze mit der Zeit und den Bedürfnissen der Menschheit. Während die Essenz die gleiche bleibt, ändert sich das Verständnis entsprechend den Umständen der Zeit.

Bei dem Begriff Ehebruch handelt es sich um ein unrechtmäßiges Einmischen oder ein Vergehen gegen einen anderen Menschen und dessen Besitz. Es bezieht sich nicht ausschließlich auf Sexuelles, sondern bedeutet, sich etwas unrechtmäßig anzueignen.

Nehmen wir an, wir hätten eine Beziehung miteinander, eine spirituelle, dann wäre es für uns beide klar, daß keiner den anderen als Besitztum betrachtet, daß wir voneinander unabhängige Seelen sind, die gerade dabei sind, das Miteinander zu teilen, was sie sind, wer sie sind, wobei jeder nur sich selbst besitzt. Wenn wir diese Beziehung verletzen, indem einer einen Teil seines Selbstes zugunsten des anderen aufgibt, zögen wir Karma auf uns, denn einer würde sich opfern. Zu allererst sind wir uns selbst verpflichtet, müssen uns selbst besitzen, um mit anderen teilen zu können.

Daher müssen wir die Interpretation der Gesetze über den Begriff Ehebruch erweitern. Vielleicht sollten die Gesetze über den Ehebruch folgenden Passus enthalten: "Ihr sollt nicht verurteilen." Wenn ich dich verurteile, wäre dies nicht ein ehebrecherischer Akt? Nähme ich damit nicht deiner Wahrheit ihre Gültigkeit und änderte sie?

Ihr müßt wissen, daß die Fassung der zehn Gebote jeweils den Umständen, der Philosophie und den Sitten jener Zeit entsprachen. Sie waren notwendig und gültig. Aber ein wachsendes Wesen kann nicht eingeschränkt werden. Es braucht erweiterte Ausdrucksmöglichkeiten. Daher ist das Gesetz flexibel und muß den Gegebenheiten angepaßt werden, damit es seinen Wert behält.

Die Gesetze der Ehe, so wie sie in der Kirche bestehen, sind wertvoll und diejenigen, die sich den formalen Prinzipien ihrer Religion verpflichtet haben, sind auch an sie gebunden. Verletzen sie diese, ziehen sie Karma auf sich, denn sie verhielten sich nicht ihrer Wahrheit entsprechend. Wenn man sich über die Ebenen formaler Religion hinausentwickelt, die Fesseln hinter sich gelassen hat und sich über das universelle Gesetz auf sich selbst bezieht, dann weitet sich der Horizont der eigenen Wahrheit und läßt einem mehr Freiheit in seinem eigenen Ausdruck. Ich wäre der letzte, der euch riete, Ehe, Verpflichtung u.s.w. nicht zu respektieren.

Warum wurde Diebstahl bestraft, während das Verhalten eines Mörders nur korrigiert wurde?

Vielleicht war meine vorherige Aussage darüber nicht vollständig. Laßt mich dies ergänzen. Obwohl es stimmt, daß durch energetische Behandlung die Schwingungen von Mördern korrigiert werden konnten, traf es dennoch zu, daß diejenigen, die damit zu tun hatten, einen besonderen Dienst abzusolvieren hatten, bei dem sie in niedrigeren Funktionen wieder neu trainiert wurden, um so in der andersartigen niedrigeren Schwingungsebene Abbuße zu tun. Sie kamen nicht einfach so davon.

Sollten wir schwarze Kerzen für Energie benutzen?

Wir sagten schon vorher einmal etwas dazu. Wir empfehlen euch, keine schwarzen Kerzen anzuzünden, es sei denn, ihr habt die absolute Kontrolle über euren Energiefluß, denn das Energiefeld, das sie hervorrufen, ist sehr stark und könnte euch überwältigen, wenn ihr nicht darauf vorbereitet seid. Es könnte negative Folgen für euch und andere haben. Sie können für negative als auch für positive, göttliche Zwecke verwendet werden. Wir möchten euch bitten, bei euren täglichen Meditationen mindestens fünf Minuten mit drei einzelnen Kristallen zu sitzen - zwei unter euren Fußballen und einer auf eurem Nabel. Dieses Dreieck umfaßt den unteren Teil eures Körpers. Wendet dies immer dann an, wenn die Energie zerstreut ist. Es ist hilfreich, wenn ihr euch nach emotionalem und geistigem Streß und

Nachwirkungen von Schock erden und körperlich energetisieren wollt. Es verhilft zu einem klaren Verständnis.

Wir beenden nun dieses Kapitel und segnen euch für eure Teilnahme.
Seid gesegnet.

Kapitel 5

Hier spricht Adamis. Seid gesegnet.

Wir werden nun den fortschreitenden Kristallisierungsprozeß innerhalb eurer Energiemuster besprechen.
Zuerst fahren wir fort mit der Implantation von ätherischen Kristallen zur Vollendung des Netzwerks innerhalb eurer Energiemeridiane.[11]
Wir erklären dann den Kristallisierungsprozeß Schritt für Schritt, damit jeder ihn verstehen kann und Einblick bekommt in die Auswirkungen auf Körper, Geist und Seele.

EINPFLANZUNG DER ÄTHERISCHEN KRISTALLE

Die korrekte Einpflanzung der Kristalle durchläuft folgende Körperstellen:

- das Kronenchakra
- das dritte Auge
- den Fortsatz hinter den Ohrmuscheln
- die Schädelbasis
- das Halschakra
- beide Schultern über den Achseln
- beide Ellbogen
- beide Handflächen
- das Herzchakra
- beide Seiten der Hüfte
- das Nabelchakra
- das Milzchakra
- das Ende der Wirbelsäule
- beide Knie
- beide Fußgelenke, äußere Seiten
- beide Fußballen
- das Zentrum beider Schulterblätter

11 Energiemeridiane sind ein System von Energieleitungen, vergleichbar dem Netzwerk eurer Adern im Körper.

- den verlängerten Rücken am 4. Lendenwirbel
- beide Oberschenkel am Gesäßende
- die Wirbelsäule in Höhe des Nabelchakras

Anhand dieser dreißig Implantationen werden die Energiemeridiane zu einem vollständigen Netzwerk verknüpft, so daß ein Feld magnetischer Schwingungen entsteht und die Kristallisierung von Energien im menschlichen Körper stattfinden kann.

DIE SIEBEN HAUPTCHAKREN

Konzentrieren wir uns auf die sieben Hauptchakren. Laßt uns versuchen, die Chakren so zu verändern, daß sie auf einer Linie dem Energiefluß einen geraden Weg ermöglichen. Entspannt euch, verfolgt oder lest unsere Worte.

Wir beginnen mit dem Kristall am Ende der Wirbelsäule.

Nehmt euren Atem wahr und die Energie, die von dieser Stelle aus euren Körper durchfließt. Ihr spürt einen leichten Druck, aber bekümmert euch nicht darum.

Wir gehen weiter zum Kristall im Milzchakra, von dort zum Nabelchakra, vorbei am Herzchakra zum Halschakra, zum Dritten Auge und zuletzt zum Scheitelchakra. Bleibt auf dem ganzen Weg vollends konzentriert und öffnet euch der Energie der implantierten ätherischen Kristalle.

AUSRICHTUNG VON ENERGIEN

Nachdem wir nun eure drei Körperzentren und eure drei geistigen Zentren aktiviert haben, müssen wir sie noch miteinander verbinden. Laßt uns den Kristall in eurem Herzchakra aktivieren, jenes vielglitzrige Schimmern, daß in allen Farben erstrahlt. Bewegt ihn nun zum Zentrum eures Seins. In seiner Bewegung bringt er alle Chakren, die nicht mehr in ihrer Mitte sind, ins Gleichgewicht und in der wiederhergestellten Harmonie spürt ihr euer Einssein mit euch selbst. Nehmt euer Herz bewußt wahr und macht euch keine Sorgen, wenn es vorübergehend etwas schneller schlägt.

Die Kristalle fangen nun an, sich aufeinander auszurichten; ihr spürt eine Spannung im Körper während die Energien auf eine gerade Linie gebracht werden. Die stofflichen Organe - Wirbelsäule, Herz und Drittes Auge - bewegen sich natürlich nicht; es sind die Energien, die in Bewegung sind und in ihrem Fluß korrigiert werden.

Die Ausrichtung ist beendet und ihr habt nun die Aufgabe, die Energie durch die Linie der ätherischen Kristalle fließen zu lassen. Ihr erreicht dies am besten durch tägliche Meditation. Beginnt beim Wurzelchakra, nehmt den Fluß der Energie auf seinem geraden Weg von einem Chakra zum nächsten bewußt wahr und verfolgt ihn bis hinauf zum Scheitelchakra. Wenn alle Chakren arbeiten, bleibt in eurer Ruhestellung, spürt die Energien fließen, und laßt euer Bewußtsein sich seiner Bestimmung gemäß erweitern und wachsen.

Nach zehn Minuten - nicht länger - laßt die Energie langsam wieder zurückfließen, von einem Chakra zum anderen bis sie wieder in ihren normalen Stellungen sind.

Entspannt euch noch ein paar Minuten, um alles wieder zur Ruhe kommen zu lassen und beendet dann die Übung.

Wir empfehlen, diese Übung mindestens dreimal wöchentlich durchzuführen, denn sie dient eurem Wachstum und eurer Erleuchtung.

Wir ziehen uns nun kurz zurück und überlassen "Strength" das Wort.

***

Hier sprechen die Energien von "Strength". Empfangt unsere Segnung.

KRISTALLCHIRURGIE

In einem früheren Kapitel haben wir euch beschrieben, wie die Atlanter "Operationen" mit Hilfe der magnetischen Schwingungen der Kristalle ausführten.

Wir gehen nun weiter zur Anwendung von Kristalloperationen wie ihr sie für euren Heilungsprozeß verwenden könnt. Dieser Prozeß steckt noch in seinem frühesten Anfangsstadium und wird wohl noch Jahre brauchen, da eure Körper dazu den richtigen Energiefluß benötigen. Bis jetzt gibt es nur eine Handvoll Menschen, die in der Lage sind, diese Schwingungen in der richtigen Frequenz mit der notwendigen Intensität zu benutzen.

Es ist wichtig, daß ihr die Übung macht, die Adamis euch eben beigebracht hat. Sie kräftigt eure Energiesysteme und versetzt sie in die Lage, die magnetischen Schwingungen so weiterzuleiten, daß sie euch bei dieser Art von Heilung helfen können.

Ich empfehle euch, einen Kristall zu verwenden, der bequem in der geschlossenen Faust Platz findet. Wenn möglich, laßt ihn von einem Juwelier in eine Quaderform schleifen, denn so ergibt er ein ideales Werkzeug für den Heilungsvorgang. Allerdings ist in den meisten Fällen ein normaler sechsseitiger Kristall ebenso geeignet.

Nehmt den Kristall so in die Hand, daß das spitz zulaufende Ende zu den Fingerspitzen zeigt ohne darüber hinauszuragen. Streckt dann den Arm aus und richtet ihn genau auf die erkrankte Stelle im Körper. Euer Arm dient zur Verlängerung und Vergrößerung der Energien, so daß sie - vervielfacht durch den Kristall - in das erkrankte Organ fließen können.

Ein stofflicher Eingriff in den Körper ist dadurch nicht notwendig, das Wort Operation ist nur eine Metapher. Es sind ausschließlich die Energien, die in den Körper eindringen und die Magnetfelder rings um die erkrankte Stelle in Ordnung bringen.

Bei dieser spezifischen Methode treffen die intensivierten Energien unmittelbar auf die erkrankte Körperstelle. Die Polarisation des Energiefelds wird normalerweise durch die Dreiecksformation bewirkt, bei der drei Kristalle zu einem entsprechenden Muster angeordnet werden. Die hier beschriebene Methode verwendet man in Fällen sehr weit fortgeschrittener Krankheit und bei weitgehend zerstörtem Gewebe, mit anderen Worten, wenn wir in der Kunst des Wiederaufbaus gefordert sind.

Wenn ihr in eure Geschichte zurückblickt, trefft ihr auf einen Mann namens Jesus, der diese Form des Heilens (Wiederherstellung von Gewebe) beherrschte und seitdem gab es nur sehr wenig Meister dieser Kunst. Nun aber ist es Zeit, daß viele sich diese Heilmethode aneignen. Doch seid gewarnt, es bürdet euch eine sehr schwere Verantwortung auf und es bedarf eines tiefen Nachdenkens über eure Rolle dabei, bevor ihr damit beginnt. Ihr müßt genau wissen, ob ihr euch mit diesem Bereich befassen und ob ihr diesen Dienst auf euch nehmen wollt. Wie immer ihr euch entscheidet, ihr habt den Segen. Es ist ein Dienst, der heftige Wirkungen hervorrufen wird, der die Spiritualität vieler eurer Geschwister erwecken und ein Licht in ihnen entzünden wird.

Wir möchten nicht, daß ihr jetzt sofort den Versuch unternehmt, diese Heilmethode zu erlernen. Ihr müßt zuvor sicher sein, daß euer Energiesystem diese Schwingungsfrequenzen ertragen kann. Ihr dürft nicht schwindlig oder verwirrt werden durch die Überlastung mit Energie. Es wird Übung, Anstrengung und harte Arbeit bedeuten, aber letzten Endes werden die Ergebnisse eure Bemühungen mehr als belohnen.

Es kann vorkommen, daß ihr in manchen Fällen zwei Kristalle für diese Methode braucht, einen in jeder Hand, beispielsweise bei einem Kurzschluß der Schwingungen im Kopf, Epilepsie oder anderen Formen des Kontrollverlustes, chronischer Migräne oder Gleichgewichtsstörungen. Auch Probleme im Genitalbereich können durch Beeinflussung beider Seiten der Hüfte behoben werden.

Es ist nicht gesagt, daß bei Behandlung der gerade genannten Leiden nicht auch die Verwendung nur eines einzigen Kristalls ausreichen würde, aber der Einsatz von zwei Kristallen verstärkt die Wirkung, und die Behandlung beansprucht weniger Zeit.

FRAGEN UND ANTWORTEN

Wir nehmen uns nun die Zeit, eventuelle Fragen zu beantworten.

Man sagt, daß Epilepsie durch einen Kurzschluß im Gehirn ausgelöst wird. Könnte der Kristall diese Tendenz zum Kurzschluß noch verstärken?

Eben gegen diesen Kurzschluß empfehlen wir den Einsatz von Kristallen, und zwar zwei, an jeder Seite einen. Sie können den richtigen Energiefluß im Gehirn wiederherstellen und den Kurzschluß beheben.

Woher wissen wir, ob wir auch die richtige Dosis dieser doch sehr kraftvollen Magnetenergien durch den Kristall in den Körper leiten?

Die Behandlung sollte nicht länger als zwei oder drei Minuten dauern. Da jeder Patient individuell anders reagiert, ist es sehr schwierig, ein allgemeingültiges Zeitmaß für die Behandlung festzuschreiben. Wir empfehlen euch, auf jedes Anzeichen von Unwohlsein oder Erregung des Patienten zu achten und bei deren Auftreten die Behandlung abzubrechen.

Scheinbar wirkt die Energie in dem Moment, in dem sie in den Körper eintritt. Sollen wir sie mit einem Ruck oder fließend in den Körper senden?

Fließend. Andernfalls könnte das System einen Schock erleiden. Nach Abschluß der Behandlung dürft ihr nicht vergessen, die Energie, die aus dem behandelten Körper in euren zurückgeflossen ist, wieder abzugeben, um eure eigenen Energien wieder in den Normalzustand zu bringen.

Könntest du etwas näher auf die Behandlung von Migräne eingehen?

Migräne wird ausgelöst durch ein Ungleichgewicht der Energieflüsse an beiden Seiten des Körpers. Normalerweise kann sie mit den Verfahren zur Wiederherstellung des Gleichgewichts behandelt werden, die ihr bereits kennt.

In äußerst schweren Fällen aber ist der Gebrauch von Kristallen notwendig, um die gewünschte Wirkung zu erzielen. Plaziert die Kristalle in die Mulden zwischen den Schlüsselbeinen und dem Hals und laßt die Energie zwischen diesen Polen fließen.

Soweit ich weiß, kann man eine Person auch durch die Kraft seiner Augen heilen. Kannst du uns darüber etwas erzählen?

Der Einsatz eurer visuellen Energie zum Erstellen einer Diagnose ist eines der kraftvollsten und effektivsten Hilfsmittel, die der Menschheit zur Verfügung stehen. Die Erforschung des Auges, seiner Netzhaut und Pupillen befindet sich erst im Anfangsstadium und erst langsam gewinnt man Einblick in seine Komplexität.

Man kann ätherisch Kristalle hinter jedes Auge einpflanzen, die euch in die Lage versetzen, durch Gedankenkraft konzentrierte Magnetschwingungen aus euren Augen heraus auf eine Person zu richten.
Ihr heilt sozusagen, in dem ihr euch einfach nur hinsetzt und die hilfesuchende Person anstarrt. Dadurch fließt Energie in ihren Körper und löst im Gehirn die entsprechenden Reaktionen aus. Die Kontaktaufnahme durch einen Energiefluß von den Augen eines Menschen zu denen eines anderen erlaubt die kleinstmöglichen Schwingungsveränderungen und ist deshalb eine der präzisesten Heilungsmethoden.
Wenn ihr jemanden in die Augen seht und auf Kälte stoßt, seid vorsichtig. Wenn ihr aber beim Blick in die Augen bis ins Herz sehen könnt, so wißt, daß euch hier ein Bruder oder eine Schwester gegenübersteht; dann nehmt Kontakt auf. Die Augen sind die Fenster der Seele.

WEITERE MÖGLICHKEITEN DER "OPERATIONS-KRISTALLE"

Man verwendete die Kristalle außerdem zur Herstellung großer Kraftfelder, mit deren Hilfe stoffliche Körper dematerialisiert und an einem anderen Ort wieder zu Materie zusammengesetzt wurden. Im "Tempel der Delphine" wurden diese Kristalle in Schaukeln unter der Decke aufgehängt. Wer sich an einen anderen Ort bringen lassen wollte, stellte sich in ihren Brennpunkt und die Energien bewirkten die richtige Verteilung und Neuzusammensetzung der Moleküle.

Mit den Kristallen konnte man heilen und ebenfalls auch zerstören. Man benutzte sie zur Umwandlung bestimmter infektiöser Pflanzen in reine Energie, um die Ansteckungsgefahr zu bannen. Und manchmal half man auf diese Weise einer Seele, deren physische Lebenszeit abgelaufen war, den Übergang zu bewerkstelligen.

Zu eurem Verständnis: schon immer gab und gibt es zwei Gegensätze bei der Loslösung. Obwohl eine Seele auf der spirituellen Ebene den Willen hat, ihre physische Inkarnation zu verlassen, möchte sie dies vielleicht auf der bewußten Gefühlsebene verhindern. Oft geschieht dieser Konflikt ohne Wissen des Individuums im Unbewußten.

Diese Methode, Materie zu verändern, wird bis zum heutigen Tag angewandt. Man bediente sich ihrer bei der Konstruktion der alten Pyramiden, wo man die Energieflüsse umdrehte, so daß die Kristalle die Energien von Gegenständen an sich heranzogen und dadurch die Gegenstände in Bewegung setzten. Wenn sich der Gegenstand an der gewünschten Stelle befand, schnitt man den Energiefluß ab und das Ding blieb an seinem Platz. Es ist vergleichbar der Telekinese, bei der man einen Gegenstand bewegt, indem man die Hand danach ausstreckt und seine Energie ohne ihn zu berühren anzieht. Wenn das Energiefeld stark genug ist, bewegt das Ding sich und wird magnetisch angezogen. Das Prinzip ist dasselbe.

***

Hier spricht Adamis

Laßt uns ein Gebiet der atlantischen Philosophie besprechen, das euer jetziges Leben tangiert.

ERINNERUNGEN AN INKARNATIONEN AUF ATLANTIS

Irgendwann im Lauf eurer Entwicklung habt ihr erkannt oder werdet noch erkennen, daß eure Seele in verschiedenen Inkarnationen auf Atlantis verkörpert war. Es liegt uns daran, euch klarzumachen, daß dieses Wissen nicht der Förderung eures Egos dient. Es kommt zu euch dann, wenn ihr in der Lage seid, es für euren Dienst hier richtig anzuwenden. Dies ist seine einzige Aufgabe.

Diese Erinnerung kann erst zurückkommen, wenn ihr eure Schwingungen soweit erhöht habt, daß ihr euch bewußt auf diese Energieintensität einstellen könnt. Die Schwingungen fliegen euch nicht zu, ihr müßt euch auf ihr Niveau hinauf begeben, damit sie euch bewußt werden. Falls dieser Fall eintritt, sagt dann bitte nicht: "Um Gottes Willen, das bin ich nicht wert; ich bin noch nicht bereit dafür!" Verwehrt solchen Gedanken den Zutritt, denn wißt, ein solches Geschehnis zeigt an, daß ihr reif seid, diese Information und Energie zu erfahren, mit ihnen umzugehen und sie zu verbreiten. Ohne eure Wahrnehmung könnte dies nicht stattfinden. Auf diesem Gebiet gibt es keine Zufälle; alles ist vorherbestimmt. Es werden euch auch keine Geschenke gemacht, denn alles ist der Seele eigenes Wissen, das euch lediglich bewußt wird.

Die jetzt vorherrschenden Schwingungen ermöglichen ein Zusammenkommen von Atlantern in eurer heutigen Welt; sie treffen sich und erkennen sich wieder, wie es auch sein sollte. Sie, die damals auf Atlantis zusammenarbeiteten, vereinen auch jetzt wieder ihre Kraft, um der Menschheit das große Wissen über die Methoden der Verlängerung von Gesundheit und Leben zu bringen. So war es geplant. Langsam aber sicher werden sie sich aller ihrer Inkarnationen auf Atlantis und den damit verbundenen Details bewußt, und die Teile des Puzzles setzen sich zusammen. Mit der Veränderung eurer Schwingungen und der Vollendung des Kristallisationsprozesses, werdet ihr mehr und mehr Personen anziehen, deren Energieschwingungen mit euren mehr in Einklang stehen. Sie werden euch und die Qualität eurer Schwingungen erkennen, so wie ihr die ihren, dann wird die Arbeit wirklich beginnen.

Atlantis ist zurückgekehrt, nicht im physischen Sinne, wie so viele Hellseher vorausgesagt haben, sondern in Form von Seelen, Wissen und Verstehen. Das ist das wirklich Wichtige. Was kümmert uns ein Stück Land? Es hat nichts Besonderes. Das Wissen und die Schwingungen sind wichtig, und sie sind bereits hier. Sie sind wieder erstanden und werden auch weiterhin im selben Maß Bedeutung gewinnen, in dem die Menschheit sich weiterentwickelt und wächst. Energien sind die einzig ewig existierenden Ausdrucksformen, alles andere ist beständig im Fluß und in Veränderung.

Seid euch klar darüber, daß Atlantis in euch ist. Tröstet euch mit diesem Wiedererkennen und freut euch darüber, daß ihr all das Wissen, alle Freude und alles Leid dieser Vergangenheit wiedererlebt.

Wir segnen euch.

KAPITEL 6

Hier spricht "Strength". Ich möchte mit euch über den Dematerialisationsprozeß sprechen, durch den die Ältesten von Atlantis fähig waren, sich von der Stadt in Raumschiffen oder sich aufgrund von notwendig gewordenen Experimenten auf die Erdoberfläche zu versetzen. Vielleicht werdet ihr noch zu euren Lebzeiten dieses Wissen und die Fähigkeit zu einem solchen Prozeß erhalten. Wir wollen ihn in Einzelheiten beschreiben, damit ihr ihn studieren und praktizieren könnt.

Die Dematerialisation

Der Dematerialisationsprozeß beinhaltet das vollkommene Bewußtsein über den energetischen Kristallisationsprozeß. Die ätherischen Energiekörper des Menschen haben Zentren, sogenannte Chakren, die kristallisiert sind und im ätherischen Körper ein magnetisches Schwingungsmuster bilden. Wenn jemand genügend Kontrolle erlangt hat, ist er fähig, die kristallisierten ätherischen Körper mit den Energiekörpern der physischen Struktur zu verbinden. Auf diese Art ist das gesamte Sein einer Person in den Kristallisationsprozeß mit einbezogen.

Wenn sich dies durch Gedankenmuster vollzogen hat, kann die Molekularstruktur in reine Energieform umgewandelt werden, durch Gedankenkraft an einen gewünschten Ort transportiert werden und dort wieder zusammengesetzt werden. Dieser Prozeß mag sehr kompliziert erscheinen, aber diejenigen, die bereits einen Kristallisationsprozeß ihrer Energiesysteme begonnen haben, sind fähig, die magnetischen von spiritueller Liebesenergie und anderen Schwingungen zu unterscheiden.

Dieser Dematerialisationsprozeß findet auch noch anderweitige Anwendung.

Man kann damit Energie in Materie umwandeln und sogenannte "Apporte" herstellen. Ihr konzentriert euch in Gedanken auf die Form und die Gestalt, in der sich die Energie physisch manifestieren soll. Zieht ihr dabei Energie aus der Magnetstruktur von Energiezellen, seid ihr durch Gedankenkontrolle fähig, eine Manifestation hervorzurufen. Es hört sich viel einfacher an, als es ist. In allen Prozessen, wie diesem, gibt es immer einen Katalysator.

Ohne den Katalysator kann diese Umwandlung nicht stattfinden. Dieser Katalysator ist totales Vertrauen und Kontrolle, was für einen Menschen mit Emotionen und Ego sehr schwer zu erreichen ist. Die geistige Welt weiß dies. So verpflichtet sie euch, hart daran zu arbeiten und diesen Prozeß zu üben, denn nur so und mit Erfolgserlebnissen auf dem Weg kann man absoluten Glauben erreichen.

FRAGEN UND ANTWORTEN

Könntest du genauer erklären, wie die Chakren in Beziehung zu diesem Prozeß stehen?

Der ätherische Energiekörper ist dem physischen Körper in Größe und Form ähnlich. Es gibt im ätherischen Körper Energiezentren, die mit dem Körperchakrensystem korrespondieren. Durch Gedankenkontrolle könnt ihr "Kristalle" aktivieren, die ein gleichförmiges Magnetfeld im gesamten System herstellen. Ist dies geschehen, könnt ihr euch selbst energetisch aufladen und die beiden Energiekörper ineinander fließen lassen - den, der euer Leben erhält in denjenigen, der auf ätherischer Ebene magnetisch aufgeladen wurde. Dieses Verschmelzen der Körper hat Auswirkungen auf die molekulare Struktur eures physischen Körpers und erlaubt einen Dematerialisationsprozeß.

Könntest du genauere Auskunft über die Praktik dieses Prozesses geben?

Wenn ihr in einem entspannten Meditationszustand seid, konzentriert euch darauf, den Fluß der Energie zu spüren, wie er sich durch euer Chakrasystem in euren Körper zentriert. Benutzt ein Chakra nach dem anderen und bringt es nach jeder Übung wieder in seine ursprüngliche Form. Dies ist von größter Bedeutung, denn ihr solltet kein Chakra weiter offen halten als es normalerweise ist, da dies Energieblockaden bewirken könnte. Wenn ihr Kontrolle über das Öffnen, Ausdehnen und Schließen eurer Chakren gewinnt, werdet ihr Vertrauen in eure Fähigkeit, diesen Prozeß vollziehen zu können, gewinnen. Habt ihr dies erreicht, genügt nur ein Gedanke, um sie zu öffnen und sie in einem Energiefluß zu verbinden.

Spielen Emotionen eine Rolle im Kristallisationsprozeß?

Ja. Wenn ihr es mit Emotionen zu tun habt, handelt es sich um Energiewellen mit Höhen und Tiefen, die eine Energieschwankung der Frequenz auslöst. Diese steht im Gegensatz zu den gleichmäßigen, sägezahnartigen, magnetischen Energien. Die beiden sind nicht miteinander vereinbar. Das ist der Grund dafür, daß die meisten auf eurem Planeten ihr spirituelles Wachstum erst Mitte 30 beginnen. Bis dahin sind die meisten noch tief in ihre Emotionen verwickelt. Für jemanden, der auf dem spirituellen Weg ist, kann eine emotionsgeladene Situation einen temporären spirituellen Rückschritt bedeuten.

Wie lange sollten wir Chakren geöffnet halten, wenn wir sie öffnen?

Wenn die Chakren offen sind, versucht sie in eine Reihe auf der zentralen Mittellinie eures Körpers zu bringen. Dies sind keine körperlichen Öffnungen, sie sind spirituell und mit eurem Einswerden bewegen sich die Chakren auf die Mitte zu.

Bei einem ausgeglichenen Menschen liegen alle Chakren vom Kopf bis zum Ende der Wirbelsäule auf einer geraden Linie. Wenn die Ausrichtung der körperlichen Zentren stattgefunden hat, ist der Körper im Einklang mit den Energiezentren der ätherischen Körper. Ihr solltet die Chakren nicht länger als 5-10 Minuten offen lassen. Mit der Zeit könnt ihr es länger versuchen.

Konzentriert euch während eurer Meditation auf ein Set von ätherischen Kristallen, die etwa fünfundvierzig cm über eurem liegenden Körper schweben. Visualisiert sie dort, wo die Körperchakren liegen und spürt, wie ihre Energie auf den Körper abstrahlt. Auf diese Weise werdet ihr euch der Anwesenheit dieser ätherischen Kristalle bewußt. Sie werden eure körperlichen Chakren energetisieren und euch bei dem Kristallisierungsprozeß eurer eigenen Energie helfen.

Zu eurem Wachstumsprozeß stehen euch verschiedene Werkzeuge zur Verfügung, die nicht materiell sind und nichts mit eurem Körper zu tun haben, sondern ätherischer Natur sind. Jede

Energie muß zunächst im Ätherischen vorhanden sein, bevor sie sich im Physischen manifestieren kann.

DER TEMPEL VON ORALIN

Es ist jetzt an der Zeit, über ein Bauwerk zu sprechen, das in Atlantis unter dem Namen "Tempel von Oralin" existierte und noch nicht erwähnt wurde. Es hatte eine ungewöhnliche Funktion und nur sehr wenig wurde in der Öffentlichkeit darüber bekannt. Der normalen Bevölkerung wurde der Eintritt zu diesem Gebäude oder das Zunahekommen verwehrt. Es hatte keine Türen oder Fenster, war rund, hatte einen Durchmesser von 17 m und eine Höhe von 53,50 m, in der 12 Stockwerke mit hohen Decken untergebracht waren. Im Erdgeschoß befanden sich drei große Kristalle, die etwa 24 m hoch und etwa 70 cm im Durchmesser waren. Sie waren so gegeneinander geneigt, daß sie eine dreiseitige Pyramide formten. Da an ihre Größe und Form besondere Anforderungen gestellt wurden, manifestierte man sie ätherisch: sie mußten vier anstelle von sonst üblich sechs Seiten aufweisen und die Bodenfläche war so beschaffen, daß sie sicher auf der Erde stehen konnten. Auch ihre Spitzen waren vierseitig und lehnten so aneinander, daß sie fast eine einheitliche Spitze bildeten, aus der ein Kupferdraht bis in das oberste Stockwerk zu einer Computerdatenbank reichte, die mit weit fortschrittlicheren Geräten ausgestattet war, als sie je auf der Erde gebaut wurden. Diese Computer analysierten die Energiemuster und errechneten diejenige Energiefrequenz, die denjenigen eingepflanzt werden sollte, die zur Heilung oder für einen bestimmten Dienst vorgesehen waren und daher zu diesem Tempel kamen.

Jedes Stockwerk enthielt Laboratorien, die mit Geräten ausgerüstet waren, mit denen man die Energiefrequenz von Körperorganen, auch erzieherischen und spirituellen Dingen testen konnte. In jedem Stockwerk gab es Kupferdrähte mit kleineren Durchmessern, die von dem Hauptkupferdraht Energie ableiteten. Die dreiseitige Pyramide war die Energieversorgung für den gesamten Tempel.

Die Ältesten, die in diesem Tempel dienten, waren mathematische und wissenschaftliche Energiespezialisten und damit die Programmierer für Atlantis. Sie stellten alle gesammelten und analysierten Daten über den Planeten nach seiner großen Erdverschiebung zusammen.

Durch diese Datenbank wurden Energiemuster und Ebenen bestimmt, in denen zukünftige Inkarnationen auf der Erde stattfinden sollten. Sie erstellten die Konstruktionspläne für tausende von Jahren im voraus z.B. für die Pyramiden und Kristallstrukturen, die auf der Erde entstehen sollten und sie in ein magnetisches Energiemuster einbettet. Sie sollten der Menschheit als Leuchttürme für die Schiffe, um sie mit Energie aufzuladen, zum Heilen und zu anderen Zwecken dienlich sein.

Es war kein Zufall, daß die alten Ägypter Pyramiden errichteten, denn sie waren von den Ältesten in Atlantis konstruiert worden nach den Anweisungen und vorgegebenen Orten der Spezialisten aus dem Tempel von Oralin.

ERINNERUNGEN AN DEN TEMPEL VON ORALIN

Schließt eure Augen und entspannt euch. Während ich spreche, laßt ihr meine Worte und Schwingungen in eure Energiemuster eindringen. Versucht das Innere des Tempels wiederzuerleben. Einige von euch hatten mit diesem Gebäude während ihrer Inkarnation in Atlantis zu tun.

Man betrat diesen Tempel durch eine versiegelte Tür. Um Unbefugte fern zu halten, wurde sie durch einen elektronischen Strahl von innen gesteuert. Aus Reinheitsgründen war die Atmosphäre hermetisch versiegelt. Das Gebäude war absolut staubfrei und ohne Verschmutzung, was eine Voraussetzung für das Funktionieren der empfindlichen Geräte war. Die Energie, die von den Kristallen hervorgebracht wurde, hielt die Temperatur konstant. Durch einem Vacuumschacht konnte man von einem Stockwerk zum anderen gelangen.

DIE ROLLE DES TEMPELS WÄHREND DER ZERSTÖRUNG

Es ist ironisch genug, daß die Zerstörung von Atlantis gerade von diesem Gebäude ausging. Die Wissenschaftler begannen heimlich unlautere Experimente zu machen, die das Ziel hatten, Macht und Kontrolle zu erlangen, so wie es auch heute noch geschieht. Sie versuchten, unvereinbare Energiemuster miteinander zu verbinden, um eine neue Schwingungsfrequenz herzustellen, die von ihnen kontrolliert werden konnte und Individuen ihrer Gesellschaft eingepflanzt werden sollte. Das Resultat waren körperlich und geistig abartige Wesen, die dann unter dem Begriff "Monster" oder "Dämon" in die Mythologie eingingen. Aber das Gute überwog das Böse, und somit hatte der Tempel eine dauerhafte und wertvolle Aufgabe.

FRAGEN UND ANTWORTEN

Wurde der Tempel auch für Weltraumkommunikation verwendet?

Selbstverständlich. Die Kommunikation wurde direkt in die Computerdatenbanken geleitet, um dort von der tonalen Form in Sprachschwingungen übersetzt zu werden. In umgekehrter Reihenfolge wurde auch von dort aus zu den Schiffen gefunkt.

Wurden auch Wesen von den Schiffen durch den Tempel nach Atlantis transportiert?

Ja. Der Transportraum befand sich im siebten Stock und ähnelt dem, was ihr in euren Science Fiction Filmen sehen könnt.

Befand sich auf der Spitze des Tempels ein Kristall?

Der Kristall an der Spitze war rubinrot. Er bezog sich auf die Erdenergien und hatte die Fähigkeit, durch die Erde und das Wasser die Strahlen der Sonne zu absorbieren. So konnte Sonnenenergie brauchbar gemacht werden.

Gab es an dem Tempel ein Zeichen, daß dem Davidsstern ähnelte?

Es gab eine Inschrift am Tempel mit einer sechsspitzigen Form, die dem Davidsstern ähnlich sah, aber viel komplexer angelegt war. In den Seitenlinien der Dreiecke waren Zeichen eingraviert, die starke Energiemuster hervorriefen.

Sahen einige dieser abartigen Wesen wie "Vogelmenschen" aus, wie Vögel mit Menschenkörpern?

Viele dieser Abarten hatten ungewöhnliche Formen. Einige Historiker behaupten, das die Ältesten von Atlantis - als Experiment - sexuelle Verbindungen mit bestimmten Tieren eingingen, was zu abartigen Nachkommen führte. Die abartigsten Dinge jedoch entsprangen dem Gebiet der Wissenschaft. Zum Schluß wurden jene Wesen spirituell zerstört, bevor sie das Gleichgewicht der Ausdrucksebenen und den Evolutionsprozeß auf der Erde stören konnten.

Es gibt viele atlantische Seelen, die jetzt an dieses Karma gebunden hier auf der Erde sind, um die damaligen Schwingungen aufzuarbeiten.

Von den Hieroglyphen her zu schließen scheint es so, als ob die Ältesten, die nach der Zerstörung von Atlantis nach Ägypten kamen, jene Experimente dort fortführten. Stimmt das?

Nein. Die Sprache der Hieroglyphen ist symbolisch aufzufassen. Man muß sich in Erinnerung rufen, daß die inkarnierten Seelen, die sich in Ägypten niederließen, ehemals aus Atlantis stammten und sich daher an jene Kreaturen erinnerten. Als sie die Sprache entwickelten, verwendeten sie die Gestalten der früheren Zeiten und die ehemaligen Mutanten. Vieles an der Sprache sollte verwirren, da die Symbole viele Geheimnisse enthalten, die bewahrt werden müssen, bis die richtige Zeit zu ihrer Preisgabe gekommen ist. Dann wird die wahre Bedeutung der Menschheit zu teil, so daß sich die vergangenen Geheimnisse erschließen lassen.

Wir möchten uns jetzt von euch verabschieden. Seid gesegnet.

***

Hier spricht Adamis.

Ich möchte nun einen Vorgang besprechen, bei dem es sich darum handelt, daß viele auf Atlantis inkarnierte Seelen von dem Hauptaspekt ihrer

Seele, der aber im geistigen Bereich geblieben ist, Informationen erhielten und geführt wurden.

DER ZENTRALKERN DER SEELE

Wenn eine Seele schwingungsmäßig einen recht hohen Entwicklungsstand erreicht hat und eine physische Inkarnation annehmen will, verbleibt oft der zentrale Kern der Seele in geistiger Form. Es ist nur eine Projektion der Energie des im Geistigen verbliebenen Teils, die dann als Seele die physische Inkarnation belebt. Durch Anleitung aus dem Geistigen wird der Dienst, für den diese Inkarnation vorgesehen war, meistens durchgeführt. Durch einen direkten Kanal werden der Stimulus für diese Schwingungen und die Informationen von dem Zentralkern der Seele an die bewußte Seele weitergeleitet. Der Kern steuert dann die direkten Bestrebungen desjenigen Menschen.

Diese Art der Inkarnation kam sowohl in früheren als auch in heutigen Zeiten vor. Zum Beispiel ist dies der Fall bei der Person, die gerade zu euch spricht, denn unser Kern ist im Geistigen und darf sich nicht ganz im körperlichen manifestieren. Dies war in Atlantis auf der Erde und unter dem Meer und auf dem Planeten Atlantis weit verbreitet. Wenn es für jemanden Zeit wurde für den Übergang - nachdem eine Dienstperiode abgeschlossen war - war es sehr einfach, den Aspekt der Seele vom Körper zu lösen und ihn wieder in die geistige Kernzelle der Seele zu integrieren. So war das Überwechseln vom körperlichen in den geistigen Bereich ein einfaches.

Viele haben dieses Muster. Wenn jemand euch fragt, ob ihr ihn in der Nacht "besucht" hättet, so ist es eure Kernzelle, die dies vollbracht hat, aber nicht eure bewußte Seele. Dies ist möglich mit denjenigen, die mit eurem Schwingungsfeld zu tun haben, denn alle sind miteinander verbunden. So sind eure Kernzellen und eure Existenz fähig, in größerem Ausmaß der Menschheit dienen zu können - vor allen Dingen in einer größeren Vielfalt, als euer Individuum alleine es könnte. Es ist wunderbar, wie Gott doch an alles denkt.

DAS HERAUSFINDEN EURES BEZUGES ZU EURER SEELE

Was bedeutet das für euch heute? Es bedeutet, daß ihr eine Quelle an Vorrat habt und eine Verbindung, die ihr euch vielleicht nicht hart zu erarbeiten braucht. Es sollte für euch von größtem Interesse sein, in euren Meditationen herauszufinden, ob ihr eine Verbindung zu eurem Seelenzentralkern habt oder ob sich eure Seele in ihrer Gesamtheit hier inkarniert hat. In jedem Falle gibt es für einen jeden ein größere familiäre und arbeitmäßige Verbindung, als es bei den meisten anderen Schwingungen im All der Fall ist.

Ihr solltet diese Verbindung suchen und für euch herstellen. Dann kommt euch das Wissen, das ihr braucht, mit Leichtigkeit und Frieden zu. Ein Zusammenkommen, eine Einheit wird entstehen und ihr werdet niemals mehr alleine sein. Ihr werdet euch immer dieses höheren Aspekts eures geistigen Selbstes bewußt sein. Ihr werdet in eurem Selbstverständnis an einen Punkt kommen, wo ihr vollkommen versteht, daß ihr wirklich ein Kind des Universums seid und nicht durch irdische und planetarische Schwingungen und karmische Muster gebunden seid.

ENERGIEMUSTER AUSSERHALB DES KÖRPERLICHEN BEREICHS

In der Nacht, während sich der Mensch ausruht, verlassen zwei seiner Energiekörper den physischen Körper und schweben etwa sechszehn Zentimeter über ihm, um sich an der Atmosphäre wieder "aufzuladen". Manchmal resultiert daraus, was als Astralreise oder Projektion bezeichnet wird. Das ist auch der Grund, warum Energiemuster in euren Traum einfließen, an die ihr euch hinterher erinnern könnt. Wir erwähnen diesen Zustand, denn es wäre wünschenswert, wenn ihr ihn in euren Meditationen bewußt herbeiführen könntet. Wenn ihr dies beherrscht, dann könnt ihr diese Energiefelder mit eurem kristallinen Selbst vereinen. Dies beschleunigt die Kristallisierung eures eigenen Energiesystems.

Es wird Zeit für die Menschheit zu erkennen, daß es außerhalb des körperlichen Bereiches Energiemuster gibt, derer sie sich bedienen sollte, denn sie können große Dienste leisten. Ihr könnt Energieschwingungen erzeugen und sie dann geistig auf bestimmte geometrische Muster übertragen, so wie die Muster, die ihr mit Kristallen an euch selbst anwendet. Dabei wird die Heilungsenergie aus dem Äther gezogen. Diese ätherischen Muster haben oft eine größere Auswirkung als die Energiemuster der physischen Kristalle. Sie bleiben bestehen, solange ihr euch ihrer Anwesenheit bewußt seid und bilden eine zusätzliche Schutzmöglichkeit vor Negativität.

WIE IHR EURE SCHWINGUNGEN UND WAHRHEIT SCHÜTZEN KÖNNT

Dies hilft euch auch, eure Schwingungen, eure Gedanken und eure Identität vor jenen zu schützen, die diese Dinge nicht wissen sollen. Ihr habt mich oft sagen gehört, daß man auf Gottes Weg alleine geht, aber dennoch nicht einsam zu sein braucht. Aber wenn man sich auf universelle Muster bezieht, dann hat man auch eine eigene "Wahrheit", auf die sich kein anderer beziehen kann, denn sie bezieht sich nur auf einen selbst. So habt ihr diesen Schutzschild, damit andere eure Energiemuster nicht erkennen, es sei denn, es wird von euch gewünscht. Sie sind für andere gänzlich unzugänglich.

Dies hat nichts mit dem Offensein und dem Ausdruck der Liebe anderen gegenüber zu tun. Es ist ein Teil eures Schutzsystems, das für euch notwendig ist, um die Stabilität und die Wahrheit eurer Schwingungen in Beziehung zu euch selbst aufrecht erhalten zu können. Ihr könnt dies gerne auch Verteidigungsmechanismus nennen, aber es ist in eurem eigenen besten Interesse.

Die Kinder des Lichts sind hier auf dem Planeten Erde, um die Menschheit zu erwecken. Damit sie dies vollbringen können, müssen sie überleben. Der VATER sagt: "Der, der einen seiner Gesandten versucht zu zerstören, der zerstört sich selbst." Und so sei es. Wenn eines der Kinder des Lichts einem anderen erlaubt, seine Wahrheit und seine Schwingungen zu verändern, dann erlaubt er ihm, ihn zu zerstören. Dies klingt sehr hart, und es ist auch so, aber die Ebene der Wahrheit, auf die ihr euch bezieht, hat die Klarheit und Reinheit eurer Schwingungen zum Resultat. Seid ihr ein Kind des Universums und laßt euch durch die Wahrheit eures Planeten beschränken, so werdet ihr Frustration erleben.

Bewahrt meine Worte gut, denn die Zeit ist eine "empfindliche". Die Veränderungen der Aufgaben kommen schneller und ihr müßt euch dafür offen halten. Ihr seid hier, den Dienst Gottes zu erfüllen, egal in welcher Form er auf euch zukommt. Es wird nicht schwierig für euch werden, wenn ihr in eurer Wahrheit seid.

Kümmert euch nicht um diejenigen, die eure Wahrheit nicht als eure Wahrheit begreifen. Es ist eine Situation, die sie sich selbst geschaffen haben und sie kann euch gleichgültig sein, denn sie sind es, die sich damit beschäftigen müssen und nicht ihr. Was könnt ihr mehr geben, als eure Wahrheit?

DIE KOMMENDEN VERÄNDERUNGEN

Auf dem Gebiet des Heilens wird die Menschheit einen drastischen Wachstumsprozeß vollziehen, denn die Wahrheit über das Heilen kann nicht länger verleugnet werden. Die Funktion der Energiemuster und der polarisierten magnetischen Felder können nicht länger ignoriert werden, denn ihre Ergebnisse existieren bereits. Die medizinische Wissenschaft beginnt langsam, diese Wirklichkeit zu akzeptieren. Es wird den Krankheiten, die durch niedrigere Schwingungsbereiche entstehen und sowohl das Seelenwachstum, wie auch die Evolution verhindern, ein Ende setzen.

Es stimmt zwar, daß sich die Menschheit mit neuartigen Krankheiten auseinandersetzen muß, aber diese werden nicht so schwerwiegend sein, denn ihre Ursachen liegen im Emotionalen. Seit der Anhebung der Erdschwingungen steigert sich auch die körperliche Gesundheit, um mit dem Planeten in Einklang bleiben zu können. Mit dieser Schwingungsanhebung wird die Immunität gegen Krankheiten niedrigerer Ebenen größer. So einfach ist das und ist bereits seit zwanzig oder dreißig Jahren im Gange.

Mit diesem Wachstum gehen Veränderungen in der Philosophie einher. Der Planet wird bevölkert sein von Seelen, die sich ihres universellen Ursprungs bewußt sind. Die sozialen und moralischen Sitten des Planeten werden sich drastisch verändern, womit ich nicht auf eine sich entwickelnde dekadente Gesellschaft hinweisen möchte, sondern auf eine erleuchtete.

Die Begrenzungen, die die Wahrheit nur verzögern und die die Menschheit sich selbst auferlegt, werden nicht mehr aufrechterhalten. Das Anerkennen des Spirituellen wird willkommen geheißen anstatt versteckt, und die Welt wird in Liebe und Freude jubeln.

Ihr lebt in aufregenden Zeiten, denn ihr erlebt das Erwachen eines neuen Zeitalters und mit ihm die kommende Freiheit für alle Seelen. Es wird für manche nicht ohne Ängste und Zerrüttungen abgehen. Sich Neuem anpassen zu müssen, ist für die Unsicheren noch nie einfach gewesen. Es muß jedoch geschehen. Sie werden wachsen, lernen und es aufnehmen.

EIN EXPERIMENT

Macht ein Experiment: nehmt einen Kristall und setzt ihn einer Farbe eurer Wahl für zwei Stunden täglich eine Woche lang aus. Vergleicht hinterher den Kristall mit den anderen. Fühlt das unterschiedliche Energiemuster, die Qualität und Intensität der Schwingungen. Dies ist der erste Schritt, euren Kristall durch Einpflanzung des benötigten Energiemusters zu "erziehen".

Solltet ihr in Zukunft einmal krank werden, dann setzt den Kristall einer Farbe, die der Heilungsschwingung entspricht, aus und plaziert ihn über die betroffene Stelle. Dies beschleunigt die Heilung. Vergeßt nicht, daß die Kristalle diejenigen Energiemuster speichern, die ihr ihnen eingebt.

Wir kommen mit diesem Abschnitt zum Ende. Seid gesegnet für eure Aufmerksamkeit. Gott segne euch.

KAPITEL 7

Hier spricht Adamis. Seid gesegnet. Wir möchten über das Aufsteigen von Atlantis sprechen.

DAS AUFSTEIGEN VON ATLANTIS

Immer wieder behaupten Hellseher, daß der verlorengegangene Kontinent von Atlantis sich nochmals über die Meeresoberfläche erheben wird. Darüber müssen wir jetzt sprechen, damit ihr Klarheit darüber habt, ob dies in der physischen Realität zu erwarten ist. Laßt uns über die Auswirkung eines solchen Ereignisses sprechen, sollte es wirklich geschehen.

Der Kontinent von Atlantis reichte von der Ostküste der USA über den Ozean nach Großbritannien und im Süden bis Afrika. Würde sich diese Landmasse erheben, würden einige der Prophezeiungen wahr, denn es würden riesige Flutwellen entstehen, die größte Zerstörungen anrichten und viele Menschenleben kosten würden. Viele der Teile der jetzt existierenden Landmassen wären überflutet, denn das Wasser fände seinen eigenen Weg.

Wozu wäre das gut für die Menschheit? Es würde nur schlammiger Ozeanboden ohne Städte oder Maschinen zutage treten. So kann dies keinen positiven Beitrag für die Menschheit oder für die Kinder Gottes bedeuten.

Wie steht es nun mit dem spirituellen Aspekt eines solchen Geschehnisses? Hätte es nicht doch trotz seiner nackten Existenz den positiven Aspekt der Bestätigung für die Kinder des Lichtes, daß Atlantis und seine hochentwickelte Kultur, an welche sie immer geglaubt haben, wirklich existiert hat, während die Menschheit sogar die bloße Vermutung einer Existenz ablehnt. Wäre es nicht ein extra Ansporn für die Kinder des Lichtes, ihr Wachstum und ihr diesbezügliches Studium fortzuführen? Wäre dies den Verlust von Tausenden von Leben wert?

Letztendlich wird Atlantis aufsteigen und diese Zeit ist jetzt gekommen, denn es ist bereits im Aufsteigen begriffen und dies seit mindestens zwanzig Jahren. Es wird noch weitere Jahrzehnte anhalten.

Aber das Aufsteigen bezieht sich nicht auf die Landmassen, sondern auf eine Anhebung der Schwingungen, die dann auch wieder herabsteigen. Die Energie allen Wissens und aller positiven wie auch negativen Unternehmungen von Atlantis sind sowohl im ätherischen, wie auch in den Landmassen. Also ist Atlantis auferstanden.

Wäre dies nicht der Fall, würden wir hier jetzt nicht zusammensein und Informationen austauschen. Ihr wäret nicht in der Lage, die Information zu verstehen, zu akzeptieren und aufzunehmen - nicht nur unsere Informationen, sondern auch die, die aus anderen Quellen auf eurem Planeten von denjenigen kommen, die wertvolle Arbeit an Computern, in Frequenzbereichen, Tönen, Farben und Klängen liefern. Sie fördern die uralten Schwingungen der Einheit zutage, so daß die Menschheit sie auf der Erde verwenden kann.

Vielleicht wird die Menschheit eines Tages ihre Suche nach leeren Träumen aufgeben und ihre Energie auf das "Jetzt" richten, ohne zu träumen, daß die Zukunft schon da ist, wenn sie es noch gar nicht sein kann. Die Menschheit wird erkennen, daß alles, was die Zukunft hält, ihr jetzt schon zur Verfügung steht, wenn sie nur ihre Energien auf das "Jetzt" lenken würde, um sie zu manifestieren.

DER GARTEN EDEN

Die ersten Seiten der Genesis eurer Bibel sprechen von Landmassen, die als "Garten Eden" bezeichnet werden. Wir sprechen von einem Atlantis, daß sich die meisten Menschen in ihren Träumen als Garten Eden vorstellen und das Chaos, die Unordnung, die Unzufriedenheit, die damals auch herrschten, nicht sehen wollen. Doch im Ursprung war Atlantis dazu angelegt, der "Garten Eden" zu sein. Wenn wir davon ausgehen, so beginnen wir vielleicht zu verstehen, daß die Erde in ihrer Gesamtheit, der ganze Planet, der wirkliche Garten Eden ist.

Wie kann das Wirklichkeit werden? Es liegt in den Händen derer, die fähig sind, die alten atlantischen Schwingungen aufzunehmen und langsam all das Wissen und die Fähigkeiten, die damit einhergehen, zu nutzen, um das Los der Menschheit im spirituellen wie im physischen Bereich zu verbessern und eine Einheit unter den Kindern des Lichtes zu schaffen. Dies wird tatsächlich zustandekommen, denn die Erde trägt durch ihren Reifungsprozeß ihren Teil dazu bei.

Und nochmals wird Atlantis auf der Erde regieren - und warum auch nicht? Es existierte ja schon einmal in der Vergangenheit auf der Erde, und die Geschichte wiederholt sich ständig. Daher wird es auch in Zukunft wieder existieren, nur auf höheren Ebenen. Es wird Seelen von größerem Reifegrad beherbergen und weit größeres erreichen, als je zuvor.

Was muß getan werden, um die Oberfläche des Planeten Erde für den Garten Eden vorzubereiten? Wie kann das einhergehen mit den Verhältnissen, wie wir sie zur Zeit auf der Erde vorfinden? Manche Orte sind so verschmutzt, daß die Menschen von dort wegziehen müssen; die Flüsse sind tot und weisen keine Vegetation und Leben mehr auf; Atommüll beraubt die Erde.

DIE REINIGUNG DER ERDE

All dieses ist dem "Garten Eden" nicht zuträglich. Daher muß die Oberfläche des Planeten gereinigt werden - dies wird auch so geschehen. Manche Gebiete werden durch Wasser, manche durch Feuer gereinigt; aber dies geschah schon immer, so lange die Geschichte zurückreicht. Nur weil ein Hellseher dies vorausgesagt hat, muß es noch lange nicht das Ende eurer Welt bedeuten, sondern ist ein normaler Teil der Evolution. Es ist so, wie wenn man einer werdenden Mutter sagt, daß sie entweder einen Jungen oder ein Mädchen zur Welt bringt.

Die Hauptreinigung wird mit der Evolution kommen, eingeleitet von euren Brüdern und Schwestern im Erdinneren, die die Energievortexe unter Kontrolle haben und von anderen Zivilisationen, die nicht im Erdmittelpunkt, aber an bestimmten Stellen in höhlenartigen Öffnungen existieren. Die Erde und ihre Atmosphäre werden gereinigt von denjenigen, die sich dort inkarnierten und die nötigen Fähigkeiten und Schwingungen für diese Aufgabe mitbringen. Sie werden sich hingezogen fühlen zu geographischen Stätten, um Muster kosmischer Liebesschwingungen dort in die Atmosphäre zu setzen, von denen sie wie von der Sonne gebadet werden, um so die Erde und das Wasser wieder zu reinigen.

Als letztes werden die Menschenmassen gereinigt. Diejenigen, die nicht gereinigt werden, werden ihre Inkarnationen auf diesem Planeten verlieren und werden nie wieder hierher zurückkehren. Sie werden sich an Stellen, die mit ihren Schwingungen übereinstimmen, wieder inkarnierten.

DIE BEDEUTUNG DES NAMENS ATLANTIS

Was bedeutet das Wort Atlantis? Die ersten vier Buchstaben sind "A-T-L-A". Lesen wir dies, wie es in allen alten Sprachen sicherlich war, von rechts nach links, dann lautet es "ALTA", was auf Althebräisch soviel bedeutet, wie: "der Alte". Der "ALTA" sind die Energien eines der ältesten hochstehendsten Legionen des Alls und haben höchst ehrenwerte Schwingungen. Allgemein interpretiert ist das Wort "Atlantis" ein Synonym für den "Garten Eden". Es ist ein Symbol der Vollkommenheit der Menschheit, ein Symbol, das keinen Anfang und kein Ende hat, denn der "ALTA" beginnt mit den Anfangsschwingungen, mit der Stärke und Einheit des Michael, der die Kraftquelle Gottes ist.

WIE WIRD DAS NEUE ATLANTIS AUSSEHEN?

Was heißt das? Bedeutet das, daß das zukünftige Atlantis aus riesengroßen Glas- und Kristallstrukturen und hochkarätigen, computerisierten Geräten besteht? Wird es ein perfekt mechanisiertes Establishment sein? Oder bedeutet es Land mit saftigem Grün, überreich an Früchten, Nüssen und Beeren mit Gottes Tierreich, das ganz furchtlos ist, mit Gnomen, die glücklich Flöte spielen? Welches von beiden wird es sein?

Die Antwort ist ungewiß: vielleicht werden beide Situationen existieren, denn beides hatte in Atlantis seine Aufgabe. Beides ist notwendig: eines, um zu überleben, das andere, um zu wachsen; eines, um die Menschheit zu ernähren, das andere, um den Kindern Gottes in anderen Regionen zu dienen.

Wenn der Planet Erde seine rechtmäßige Stellung des "Alta" einnimmt, wird er zu einem Planeten, der neuen Planeten dient, nämlich solchen, die inkarnierte Seelen mit niedrigeren Frequenzen beherbergen, um diesen zu helfen und sie anzuleiten. Daher wird der wissenschaftliche Aspekt des Dienens notwendig. Mit der Zeit müssen diese neuen Planeten genährt werden, so wie es einst mit der Erde geschah, denn der Kreislauf wiederholt sich.

Wann dies stattfinden soll, kann ich nicht genau beantworten. Ich kann nicht einmal sagen, ob es zu euren Lebzeiten geschehen wird. Die Variable bei dieser Frage ist die Menschheit selbst, von deren Wachstumsgeschwindigkeit und deren Annahme des Selbstes es abhängt. Dies verpflichtet euch alle, in eurem Glauben und eurer Arbeit an diesem Langzeitziel standhaft zu bleiben. Ob ihr körperlich anwesend seid oder nicht, ihr werdet es bewußt spüren, wenn es geschieht und die Freude dabei Zeuge zu sein, ist gleich groß, ob ihr nun in geistiger oder körperlicher Form existiert.

DIE ROLLE, DIE IHR BEI DER WIEDERKEHR VON ATLANTIS SPIELT

Überall auf dem Planeten kommen Atlanter zusammen. Dies wird in zunehmendem Maße anhalten. Bei den Treffen kommen mehr und mehr der verlorengegangenen Geheimnisse zu Bewußtsein, während das Ineinanderfließen der Schwingungen die notwendigen Energiemuster freigibt. Es wird die "goldenen Schlüssel" derjenigen Schlösser drehen, hinter denen das Wissen ruht. Die Menschheit wird sich erinnern und sie wieder benutzen. Aber ich muß die Menschheit warnen: wenn dieses eröffnete Wissen und diese Kraft nicht in richtiger Weise und mit Unterscheidungsvermögen angewendet werden, wird es wieder entzogen, die Türen versiegelt bleiben und der Fortschritt wird verlangsamt.

Wir hier, die sich in der entscheidungsfällenden Position befinden, werden es nicht zulassen, daß ihr eure Welt zerstört. Wenn ihr es dennoch tun wollt, so ohne unser Zutun.

Ich habe eine Projektion meines Selbstes unter euch gesandt, der die Aufgabe hat, euch bei der Öffnung der Türen zu eurem Geistigen behilflich zu sein. Er wird es so lange tun, wie es für ihn möglich ist. Davon gibt es noch viele andere, und es ist zu hoffen, daß die Arbeit getan wird.

Eure Verpflichtungen euch selbst, eurem Gott und eurer universellen Quelle gegenüber bestehen darin, ständig danach zu streben, eure Energiefrequenzen zu stärken und euch darauf vorzubereiten, mit den höchsten Energiefrequenzen, die euch zugänglich werden, umgehen zu können und sie zu channeln und auszustrahlen. Nur so könnt ihr der Menschheit wirklich helfen und ihr Bewußtsein anheben.

Wenn ihr Negatives spürt, haltet für einen Moment inne, sammelt eure Energie und strahlt einige Schwingungen davon in die Gegend der Negativität; laßt sie dort ein wenig verweilen, um die Negativität zu heilen und umzuwandeln. Es dauert nur einige Momente, aber meistens vergißt man diese Dinge, die euch eigentlich im Bewußtsein sein sollten.

ARMAGEDDON

Das Armageddon findet jetzt statt. Es ist ein spirituelles Armageddon und nicht ein physisches. Die negativen Energien, die die Menschheit selbst geschaffen hat, müssen überwunden werden. Es ist die Aufgabe von Gottes "Soldaten" und den erleuchteten Kindern, den Kampf zu gewinnen.

Schon vorher einmal haben wir den Planeten Atlantis erwähnt. Auch er wird wieder existieren. Sollte die Menschheit aus einem krankhaften Ausdruck ihres freien Willens, den Planeten Erde dennoch zerstören, wird der Planet Atlantis irgendwo anders entstehen. Aber die Energien des "ALTA" sind erforderlich für die Evolution der Seelen.

Ich mache jetzt Platz für jemanden, der zu euch sprechen möchte.

***

Hier spricht "Strength". Sei gegrüßt.

Ich bin gekommen, um mit euch sowohl über die Einpflanzung von Kristallen im physischen sowie im ätherischen Bereich zu sprechen.

DIE EINPFLANZUNG VON KRISTALLEN

Als der Schöpfer den Körper in seiner Zusammensetzung, wie er bei der heutigen Menschheit vorzufinden ist, erschuf, wurde festgelegt, daß an bestimmten Stellen im Laufe der Evolution Kristallisierungen eingepflanzt werden sollten. Die Gesamtanzahl beträgt siebenundachzig. Was bedeutet das für euch? Wenn der Kristallisationsprozeß abgeschlossen ist, wird es vierhundertundvierundachtzig kristalline Energiepunkte in euren Körpern geben. Vieler dieser Stellen werdet ihr euch nicht bewußt sein. Viele sind sehr klein und dienen nur als energetische Relayverbindungen zwischen den Hauptpunkten. Es wird zweiundzwanzig energetische Hauptkristalle geben; der Rest dient als Verbindung.

Die meisten Einpflanzungen finden während eures Schlafes statt. Ihr werdet die meisten nicht bemerken, denn sie bewirken keine körperlichen oder funktionellen Veränderungen. Weder eure körperlichen noch emotionalen Verhaltensmuster werden sich verändern.

DAS VERLORENGEHEN DER KRISTALLE

Ich möchte über einen Aspekt des Kristallisationsprozesses sprechen, den wir noch nicht besprochen haben. Vielleicht ist es euch noch nicht in den Sinn gekommen, aber ich muß euch auf etwas aufmerksam machen. Die Kristalle bestehen nicht aus fester Masse, sondern sie sind ätherisch und somit spirituelle Einpflanzungen und beziehen sich auf den spirituellen Kern. Wenn ihr im Laufe eures Lebens nicht eurer Wahrheit gemäß handelt, oder ihr einander ausnutzt, dann werden euch die Fähigkeiten, die ihr durch die Kristallisation erworben hattet, wieder weggenommen.

Wer ist dafür verantwortlich? Wer entscheidet dies? Wer sagt: "Jener hier ist es nicht wert." Ich werde derjenige nicht sein. Auch Adamis und Gott nicht, sondern ihr selbst, denn nur ihr selbst seid der Meister eures Selbstes. Alleine der Mißbrauch oder der falsche Gebrauch wird automatisch die Kristalle auflösen, denn es herrscht keine Übereinstimmung mehr. Sie werden zu reinen Energien. Das ist eine Absicherung.

Eines der Probleme im alten Atlantis bestand darin, daß gerade auf diesem Gebiet die Selbstkontrolle nicht sehr ausgeprägt war, denn einige mißbrauchten ihre Macht, ihre Schwingungen und ihre Positionen sehr. Disharmonie entwickelt ihre eigenen Schwingungen. Sie strahlte ab und baute eine gewaltige negative Kraft auf, die letztendlich das zerstörte, was dort existierte. Wir haben daraus gelernt, und wir werden es nicht gestatten, daß dies nochmals geschieht.

Arbeitet mit euren Kristalleinpflanzungen, erfühlt sie und erlaubt ihnen stärker zu werden, denn durch die Stärke wachst ihr, und dieses Wachstum regt zu weiterem Wachstum an. Ihr werdet zu einer Station für das Universum. Alles, was ihr wissen müßt und braucht, wird euch zuteil. Wäre es nicht wunderbar, wenn alle Kinder Gottes wüßten, was sie besitzen und die Fähigkeit hätten sich das, was sie benötigen, bewußt zu machen?

DAS VERBINDEN DER KRISTALLE

Schließt für einen Moment eure Augen. Ich sende euch jetzt Energie, um die Ebene der Kristallisation zu aktivieren, um den Verbindungsprozeß zu beginnen, der weiteres Wachstum anregt... Entspannt euch jetzt. Versucht die Energie weiterhin in euren täglichen Meditationen zu erfahren. Mit der Zeit wird sich das Energienetzwerk im ganzen Körper erweitern. Alle zweiundzwanzig Zentralpunkte werden miteinander verbunden sein, bis ihr in absolutem Einklang mit eurem Universum seid.[12]

Für jeden Kristall in eurem Körper gibt es einen in eurem ätherischen System. Seid euch ihrer bewußt und zieht von ihnen Energie zu euch. Bedient euch ihrer Anwesenheit.

Ich verabschiede mich und schicke euch Segen.

***

Hier ist Adamis.

12 Wenn ihr diese Übung macht, werdet ihr die Aktivierung und den Fluß dieser Energiemuster wieder spüren, anregen und eure Zentren werden aktiviert.

DIE SCHWINGUNGEN DES "ALTA"

Vor Äonen wurde von dem Schöpfer ein Muster von Energieschwingungen in dieses Solarsystem eingepflanzt. Es war von seiner Frequenz her im Einklang mit dem Klang "ALTA". Wenn wir diese Schwingungen in ihre einzelnen Komponenten zerlegen, haben wir am Anfang und am Ende ein "A". Dies sind die Energien der Einheit, der Dauer und unendlicher Stärke. Sie enthalten die Macht des Universums, die keiner schwächen oder zerstören kann.

Nehmen wir uns die Schwingungen des "L" vor - die Schwingungen der universellen Ausdehnung, des Wachstums, des Suchens, des stetigen nach oben und außen Reichens, das niemals ruht, sondern immer weiter nach Wachstum strebt.

Die Schwingungen des "T" sind die des Engel Gott'es, der auf eurer Schulter sitzt, der die Schwingungen beschützt, ihren ewigen Frieden und ihr Überleben sichert; der den Energien erlaubt, Erfahrungen zu sammeln, jedoch niemals zu fallen; der immer im richtigen Augenblick da ist, um zu segnen, zu retten, zu nähren und zu lieben.

Der "ALTA", der Alte, ist die Weisheit. Unter diesen Energien entstand dieser Planet. Es ist unter den Mustern dieser Energie, daß sich Seelen freiwillig bereit erklärten, Schwingungen auf diesen Planeten zu bringen, diese Energien in die Erde und ihre Atmosphäre einzubrennen, um sie zu benutzen, wenn sie dort inkarnierten.

Viele in Atlantis Inkarnierte wählten bewußt Namen, die mit "ATL" begannen. Es zeigte ihre Einheit mit den Schwingungen des Planeten und den Einklang zwischen ihnen und ihrer Aufgabe. Es wies ihren Platz in der spirituellen Hierarchie auf und zeigte an, daß sie alte Seelen waren.

Vergegenwärtigt euch eine Zeitperiode der Geschichte auf der Erdoberfläche nach der Zerstörung von Atlantis, als die Erde sich verändert hatte und ihre Achse sich verschoben hatte. Die Jahreszeiten änderten sich, ebenso das Klima und die Landmassen verschoben sich. Dies geschah vor ungefähr 8.000 Jahren.

Noch einmal wurden Seelen von "ALTA", die Ältesten von Atlantis für den Dienst Gottes gerufen. Sie inkarnierten auf der Oberfläche des Planeten in großer Anzahl, besonders in den Wüsten des mittleren Ostens. Aus ihren Reihen kam ein Mann namens Jakob. Er und seine

Frau hatten zwölf Söhne. Dies korrelierte mit den zwölf Jüngern, den zwölf Monaten in eurem Jahr, etc.

DIE ZWÖLF STÄMME ISRAELS

Aus den zwölf Söhnen ergaben sich zwölf Abteilungen des "ALTA", die unter dem Namen die "Stämme Israels" bekannt sind. Die Bibel spricht von den "Zehn verlorengegangenen Stämmen". Sie zeigt nur die auf, die als "Cohen" und "Levi" bekannt waren. Wohin waren die anderen gekommen? Waren sie verschwunden? Sie verteilten sich in alle vier Ecken der Erde und taten das, was ich euch gebeten habe, zu tun, nämlich ein bestimmtes Gebiet zu reinigen und kosmisches Licht dort zu verbreiten und es zu nähren, damit die "Kinder" dort wachsen können.

Zivilisationen kamen und gingen und jede hatte durch ihre Zusammenstellung ein anderes Energiemuster. Sie durchliefen Evolutionen wie z.B. die orientalische oder indianische etc., die alle ihre eigenen Philosophien hatten. Alle waren die gleichen und doch nicht die gleichen. Die Atlanter verteilten sich über die ganze Erdoberfläche. Von den Niederlassungen der zwölf Hauptzentren stammte der Gürtel der zwölf Pyramiden, der sich wie ein Band um den Planeten Erde spannt und die Vervielfältigung der Zwölf begann. Die Zivilisationen vermehrten sich, wuchsen und die Kinder Gottes wurden so zahlreich wie Sandkörner.

Wenn jemand sagt, daß die Menschen von Israel das "auserwählte Volk" sind, dann stimmt dies, bezieht sich aber auf alle Kinder Gottes. Alle stammen von der Vervielfältigung der Zwölf ab und sind daher alle die Kinder "Israels". Aus dem, was ich sagte, ist vielleicht zu schließen, daß alle Kinder Gottes, die auf der Erde sind, ein Teil des "ALTA", ein Teil des Gartens Eden sind.

Dies ist noch nicht so, kommt aber mit großer Sicherheit zustande.

Behaltet euren Glauben an Gott und seine Aufgabe für eure Seelen. Seid gesegnet.

KAPITEL 8

Wir sprechen zu euch durch Atemose II, Herrscher von Atlantis. Seid gesegnet.

Wir werden über das Erziehungssystem von Atlantis berichten und besonders davon, wie Kindern das Wissen für ihren späteren Beruf vermittelt wurde, - abgestimmt auf die Kaste ihrer gegenwärtigen Inkarnation.

DAS ERZIEHUNGSSYSTEM VON ATLANTIS

Entsprechend der Kastenstufe der Eltern war die Struktur der Klassenverbände sehr unterschiedlich. Kinder aus der Arbeiterklasse wurden nach ähnlichen Richtlinien ausgebildet, wie sie in eurer Zeit üblich sind. Natürlich waren Themen und Inhalte andere, denn unsere Welt war ja eine andere. Den Unterricht leitete ein Schulmeister, der seinen Kindern ihre Rollen und Aufgaben auf dem Weg zum Erwachsensein erklärte.

Gemessen an euren Maßstäben waren die Funktionen der unteren Kaste recht beschränkt: Sie hatten die Felder zu bestellen, überhaupt alle Nahrungsmittel für das Volk zu liefern, dienten als Techniker, Bauarbeiter und bei Wartungsaufgaben.

In den oberen Rängen des Kastensystem war die Ausbildung der Kinder etwas anderes und weit höher entwickelt, als in eurer Zeit. Auch wenn man sie mit einigen Schulprojekten vergleicht, welche wieder mit ähnlich rudimentären Erziehungsvorgängen experimentieren, wie sie schon damals genutzt wurden: sie arbeiten mit Computern, Bildschirmen und anderen ausgeklügelten Methoden, um Jugendlichen das Lernen schmackhaft zu machen, sie schneller und besser auszubilden.

Bei uns wurden dem Schwingungsmuster des Kindes bereits während der Zeit im Mutterleib jene Merkmale aufgeprägt, die für den Ausdruck seiner Persönlichkeit als erwachsener Mensch erforderlich sein würden. Entsprechend diesem programmierten Muster brachte man die Kinder nach der Geburt im richtigen Alter in die für die Erziehung wichtigen Situationen, an deren Steuerung und Auswertung auch ganze Gruppen hochentwickelter, anpassungsfähiger Computer mitwirkten. Datenbanken solcher Computer speicherten nicht nur Wissen, sondern auch die Wege, auf denen das Wissen den Schüler erreichte.

DIE ANWENDUNG VON KRISTALLEN BEI DER AUSBILDUNG

Die Klassenzimmer lagen separat nebeneinander und zeigten sich höchst ungewöhnlich eingerichtet. Man saß auf dem Boden, - vor den Kindern waren Kristalle gruppiert: Klare, weiße Kristalle in Quadratform angeordnet, mit einem fünften Kristall im Zentrum. Sie hatten etwa dreißig Zentimeter Durchmesser bei fünfundvierzig in der Höhe und nur jeweils eine Spitze. Verbunden waren sie mit Kupferstangen, die unter ihnen ein Viereck bildeten, und mit den beiden im Zentrumskristall kreuzenden Diagonalen, - mit insgesamt also sechs Stangen. Aus den Ecken der Quadrate führten Kupferleitungen mit flachen Kupferspulen am Ende, welche der Schüler auf sein Hdrittes Auge zu legen hatte. Nahm man die Computer in Betrieb, so leiteten sie ihr gespeichertes Wissen in die Kristalle, von denen es auf das Schwingungsmuster des Kindes abgestimmt, direkt in sein Bewußtsein gelangte. Der Lernstoff vieler Jahre wurde in wenigen Augenblicken übertragen.

Es soll aber auch darauf hingewiesen werden, daß nicht alles Wissen gleich nach Abschluß der Übertragung verfügbar war, denn bei solcher Informationsfülle ist die normale Arbeitsweise des Gehirns überfordert. Man nutzte jedoch eine besondere Eigenschaft: wenn ein klar geordnetes Schwingungsmuster im Gehirn eintrifft, wird ein bis heute unzugängliches Energiepotential angeregt, welches harmonische Schwingungen speichern kann und so die allmähliche Übernahme des gesamten Wissens ermöglicht. So wurde in jenen Tagen Bildung im Bewußtsein verankert und für späteren Gebrauch verfügbar gemacht.

Stellt euch all die Jahre mühsamen Lernens vor. All die Zeit, die euren Kindern freistehen wird, denn es bricht eine Ära an, in der diese Unterrichtsformen wieder zur Anwendung kommen.

DIE AUSBILDUNG DER ÄLTESTEN

Die Erziehung der obersten Schicht und derer, die als Älteste dienten bekamen eine Ausbildung, die so breit und gründlich angelegt war, daß eure Fachleute sie sich nicht vorstellen können.

Atlanter aus dieser Gesellschaftsschicht mußten umfassende Kenntnis von Zusammenhängen des Universums besitzen, welche über die auf planetarischer Ebene gültigen Gesetze weit hinausreichten. Im Rahmen ihres Dienstes und ihrer Arbeit würden sie Kontakt mit Bereichen jenseits der irdischen Sphäre haben.

Ohne Hilfe der Kristalle hätte es die Zeitspanne von Generationen gedauert, das erforderliche hohe Niveau und die Vielseitigkeit des Wissens zu vermitteln. Bildlich gesprochen hat ein Rad viele Speichen, und ein vollkommenes Bewußtsein muß Funktion und Zustand jeder einzelnen Speiche begreifen, da alle in Wechselbeziehung stehen. So muß sich auch das Individuum der Gesamtheit bewußt sein.

DIE EXISTENZ DER ATLANTISCHEN KRISTALLE

Interessanterweise befinden sich einige der Kristalle, welche für Bildungsaufgaben eingesetzt wurden, noch immer nahe den Ufern der Ozeane; energetisch aufgeladen mit Informationen und universeller Erkenntnis. Die Menschheit spricht von den verlorenen atlantischen Geheimnissen, die gewissermaßen im Strom der Zeit verkapselt sind. Ein vergrabener Schatz, eine verborgene Botschaft, die ihrer Begegnung durch kommende Generationen harren. In mancher Hinsicht sind diese Vorstellungen zutreffend, denn die Geheimnisse sind in den Kristallen verborgen. Informationskristalle sind in Pyramiden an bestimmten Orten über die ganze Welt verteilt. Sie enthalten Datenbestände zur universalen Wahrheit.

In einer anderen Serie von Channelings, betitelt "Moses and the Bible"[13], werden Hinweise auf eine alte Bibel, das Jobal, gegeben. Viele der Nachrichten über diese alte Schrift sind nicht als geschriebenes Wort erhalten, sondern in den Bildungsspeichern jener Kristalle.

13 Eine Reihe von gechannelten Büchern, die in Amerika käuflich zu erwerben sind.

Es besteht kein Grund zur Besorgnis, daß der Mensch bereits heute die Kristalle finden und sie mißbrauchen möge, denn er würde sie nicht anzuwenden verstehen. Ihre Botschaft bleibt verborgen, solange er das Verfahren der Erschließung nicht beherrscht.

Dies ähnelt im Grunde einem, wie ihr es nennt, alchemistischen Vorgang, denn ein Katalysator ist wesentlich daran beteiligt. Die katalysierende Wirkung bildet dabei eine Harmonie der Schwingungen. Die Strahlung des Kristalles ist Träger des Informationsgehaltes, sie soll ins menschliche Energiesystem übernommen werden. Unerfahrene Personen mögen ihre Hände auf den Kristall legen und werden rein gar nichts von seinem Reichtum erfahren. Erst beim Erreichen vollkommener Energiekristallisation kann man dem Kristall seinen Inhalt entnehmen.

Für die Menschheit wird sich eine wunderbare Welt erschließen, wenn dieser Punkt erreicht ist; - und so wird es geschehen, denn so ist es verfügt. Aber erst wenn die Menschen reif sind, das Wissen zum Segen für Wahrhaftigkeit und Ziele anzuwenden statt für Haß und Krieg.

All jenen, welche diese Worte hören und lesen, möchten wir als Pflicht auferlegen, selbst mit dem Einpflanzen von Daten und der Übertragung von Gedanken und Wissen in Kristalle zu experimentieren. Diese sollen dann anderen Menschen zur Auswertung übergeben werden. Übt euch in der Anwendung dieser alten Methode und entwickelt damit euer Lernvermögen, denn so kann die Zeitspanne sehr verkürzt werden bis der Tag anbricht, da die Menschheit in die Ära des Lichtes eintritt.

KRISTALLE UND "RAUM"SCHIFFE

In eurer Zeit sind Regierungen auf die Existenz außerirdischer Flugkörper aufmerksam geworden, welche als Folge der einen oder anderen Fehlfunktion auf der Erde bruchlandeten. Sie halten diese Raumschiffe oder was davon übrig ist, strikt unter Verschluß. In den meisten Fällen sind die Wracks jedoch unentdeckt geblieben.

Wie wurden diese Schiffe angetrieben, wie funktionierte ihr Leitsystem, wo befand sich die Kommandozentrale? In einigen hat man ziemlich große Kristalle in einem Bereich gefunden, den ihr wohl als

Zentrale oder Leitstand betrachten würdet. Diese Kristalle sind die "Kommandanten" der Raumschiffe; sie wurden mit den Kursdaten und der Mission des Schiffes programmiert. Man könnte annehmen, sie seien "ferngesteuert", doch die Steuerung kommt letztendlich von einem Kristallgenerator, der alle funktionswichtigen Schwingungen aufnimmt und an die für Antrieb und sonstige Aggregate zuständigen Computer weiterleitet.

VOM NUTZEN PROGRAMMIERTER KRISTALLE

Macht euch die Tragweite folgender Überlegungen bewußt. Die Menschen erschaffen Roboter, um sich von ihnen Tätigkeiten und Funktionen erfüllen zu lassen. Ich erkenne wohl, daß diese Maschinen recht nützlich sind und auf eine wenn auch unvollkommene Weise positiv arbeiten. In ihrem Einsatzprogramm gibt es keine Emotionen, welche das Ausführen einer Handlung stören könnten, indem sie alle möglichen Reaktionen in Erwägung bringen und sich damit in unlösbaren Zweifeln verstricken.

Kristalle mit eingepflanztem Wissen können darüber hinaus jederzeit ausführen, was ihnen auf der höchsten Ebene universaler Wahrheit eingegeben ist. Ihre Handlungen sind nicht emotionalen Beweggründen oder anderweitig eingeschränkten Entscheidungen unterworfen, welche den Menschen karmisch an die Erde binden. Was der Mensch bedingt durch solche grundlegende Beschränkung nicht in Vollkommenheit zustande bringt, kann mit Hilfe des programmierten Kristalles erreicht werden, in Harmonie mit der einzig ewigen Ordnung.

Mit fortschreitender Entwicklung eures Planeten und den menschlichen Möglichkeiten, wird verantwortungsvolles Handeln immer zwingender und der gefahrlose Spielraum für Fehler und Irrtum immer kleiner. Auch in eurer persönlichen Entwicklung werdet ihr diese Regel bestätigt finden. Achtet einmal auf die Folgen für euer Leben und für die Menschen, die ihr liebt, wenn ihr von eurem individuellen Muster der Wahrhaftigkeit ein klein wenig abweicht. Diesem Muster unbeirrt zu folgen, erfordert jedoch in jedem Augenblick das absolute Maß an Einsicht. Aber die Menschheit ist mit Emotionen "gesegnet", und wo Gefühle im Spiel sind, ist der Irrtum nicht weit. Ohne Gefühle können Menschen nicht existieren, sie sind ein unabdingbarer Ausdruck der Persönlichkeit. Solche Rollen und Tätigkeiten, bei denen ein Irrtum schlimme Folgen hat, sollen besser einer Instanz ohne Emotionen anvertraut werden. Das kann den Menschen nur helfen auf ihrem Weg zur Vollendung.

MENSCHLICHE GEFÜHLE UND DIE ZERSTÖRUNG VON ATLANTIS

Das Streben nach Perfektion führte die Zivilisation von Atlantis in den Untergang. Diese Aussage mag ironisch anmuten, doch auf der Suche nach Vollkommensein und Bewußtheit des Egos wurden immer höhere Stufen und schließlich ein Punkt erlangt, wo der Größenwahn durchbricht, und ein antagonistisches Streben nach Allmacht die Vernunft in den Wind schleudert; das Ego lief Amok. Selbstsucht brach gleich einer Flutwelle über die Wirklichkeit des Wahren herein und zeugte Chaos.

In diesem wohlgeordneten System mußten Verstöße gegen das Regelwerk die schlimmsten Auswirkungen haben. Computer konnten ihre Denkmuster nicht mit der allgemeinen Verwirrung koordinieren, arbeiteten zunehmend mit emotional verfärbten Informationen und entwickelten daraus fehlerhafte Programme. Daraus resultierten Kristallvernetzungen mit atomaren Explosionen. Aus dieser Erfahrung heraus wurdet ihr immer wieder gewarnt, daß von der Menschheit und allein von ihr große Gefahr für diesen Planeten ausgeht, denn nur sie vermag negative Energie in solch hohem Grade zu bündeln, um die Vernichtung auszulösen.

FRAGEN UND ANTWORTEN

Wieviele Schüler kamen in Atlantis auf einen Lehrer?

Die Kinder der Arbeiterkasten wurden in Gruppen von fünfzehn bis etwa zwanzig Schülern unterrichtet. Für die höheren Kasten läßt sich diese Frage nicht pauschal beantworten, denn sie wurden mit Hilfe von Lehrcomputern ausgebildet, welche von Naturwissenschaftlern auf jedes Kind individuell abgestimmt waren. Diese Techniker steuerten auch den Lehrstoff, der sich ganz auf die angewandten Methoden und die Auswirkungen der Energie im Bewußtsein der Jugendlichen bezog. So konnte geschehen, daß bestimmte Schwingungen ein Kind zeitweise übersättigten und man deswegen den einen oder anderen Parameter der angebotenen Wissensbandbreite vorübergehend herunterregelte. Jeder Schüler hatte für unterschiedliche Bereiche ein persönlich begrenztes Aufnahmevermögen, so wurde auch jeder nur mit den seinem Schwingungsmuster angepassten Datenströmen bedacht.

Ich habe eine Frage zur Prägung des ungeborenen Kindes. Wie wurde beurteilt, welchem Muster das Kind zugehören sollte?

Die Merkmale, welche das Kind im Mutterleib erhielt, waren auf die Erfordernisse der Gesellschaft ausgerichtet. Gab es gerade einen erhöhten Bedarf an Ingenieuren oder Wissenschaftlern oder Heilern, so wurde eine entsprechende Anzahl Föten mit den passenden Frequenzen programmiert, um als Erwachsene ihrer bestimmten Aufgabe gerecht zu werden. Dadurch konnte man ein Über- oder Unterangebot von Talenten in einem Beruf, und die daraus zwangsläufig entstehende soziale Spannung und persönliche Unzufriedenheit sehr wirksam vermeiden. Die regierenden Ältesten legten die optimale Ausgewogenheit der Begabungen fest.

Ihr sagt, die Kristalle übertrugen das Wissen über Kupferspulen auf das dritte Auge. Gab es auch sinnliche Vermittlung für die Ohren?

Auch solches wurde praktiziert mittels zweier Leitungen, welche, vorsichtig eingelegt, in den Ohrmuscheln endeten. Sie übertrugen auf speziellen Frequenzen Erfahrungsinhalte bezogen auf akustische Kommunikation, und schulten die dazu auserwählten Kinder für Aufgaben im Bereich der verbal dominierten Berufe, oder als Empfänger von Botschaften aus anderen Welten. Die Wirkungsgrundlage dieser Methode bestand darin, daß die Flimmerhärchen in der Schnecke des Innenohres gereinigt und sensibilisiert wurden für den Aufschluß feinster Schwingungen im Bereich des hörbaren Spektrums.

Wenn ich richtig verstanden habe, muß zum Verständnis eines Wissensgebietes das Bewußtsein des Menschen entsprechend angelegt sein. Wie konnte es in den Tagen des Unterganges von Atlantis geschehen, daß die Schwingungsmuster seiner Bewohner verändert oder gar umgekehrt wirkten? Anders ausgedrückt: Wie konnten sie einerseits höchste Erkenntnis besitzen, - diese jedoch zu ihrer eigenen Zerstörung anwenden?

Man könnte das mit dem Typus des "wahnsinnigen Forschers" vergleichen. Ein hochentwickelter Geist wird plötzlich von dem Verlangen überwältigt, Experimente an den Wurzeln der Schöpfungskraft zu treiben, indem er mit seinen außerordentlichen Fähigkeiten in Bereiche vorstößt, die aus weisem Grunde den Menschen verschlossen sind. Die auf Atlantis inkarnierten Menschen besaßen hierzu ein gewisses Maß an freier Verantwortlichkeit für eigenständige Forschung und Entwicklung. Viele Experimente erschufen Lebewesen mit ausgeprägt abnormen Schwingungsmustern, welche auf die Harmonie des Energiesystems sehr störend und letztlich zerstörend wirkten. Was dann folgte, war in seinen Ursachen vor allem auf eben jenen Größenwahn gegründet, und solches Unheil geschah im Laufe der Geschichte immer wieder. So erst im zweiten Weltkrieg, als ein von euch Adolf Hitler genannter Mann in entsetzlicher Weise mit Menschen experimentierte, um seine ideale Rasse zu schaffen. Bleibt nur zu hoffen, daß dies nie wieder geschehen wird.

Meine Frage betrifft den Sinn von Perfektion. Soweit ich verstanden habe, muß es Menschen geben, deren Kenntnisse so vollkommen und wahrhaftig wie möglich ihrem Schwingungsmuster entsprechen. Andererseits macht ihr wohl gerade das Streben nach Perfektion für den

Untergang eures Reiches verantwortlich. Das verwirrt mich. Vielleicht könnt ihr den scheinbaren Widerspruch auflösen?

Das Streben nach Vervollkommnung bestimmt den Weg jeder Existenz, und am Ziel ist die Seele eins mit der Schöpfungskraft. Der menschliche Geist kann jedoch auf dem Wege dahin im Bewußtsein der bereits erworbenen Fähigkeiten irgendwann nicht mehr damit zufrieden sein, sich selbst eitel auf die Schulter zu klopfen, sondern wird fortgerissen werden von einem selbstgemachten Idealbild seiner Vollkommenheit. Dann mag er dem Irrtum verfallen, er könne alles erschaffen, was ihm in den Sinn kommt. Was damals geschah, findet seine Anfänge auch gespiegelt in Erscheinungen eurer Zeit: Menschen, die durch eine Einweihung von inneren Widersprüchen "erlöst" nun glauben, selber der "Erlöser" zu sein; meinen, sie könnten fliegen und die Wasser teilen und seien unzerstörbar; jedoch sie zerstören sich selber oder stürzen ab in geistige Umnachtung.

War es im Erfahren der Prägung des Schwingungsmuster beim ungeborenen Kind auch möglich, mit bestimmten Frequenzen dessen Karma zu beeinflussen? Ich weiß allerdings, daß in Atlantis wohl nur Weniges als negatives Karma angesehen wurde.

Die Menschheit der inkarnierten Seelen aus den oberen Rängen des Kastensystem war in keiner Weise mit karmischen Zusammenhängen befasst, und diente ausschließlich dem Wohl des Volkes. Im Gegenteil, die Ausbildungsprogramme waren darauf angelegt, sie später aus Umständen und Einflüssen herauszuhalten, welche Karma erzeugten und damit den Wert ihres Dienstes an der Allgemeinheit zu schwächen oder gar zu verderben.

War das eine Legitimation für das Kastensystem?

Ja.

Wurden Reste der versunkenen Zivilisation in die damals entstehende Religion des Hinduismus übernommen?

Teilweise. Die Überlebenden des Untergangs trugen ihre kulturellen Wurzeln und Ausdrucksformen in die Welt hinaus, sicher auch in jene Region. (Wir möchten darauf hinweisen, daß auch die ursprünglichen zwölf Stämme Israels von Ältesten aus Atlantis gebildet und geleitet wurden).

Es gab in Indien eine vorgeschichtliche Kultur, das drawidische Reich. Gegründet von Ältesten, deren Aufgabe es war, die sprachlichen Sinnbilder aller Kulte und Glaubensrichtungen in eine einheitliche Form zu bringen; eine Wort- und Schriftsprache zu entwickeln, in der auch alle einander mitteilen konnten. Nur wenige Einzelheiten sind von jener Zivilisation überliefert, doch erblühte aus ihr die hohe Geisteswelt der Brahmanen, wie eure Zeit sie kennt. Die Drawiden verkörperten das Wissen der Bewußtseinsformen von Atlantis.

Die Gürtelstricke, welche die Ältesten zu ihren Amtsroben auf der Hüfte trugen, waren meines Wissens mit neun Knoten versehen. Waren es immer neun Knoten?

Nein, durchaus nicht. Wer als Zeichen seiner Würde einen goldenen Gürtel hatte, trug ihn anfangs mit nur einem Knoten. Die Berufung in höhere Positionen brachte man durch höhere Anzahl von Knoten zum Ausdruck. Es waren Rangabzeichen gleich denen eurer Militärs, die ohne Worte unmittelbar auf Stellung und Autorität hinweisen. Neun Knoten - oder bis hin zu zwölf Knoten - symbolisierten die persönliche Reife als erhaben über die meisten Ältesten der herrschenden Klasse von Atlantis. Vielleicht kann die Aufgabe dieser Kaste mit einer Analogie verdeutlicht werden, indem wir sie mit den Himmelssphären der Weltordnung vergleichen. Wenn die auf einem Planeten verkörperte Seele in ihre geistige Gestalt hinübertritt und in den Äther aufsteigt, wird sie eine Sphäre erreichen, mit deren Schwingung sie übereinstimmt, und höher wird sie nicht kommen. Wenn zum Beispiel auf einer Skala von eins bis zehn der eigene Schwingungsbereich bei Stufe fünf liegt, ist er mit höhe-

ren Werten nicht kompatibel. Man kann nicht einfach sagen: "Ich möchte der Stufe sieben zugehören, weil dort meine Freunde sind." Auf dieser Ebene könnte die geistige Gestalt nicht bestehen und würde eine schlimme Störung in der Harmonie der Energieströme verursachen, die die Balance der Polaritäten erschüttern. Zugunsten der allumfassenden Ordnung muß sie auf der zu ihr passenden Ebene bleiben.
Dasselbe gilt für andere Strukturen und war auch der Grund zur Errichtung des Kastensystem in Atlantis und warum man so streng gegen jene vorging, welche gegen die ihrer Kaste auferlegten Beschränkungen verstießen. Zum Beispiel waren Mischlingskinder, Mischehen, sogar Freundschaften unter den Mitgliedern verschiedener Kasten strikt unerwünscht, - zur Wahrung der Reinheit der Schwingungsmuster. Nur so war es möglich, daß jeder an seinem Platz unbeirrt seine volle Kraft einsetzen konnte. Erst am Ende der Zivilisation konnte es geschehen, daß die genetische Vermischung der Ältesten mit Angehörigen von weit unter ihnen stehenden Kasten zu den bereits beschriebenen, verheerenden Auswirkungen wie Widersprüchlichkeit und Explosionen führte.
Aus diesem Grund war das Kastensystem sinnvoll; es war auch ein Hauptaspekt für die Eingliederung der Rasse der Mutanten. Sie besaßen ein weitaus niedriger entwikkeltes intelligentes Bewußtsein und verrichteten körperliche Schwerarbeit; sie fragten nicht viel, sondern funktionierten. Die Programmierung ihrer Schwingungsmuster war entsprechend den Aufgaben grundsätzlich viel tiefer und einfacher als die der anderen Menschen, welche schöpferische Beiträge zu Wachstum und Entwicklung von Atlantis leisteten.
Doch war das System keineswegs bigott, oder bestand auf der Basis von Rassendiskriminierung. Vielmehr beruhte es auf Arbeits- und Aufgabenteilung zum Wohle aller Menschen, der Stadt und ihrer Rolle auf dieser Welt. In seiner Absicht war das Kastensystem frei von Voreingenommenheit gegenüber Volksgruppen, aber in

der Realität gab es natürlich viele Verletzungen dieses Ideals, wenn Emotionen mit im Spiel waren. Mit einigen Einschränkungen kann man sagen, daß dieses System in Atlantis seiner Bestimmung meistens überzeugend gerecht wurde.

Um das notwendige Leistungsvermögen zu erhalten, waren vermutlich die Ernährung und das körperliches Training auf die jeweilige Fähigkeit abgestimmt, so daß ein Mutant mehr Nahrung und Bewegung hatte als jemand mit hohem Bewußtsein und geistiger Arbeit, der vielleicht nur von "Manna" leben konnte?

Ganz recht. Außerdem war die Ernährung mit natürlichen Lebensmitteln damals vollwertig und nicht so unausgewogen wie bei euch. Um es ganz klar zu sagen, kann sich in eurem Zeitalter der Mensch nicht allein von Lebensmitteln ernähren, er ist auf zusätzliche Vitamine und Mineralien angewiesen, um sich richtig zu versorgen. Ihr habt eure Nahrung vergiftet, den Nährwert fast ruiniert mit all dem Mastfutter und Dünger. Wir haben nur gegessen, was natürlich und rein gewachsen war und alle benötigten Nährstoffe enthielt. Je feiner das Bewußtsein entwickelt war, desto feinstofflicher die Nahrung, die es brauchte. In gewissen Grenzen konnten solche Menschen wirklich mit "Manna" überleben.

Können wir aus eigenem Willen mehr Unabhängikeit von Nahrungsmitteln erreichen, oder liegt das auf dem Weg der Evolution?

Es ist sowohl eine Tendenz der allgemeinen Entwicklung als auch der persönlichen Bedürfnisse. Wenn das individuelle Schwingungsmuster den Bereich der Übereinstimmung mit Schwingungen von Fleischprodukten hinter sich gelassen hat, kann der Mensch von dieser Nahrung nicht mehr profitieren; sein Energiesystem wird sie als unverwertbar zurückweisen. An diesem Punkt soll die Ernährung vorwiegend auf Gemüse umgestellt werden, dessen Energien etwas feinstofflicher sind, aber auch vom weniger weit entwickeltem Bewußtsein ausgeschlossen werden. Bei fortschreitender Reife gelangt ihr in den energetischen Wirkungsbereich der Früchte, welcher von den drei Kategorien der menschlichen Ernährung die höchste Ebene darstellt. Dieser Reifeprozeß wird sich für die gesamte Menschheit vollziehen, vielleicht schon innerhalb der nächsten drei bis vier Jahrzehnte. Ihr werdet erleben, wie Tierarten von diesem Planeten verschwinden, weil sie ihre Funktion verloren haben und ihre Schwingungen dem sich verändernden Frequenzmuster der Erde nicht anpassungsfähig sind.

Ich nehme an, daß die Inhaltsstoffe der Körner unserem Ernährungsbedarf entsprechen?

Das ist richtig, und so wird es auch in Zukunft sein. Folgendes ist ebenfalls bemerkenswert: Obwohl die gegenwärtige Generation der Kinder über höher entwickeltes Bewußtsein verfügt, ist ihre körperliche Gesundheit und Widerstandsfähigkeit weit schlechter als die der Eltern in deren Jugend. Schuld daran ist vor allem die minderwertige Ernährung der Eltern vor der Geburt ihrer Kinder, so daß diese schon mit labilem Nervensystem, geschwächten Verdauungsorganen und angeschlagener Widerstandskraft zur Welt kamen. Es ist eine Generation mit schwächeren statt stärkeren Widerstandskräften, wie sie eigentlich aus Evolution und Verfeinerung der Systeme zu erwarten sind. Deshalb sollten heute die Kinder möglichst frühzeitig eine Mineral- und Vitaminkur machen, um bei sich die Mängel auszugleichen, die von der falschen Ernährung ihrer Eltern herrühren.

Wurde Atlantis aus Wesen aus Raumschiffen bevölkert, und welcher Art war die Kommunikation mit den Raumschiffen?

Es ging nicht so sehr darum, Atlantis zum Zweck der Einflußnahme zu überwachen, aber die Verbindung war konstant, die Kanäle immer offen. Die Mitteilungen in beiden Richtungen waren vorwiegend wissenschaftlicher Natur im Zusammenhang mit den ständig durchgeführten Experimenten unter Leitung der Atlanter. Sie reisten durch ein Tunnelsystem an die Erdoberfläche, um

Testreihen über klimatische Verhältnisse und andere energetische Wechselwirkungen durchzuführen. Das diente der Bewertung der gegenwärtigen karmischen Strukturen auf der Erde, um das Bewußtseinsniveau der künftig dort inkarnierenden Seelen richtig anpassen zu können, und brachte Daten für die Konstruktion und Leitung der Stadt. Beide Seiten setzten sich für den Informationsaustausch ein, da beide davon profitierten, - jeder vom Anderen.

Könnt ihr uns sagen, ob das einfache Volk von dieser Verbindung wußte?

Mit Ausnahme der Mutanten waren sich alle dessen bewußt. Alle in Atlantis verkörperten Seelen wußten, daß sie nach Ablauf der Zeitspanne ihrer jetzigen Erscheinungsform wieder inkarnierten würden, um die Arbeit fortzuführen. Alle glaubten an die ewige Existenz der Seele und empfanden sich als Bausteine des Universums.

Ich wüßte gerne mehr über die Art des Reisens in den Tunneln zur Erdoberfläche.

Es gab zwei Möglichkeiten. Einmal gab und gibt es immer noch ein verzweigtes Tunnelsystem im Erdinneren mit selbstgesteuerten Fahrzeugen im Pendelverkehr zur Erdoberfläche. Andererseits wurde auch die Methode der Dematerialisation oder Teleportation benutzt.

Es ist Zeit, unsere Schwingungsenergie zurückzuziehen. Wir segnen euch für eure Anteilnahme, gewiß werden wir auch künftig zusammenkommen. Seid gesegnet.

***

Hier spricht Adamis. Seid gesegnet.

Die Energien in unserem Lichtkreis sind gerade sehr rein und sehr hoch. Deshalb erweitern wir unseren Segen auf jeden von euch.

EIN RAT AN DIE KINDER DES LICHTES

Ich möchte kurz die Wichtigkeit der bewußten Anwendung eures Ausdrucksvermögens für jeden einzelnen Tag des Lebens sprechen. Gestattet eurem Verstand keine Trägheit, den Gedanken keine Zerstreutheit, seid immer aufmerksam. Die Gefahr von Irrtümern wächst mit jedem Tag, doch ihr könnt die Fallgruben umgehen bei ständiger Wachsamkeit und unbeirrbarer Treue zu eurem Charakter.

Im Lauf der nächsten zwei Jahre werden viele die Kontrolle über sich verlieren und von ihrem Weg abweichen. Sie werden ihr Verhalten nicht an den eigenen strengen Maßstäben ausrichten können, die für den wahrhaftigen Ausdruck der Bewußtheit unabdingbar sind. Deshalb will ich aufzeigen, was euer Verhalten mitbestimmen soll. Seid euch des Wertes jener Menschen bewußt, die für euer Leben förderlich wirken. Seid euch der Ansprüche bewußt, eurer ständig wachsenden Ansprüche in Bezug auf die Begleiter eures Lebens und spirituellen Schicksals. Seid eurer geistigen Aufgabe bewußt, denn Harmonie ist das höchste Ziel.

Es gibt eine Regel in einem eurer Ballspiele die besagt, daß drei mißlungene Aufschläge einen Strafpunkt bringen. In hohen Ebenen des Bewußtseins gibt es keine zweite Chance für gescheiterte Versuche, und auf dem Weg zur Reife wird der Spielraum für Fehler immer kleiner. Einmal mehr möchte ich euch erinnern, daß der steinigste Pfad des Lebens der Pfad eures VATERS ist, denn kein anderer ist kürzer.

Kein anderer Pfad ist gerader, noch lohnender, noch wahrer.

Wir senden euch den Segen der Schöpfung. Shalom.

KAPITEL 9

Hier spricht Kryon. Seid gesegnet.
Jemand aus eurem Kreis hat uns gebeten zu kommen. Es macht uns Freude, diesem Wunsch auf positive Weise nachkommen zu können.
Mit dem Kontinent und der Stadt, die als Atlantis bekannt sind, habe ich nur indirekt Verbindung gehabt. Dennoch gibt es viele Dinge, die ich darüber berichten kann.

DIE LANDMASSEN VON ATLANTIS

Der Kontinent Atlantis erstreckte sich, bevor er unter dem Ozean versank, von der östlichsten Küste der heutigen USA über den Atlantischen Ozean und grenzte im Süden an die Nordwestküste Afrikas. Ein gewaltiges Stück Erde.

Zum größten Teil war das ganze Land brach und unbewohnt. Hier und dort war es spärlich bewohnt, was jedoch keine besondere Rolle für die Evolutionsgeschichte spielt. Sich gegenübergelegen, in der Gegend nahe Nordamerikas und nahe von Südeuropa, existierten hoch entwickelte Zivilisationen. Dies sind die durch historische Forschungen und spirituelle Eingaben als atlantisch bekannt gewordenen Gebiete.

Wir müssen untersuchen, was die Veränderungen auf der Oberfläche des Planeten hervorgerufen hat, denn dies war nicht die einzig betroffene Landmasse. Von der Westküste Nordamerikas bis fast nach Asien erstreckte sich eine weitere Landmasse, die als Lemurien bekannt war. Was davon übrig geblieben ist, sind die Hawaii-Inseln und Australien. Historiker haben Spekulationen angestellt und Anthropologen haben sich damit beschäftigt; vieles bleibt jedoch unbeantwortet.

Seit seiner Erschaffung befindet sich der Planet Erde in einer langsamen Evolutionsphase, in der er sich Veränderungen innerhalb seines Energiemusters unterzieht, genauso wie eure Seelen auf ihrem Entwicklungsweg. Viele Veränderungen ziehen sich durch die uralte Geschichte und oft ergab sich daraus eine Verschiebung der Landmassen, eine klimatische Veränderung oder eine andere zeitliche Aufteilung der Tages- und Nachtzeiten. Wenn ihr durch das Gebirge reist, beachtet die Wassermarkierungen an manchen Bergen, denn sie lagen einst unter der Meeresoberfläche.

Ihr müßt verstehen, daß die Veränderungen nicht geschehen, um die Menschheit zu bestrafen und auch nicht, um die Negativität der Menschheit zu reinigen oder negative Seelen ihrer Inkarnationen zu berauben. Diese und ihre Nebenprodukte sind einfach nur Auswirkungen der evolutionären Veränderungen, denn im Sinne des Universums wird nicht zerstört, sondern nur verlagert, um wieder neu zu entstehen, gleich ob es sich um tierische, pflanzliche oder menschliche Materie handelt. Daher möchte ich euch raten, eure Ängste und die Worte der Hellseher, die Zerstörung und Verwüstung voraussagen beiseite zu schieben, denn es gibt sie nicht. Alles ist nur Evolution.

DIE WIEDERHERSTELLUNG DER SCHWINGUNGS-AUSGEGLICHENHEIT

Als die alten Zivilisationen von Atlantis wieder unterhalb des Meeres angesiedelt waren, wurde es notwendig, Energieverbindungen zu schaffen, um den Fluß magnetischer Schwingungen herzustellen, denn es herrschte wahrlich ein großes Chaos in den Schwingungsmustern um euren Planeten, die bleibend wieder in Ordnung gebracht werden mußten.

Die energetische Polarität war gestört und desorganisiert. Dies alleine hätte für genügend Turbulenz gesorgt neben allem, was bereits geschehen war, denn Energie von solcher Frequenz und Intensität kann, wenn sie nicht in der richtigen Polarität ist, Zerstörungen anrichten wie eine Atomwaffe. So war es während einer kurzen Zeitspanne notwendig, die Energiefrequenzen zu polarisieren, was auf folgende Weise erreicht wurde.

Es gibt und gab Zivilisationen im Inneren eures Planeten in verschiedenen zentral, nördlich und südlich gelegenen Regionen. Es wurde notwendig, neue Polaritäten von der Mitte eures Planeten bis hin zu den Ausgangspunkten im universellen Gitternetz der Erde herzustellen. Für einige Zeit war ich als Berater bei diesem Projekt behilflich.

Als die Energiefelder wieder festgelegt waren, konnten sich Seelen in die Zivilisationen transportieren, die im Anfang ihrer Wiedergeburt standen, denn nicht alle Seelen, die im alten Atlantis inkarnierten, durchliefen den normalen Geburtsprozeß. Am Anfang haben sich viele "Spezialisten" und Älteste einfach in die dortige Gesellschaft "apportiert". Sie waren nicht aus karmischen Gründen dort, sondern leisteten notwendige Aufbauarbeiten.

Die meisten von euch haben eine substanzielle atlantische Vergangenheit. Ihr hattet es alle mit magnetischen Schwingungen zu tun und ihr alle seid auch fähig, diese Frequenzen durch eure Körper zu leiten. Es ist jener Fluß, der das Erinnungsmuster in eurem Geiste wiederbelebt, der sich auf die Funktion und den Zweck der Kristalle bezieht, die ihr so liebt und wertschätzt.

ZUSÄTZLICHE KRISTALLIMPLANTATIONEN

An dieser Stelle wollen wir mit dem Thema der Kristallimplantionen fortfahren. Entspannt euch und bereitet euch auf diesen Prozeß vor. Wir wollen uns auf die Implantationen im Bereich eurer Wirbelsäule konzentrieren. Es ist an der Zeit, daß dieser stete Energiefluß bei euch verstärkt wird, um euer Wachstum zu beschleunigen, damit Uihr auf das, was in naher Zukunft vor euch liegt, vorbereitet seid.

Wir pflanzen einen ätherischen Kristall in jeden Wirbel eurer Wirbelsäule. Wir werden oben beginnen und langsam nach unten gehen. Diese Kristalle sind flach und dreieckig und zeigen mit den Spitzen zu eurem Kopf. Dies hat zur Aufgabe, die Energie aus "dem Sitz des Feuers", die Kundalini, die am Ende eurer Wirbelsäule sitzt, freizugeben, damit euch euer Wachstum bewußt werden kann. Wir pflanzen sie in umgekehrter Reihenfolge ein - von oben nach unten - damit kein zu gewaltiger Energiefluß auf einmal entsteht, der einen Energieschock auslösen würde.

Alle zwei Sekunden werdet ihr einen kleinen Schmerz oder Stich in einem Wirbel spüren, der nach unten wandert, bis er das Ende der Wirbelsäule erreicht hat. Danach werden sie eins sein...

Jetzt, wo die Implantation abgeschlossen ist, löst den Energiefluß, der vom Ende eurer Wirbelsäule ausgeht, langsam und vorsichtig. Konzentriert euch darauf, wie die Energie von einem zum anderen Kristall übergeht und sich ausbreitend die Wirbelsäule hinauf steigt.

Wenn sie zu oberst im Kopf angekommen ist, dann zwingt sie bewußt in den Körper zurück, damit kein Druck entsteht. Spürt den Fluß.

Jetzt könnt ihr entspannen. Viele Kinder des Lichts haben manchmal aufgrund ihrer Sensibilität Probleme mit ihren Rücken. Von Zeit zu Zeit müßt ihr daran erinnert werden, daß ihr auch ein körperliches Wesen seid. Diese Implantationen beschleunigen und bewirken ein sich Bewußtwerden des Energieflusses, wodurch ihr fähig werdet, eure Wirbelsäulen zu heilen, Blockaden, die auftreten, zu lösen und euch zu einem großen Teil der Zeit offen und in Harmonie zu halten.

Ich ziehe mich jetzt zurück und segne euch im Namen der Schöpfung. Seid gesegnet.

***

Dies ist Adamis. Seid gesegnet.

Während ich zu euch spreche, stehe ich neben eurem VATER. Ich bin hier, um euch darauf aufmerksam zu machen, wer ihr seid und welche Verantwortungen ihr in Beziehung auf diese Inkarnation, die Menschheit und Gott auf euch genommen habt.

DAS ZUSAMMENTREFFEN

Es wurde gesagt, daß dies die Zeit des Zusammenkommens ist, daß es für alle atlantischen Seelen, die auf der Erde inkarniert sind, Zeit ist sich wiederzutreffen. Die Zeit ist gekommen. In zunehmendem Maße treffen die Seelen der Ältesten in der Erdatmosphäre ein und nehmen einen Körper an. Dies geschieht entweder durch einen normalen Geburtsvorgang, durch Seelenwechsel oder durch Materialisation in Erwachsenenform. Die Anwesenheit der 144.000 wird bald erreicht sein.[14] Und wenn dies abgeschlossen ist, wird sich die Welt, so wie ihr sie jetzt kennt verändern, und die Erde wird in der Tat in ein erleuchtetes Zeitalter eintreten.

14 Spirituelle Führer sprechen von 144.000 Seelen, die auf der Erde inkarnieren werden, um die Menschheit in eine universelle Bruderschaft und Einheit mit Gott zu bringen.

In den alten Tagen von Atlantis gab es Bereiche, in denen Regeln für diejenigen aufgestellt wurden, die einen Dienst auf sich genommen hatten. Alle wußten, daß Freiheit, Beweglichkeit und Einheit in Bezug auf einen selbst von größter Wichtigkeit war, denn die Kanäle mußten klar bleiben. Da war kein Platz für Konfusion, für das, was ihr Schuld- und Angstgefühle nennt und für anderweitig Unterdrückendes. Nochmals nähert sich die Menschheit jetzt dieser Art von Existenzausdruck. Alle von euch, alle Gotteskinder, beginnen zu fühlen, wie der Druck nachläßt und Lasten abgeschüttelt werden, die ihr euch selbst aufgeladen habt, so daß eure Schultern wieder gerade, frei und leicht werden. Dies ist es, was zu geschehen hat. In einhundert Jahren, wird es keine Hellseher mehr geben, denn die Menschheit wird sich selbst bewußt sein, so wie es auch sein sollte. Aber wenn jemand keine Klarheit in seinen Energien herstellt, dann wird es für ihn viel schwieriger, den Zustand dieses Bewußtseins zu erlangen.

Wir wissen sehr wohl, daß es einfacher für uns ist, euch diese Worte zu übermitteln, als es für euch ist, sie in die Tat umzusetzen. Aber die gesamte Menschheit ist an einem Punkt in ihrer Existenz angelangt, an dem es Zeit wird, ihr Leben in ihrer Wahrheit zu führen. Der Schmerz und die Unsicherheit werden überwunden, denn Gott ist mit euch und seine Hand ruht auf eurer Schulter. Wenn er euch bittet, an seiner Seite zu gehen, dann wißt, daß er mit euch ist, euch beschützt und ihr nicht fallen werdet.

Atlantis ging unter und zwar aus denselben Anlässen, die auf dem Weg liegen, den die Menschheit heute wieder im Begriffe ist, zu beschreiten. Die Gründe sind auch wieder dieselben: das Bedürfnis nach Macht, Gier und das Ablehnen spiritueller Werte, um ein Leben nach Lust und körperlichen Begierden führen zu können.

Könnt ihr euch vorstellen, in welchem Zustand eure Welt heute wäre, wenn Atlantis überlebt hätte und sich an die Wahrheit und göttliche Ordnung gehalten hätte? Viele von euch wären jetzt nicht hier inkarniert, denn ihr würdet hier nicht gebraucht. Der Garten Eden würde blühen und alles wäre in Ordnung, aber das ist nicht so, sondern wird erst so werden. Nehmt die Hilfe eurer Brüder und Schwestern in dem Ausdruck eurer eigenen Wahrheit an. Tragt nicht alles selbst, sondern gebt euer Bedürfnis nach Unterstützung für eure Bemühungen bei denjenigen, die ihr liebt, bekannt und kommt zusammen. Versucht in Einheit mit euch zu kommen. Erlaubt euch zu sein, wer ihr wirklich seid und erkennt euren Wert. Wenn dies bei euch eintritt, dann steht ihr neben Gott.

Wir möchten jetzt gerne noch Fragen beantworten.

FRAGEN UND ANTWORTEN

Was war die Aufgabe derjenigen, die Atlantis verließen, bevor es sank?

Die Aufgabe derjenigen, die sich in Atlantis auf der Erdoberfläche inkarniert hatten, war die Ergebnisse der vielen experimentellen Zivilisationen, die sich im Laufe von Hunderttausenden von Jahren auf der Erdoberfläche angesiedelt hatten, umzusetzen. Sie waren die Vorläufer für diejenigen der folgenden Millenien, um dem Planeten zu ermöglichen, ein Garten Eden zu werden. Es war nicht vorgesehen, daß dieser Planet so benutzt wird, wie es heute der Fall ist. Die Menschen haben gewählt, diese Muster zu verändern.

Kannst du etwas über Indonesien und Australien sagen. Ich habe immer gedacht, daß beide die Überreste von Lemurien sind.

Indirekt ist dies richtig. Jedoch ist das Land erst nach der Besiedelung des Kontinents aus dem Meer emporgestiegen, um Australien und Indonesien zu werden. Sie verblieben dort nicht als der Kontinent sank, und so schien es, als ob die Landmassen wiedergeboren worden seien. Das gleiche gilt für die Kanarischen Inseln nachdem Atlantis gesunken war.

Ich möchte dich bitten, etwas mehr über die Dreiecksanordnung der Pyramiden rund um die Erde zu sprechen, von denen es heißt, daß einige zerstört worden seien, obwohl ihre Schwingungen noch immer existieren. Ist es heutzutage für uns möglich, sie wieder herzustellen und so den Planeten zu heilen?

Es ist für die Menschheit nicht notwendig, diese Pyramiden materiell wieder herzustellen, denn wie vorher schon angedeutet, existieren die Energiepyramiden noch an

ihren ursprünglichen Stellen. Das ist alles, was notwendig ist.
Die Kinder des Lichts können eine große Hilfe leisten, indem sie sich auf dieses Energieband, das um euren Planeten läuft, konzentrieren, denn es würde dieses Band stärken und ihm extra Kraft und Macht geben, eine effektivere Waffe in der Verteidigung gegen die Negativität der Menschheit zu sein. Es ist auch hauptsächlich dafür verantwortlich, den Planeten vor einem Kippen seiner Achse zu bewahren und damit eine erneute Verschiebung der Landmassen zu verhindern.

DIE 144.000

Wir werden nun über die 144.000 sprechen.

Man spricht über die "Zwölf aus Zwölfen" aus dem Baum des Lebens, der aus dem Universum hervorgeht, der aus sich selbst heraus Zwölf ergibt, wobei je eines wiederum zwölf Unterteilungen hat, die die Energiemuster immer wieder vervollständigen. Wir sprechen von den zwölf mal zwölf tausendfach, den auserwählten Völkern, den Israelis auf der Erde, über Israel, das verheißene Land.

Das auserwählte Land ist der Planet Erde. Die 144.000 sind die auserwählten Kinder dieses verheißenen Landes - diejenigen, die den Garten Eden in Erfüllung gehen lassen. Es sind diejenigen, die hier inkarnierten, um den Dienst Gottes zu erfüllen, indem sie ihre Fähigkeiten und Talente einsetzen, um das Bewußtsein der Menschheit zu heben. Einer wird den anderen finden, und die beiden zwei weitere und die vier, vier andere und die zwölf werden tausendfach zwölf weitere finden, und alle Kerzen werden leuchten. Die Welt wird zu Licht. Hoffentlich wird dies noch während eurer Inkarnationen hier stattfinden, denn viele von euch sind an diesem Prozeß beteiligt. Dies ist meine Aufgabe auf dieser Erde. Wenn alle Verbindungen geknüpft sind, dann wird alles geschehen.

FRAGEN UND ANTWORTEN

Sind die Ältesten schon hier auf der Erde als lebendige Wesen oder Lichtkräfte?

Sie verwenden alle Methoden, um hierher zu gelangen. Es gibt viele, die auf dem Wege einer normalen Geburt hierher gekommen sind. Es gibt einige, die Inkarnationen annahmen, die schon vorher existierten. Einige kommen hierher durch unbefleckte Empfängnis, um eine neue Urrasse hier auf der Erde zu gründen. Und wenn dies abgeschlossen ist, werden sie alle körperlich existent sein. Sie werden alle als Jünger Gottes dienen und in allen Farben und Formen in allen vier Weltgegenden existieren.

Wenn alle hier sind, wird es so sein, als ob große Blitze vom Himmel herabfahren würden. Sie werden alle erwacht und Licht sein, und die Menschheit wird wissen, wer sie in Wirklichkeit ist und die wahre Bruderschaft wird beginnen.

Waren wir uns als Seelen darüber bewußt, daß wir wiederkommen würden und jetzt zusammen sein werden? Der Grund, warum ich danach frage, besteht darin, daß meine Freunde und ich uns als eine Familie gesehen haben. Ich möchte gerne wissen, ob es vielen Seelen auch so ergeht, die hier sind?

Der Hauptgrund warum das Zusammentreffen stattfinden würde, war bekannt. Aber man muß sich vergegenwärtigen, daß für viele bei der Geburt ein Schleier über das Wissen gezogen wurde, so daß sie sich nicht mehr bewußt darüber sind. Wenn der Schleier wieder gelüftet wird und man innerlich wächst, dann erinnert man sich und das Bewußtsein darüber ist wieder da.

Was ist die Bedeutung der sieben Kristalle, die mich umgeben?

Die sieben Kristalle, die dich zu umgeben scheinen, sind der symbolische Schutz, wenn du dich in Bereichen der Negativität befindest. Es ist der Schutz deiner Energien, der sechs Facetten deines Selbstes der göttlichen Energien in dir.

Wie lange wird es dauern, bis die atlantischen Seelen sich ganz zusammengeschlossen haben, um die Menschheit zu erwecken?

Hoffentlich ist dies in zwei Jahrzehnten abgeschlossen, denn dann kann alles beginnen, aber es ist wichtig, daß ihr offen dafür bleibt, andere zu finden und zu erkennen, so daß ihr, falls sie noch schlafen, ihnen die Augen öffnet und ihnen zeigt, wer sie wirklich sind.

Ich habe eine Frage, die sich auf das Augenöffnen bezieht: Es gibt Zeiten, da sehe ich sehr deutlich, daß manche Menschen, die schlafen, Lichter sind. Wie kann man ihnen am besten das Wissen vermitteln? Manchmal wollte ich einen Lichtstrahl von meinem dritten Auge aus in ihres schicken. Ist es richtig dies zu tun, um sie aufzuwecken?

Der richtige Weg dafür wäre, wenn du dein Licht dem anderen zur Verfügung stelltest und den anderen entscheiden läßt, wieviel er davon annehmen will.
Wenn ihr denjenigen, der schläft, eure Liebe und eure Schwingungen spüren laßt, dann regt ihr in ihm eine Neugier an, und er wird bald beginnen zu fragen. Bedenkt immer, daß man einem anderen seine Schwingungen ohne Erlaubnis nicht aufdrängen darf, denn er mag gerade nicht dafür empfänglich sein. Natürlich obliegt euch die Beurteilung einer solchen Lage.

Ich habe eine Frage bezüglich der Erziehung. In Atlantis haben sie mit Kristallen den Geist und das Wachstum der Kinder angeregt. Ist es angebracht, unsere Kinder auf dieselbe Weise zu stimulieren?

Dieser Prozeß ist angebracht, aber ihr müßt entscheiden, ob das Kind dafür reif und auf diesem Gebiet empfänglich ist. Sicherlich würde es die Wachstumsebenen fördern. Es ist natürlich bei eigenen Familienangehörigen erlaubt.

Im letzten Monat habe ich einen Dom gesehen, der nicht immer klar war und seine Farbe zu wechseln schien. Kannst du das erklären?

Dies zeigt deine Ausdrucksart an. Es scheint dir sagen zu wollen, daß du im Moment nicht ganz genau weißt, auf welche Art du Gott dienen sollst. Es scheint da für dich mehr als nur einen Weg zu geben, den du einschlagen könntest. Die Reinheit des Domes ist die Reinheit deiner Seele und will dir sagen, daß du dich nicht bekümmern brauchst, denn du hast vielfältige Qualifikationen. Finde dich dort ein, wo dafür Bedarf ist. Diene dort, wo es benötigt wird. So wird denen die Hilfe zu teil, deren Bedürfnis du erfüllen kannst. Bleib empfänglich und flexibel.

Wie wurden die Chakren bei der Erziehung der Kinder in Atlantis entwickelt und ausgerichtet? Wurde dies mit Kristallen erreicht?

Während der Tage von Atlantis war es sehr einfach, eine Ausrichtung der Chakren zu erreichen, viel leichter als heute, denn es fehlt an Verständnis und es gibt viele Hindernisse. In Atlantis waren selbst die Kinder sich ihrer Aufgaben bewußt. Sie konnten vergangene Leben erinnern, und sie wußten, warum sie sich dort inkarniert hatten, denn viele dieser Programme sind ihnen eingegeben worden, als sie noch ein Fötus waren. Bewußtes spirituelles Wachstum war einfach, denn in diesem Bereich gab es keine vorgegebene Negativität. Die meisten waren dort nicht aus karmischen Gründen, wie es größtenteils auf eurem Planeten der Fall ist, sondern um zu dienen. Es ist für uns schwierig, euch heute einen Rat zu geben, wie ihr als Lehrer dabei behilflich sein könnt, denn ihr könnt nicht dort eingreifen, wo ihr nicht darum gebeten wurdet. Stellt, wie wir euch bereits vorgeschlagen haben, eure Energien anderen zur Verfügung, damit sie sie ihrer eigenen Kapazität gemäß aufnehmen können.

Es ist wichtig, daß die Kinder nicht zu schnell wachsen. Können ihnen daraus Probleme erwachsen?

Eine zu große Menge an Wissen in zu kurzer Zeit könnte das Kind von seinen Kameraden isolieren.
Dies ist in der Tat ein Problem und auch der Grund, warum dein Sohn sich als dein Sohn inkarniert hat. Du bist bewußt und mußt die nötigen Maßnahmen ergreifen, ihn zu schützen, aber versuche nicht, irgendwann und auf irgend eine Art sein Wachstum aufzuhalten. Dies würde zu einem gewissen Grad die Tore schließen und ist nicht deine Aufgabe. Deine Aufgabe ist es, ihn zu führen und zu leiten, so daß er ganz offen bleibt. Es ist keine leichte Aufgabe, dennoch muß sie getan werden, wenn er das erreichen soll, wofür er sich inkarnierte. Die Negativität, die in der älteren Generation angelegt wurde, hat schon genug Probleme bereitet, indem sie das Wachstum der Kinder verzögerte. Die Eltern, die darüber Bescheid wissen, sollten ihre Kinder ohne diese Negativität aufwachsen lassen. Aber es wird andere soziale Probleme und Schwierigkeiten mit sich bringen.

Es wird Zeit, diese Sitzung zu beenden. Wir hoffen, daß ihr unsere Worte mit Liebe aufgenommen und akzeptiert habt. Es war unsere Absicht, euch zu stimulieren und aufzuzeigen, was noch vor euch liegt, denn Gottes Wahrheit gemäß habt ihr alle Anteil daran.
Wir schicken euch den Segen des Vaters, von der Mutter und von Gott.
Gott segne euch.

KAPITEL 10

Hier spricht "Strength". Der folgende Abschnitt behandelt die Eigenschaften und Aufgaben des doppelendigen Kristalls.

DER DOPPELENDIGE KRISTALL

Doppelendige Kristalle haben an ihren Enden komplett ausgebildete Spitzen. Sie sind nicht abgebrochen und können Energie von einem Punkt durch ihren Körper zum anderen leiten und sie dort abstrahlen. Diese Art von Kristallen gäbe es öfters, würden die Bergarbeiter vorsichtiger bei ihrer Arbeit und weniger habsüchtig sein, denn viele der Kristalle werden von den Maschinen beschädigt, die die Erde umwälzen, damit die Kristallagen entdeckt werden können.

Eine der Hauptaufgaben der doppelendigen Kristalle könnte es sein, den Energiefluß in euren Körpern zu polarisieren und auszugleichen. Wenn ihr den Kristall so zwischen eure Hände nehmt, daß jeweils eine der Spitzen genau in einem Handflächenmittelpunkt sitzt, dann wird jedes Ungleichgewicht, das sich vielleicht in dem Energiefluß eures Systems befindet, ausgeglichen. Dasselbe kann erreicht werden, indem ihr den Kristall zwischen eure Fußballen nehmt, wobei ihr eure Knie anwinkeln müßt, um diese Position einnehmen zu können.

Zwei Personen können einen doppelendigen Kristall in die Hände nehmen, dann wird er ihnen helfen, die Schwingungen des anderen zu lesen. Jeder der beiden hält eine Spitze des Kristalls in den Mittelpunkt seiner Handfläche, und dann lassen beide die Schwingungen hin und her fließen. Dabei entstehen Eindrücke, die ihr in Gedankenformen und dann in Worte umwandeln könnt, um sie später einander mitzuteilen.

Natürlich könnt ihr doppelendige Kristalle für Heilungen verwenden. Während diese Kristalle optimalst dienen, geht bei den einspitzigen Kristallen, die die Energie von ihren flachen Enden her einziehen, etwas - aber nicht - viel Energie verloren. Aber für alle praktischen

Kristallanwendungen, die ihr zur Heilung benutzt, reichen die einspitzigen Kristalle aus.

In Atlantis lag die Hauptaufgabe dieser Kristalle in Kristalloperationen, bei denen ein optimaler Energiefluß zur richtigen Diagnosestellung und Behandlung notwendig war. Sie wurden verwendet in Abstimmung mit Klängen und Tönen. Idealerweise, wenn man einen kompletten Satz aus doppelendigen Kristallen erwerben könnte, hätte der Energiefluß um das gelegte geometrischen Muster eine optimale Stärke. Es ist aber sehr schwierig, ein solches Set zusammenzubekommen; daher kümmert euch nicht darum. Nehmt lediglich zur Kenntnis, daß die Energie stärker wäre, wenn ihr diese Kristalle erwerben und entsprechend verwenden könntet.

Ich muß meine Durchsage kurz halten, denn ich stehe ein wenig unter Druck. Ich habe alles ausgeführt und gehe jetzt. Seid gesegnet.

***

Hier spricht Michael. Seid gesegnet.

Dies ist das erste Mal, daß ich zu euch über diesen Lernbereich spreche. Mein Thema hier bezieht sich auf die Auswirkung der atlantischen Schwingungen auf die Menschheit, die zum jetzigen Zeitpunkt auf dem Planeten Erde lebt. Meine Energien sind der Ausdruck des maskulinen Aspekts der Schwingungsenergie Gottes. Er bedeutet Ausdauer, Stärke und die Einheit Gottes. Jeder von euch, jedes Kind Gottes im gesamten Äther und im Universum trägt einen Teil meiner Schwingungen in seiner Seele. Daher seid ihr alle in verschiedenem Maße mir ähnlich.

DIE STÄRKUNG EURER ENERGIEN

Als die Ältesten, jene alten Seelen, bekannt unter dem Begriff "Alta", sich in Atlantis inkarnierten und niederließen, waren die meisten von ihnen einer stärkeren Schwingung meinerseits ausgesetzt, um sie mit größerer Stärke, Bestimmtheit und Macht auszustatten. Das war wichtig für die Aufgaben, die sie innerhalb der atlantischen Gesellschaft auszufüühren hatten. Wie aus der Geschichte schon bekannt, wurde diese Energie vielfach gröbstens mißbraucht. Neben anderem trug dies zum Untergang und der Zerstörung der Gesellschaft bei. 1000 Jahre später sind wir jetzt hier angelangt und bewegen uns in das Zeitalter des Wassermanns, ein Zeitalter der geschützten Macht, die sich durch die Liebe der Rose ausdrückt, obwohl die Macht immer noch da ist. [15]

Atlantis hat wirklich begonnen aufzusteigen, in euch und anderen euresgleichen. Ihr seid euch eurer Stärke und das, was eure Gottesaufgabe ist, bewußt geworden. Es ist ganz normal, daß ihr mit Besorgnis und sogar mit Angst reagiert. Mit all diesem Verständnis kommen in euch Unsicherheiten und Zweifel im Hinblick auf eure Fähigkeiten auf.

Was tut ihr, um eure Zweifel zu überwinden? Was werdet ihr tun, um euch selbst zu unterstützen und euch der Kräfte bewußt zu werden, die mit euch sind? Wie könnt ihr euch sicher sein, daß ihr sie rufen könnt, wenn ihr sie braucht? Wir nennen es Vertrauen auf Gott, und vertrauen wir darauf, dann nennen wir es: an unser Selbst glauben. Versteht mich nicht falsch, meine Brüder und Schwestern, alle Seelen sind nach Gottes Ebenbild geschaffen, mit dem Gedanken daran, das Gottes wahres Antlitz Energie ist.

Jeder von euch ist ein eigenes Universum. Ihr seid verantwortlich für dessen Unterhalt, damit die Energie zur Erfüllung der Bedürfnisse aufrecht erhalten wird, so daß es erfolgreich ist und wächst. Dazu gehört auch ein "gemeinsames Zusammenkommen".

DAS ZUSAMMENKOMMEN

Überall auf der Welt werden sich Kinder des Lichts bewußt, wie wichtig es ist, ihre Brüder und Schwestern, wahre Liebe und jene zu finden, mit denen sie sich verstehen und eins werden können. Meister beginnen zu erscheinen, und Lichtzentren auf eurem Planeten sind im Begriff zu entstehen um kosmisch ausstrahlen. Atlantis ist da. Es ist da, denn ihr seid hier.

15 Das Zeitalter des Wassermanns ist durch eine Rose vor dem Schwert der Macht gekennzeichnet, die das "Schneidende" des Schwertes weich macht.

Eins nach dem anderen werden die "Kinder" gehen, fahren und fliegen, um zusammenzutreffen, um das Sprengen der vergangenen Schwingungsmuster zusammen zu durchleiden. Sie erleben dabei eine starke emotionale Erleichterung, indem sie die Begrenzungen, die sie von ihrer Wahrheit abgehalten haben, loslassen. Dies muß stattfinden, denn eine Geburt wird von einem symbolischen Tod begleitet. Etwas muß ein Ende haben, bevor ein neuer Anfang geschaffen werden kann. Es muß alles losgelassen werden, damit der neue Reichtum fließen und blühen kann. All dieses bringt Schmerzen mit sich. Darum auch das Zusammenkommen, damit alle daran teilhaben, sie ihre Liebe für euch ausdrücken können und ihr nicht allein seid.

Die atlantischen Ältesten waren allein, denn sie hatten nur sich selbst und jeder arbeitete an einem anderen Projekt, - sein Ego mit einbezogen -, und was dabei heraus kam, ist von der Geschichte her bekannt.

In einigen Aspekten eurer Entwicklungsgeschichte und eurer bewußten Wesensart habt ihr ein größeres Verständnis über eure Rolle im Universum erlangt, als ihr es während eurer Zeit in Atlantis hattet, denn ihr habt die Rolle eures Egos erkannt. Ihr lernt, daß eure Emotionen euch dienlich sein sollen und nicht ihr ihnen.

Ihr und alle die anderen Lichtkreise werden die Instrumente sein, die dies bewirken. Ich beauftrage euch und alle anderen, die sich mit den Schwingungen meiner Worte beschäftigen, mit dieser Verantwortung Gott gegenüber. Ihr müßt euer Leben in der Hand haben, für euren Wert vor Gott einstehen, ganz nackt und ohne Verschönerungen und euch in Liebe kleiden. In diesem Gewand wird all eure Stärke mit euch sein und ihr werdet eins sein mit Gott. Nur dann, und nur dann, seid ihr in eurem wirklichen Dienst.

Es ist wenig bekannt, aber unter den Ältesten gab es solche, die versuchten, ihr eigenes Idolsystem zu schaffen, aber nicht mit unbelebten Objekten oder Schnitzereien, sondern aus Mutationen lebendiger Wesen. Da sich die Geschichte vielfach wiederholt, gibt es auch in eurer Gesellschaft solche, die heutzutage Mutanten erschaffen. Sie schaffen ihr eigenes System von Idolen, um zu herrschen, zu kontrollieren und Angst hervorzurufen. So, wie sie damals zerstört worden sind, werden sie auch jetzt wieder zerstört werden. Gott gewinnt immer. Alle Schwingungen des Universums sind eine Ableitung der

Liebe, und daher hat die Quelle der Schwingungen nichts, das ihr an Macht, Stärke und Dauer gleichen könnte. Sie triumphiert immer.

Manchmal erscheint es einigen, als ob Gott nicht "gewinnt". Es scheint solche Ebenen von Chaos zu geben, daß man sich fragt, ob Gott gerade "Ferien" macht und was eigentlich vorgeht. Es ist nur eine Erfahrung, die die Menschheit durchzustehen wünscht. Hat sie ihren Lauf genommen, kommt Heilung und die Liebe stellt den Frieden wieder her. Hoffentlich resultiert aus dieser Erfahrung Wachstum.

Ich bitte euch, alle Worte, die von Katastrophen, Kataklysmen etc. sprechen, zu ignorieren. Hört auf die Energien des Wachstums und des Friedens und der Brüderlichkeit, denn hier liegen eure Beziehungen und eure Kraft. Tut ihr dies, dann bin ich immer mit euch. Wenn ihr Negatives bestätigt, dann tut ihr dies alleine - ohne Unterstützung - und das macht euch Angst.

Ich ziehe mich jetzt aus Adamis zurück und schicke euch den gesamten Segen Gottes. Ich bin immer mit euch. Seid gesegnet.

***

Ich bin Adamis, seid gesegnet.

Wir werden über Werkzeuge sprechen, die im Bereich der Erziehung und der Kommunikation angewendet werden können, und die ihr selbst bauen könnt. Ihr könnt sie bei der spirituellen Erziehung eurer Kinder verwenden, - auch im Schulbereich -, was aber in der heutigen Zeit sehr schwierig wäre, denn es würde viele unnötige Fragen aufwerfen.

DER GEBRAUCH EURER EIGENEN ENERGIE ALS TEIL EINER DREIHEIT

Stellt euch vor, wir erschaffen eine Dreiheit aus Energien. Nehmt zwei einspitzige Kristalle von der Größe eines Generators und stellt sie auf den Boden mit den Spitzen nach oben. Stellt sie vor euch auf, um die Basis des Dreiecks zu bilden. Nehmt einen Kupferdraht, wickelt ihn drei Mal um jeden Kristall und haltet beide Drahtenden in euren Händen. Sitzt dann in Meditation. Konzentriert euch auf die spirituellen Energien eines Menschen, mit dem ihr gerne eure Gedanken teilen möchtet, und die Energien kommen verstärkt auf euch zu. Auf diese Weise werden die Energien vieler, die hierfür für euch nicht zugänglich sind, mit euch sein. Diese Dreiheit dient als Verstärker, um die magnetische Energie heranzuziehen, so daß ihr sie empfangen und sie in eure geistigen Bilder und in Sprache umzusetzen könnt.

Ebenso stellt euch vor, ihr möchtet euer Wissen, eure Wahrheit zu jemandem, der in geistiger Form besteht, projizieren. Dann würden wir diesen Prozeß umdrehen. Stellt einen einspitzigen Generatorkristall vor euch, umwickelt ihn dreimal mit dem Draht und haltet je einen der Drahtenden entlang euren Seiten in je einer Hand. Auf diese Art dient ihr als Basis des Dreiecks und das Wissen und die Energie fließt aus euch heraus in den Apexkristall, um in den Äther auszuströmen.

Mit dieser Methode könnt ihr euch auch in das All transportieren und eure Energien in das All geben, um mit euren Brüdern und Schwestern auf den Schiffen Verbindung zu haben. Ihr könnt eure Energien reinigen, die Gifte aus euren Systemen herausziehen und euren Geist heilen. Ihr könnt einfach den Wunsch äußern, ein "Schwätzchen" zu halten und für ein Weilchen einen Besuch machen.

Wenn einige von euch damit zu experimentieren wünschen, könnte man ein Dreieck einrichten, von dem aus gesendet wird und eines, das empfängt. So könntet ihr von Haus zu Haus miteinander kommunizieren. Tut ihr dies, so wird eure Sensibilität für diese Art der Kommunikation und Energiemusterumwandlung verstärkt. Auf diese Weise könntet ihr lehren und eure Kinder lernen. Und wenn wir die zuerst beschriebene Dreiheit benutzten und die beiden Basiskristalle mit einer bestimmten Energieschwingung und Farbe, die ein anderer zur Heilung braucht, aufladen würden, hätte das einen einschlagenden Effekt auf denjenigen, der als Apex dieses Dreiecks dient. Was die Menschheit ein "Wunder" nennt, würde etwas ganz Alltägliches sein. Ich bin sicher, daß viele von euch nach einiger Zeit die Notwendigkeit nach größeren Kristallen verspüren. Wenn euer System in großem Maße das Kraftfeld toleriert, habt ihr die Fähigkeit, immer größere Kraftfelder auszuhalten. Aber kümmert euch darum nicht. Die Energien sind am Arbeiten. Es ist nur die bewußte Aufmerksamkeit der Kraft, die ihr aufgenommen habt. Es ist nicht so, als hätte sie keine Wirkung mehr auf euch, denn sie hat es tatsächlich.

Mit diesem Diskurs beschließen wir den zweiten Teil dieses Buches. Was an Schwingungen für diesen Band geplant war, ist vollständig und abgeschlossen.

Wir haben bisher viele Wahrheiten in den vergangenen Zusammenkünften mit euch geteilt, die sich nicht nur auf die atlantische Zivilisationen, sondern auch auf den Gebrauch von Kristallen bezogen haben. Wir bitten euch eindringlich, diese Muster nicht zu mißbrauchen und bei der Anwendung Diskretion walten zu lassen. Die Schwingungen der Wesenheiten, die sich hier zu Worte gemeldet haben, sind in diesen Seiten enthalten für diejenigen, die die Bücher lesen, um zu erfahren, mit einbezogen werden und daran wachsen zu wollen.

Dies sind tatsächlich gesegnete Zeiten. Ich kann verstehen, warum ihr euch manchmal wünscht, all das Chaos hinter euch zu lassen und frei zu sein. Denkt daran, wie es werden wird, wenn die gesamte Menschheit, dank eurer Bemühungen, frei wäre, denn dies ist der Zweck eures Hierseins.

Vielleicht gibt es jetzt ein paar Fragen. Wir möchten sie jetzt beantworten.

FRAGEN UND ANTWORTEN

Diese Frage betrifft die drahtumwickelten Kristalle: sollte jeder Kristall getrennt umwickelt werden oder sollten die beiden Kristalle mit einem Draht untereinander verbunden werden?

Die Kristalle sollten, obwohl sie voneinander entfernt stehen, mit einem Draht verbunden werden. Wickelt den Draht dreimal um den einen und führt ihn dann herüber zu dem anderen, den ihr auch dreimal umwickelt und haltet dann die beiden Enden in den Händen.

Wäre dies nicht eine wunderbare Art zu beten?

Ja, das wäre es. Es könnte dazu verwendet werden, auf allen Gebieten die intensivste Form des Ausdrucks auszusenden, besonders bei einem Gebet für einen Kranken oder Bettlägerigen. Es verstärkt die Schwingungen und die gewünschten Resultate ungeheuerlich.

Welche Farbe sollte der Kristall haben, wenn wir auf diese Weise für einen Kranken beten?

Immer wenn wir Energie senden, - heilende Energie zu jemandem, der nicht anwesend ist - müssen wir die Ausstrahlung dieser Energie auf das Maß begrenzen, das derjenige bereit ist, anzunehmen. Daher ist zu empfehlen, rosa zu verwenden, die Farbe der universellen Gesundheit. Wenn man dies tut, stellt man das Spektrum der Schwingungen auf der Seelenebene zur Verfügung, und die Seele kann jeden Aspekt davon nach eigener Wahl in dem gewünschten Maße benutzen, wobei ihr persönlich nicht involviert seid.

Ich habe eine Frage, die für mich schwierig zu stellen ist. Du hast gesagt, daß eines der Gründe für die Auflösung der atlantischen Gesellschaft der Mißbrauch von Macht war. Wir haben hier Erdverschiebungen, und einige sagen, daß Kalifornien wegen Erdbeben und Vulkanausbrüchen sinken wird. Steht dies in Beziehung zu dem atlantischen Mißbrauch ihrer Energien?

Es gibt eine wenn auch geringe Verbindung, aber ihr müßt verstehen, daß die vielleicht kommenden Erdveränderungen das Resultat der Evolution dieses Planeten sind. Es ist eine zyklische Veränderung und Reinigung, eine Anhebung der Schwingungen des Planeten Erde. So hat der Hauptgrund für die Veränderungen nichts mit den Schwingungen der Menschheit zu tun. Es gibt jedoch einen variablen Faktor in Bezug auf die Intensität dieser Veränderungen, der in der Ähnlichkeit zwischen der atlantischen und der heutigen Zeit liegt und zum Tragen kommt.

Wenn die Menschheit auf eurem Planeten erwacht und diesem Planeten mehr Liebe zu schicken beginnt, werden alle auftretenden Veränderungen beträchtlich verringert. Wenn auf der anderen Seite die Negativität überwiegt und wächst, werden alle Veränderungen um ein vielfaches intensiviert, denn das ist, was die Menschheit wünscht und ausstrahlt.

In Atlantis spielte bei der endgültigen Zerstörung die Einstellung eine wichtige Rolle. Es war vielleicht nicht der auslösende Faktor für die Zerstörung, aber sie half auch nicht, sie abzuwenden. Es war als wenn man Öl ins Feuer gießt, und hierin liegt vielleicht die Ähnlichkeit zwischen damals und heute. Aber, mein Kind, sage nicht so unumstößlich, wie du es eben tatest, daß Kalifornien ins Meer stürzen wird, denn dies ist nur eine Vermutung.

Adamis, ist der Zyklus der Reinkarnation der Atlanter abgeschlossen oder kommen sie immer noch zur Zeit auf die Erde? Wie viele sind schon da und wie viele kommen noch?

Es sind viele hier, aber ich kann nicht sagen, daß die Seeleneinwanderung auf dieser Ebene abgeschlossen ist. Es wird mindestens noch fünf bis acht Jahrzehnte weitergehen. Die Inkarnationen werden weiter fortgeschrittene Entwicklungsebenen haben. Wenn eine Ebene von Inkarnationen damit beginnt, einer höheren Schwingung Ausdruck zu verleihen, ebnet sie den Weg für eine wiederum höhere Inkarnationsebene. Es ist wie das sprossenweise Erklimmen einer Leiter. Aber wir können nicht sofort vom Boden auf die höchste Sprosse springen; wir müssen verschiedene Phasen und Abschnitte durchlaufen.

Durch andere Kanäle habe ich gehört, daß sehr bald andere Energiearten angewendet werden sollen, die die Menschheit jetzt noch nicht kennt. Siehst du das auch so, und wird die Atomkraft nicht mehr als Energiequelle in Frage kommen?

Sicherlich wird dies zustande kommen. Es ist uns aber unmöglich, dies in Relation zu eurem Zeitbegriff zu bringen, denn diese Form von Energie wird nicht eher dem Bewußtsein zugänglich gemacht, bis nicht der geringste Zweifel daran besteht, zu welchem Zweck sie benutzt wird.

Kann man die Dreiecke auch aus den doppelendigen Kristallen legen? Würden die Energien dann verstärkt?

Wir schlagen vor, die einspitzigen Kristalle dafür zu verwenden, denn wir ziehen die Energie durch die eine Spitze aus der Atmosphäre herunter. Sie kommt nicht aus dem anderen Ende wieder heraus, sondern läuft vom Körper des Kristalls durch die Drähte. Daher ist es einfacher, den größeren Teil der Energie in einem einspitzigen als in einem doppelendigen Kristall zu halten.

Ich habe eine Frage zu doppelendigen Kristallen. Nehmen wir an, eine Person hätte welche und würde sie benutzen, um damit ein Muster zu legen: müßten sie quer oder der Länge nach liegen?

Ich möchte vorschlagen, sie der Länge nach zu legen, denn dies bewirkt ein fließendes Muster, bei dem die eine Spitze in die andere fließt.

Wenn wir die Kinder über das Kristalldreieck lehren, sollten sie dann die Bleidrähte halten?

Ja. Auf diesem Gebiet gibt es zwei Verfahrensweisen: Ihr könntet das Kind in der Spitze des Dreiecks plazieren, um die Information und die Belehrungen vom Universum zu erhalten, aber es gibt noch eine andere Anwendungsmethode. Ihr selbst könntet dasitzen und eure Hände auf die beiden Basisgeneratoren legen und euer Wissen und Information zu ihm schicken. Sie werden dieses Wissen und die Energie speichern. Wenn das Kind an der Spitze sitzt, werden diese Informationen in seinen Geist gezogen.

Wenn du diese Methode benutzt, sendest du dann einen bestimmten Wissensbereich oder würdest du einfach deine Energie schicken?

Ihr könnt entweder das eine oder das andere tun. Beides wäre gleichermaßen effektiv. Ich würde vorschlagen, zuerst konkret zu sein. So könnt ihr Experimente machen, um zu sehen, wie effektiv ihr seid und wie aufnahmebereit das Kind ist. Sie werden auch mit der Zeit die Aufnahmefähigkeit des Kindes fördern. Später, wenn sich die Verträglichkeit eingestellt, könnt ihr einfach eure Schwingungen zu dem Kind fließen lassen. Sie werden dem Kind bewußt werden, wenn dazu eine Notwendigkeit auf dem entsprechenden Gebiet besteht. Manchmal tritt das Wissen, das ihr eingepflanzt habt, mehrere Jahre nicht zu Tage, denn es wird nicht gebraucht, aber das Wissen ist da.

Kannst du diese Methode verwenden, um ein Kind zu heilen, das zum Beispiel an mangelndem Selbstvertrauen oder Ängsten leidet oder beschränkt sie sich nur auf Lehrformen?

Sie könnte auch auf diese Weise eingesetzt werden. Wir möchten allerdings raten, daß es sich in diesem Fall um spirituelle Schwingungen und Heilungen handelt. Wenn man sein Selbstbild verbessern will, sollte man zu diesem Zweck die Energien des Bewußtseins Gottes im Selbst ansprechen. Ich möchte wieder zu dem raten, was ich schon oft erwähnt habe, nämlich die Hand derjenigen Person zu halten und das Christuslicht zu ihrem Herzen durchzuleiten, um ihr die Möglichkeit zu geben, Gott zu erfahren und zu verstehen, daß Gott im Inneren ist. Dies wird ihr helfen.

Ich weiß, daß das eine spirituelle Erfahrung ist. Gibt es einen Weg, diese Methode anzuwenden, um einem hirngeschädigten Kind oder einem Kind mit Wachstumsverzögerung zu helfen?

Wir haben dies bereits in dem Abschnitt über verschiedene Krankheiten besprochen. Du mußt verstehen, daß oftmals das Heilen des Zurückgebliebenseins und des Hirngewebes nicht erfolgreich ist. Ist dies der Fall, so sei nicht entmutigt, denn du kannst daran arbeiten, Stärke und Fähigkeiten auf anderen Gebieten des Ausdrucks in größerem Maße als normal zu entwickeln. Dies ist eine Kompensation für den Verlust der anderen Bereiche. Darauf sollte man sich konzentrieren, wenn eine Genesung durch Heilung nicht erreicht werden kann.

Wir beenden nun dieses Buches, das wir euch in unserer Wahrheit übermittelt haben. Wir segnen die Schwingungen darin und bitten, daß sie der Menschheit dienlich sein werden, denn wir können nichts Förderlicheres mit euch teilen, als unsere Wahrheit.

Mögen alle mit der Energie der Liebe aller Väter und Mütter in allen Universen der Schöpfung gesegnet sein. Segne uns alle.

III. TEIL

KAPITEL 1

Heute abend sprechen wir zu euch als Atemose II, dem Herrscher von Atlantis. Seid gesegnet.

Wir beginnen mit dem letzten Schenkel des Dreiecks. Damit schaffen wir die Dreiheit, - hoffentlich übermittelt zum Nutzen der Menschheit eurer Zeit - ein vervollständigtes Bild der Ursachen und Wirkungen, die durch die Existenz des alten Atlantis geschaffen wurden.

EIN VOLLSTÄNDIGERES BILD VON ATLANTIS

Als die Stadt Atlantis nach den Änderungen auf der Erdoberfläche wieder aufgebaut werden sollte, inkarnierten die daran beteiligten Seelen freiwillig für diesen Dienst. Dennoch gab es viele, die teilweise gegen ihren Willen und Wunsch kamen, es aber doch taten, weil sie den Vater nicht erzürnen wollten. Sie wußten, daß sie aufgrund der Art ihres Wissens und ihrer Energien dort dienen mußten, wohin sie gerufen wurden.

Die Menschen haben sich romantisch ein Bild von einem wunderschönen Atlantis ausgemalt, es als ideale Gesellschaft beschrieben, ohne ernsthafte Probleme, wo jeder in Harmonie und Einklang lebte und für ein gemeinsames Ziel arbeitete. Sehen wir uns an, was in dieser Zeit erreicht wurde, ist es nur natürlich, zu dieser Schlußfolgerung zu kommen. Wir müssen jedoch unter die Oberfläche schauen und in die Seelen blicken, die dort während dieser Zeit lebten. Dann finden wir viele, die nicht gemäß ihrer Wahrheit lebten und sich nicht selbst innerhalb ihrer Wahrheit ausdrückten. Deshalb haben sie gelegentlich Dinge getan, die nicht in der Ordnung waren - weder persönlich, noch in Bezug auf ihren Dienst für Gott.

Die Geschichte wiederholt sich immer wieder - das habt ihr schon oft gehört, und das stimmt natürlich auch. Wenn ihr eure Welt zum gegenwärtigen Zeitpunkt anseht, und im Laufe ihrer Geschichte, könnt ihr in Meinungen und Verhalten große Ähnlichkeiten zu jenen Teilen der Atlanter erkennen. Die Kämpfe um Macht, um Kontrolle über andere, die Entwicklung von Waffen und Energiequellen, und um militärische und persönliche Kontrolle; eure heutigen Experimente mit dem Leben, mit Versuchen, Abbilder von euch zu klonen, um Arier oder reine Individuen der menschlichen Rasse zu erschaffen - ist irgend etwas davon auch nur ein bißchen anders als die atlantischen Schöpfungen von Mutanten, anders als die abwegigen Experimente, die dort durchgeführt wurden?

Die Atlanter wurden schließlich zerstört. Am Ende eurer Geschichtsepoche müssen dieselben Schwingungen auch zerstört werden. Dennoch braucht die Methode der Zerstörung nicht notwendigerweise die gleiche zu sein. Es geht darum, daß die Menschheit von ihren früheren Taten lernt. Sie muß lernen, daß sie diese Art der Zerstörung nicht zu erleiden braucht, sondern daß sie umgewandelt werden kann. Wir hoffen, daß auf eurem Planeten geschehen wird, denn bis jetzt erfolgen große Bewußtseinssprünge, und vieles kommt zusammen.

MANCHE GINGEN UND MANCHE BLIEBEN

Viele in Atlantis inkarnierte Seelen starben einen nassen Tod oder in Explosionen, als das Ende kam. Anderen wurde diese Erfahrung erspart, denn sie brauchten sie nicht. Sie hatten kein Bedürfnis, daran teilzunehmen. Was machte diesen Unterschied? Wer entschied, welche Seelen unter Leiden sterben sollten und welche nicht, und warum? Um diese Fragen zu beantworten, denkt an Menschen in eurer eigenen Zivilisation, die, wenn sie in die Jahre kommen, ihre Augen im Schlaf für immer schließen und hinübergehen, oder deren Arterien verletzt werden und die sofort sterben. Ihr Übergang war ohne Leid, schmerzlos und schnell, und deshalb haltet ihr diese Seelen für gesegnet. Die Situation ist die gleiche.

Es wurde geschrieben: "so wie ihr sät, werdet ihr ernten". Wenn ihr euch belastet mit Bürden, Störungen eurer Schwingungen, Unwahrheiten, Macht und Gier, müssen sie von den Wassern fortgewaschen werden, vom Feuer gereinigt werden. Und so gab es damals auch niemanden, der mit einer Checkliste dasaß und entschied, wer bleiben sollte und wem erlaubt wurde, zu gehen, bevor das Ende kam. Das ist einfach nur die Art und Weise, wie es war und immer ist.

Denkt an einen Bekannten, der vielleicht jahrelang an einer fortgeschrittenen Krankheit gelitten hat, und dennoch immer noch dablieb. Seht euch sein Leben an, betrachtet seine bewußte Beziehung zu Gott, schaut, was er in Bezug auf die Menschheit getan hat, und die Antwort wird klar sein.

DER PLAN ZUR WIEDERBESIEDELUNG DER ERDE

Die Ältesten von Atlantis, die von der bevorstehenden Zerstörung ihrer Zivilisation unterrichtet worden waren, verließen die physische Ebene, da sie alle Verantwortung erfüllt hatten. Und sie waren unter den ersten, welche wieder in physischer Form die Erdoberfläche besiedelten. Als sich alles von den Verheerungen beruhigte, beschloß die Hierarchie, daß es Zeit war, die Erde wieder zu besiedeln, und diese Ältesten von Atlantis wurden von Gott "auserwählt", um die Zivilisation wieder aufzubauen. Was geschah mit den anderen? Sie verblieben in geistiger Form, wurden neu konditioniert, und die Verirrungen in ihren Energien wurden korrigiert, so daß sie auf die Erde folgen und ordentlich dienen konnten.

Wir haben vom Garten Eden gesprochen, von den symbolischen Adam und Eva und der Schlange, von den Beziehungen zwischen dem Männlichen, Weiblichem, dem freien Willen und dem Planeten Erde. Ihr könnt durch euer Neues Testament, euer Altes Testament, euren Koran, durch unzählige eurer Schriften gehen; sie alle beziehen sich auf die Ältesten von Atlantis, die hier wieder Zivilisationen auf der Erdoberfläche ansiedelten. Wie hätte es anders sein können? Wie hätte eine Seele ohne die Stärke und Evolution eines aufgestiegenen Meisters die Nöte eines Abraham, Isaaks oder Jakobs erleiden können? Wie hätten sie es aushalten können, wenn sie nicht gewußt hätten, warum sie hier waren, was ihre Funktion war - wenn sie nicht von der äußeren Existenz ihrer Seele gewußt hätten?

Jakob und seine Frau hatten zwölf Söhne. Und bei ihrer Geburt begann der Rest der Ältesten von Atlantis, auf der Erde zu inkarnieren. Sie waren hier zu helfen, zu lernen, die Verirrungen zu klären, die sie für sich selbst geschaffen hatten. Sie inkarnierten in großer Zahl und begannen unter der Führung der Söhne, sich in alle vier Richtungen zu zerstreuen und den Wiederaufbau zu beginnen.

Findet mir eine Seele, die nicht an einem Punkt ihrer Existenz die Existenz Gottes geleugnet hätte - und es wird ein Engel sein, der nie physisch inkarniert war. Schließlich ist dies Teil der Unvollkommenheit der Seele, und die Leugnung Gottes muß von einer Seele erfahren werden, so daß sie den Wert Gottes für ihre Existenz erkennen kann. Dies ist nur ein Beispiel dafür, wie ihr Dinge erfahrt, die ihr nicht wollt, um so eure Wahrheit besser bestimmen zu können. Wenn eine Seele einmal die Abwesenheit Gottes erfährt, wird sie sich ihrer Wahrheit bewußt.

DER MEISTER JESUS

Es kam ein Punkt in der Evolution eurer Geschichte, als ein Sendbote Gottes auf der Erde inkarnierte. Die Ältesten wurden über das Kommen dieser Seele informiert und versammelten sich. Als die Seele ihren Platz in dem physischen Kind annahm, kamen alte Schwingungen und Reaktionen wieder an die Oberfläche. Neid manifestierte sich. Die Ältesten von Atlantis bestritten die Gegenwart des Meisters Jesus in dem physischen Körper.

Aber sie kannten die Wahrheit; sie wußten, wer er war, und dennoch fielen sie zurück in die alten Muster, und wieder leugneten sie die Existenz Gottes. Sie verteidigten ihre Entscheidungen, und sie protestierten, daß es nicht Gottes Wille sei. Aber in ihren Seelen wußten sie, das es so war.

Warum kam diese Meister-Seele in die physische Form? Was war die Funktion ihrer Schwingungen, die doch schließlich schon zuvor häufig präsentiert worden waren? Gab es zu diesem Zeitpunkt eine spezielle Aufgabe, und wenn ja, welche?

Die Ältesten waren während dieser Phase der Geschichte wieder in Verwirrung geraten. Es gab keine Einheit, das Vertrauen und der Glaube in Gott waren kurz davor, sich in alle Winde zu zerstreuen. Es wurde entschieden, daß eine Kraft von Einheit, ein Ausdruck von Macht unter den Menschen nötig war. Dies geschah, um die Bindung zwischen Mensch und Gott wieder herzustellen. Es sollte keineswegs eine neue Religion, ein neuer Ausdruck geschaffen werden.

Wie immer, wenn sich Energien für eine Situation manifestieren, wird eine ihnen entsprechende Erfahrung und ein Muster von Aktionen erzeugt. So geschah es, und für die Menschheit entstand eine Gelegenheit, neue Lektionen und Ausdrucksformen zu lernen. Und der neue Weg zu Gott hatte begonnen. Was war mit diesen Ältesten von Atlantis, die sich Hebräer nannten, geschehen, als sie Gott leugneten? Manche Geschichtsforscher sagen, daß die Rasse der Hebräer seit dieser Zeit gelitten hat und als Nomaden lebte, daß sie herumwanderten und ihnen ihre Heimat verwehrt wurde, daß sie in der ganzen Welt verfolgt wurden, daß sie als Menschenrasse geboren worden sind, um zu leiden, um sich von Sünden zu reinigen. Das ist natürlich ungültig, denn es gibt keine Sünde.

Ihr, die ihr dasitzt und diese Worte lest, seid Teil dieser zurückweisenden Schwingungen. Viele sind zum Teil deshalb zu diesem Zeitpunkt hier, um zu lernen, daß es nie nötig war, Schuld zu tragen oder Zurückweisung zu bestrafen, daß es nur die Entscheidung des persönlichen Bewußtseins war, aus Generationen in selbstauferlegter Schuld heraus.

Was ist mit denen, die diesen Mann kreuzigten? Nennt mir den Unterschied zwischen der Kreuzigung eines Aspekts Gottes und dem Schlachten von zwölf Millionen Menschen. Ist eines schlimmer als das andere? Ist nicht jeder Mann, jede Frau, jedes Kind mit dieser Kreuzigung ein wenig gestorben, auch wenn einige diese Tatsache geleugnet haben? Und so geschah es wieder.

Wo liegt das Karma? Liegt es auf dem einen Mann, der das Leben von einem oder von zwölf Millionen nahm? Oder liegt das Karma bei dem Rest der Menscheit, die aus freien Willen heraus dieses Geschehen duldete? Wer hat die größere "Sünde" begangen - die, die ihrem Glauben folgten, oder jene, die ihren Kopf in den Sand steckten? Heute erreicht die Menschheit einen Punkt, wo diese alten Schwingungen wiederbelebt werden. Die Methode ist anders, denn wir haben es nicht mit einer einzelnen Person zu tun, sondern mit vielen. Da sind in allen Ecken eurer Welt die Schafhirten, die als Messias dienen, denn das, was in der Vergangenheit geschah, wird in der Zukunft nie wieder passieren.

DAS ZUSAMMENTREFFEN

Wie schon gesagt, kommen die Atlanter wieder zusammen. Sie werden sich ihrer bewußt, erkennen einander, treffen sich. Diese Seelen erwachen aus ihrem Schlaf; sie kommen durch Geburt in Inkarnationen, oder kommen in reiferen oder jüngeren Jahren, indem sie sich vom Geist in die physische Struktur materialisieren, und alle erscheinen in großer Zahl. Es ist der Tag des Erkennens, der Tag der Reinigung. Es ist Zeit, die Tafel sauberzuwischen, so als ob Gott gesagt hätte: "Genug, die Spiele sind vorbei, die Zeit, auf dem Zaun zu sitzen und sich selbst zu bedauern; Ihr seid reif, eure Wahrheit anzuerkennen und all die Kraft eurer Seele in die Tat umzusetzen."

So wird die Menschheit plötzlich mit einer Situation konfrontiert, wo sie nichts mehr vermeiden kann. Dies ist eine Konfrontation mit all dem alten Karma, und es kommt die Erkenntnis, daß nun erreicht werden muß, was man in jenen alten Tagen nicht getan oder gelöst hatte.

Welchen Effekt hat es auf eure Gesellschaft und auf eure persönlichen und allgemeineren Beziehungen, wenn sich Männer und Frauen bewußt werden, daß sie dieser Art von Verpflichtung nicht mehr ausweichen können?

Es hat drastische Wirkungen. Es ist, als ob sie sich in einem Moment bewußt würden, daß sie das, was sie sich aufgeladen haben, abwerfen müssen, um sich frei und ohne Einschränkungen in ihrer Wahrheit auszudrücken.

Sie müssen verstehen, daß sie sich nicht mehr vor sich selbst verstecken können, sich selbst akzeptieren müssen. Und nur wenn sie sich dem verpflichten, werden auch Taten folgen.

Was bedeutet das für die Menschheit? Vielleicht ist es ironisch, aber symbolisch gehen die vielen, die diesen Aspekt Gottes vor Jahrtausenden geleugnet haben, nun in unterschiedlichem Maß durch ihre eigene Kreuzigung. Sich der Wahrheit stellen, all das Alte im Leben loslassen: es fehlt nur noch, daß sie an ein Kreuz genagelt werden. Sie werden gebrandmarkt mit dem universellen Stern Davids, der einst den Aspekt Gottes leugnete, der aber auch die Saat des Ursprungs des Universums in sich trägt - der Stern der Schöpfung der Erde. Alles atlantische Karma ist in dem Symbol, das ihr Davidstern nennt, enthalten. Deshalb vor allem ist er unter euch, um euch zu beruhigen, euch zu lieben und zu ehren, so daß all eure Wunden geheilt werden können.

DIE LÖSUNG ALTER VERPFLICHTUNGEN

Für die Menschheit kommt die Zeit einer Loslösung, einer Lösung von allen alten Verpflichtungen, um all das Wissen der Vergangenheit in die Gegenwart zu bringen und es zum Wohle der Menschheit zu nutzen; es für das Wachstum und die Entwicklung der Menschen anzuwenden. Am Ende wird alles einen sehr positiven Ausdruck finden.

Es scheint, als hätte es schrecklich lange gedauert, bis diese Lektion beendet werden konnte. Seht auf die Kurve dieser Erfahrung, und ihr könnt die Wellenbewegungen und Fluktationen sehen. Ihr könnt den Fall und wieder den Aufstieg sehen. Jedesmal hat der Fall eine flachere Kurve, und der Aufstieg findet innerhalb einer kürzeren Zeit statt. Und was sind schon dreißig oder fünfunddreißigtausend Jahre, wenn wir es mit der ewigen Existenz einer Seele zu tun haben?

Für die Menschheit ist es nun Zeit, alle ihre historischen Ereignisse in eine Reihe zu bringen, in der sie auch selbst stehen und zu wissen, daß jedes größere Ereignis in unserer Geschichte, ob Triumph oder Zerstörung, Teil eines Musters gewesen ist. Für die ausgewählten Kinder Gottes ist dies Teil eines Musters, auf das sie sich beziehen können. Man wächst nicht, indem man kontinuierlich vorwärts geht. Man wird müde und rutscht ein Stück zurück, lernt dann beim Rutschen und wächst weiter. So war die Evolution der Menschheit; so wurden die Verirrungen in den Seelen der Ältesten von Atlantis geklärt.

Wenn ihr euch auf die Schwingungen dessen, was wir mit euch geteilt haben, bezieht und es zulaßt, werdet ihr euch der wahren Bedeutung dessen, was wir mit euch geteilt haben, bewußt. Wenn nicht, könnte es einen negativen Ausdruck finden, doch das ist nicht unsere Absicht. Wir haben diese Energien mit euch geteilt, so daß ihr verstehen und loslassen könnt. Ruhm dem, was ihr in Atlantis erreicht habt. Seid euch des Wissens eurer Seelen bewußt und setzt es ein, um der Menschheit beizustehen. Und helft eurer eigenen Seele in dem Prozeß diese alten, karmischen Muster loszulassen.

So kann die Verbindung ein für allemal gelöst werden. Dann wird sich Atlantis total erhoben haben. Wir haben euch mitgeteilt, daß sich

Atlantis jetzt in euer Bewußtsein erhebt. Es kann nicht in zwei Welten existieren, nur in einer. Die Welt von Atlantis, die unter dem Meer bleibt, hält das zukünftige Atlantis zurück, das auf der Erdoberfläche sein wird. Ihr müßt entscheiden, was ihr mit euch bringen wollt, und was zurückbleibt und verwandelt wird. Nur ihr. Das wird gelegentlich schwierig für euch sein, vor allem in Bezug auf euren Selbstwert hinsichtlich dieser Stärken und Fähigkeiten. Sagt zu euch, "die sind Teil von mir, und daher bin ich sie". Erinnert euch immer, daß Gott euch keine Geschenke macht. Ihr entwickelt eure Fähigkeiten durch eure Anstrengungen, durch Arbeit, und durch Vertrauen in eure Seelen. Alles was Gott euch bringt, sind Segnungen und seine Liebe.

DIE WIEDERAUFERSTEHUNG VON ATLANTIS

Wir, Atemose II, haben oft auf dem Planeten Erde gelebt. Wir haben uns auf dem Planeten Atlantis ausgedrückt, in Atlantis, als es vor seinem Untergang auf der Oberfläche der Erde existierte. Unsere Schwingungen waren im Laufe eurer Geschichte immer wieder gegenwärtig. Und vielleicht ist jetzt, in eurer Gegenwart, nach all diesen Ereignissen mehr Freude und Enthusiasmus für die Menschheit da.

Am 22. März 1985 werden die Energien von Atlantis total auferstanden sein. Euer Wassermann-Zeitalter wird in seiner vollen Kraft und Stärke stehen. Es ist ein lang erwarteter geschichtlicher Moment, der nun endlich kommt. Und deshalb werden ausnahmslos alle, die in Atlantis gedient und die Zivilisationen auf eurem Planeten Erde wieder aufgebaut haben, in dieser neuen Ära des Erwachens in physischer Form da sein als Lehrer und Gottes Schafhirten.

Langsam aber sicher, wird all dies geschehen. Und das universelle Symbol, euer Sechsstern, der die Dualität der Menschheit symbolisiert - die physische Natur und die spirituelle Essenz - wird das Symbol und die Kraft des Wassermannzeitalters werden. Sie wird nicht mehr getrennt sein. Schwache, karmische Ausdrucksformen, die gewöhnlich Leid und Zwietracht bringen, wird es in den Schwingungen der Erde nicht mehr geben. Und die zwei Dreiheiten werden in einer ausgewogenen Weise miteinander vereint und für ewig versiegelt, denn dies ist die Ordnung der Dinge, die kommen werden.

Inkarnierte Atlanter in euerer ganzen Welt werden innere Eindrücke haben, die sie veranlassen, sich auf geometrische, dreieckige Formen zu beziehen, denn diese werden für sie Wege zur Vollendung sein. Durch die Dreiecke wird die Menschheit ihr Bewußtsein weiter und weiter in das Atlantische Bewußtsein projizieren und beginnen, es in einem größeren Maße auf dem Planeten Erde zu verwenden.

Hiermit endet für dieses Mal mein Austausch mit euch. Wißt, daß ich mit euch bin. Mit dem Verlauf jedes Tages werdet ihr euch meiner Gegenwart mehr und mehr bewußt. Fangt an, euch für Hilfe in allen Bereichen, wo ihr sie braucht, auf unsere Schwingungen zu beziehen. Ich sende euch die Segnungen des Universums.

Kapitel 2

Hier spricht Adamis. Seid gesegnet.

Heute abend sprechen wir zu euch über das Universelle Gesetz, wie es für die atlantischen Seelen gilt. Wir werden sehen, wie es in der Gegenwart angewendet werden kann trotz des Konflikts, der für sie in den niedrigeren Mustern, die Teil des Fortschritts und der Evolution des Planeten Erde sind, entstanden ist.

DAS ERWACHEN

Alle Seelen, die in Inkarnationen in Atlantis gedient haben und gegenwärtig auf dem Planeten Erde leben, erwachen jetzt. Langsam öffnen sich die Türen zu diesen Bereichen für sie, und Erinnerungen an ihre früheren Aktivitäten und ihr Erbe werden ihnen bewußt. Dies ist natürlich vorausgeplant, denn in der Ära, in die euer Planet eingetreten ist, - in dieses Zeitalter der Erleuchtung -, wird es Zeit, daß diese Fähigkeiten und Talente von der Menscheit erneut ausgedrückt und richtig genutzt werden.

Die Freigabe dieser Energie in das Bewußtsein bringt viele Nebeneffekte mit sich. Viele fühlen sich in ihrer gewohnten sozialen Umgebung zunehmend unwohl. Sie merken, wie sie abwesend werden und innerlich entfernt und getrennt von den anderen sind. Welche Aufgaben haben sie? Traurigerweise gibt es viele, die ihren Weg verlassen haben, viele, die beschlossen haben, weiter in den emotionalen, karmischen Schwingungen des Planeten Erde verwickelt zu sein. Natürlich ist dies ihr freier Wille.

DAS UNIVERSELLE GESETZ VON DER EVOLUTION DER SEELE

Wir möchten dieses Wissen mit euch teilen, um es jenen zu erleichtern, die sich entschieden haben, ihren Weg weiter mit Gott zu gehen und ihr atlantisches Erbe zu erfüllen. Wir wollen sie in die Lage versetzen, sich richtig und mit Verständnis anzupassen. Es gibt ein Gesetz des Universums, das sich auf die Entwicklung einer Seele bezieht und besagt: "Wenn eine Seele ihre Wahrheit in Bezug auf Erfahrungen einer gewissen Schwingung einmal bestimmt hat, unterliegt sie nicht mehr dem Karma, das mit dieser zusammenhängt." Das bedeutet, daß jene von euch, die ihre Wahrheit schon früher in karmischen Erfahrungen anderswo gefunden haben, sich nicht wieder mit denselben Energien auseinandersetzen müssen.

Natürlich werdet ihr in der Zukunft mit einer höheren Frequenz des selben Musters zu tun haben, aber auf einer höheren Ebene, nicht auf einer niedrigeren. Hierin liegt die Falle für so viele von Gottes Kindern. Es gibt viele Gründe dafür, in diese Falle zu tappen. Einer davon ist, weil man vermeiden will, beachtet zu werden, sich anders zu fühlen. Um nicht aus der Menge hervorzutreten, paßt man sich an. Andere wiederum wollen keine Probleme verursachen oder Konflikte und Uneinigkeit schaffen. Aber ihr müßt verstehen, daß es Teil eurer Funktion und eures Dienstes hier ist, ohne Ausnahme und zu jeder Zeit eure Wahrheit auszudrücken.

Versetzt euch zurück in die Zeit, wo ihr in den Energien von Atlantis inkarniert ward. Ihr werdet erfahren, daß es keine Rolle spielte, wer euren Worten, Taten oder Gedanken zustimmte oder nicht, denn ihr ward euch eurer Aufgabe und Funktion bewußt und seid ihr buchstabengetreu gefolgt. So entwickelte sich eure Kraft und Willensstärke, und das ist es, was euch in diesen heutigen Tagen einigen und zusammenhalten wird. Wie schon oft gesagt, geht das Wachstum einer Seele nie rückwärts, so daß man frühere Wachstumsstufen nie wirklich neu erlernen muß. Wenn ihr jedoch wieder alte Erfahrungsmuster innerhalb eurer Schwingungen akzeptiert, werdet ihr wieder in diese Konflikte verwoben sein und sie erneut erleiden. Das wird für euch frustrierend sein.

Im Ehevertrag nach den heutigen Gesetzen eurer Gesellschaft steht, daß ihr euch lieben sollt, bis der Tod euch scheidet. Für euch, die ihr universellem Gesetz unterworfen seid, ist es euch bereits zur Wahrheit gworden, alle gleich zu lieben. Es ist eure Wahrheit, daß ihr diese Liebe innerhalb eines emotionalen Ausdrucks nach euren Wünschen lebt, die Liebe aber in ihrer wahren Form gleichermaßen auf alle ausgedehnt werden muß. Niemand ist besser oder schlechter. Die Unterscheidung kommt mit euren Emotionen ins Spiel. Beachtet dies, meine Kinder, denn dieses Wissen wird euch viel Kummer und Leid ersparen.

DAS UNIVERSELLE GESETZ DES FREIEN WILLENS

Es gibt ein Gesetz, das besagt: "Wenn eine Seele in einer Inkarnation Gott freiwillig dient, und sie im Laufe dieser Inkarnation die Verpflichtungen dieses Vertrages nicht erfüllt, wird der Vertrag automatisch erneuert." Was bedeutet das für euch? Es sind verschiedene Interpretationen möglich. Laßt mich euch beruhigen und erinnert euch daran, was wir euch in der Vergangenheit gesagt haben - daß ihr, als bewußte Persönlichkeit nicht verantwortlich dafür seid, was eure Seele tut, daß ihr als bewußte Persönlichkeit in der Vergangenheit nicht existiert habt. Ihr existiert für die Dauer einer einzigen Inkarnation, und all die Energie wird dann von der Seele absorbiert.

Laß uns zum Beispiel sagen, du bist dir der Mission deiner Seele, zu dienen bewußt, und du bist nicht damit einverstanden, dich in diesen Dienst zu begeben. Du weigerst dich und hast Sehnsüchte und Wünsche in anderen Bereichen. Wenn die Inkarnation zu einem Ende kommt, wird deine Seele nicht ihren Zweck erfüllt haben. Was passiert? Die Seele wird einen anderen Ausdruck finden, um dieselbe Aufgabe oder Mission zu erfüllen. Es wird nichts mit dir als bewußter Persönlichkeit zu tun haben, denn du wirst nicht da sein. Es wird eine andere, bewußte Persönlichkeit geben, die noch einmal versuchen wird, diesen Dienst zu erfüllen. Das ist das universelle Gesetz des freien Willens.

Was ich euch gesagt habe, steht nicht so fest, wie es scheinen mag. Wenn sich ein bewußtes Wesen der Existenz seiner Seele gewahr wird, kommt es zu einem Gefühl der Einheit. Höhere Ebenen und die des Tagesbewußtseins mischen sich, werden eins, manchmal zu einem so feinen Grad, daß es keine Trennung mehr zwischen den beiden zu geben scheint, und man beginnt zu fühlen, daß man eins mit seiner Seele ist. Wenn die Inkarnation zu Ende ist, hat die Seele alles von dieser bewußten Persönlichkeit und dem Wissen mitgenommen, und bringt es wieder mit zurück. Vielleicht wird sie es in der Zukunft nutzen, vielleicht auch nicht. Aber sie behält diese vergangenen Erfahrungen immer, und hat die Fähigkeit, sie in das Bewußtsein zu bringen, wenn sich eine Gelegenheit ergeben sollte. Eine Wahrheit ist eine Wahrheit, und wenn man eine Verpflichtung eingeht, muß die Verpflichtung erfüllt werden - wenn nicht jetzt, dann irgendwann in der Zukunft. Aber alles wird getan werden.

PERSÖNLICHE VORBEREITUNGEN FÜR DIE WIEDERAUFERSTEHUNG

Nach dem Jahr 1985 müssen sich alle, die atlantische Schwingungen und Energien in sich tragen, ihrer Identität bewußt werden. Sie müssen durch die Prüfungen des Loslassens gegangen sein, sich von allen Energien und Reaktionen befreit haben, die Stolpersteine sind und den Fluß der Evolution und der Enerige durch ihre Kanäle mindern oder hemmen.

Wie läßt sich das erreichen? Ich bitte euch dringend, euch regelmäßig jede Woche damit zu beschäftigen, all jene Bereiche und Reaktionen in euch loszulassen, die allein zu euch gehören. Versteht, daß jedesmal, wenn ihr während eurer gegenwärtigen Existenz Ablehnung erfahren habt, jedesmal, wenn ihr durch verbale Ablehnung zu einem Opfer geworden seid, es eine Reaktion in eurem Unterbewußtsein gegeben hat. Gefühle von Minderwertigkeit wurden dort eingepflanzt und von unpassendem Selbstausdruck, und all die müssen losgelassen und der Obhut des Vaters übergeben werden.

Was in eurer physischen Struktur stattfindet, ist sehr komplex. Der Kristallisationsprozeß erfordert die Klärung von allen alten Blockaden, die aus Minderwertigkeitsgefühlen in Bezug auf das Selbst und Gott entstanden sind. Wenn ihr wirklich in der Lage seid, euch als Kinder des Universums zu akzeptieren, dann müßt ihr notwendigerweise anerkennen, daß ihr auf gleicher Ebene mit den Energien Gottes seid. Ihr dürft euch nicht in eine Haltung von Minderwertigkeit, von Angst oder Furcht begeben, denn wenn ihr das tut, können eure Energien nicht bis zur Vollendung fließen. Das schönste in der Welt ist Wissen, denn mit Wissen kommt die Sicherheit über das Selbst. Mit der Gewißheit bezüglich des Selbstes kommen auch die Energien einer Art von Isolation, allein und getrennt zu sein. Man beginnt zu verstehen, daß man von anderen getrennt ist. Aber das ist in Ordnung. So muß es für euch sein, denn so seid ihr nun einmal.

Hat euch jemals ein Freund oder Bekannter erzählt, daß er versucht habe, ein Freund seines Kindes zu werden, und er einen ganzen Tag damit verbracht hätte, mit ihm in Freundschaft zu spielen, und daß er darüber erfreut ist? Er sollte sich nicht darüber freuen, denn ein dreijähriges Kind sollte gleichaltirge Freunde haben und keine Erwachsenen. Ein Kind in diesem Alter benötigt seine Eltern nicht als Freunde. Es braucht wahre Eltern, die ihm dienen für das, für das das Kind sich die Eltern ausgesucht hat - um es zu führen und zu leiten, zu unterscheiden, was richtig und falsch ist, so daß das Kind in die richtige Richtung gelenkt wird.

Atlantische Seelen sind anwesend als Eltern. Es wird nicht von ihnen erwartet, Schwestern oder Brüder für ihre Kinder zu sein, sondern, daß sie ihnen zu einem gewissen Grad überlegen sind - um sie zu führen und beraten, zu erklären. Wenn ihr euch hier in eine Rolle inkarniert habt, dann müßt ihr diese Rolle akzeptieren. Man kann nicht zu sich und anderen sagen: "Ich bin hier um zu lehren, aber ich werde mich nicht getrennt von den anderen in der Funktion eines Lehrers zeigen. Ich will unbemerkt in ihrer Mitte sitzen bleiben und so sein wie sie." Denn dann werden die anderen sich euch verschließen, weil sie gekommen sind, um einen Lehrer zu hören und nicht einen der Zuhörer. Das Leben ist ein Spiel. In einem Moment mag man als Lehrer dienen und im anderen als Schüler. Versteht, daß es sehr viele Ebenen von Lehrern und Schülern gibt, und man kann nicht der Schüler von jemanden sein, der kein Wachstum, keine Entwicklung anzubieten hat.

Ich versuche nicht, euch diese Worte auf eine sanfte Art nahe zu bringen. Ich spreche in universeller Wahrheit. Ich versuche nicht, eine Trennung zu schaffen zwischen verschiedenen Ebenen der Seelenevolution, sondern nur in Aufgabe und Verantwortung. Es muß einen Unterschied geben zwischen den Seelen, die hier an diesem Muster von Wachstum teilhaben, und jenen, die hier sind, um ihnen zu dienen. Der, der hier ist um zu dienen, muß allein stehen, sonst kann er seinen Dienst nicht erfüllen.

Laßt uns auf die Geschichte zurückblicken. Laßt uns beginnen mit Moses und denkt an all die Prüfungen und Aufruhr, die stattfanden, als er versuchte, die Hebräer zur Einheit mit Gott zu bringen. Seht euch die periodischen Rebellionen an. Seht, wie Gott immer wieder geleugnet wurde. Seht die Cäsaren, seht den Meister Jesus, Petrus und die anderen Jünger an. Am Ende haben alle gelitten. Wenn wir uns fragen, ob sie in Wahrheit die Aufgabe ihrer Inkarnationen hier erfüllt haben, könnten wir zu dem Schluß kommen, daß, nachdem sie zu einem gewissen Grad eine Niederlage erlitten haben, andere sie zu einem erfolgreichen Ende brachten.

Haben sie selbst Vollendung erreicht, oder haben sie sich erlaubt, sich in den Energien und Emotionen anderer zu verwickeln? Es gibt keinen Meister, der auf diesem Planeten Erde wandelte und während seines Daseins immer perfekt gewesen wäre, und das wird immer so sein. Am Anfang akzeptierte keiner das, was er war. Keiner hielt sich für würdig, den Stern Gottes zu tragen. In diesem Gefühl von Minderwertigkeit haben sie sich zu einem gewissen Grad in die Schwingungen der Menschheit hineinbegeben, um sich anzupassen - um wie Schwestern und Brüder zu sein, wie Spielgefährten, um als Gleiche akzeptiert zu werden, wo es nicht ihre Funktion und Rolle war.

Es ist eine Lehrzeit für die Menschheit. Der Schlüssel ist, sich auf die Massen zu beziehen, aber nicht zu ihnen zu gehören. Wenn der Garten Eden Wirklichkeit auf dem Planeten Erde werden soll, müssen die Ältesten ihre Identität akzeptieren und ihren Wert in Bezug auf diese Identitäten anerkennen. Sie müssen sich ausdrücken und ihren Dienst für Gott erfüllen. Du bist, wer du bist, nicht, wer du zu sein scheinst. Das "scheinen" ist eine Fassade, Unsicherheit, die du dem Rest der Menschheit zeigst, um keine Zurückweisung, Blicke oder Bemerkungen von anderen ertragen zu müssen.

EINE AUFGABE FÜR ATLANTER

Ich gebe euch eine Aufgabe. Ich gebe diese Aufgabe allen Atlantern, die auf diesem Planeten inkarniert sind. Sucht und findet einen von euren Schwestern und Brüdern. Findet einen im Laufe jedes Monats und wo immer ihr seid, bringt sie in euren Kreis des Lichts, um ihnen zu helfen zu verstehen, daß sie nicht allein sind. Obwohl sie sich auf die Menschheit beziehen, sagt ihnen, daß es eine Ebene gibt, zu der sie gehören, etwas, von dem sie ein Teil sein können.

Ich kann nicht genug betonen, wie wichtig das ist. Ihr lebt in einer Zeit der Tat, und wenn ihr euch, euch selbst und eurer Wahrheit verpflichtet habt, dann muß dies ein Ausdruck eurer Wahrheit sein. Es ist nicht eure Arbeit, im Kreis zu sitzen und Liebe mit denen auszutauschen, die bereits wissen, wer ihr seid. Teilt eure Liebe mit denen, die sie noch nichts erfahren haben, so daß ihr den Bereich eures Einflusses und eurer Schwingungen erweitern könnt.

ATLANTISCHES GESETZ

Wir sprechen zu euch nun über die Gesetze in Atlantis. Wir wollen Gesetze besprechen, die sich auf die verschiedenen Ebenen von Kasten bezogen, und wir tun dies, so daß ihr sie verstehen und zurück in euer Bewußtsein bringen könnt. Dies wird euch ermöglichen zu erkennen, warum ihr bestimmte Gefühle habt, die im Widerspruch zu verschiedenen gesetzlichen Bestimmungen in eurer gegenwärtigen, sozialen Struktur zu stehen scheinen.

Jedes Individuum ist sich selbst gegenüber verantwortlich, wie es sein Leben führt und sich in Wahrheit ausdrückt. Das schließt eine Verantwortlichkeit für seine Taten mit ein und für deren Ergebnisse. Was bedeutet "Verantwortlichkeit"? Heißt es, daß man anderen gegenüber verantwortlich sein muß für etwas, das man tut? Nein. Man muß nur seinem Selbst gegenüber verantwortlich sein, unter der Annahme, daß die ausgeführte Handlung innerhalb der Wahrheit geschah. In jeder Zivilisation der Menschheitsgeschichte war Verantwortlichkeit ein großer Stolperstein für Übereinkunft und Frieden.

Die bewußte Persönlichkeit eines Individuums ist sich selbst gegenüber in Wahrheit verpflichtet. Heißt das, die bewußte Persönlichkeit sei nicht gegenüber der Seele verantwortlich? Bedeutet es, daß die bewußte Persönlichkeit denen gegenüber nicht verantwortlich ist, denen sie sich verpflichtet hat? Ganz genau. In einem universellen Ausdruck hat niemand das Recht, sich selbst einem anderen gegenüber zu irgend etwas zu verpflichten, sondern nur sich selbst gegenüber.

Denkt einen Moment über diese Aussage nach. Erlaubt mir, eine Frage aufzuwerfen. Wie kann sich ein Individuum einem anderen in Wahrheit verpflichten, wo doch Wahrheit einem stetigen Wechsel unterliegt? Das Wort "Verpflichtung" bedeutet "Vereinbarung unter den bestehenden Bedingungen." Die Bedingungen sind nie gleich; wenn sich also jemand einem anderen gegenüber verpflichtet, kann dies nicht innerhalb der Wahrheit vollendet werden. Die einzige Verpflichtung, die sich nicht ändert, ist die der Seele gegenüber Gott, denn das ist die einzige Realität, die existiert. Nehmt das Wort "Verpflichtung" aus eurem Vokabular, tauscht es gegen "Miteinanderteilen" aus und sagt zu anderen: "Ich freue mich, mich selbst mit dir teilen zu können." Das wird mehr mit euch im Einklang stehen.

Es gibt ein atlantisches Gesetz, das ganz einfach besagt, daß alle Seelen gleich sind. Wenn wir die Bedeutung dieses Gesetzes ausweiten, fordert es uns auf zu verstehen, daß wir nicht über- oder unterlegene Positionen in Bezug auf andere einnehmen sollen. Wir müssen anerkennen, daß sich einer von uns zu jedem gegebenen Moment sich nicht seiner höheren Evolution und seines Wissens bewußt ist. Wenn wir uns unserer Evolution und unseres Wissens bewußt sind, wurde uns - von diesem Standpunkt aus betrachtet - eine Gelegenheit gegeben, andere zu lehren und ihnen zu helfen zu wachsen. Wir besitzen damit einfach ein Werkzeug.

Die Verletzung dieses Gesetzes spielte eine große Rolle im Fall und der Zerstörung von Atlantis, und es hat sicherlich eine entscheidende Rolle in vielen eurer Konflikte auf der Erdoberfläche eures Planeten gespielt.

Innerhalb Gottes Plans sind alle Seelen gleich. Wenn die Aufgabe dieses Universums erfüllt und seine Rolle innerhalb der Schwingungen der Schöpfung zur Vollendung gekommen sein wird, werden alle Seelen als Eine zusammenstehen. Ihr wißt, daß alles, was jemals sein wird, jetzt ist. Nur ist euch dieses Wissen gegenwärtig noch nicht bewußt.

Wenn ihr es schafft, dieses Wissen in euren Leben zu integrieren, wenn ihr es mit den Menschen teilt und sie nicht frustriert anseht, dann werdet ihr nicht über andere sagen, ihr könntet sie nicht erreichen und sie seien an diesem Aspekt ihres Lebens nicht interessiert. Wenn ihr das so betrachtet, werdet ihr nicht frustriert sein, Ängste oder Druck auf euch spüren, denn ihr erlaubt allen, genau so zu sein, wie sie es für sich selbst gewählt haben. Dann wißt ihr, daß die Seele nicht gerade Wachstum verliert, sondern schon entwickelt ist und am Ende so sein wird wie ihr. Laßt sie allein; erlaubt ihnen, sich auf ihre Art auszudrücken. Teilt ihnen eure Wahrheit nur dann mit, wenn ihr danach gefragt werdet. Erkennt, daß andere unterschiedliche Bedürfnisse haben innerhalb des Ausdrucks ihrer Wahrheit.

EINHEIT SCHAFFEN

Wenn die Menschheit eine vereinte Welt schaffen möchte, kann sich das nur auf Freiheit in Ausdruck und Wahl beziehen. Es könnte keine Welt sein, in der alle den gleichen Grad von Bewußtheit erlangt haben, denn dann gäbe es keine Lernerfahrung mehr. Wir brauchen Seelen, die Einheit und Akzeptanz suchen, was sie zu einer Verpflichtung sich selbst und Gott gegenüber führt. Innerhalb dieser universellen Fähigkeit der Existenz müssen überall alle Atlanter zusammenfinden. Sie müssen ihre Identität erkennen, so daß sie dem Rest der Menschheit dienen können. Das ist nichts, was sie von diesem trennt; es geht nur darum, die Rollen zu verstehen und anzunehmen.

UNTREUE UND EHEBRUCH

Werdet als Atlanter nicht untreu. Wir besprechen dies im Zusammenhang mit eurem atlantischen Wissen. Wenn ich lachen könnte, täte ich es jetzt; wenn es eines eurer Wörterbücher schon in jenen alten Tagen gegeben hätte, dann wäre die komplette Definition für Untreue und Ehebruch gewesen: "Untreue sich selbst gegenüber". Das ist die ganze, wahre spirituelle Bedeutung, und es bezieht sich gar nicht auf einen anderen Menschen. Wenn man sich selbst gegenüber untreu ist, dann auch gleichzeitig Gott gegenüber. Wir sind untreu, wenn wir es zulassen, daß wir genötigt werden, etwas um des Friedens willen tun, wenn wir wissen, daß das nicht unsere Wahrheit ist.

Wenn das so ist, wie kam die Menschheit dann dazu, Untreue auf Ehebruch zu beziehen? Wo ist ihr da ein Fehler unterlaufen? Vielleicht bestand vor einer langen Zeit in der Geschichte des Planeten Erde ein Ehevertrag für Besitz, und man sagte: "Wer mir meinen Besitz streitig macht, begeht Ehebruch". Aber wie könnte das für ein Kind des Universums gelten, das weiß, daß das einzige, was man besitzt, das Selbst ist, und man nur sich selbst gegenüber die Treue brechen kann? Wenn jemand einen anderen des Ehebruch beschuldigt, belügt er sich selbst, denn er täuscht sich und glaubt, daß er etwas besitzen könnte. Alles, was passierte, war eine Handlung.

Wenn ich meine Wahrheit mit euch teile und eure Antwort auf meine Wahrheit Ablehnung, Anklagen und Hohn sind, könnte ich sagen, ihr wäret meiner Wahrheit untreu. Ihr vergewaltigt meine Energien. Das stimmt nicht, denn ihr könnt meine Energien nicht vergewaltigen; nur ich selbst kann das. Wenn ich wütend werde, etwas Unerwünschtes tue und wegen der Resultate meine Faust gegen Gott erhebe, bin ich untreu, denn ich kenne meine Wahrheit und verleugne sie. Untreu ist man immer dann, wenn man sich bewußt ist, daß man seine Wahrheit verleugnet.

Bringt euch in Geist und Herz zusammen. Prüft die Haken und Ösen eures persönlichen Ausdrucks, durchforstet eure Seelen, steckt Zeit und Anstrengung in diese Bereiche, denn ihr werdet daraus viel Frieden und Wachstum gewinnen.

STREBEN NACH MEHR DIMENSIONEN

Nehmt in euren Meditationen mit geschlossenen Augen den universellen Sechsstern wahr. Bemerkt, daß er eindimensional ist, flach, ohne Tiefe, nicht faßbar. Beginnt, seine Dimensionen auszudehnen. Erschafft in eurem Geist einen hinter dem anderen und noch einen und noch einen, um der Struktur Festigkeit und Tiefe zu geben. Erweitert eure Wahrnehmung. Reist mit eurem Bewußtsein in die Tiefen der sechs Dreiecke und findet heraus, wohin sie euch tragen.

Im Laufe der Jahre habt ihr erkannt, daß der Planet Erde nicht flach ist, daß er Tiefe, Dimensionen und einen Charakter hat, und so ist es auch mit eurem Universum. Erschafft die Tiefen eures eigenen, privaten Universums und beginnt, sie zu erforschen. Während ihr das tut, werdet ihr euch an eure Identität als Kinder des Universums gewöhnen.

Der Schlüssel des Erfolgs von Atlantis war, daß man die Identität der Seele kannte. Ohne Einschränkungen konnte man so das Bewußtsein dem Wissen und den Fähigkeiten der Seele öffnen. Dies muß in eurem Wassermann-Zeitalter wieder geschehen, denn vieles kommt auf die Menschheit zu.

Seid gesegnet.

Kapitel 3

Hier spricht Adamis.

Um richtig zu dienen und die alten atlantischen Schwingungen und Funktionen ganz zu verstehen, ist es für die Einzelnen jetzt notwendig, sich der Muster karmischer Energie bewußt zu sein, die ihre Leben beeinflussen.

DAS DREIECK DER SCHWINGUNGEN FÜR DAS WASSERMANN-ZEITALTER

Es ist schon gesagt worden, daß das Dreieck der Schwingungen, die euer Wassermann-Zeitalter ausmachen, aus den Schwingungen von Atlantis, von Moses und den zwölf Stämmen Israels, und aus den Energien jener, die mit dem Meister Jesus waren, bestehen. Tatsächlich sind alle atlantischen Seelen, die auf dem Planeten Erde während dieser Geschichtsepochen gelebt haben, jetzt auf der irdischen Ebene inkarniert.

Um das Ganze zu begreifen, müssen wir die Summe der Einzelteile besitzen. Darum sind sie jetzt anwesend. Mit sich haben sie die Schwingungen und das Wissen ihrer atlantischen Daseinsformen gebracht. Viele Jahre lang schlief dieses Wissen in ihrem Unterbewußtsein. Die Evolution des Planeten Erde hat die schlafenden Schwingungen angeregt und sie in das Bewußtsein gebracht.

Wir wollen darüber sprechen, welche Ergebnisse das Ausströmen der Energie und die Erinnerung an frühere Daseinsformen bringt. Es wäre die Unwahrheit, zu sagen, daß die Ältesten von Atlantis dank der Entwicklungsstufe ihrer Seelen darüber hinausgewachsen gewesen wären, Karma zu schaffen, denn das war bestimmt nicht so. Immer, wenn eine Seele inkarniert und sich in eine physische Struktur mit Emotionalität und freiem Willen begibt, dann hat sie die Wahl zwischen mindestens zwei Alternativen. Dies gilt natürlich auch für viele der Seelen, die als die Ältesten von Atlantis inkarnierten.

Während sich der Geist derer, welche die Ältesten in Atlantis waren, zunehmend für ihr altes Erbe öffnet, werden sie sich langsam auch ihrer weniger perfekten Handlungen in der atlantischen Ära bewußt.

Viele haben sich in Bezug darauf emotional in Schuld, Trauer und Reue begeben. Einigen wurden ihre Handlungen durch Medien mitgeteilt, und das hat sie in großen emotionalen Aufruhr gebracht. Nun ist es Zeit für uns, die göttliche Wahrheit in Bezug auf diese Geschichtsperiode herzustellen und in Bezug darauf, wie Seelen karmische Erfahrungen durchleben.

DIE GÖTTLICHE WAHRHEIT

Versucht, Folgendes zu akzeptieren: Alles, was von einer bewußten Persönlichkeit in einem physischen Ausdruck getan wird, führt nicht notwendigerweise zu Karma für eine zukünftige, bewußte Persönlichkeit. Mit jeder Inkarnation erhält die Seele eine neue Persönlichkeit und ein neues Unterbewußtsein; daher ist es für eine neue Persönlichkeitim im höchsten Sinne des Wortes nicht in Ordnung, Schuld und Verantwortung für etwas zu übernehmen, das eine andere Persönlichkeit auf sich geladen hat. Von der höchsten Ordnung der Wahrheit aus sage ich euch, daß es für ein bewußtes Individuum unter keinen Umständen in Ordnung ist, Schuld oder Reue in Bezug auf etwas hervorzubringen, das in einem früheren Leben geschah. Diese Aussage ist unwiderruflich und trifft ohne Ausnahme zu.

Wenn man sich früherer Erfahrungen oder Situationen bewußt wird, nimmt man richtiger die Haltung ein, daß man freiwillig der Seele dabei hilft, sich bewußt von diesen Energieabweichungen zu befreien und sie in Freude und Segnungen unterstützt, anstatt den Kopf mit Scham und Reue hängen zu lassen; also etwas Gegensätzliches zu tun, um das Problem gänzlich aufzulösen. Haltet euren Kelch von Wahrheit und Freude immer am Überfließen. Erlaubt den Energien der Freude nie, aus dem Glas zu versickern. Laßt sie überströmen.

VERANTWORTUNG FÜR ATLANTISCHE SEELEN

Es ist die Verpflichtung aller atlantischer Seelen im Wassermann-Zeitalter, den bewußten Persönlichkeiten heute das Wissen und die Erfahrung all dessen, was während dieser alten Zivilisation passiert ist, zu vermitteln. Der Zweck ist nicht zu bestrafen oder Schuldgefühle hervorzurufen, sondern zu lehren. In diesem Lernen wird sich die Persönlichkeit der Schritte und Haltungen bewußt, die sie während ihrer gegenwärtigen Erfahrung vermeiden muß. Nur so können diese Energien aufgelöst werden. Nur so wird die Persönlichkeit endlich in der Lage sein, das Ziel zu erfüllen, welches die Ältesten von Atlantis hatten, als sie zur Erde kamen. Mit der Zeit wird die Verantwortung für das neue Zeitalter schneller in das Bewußtsein dringen.

Das Erwachen und die Übernahme der Verantwortung wird schwer auf den Schultern jener lasten, die in dieses Bewußtsein kommen. Daher ist es sehr wichtig, die zu finden, die euch gleichen. Wenn es eine Tatsache und eine Haltung gibt, die ihr immer zu allererst in euren Gedanken halten sollt, dann ist es die, die sich auf euer Erbe und eure wahre, universelle Identität bezieht. Das wird euch in die Lage versetzen, immer offen zu sein für die Schwingungen anderer, die euren eigenen entsprechen und ein Wiedererkennen möglich machen, von einem zum anderen, von einer Schwester oder einem Bruder im höchsten Sinne der Wahrheit.

Die atlantischen Seelen sind hier als Gottes Schafhirten. Ihr seid hier, um die Herden des Herrn zurückzuführen. Das wird nicht gelingen, wenn ihr nicht eure eigene Identität anerkennt, alte, ungerechtfertigte Schuldgefühle loslaßt und ganz bestimmt nicht, ohne die Last karmischer Verantwortung beiseite zu lassen.

Die Ältesten sind auf der Erde, um der Menschheit zu dienen. Im höchsten Sinne ist es ihr Vorrecht, alle Energien zu lösen, die Hindernisse auf dem Weg dahin sind. Wenn sie die Stärke haben, dem Glauben und Willen zu dienen, ist es in ihrer Macht alle Verwicklung in Karma, das mit der Erde verbunden ist, loszulassen. Wenn der Wunsch da ist und ausgesprochen wird, löst sich alles auf und die Persönlichkeit wird von dem Moment an frei, unbehindert und klar sein, um zu dienen.

Man mag fragen, ob das in der Ordnung ist. Die Antwort ist recht einfach. Es ist möglich, wenn sich das Bewußtsein dahin bringen kann, seine Seele als ein Kind des Universums anzuerkennen, das hier auf dem Planeten Erde anwesend ist, um zu dienen. Allein die Aussge, sich selbst von karmischer Verantwortung gegenüber den niedrigeren Schwingungen der Erde zu lösen, erkennt die Gültigkeit dessen an, daß man nicht diesen Energien angehört, und in Folge dessen kann man augenblicklich in Wahrheit dienen.

Wir wollen nun mit euch teilen, wie das Wissen und die Schwingungen dessen angewandt werden können, der auf der Erde als Pythagoras lebte.

***

Dies sind die Energien von Phythagoras

GEOMETRISCHE TRIANGULATION

Die alten Atlanter benutzten die universelle Wahrheit geometrischer Dreiecksformationen bewußt in höchst wirksamer Form. Gleichzeitig verursachten diese Geometrien schließlich ihren Niedergang und ihre Zerstörung. In der Zukunft muß dies um jeden Preis verhindert werden, und zu eurem Verständnis bringen wir euch folgende Information.

Wie alle Univerrsen besteht auch eures aus vier Quadranten von Licht der kreativen Masse. Jede nachfolgende Unterteilung eures Universums - Galaxien, Sonnensysteme und die Planeten selbst - stehen im geometrischen Einfluß dieser Quadranten. Jeder Quadrant ist eine Triangulation von Energie, die ein Viertel der Bevölkerung eurer Erde beeinflußt, und die ein fundamentaler energetischer Ausdruck von Sinn und Evolution dieser Seelen ist.

DER DREIDIMENSIONALE SECHSSTERN

Als der Planet Atlantis zerstört war und die Seelen auf dem Planeten Erde wieder inkarnierten, brachten sie ihr Wissen in Bezug auf universelle geometrische Triangulationen mit. Als die Hierarchie des Universums die sechs grundlegenden karmischen Frequenzen bestimmt hatte, die mit dem Ausdruck und der Evolution der Menschheit verbunden sein sollten, wurden zwei Dreiecksformationen geschaffen und miteinander zu dem verschmolzen, was ihr als Sechsstern kennt.

Euer Erkennen und Verstehen dieser Schwingungen war während des Fischezeitalters auf ein eindimensionales Abbild dieser Energien begrenzt. Da sich euer Bewußtsein ausdehnt und ihr euch des multidimensionalen Ausdrucks und Wissens, das in euren Seelen enthalten ist, bewußt werdet, ist es nötig, daß ihr euch auf die Energien innerhalb dieser universellen Geometrie in dreidimensionaler Form und Manifestation bezieht.

Wir haben das Wissen und die Methode, physisch den dreidimensionalen Sechsstern zu konstruieren für euch hierher übermittelt, so daß ihr sie nutzen könnt, um universelle Schwingungen und Dimensionen zu erforschen.

Wenn ihr eurem Geist erlauben wollt, bewußt die dreidimensionalen Schwingungen aufzunehmen oder interdimensionales Wissen aufzunehmen, hängt diesen Stern ungefähr dreißig Zentimeter über euren Kopf, und setzt euch der interdimensionalen Reaktion der Energien aus. Diese Behandlung sollte fünfzehn Minuten dauern. Wir möchten besonders betonen, daß niemand diesen Energien mehr als einmal am Tag ausgesetzt sein sollte. Wenn die Zeit, wo ihr dem ausgesetzt ward, vorbei ist, geht in Meditation und haltet die Gedanken, Eindrücke und Wahrheiten, die in euer Bewußtsein kommen, fest.

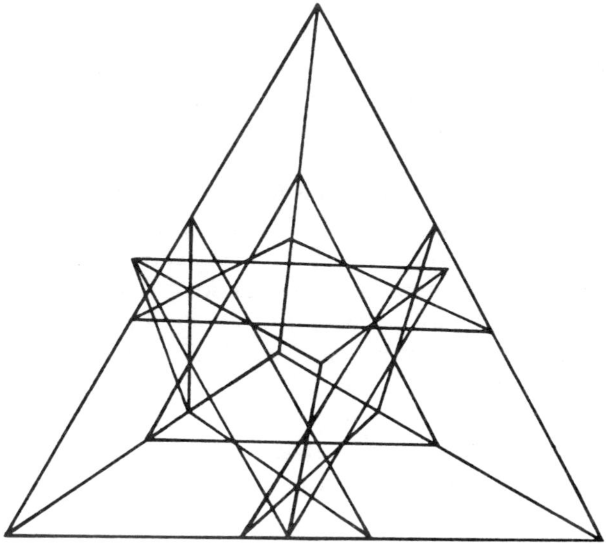

Folgendes wird euch passieren: Alle Wahrnehmung der Wahrheit, derer ihr euch emotional bewußt ward, wird sich langsam verändern. In der Vergangenheit unterlag euer Wachstum einer spiralförmig verlaufenden Evolution der Frequenzen. Definitionen des Ausdrucks von Wahrheit sind euch begegnet, und ihr habt sie angenommen. Mit dem Fortschreiten eurer Entwicklung sind euch neue Interpretationen hierfür und höhere Sichtweisen der gleichen Wahrnehmung bewußt geworden.

Bewußtsein und Verstehen werden nun spontan auf einer interdimensionalen Ebene zu euch kommen. Ich muß euch warnen, daß das Wahrnehmen und Akzeptieren interdimensionaler Wahrheit innerhalb kurzer Zeit schwer auf euren Emotionen lasten kann. Es ist so, als würde einem der Inhalt eines ganzen Buchbandes voller Wissen bewußt gemacht, ohne, daß man ihn Seite für Seite lesen müßte.

Aus diesem Grund raten wir dringend dazu, daß ihr in eurer Meditation, nachdem ihr diesen Schwingungen ausgesetzt ward, eure Eindrücke festhaltet, so daß ihr sie studieren, Unterscheidungen treffen und euch genug Zeit lassen könnt, euch an sie zu gewöhnen und sie anzunehmen. Das ganze Maß, in dem ihr dem ausgesetzt seid und wachst ist ein Prozeß, der sich beschleunigt und gegenwärtig nötig ist.

Seht auf dem Diagramm, daß die Struktur selbst von weiteren Dreiecken eingerahmt wird. Dies soll euch jenseits eurer drei Dimensionen bringen und beginnen, euch durch Gedanken-Projektion dem Energie-Prozeß der Kommunikation, des Transports und der Beschleunigung auszusetzen.

Eure Seelen haben in frühren Ausdrucksformen in Atlantis bewußt multidimensionale Energie benutzt. Dies hat ihnen folgende Bereiche erschlossen: Dematerialisierung - direkte, bewußte, mentale Kommunikation mit Divisionen der Raumkommandos - Bewußtheit über die Quelle ihrer Quadranten-Energie-Existenz - die Fähigkeit der Seele, die physische Struktur zu verlassen, wenn ihr Dienst in einer Inkarnation abgeschlossen war und direkte Verbindung zu den Ultra-Strahlen der universellen Energie, die zum Heilen und in der spirituellen Kommunikation benutzt wurden. Dies sind die Endresultate, von denen wir hoffen, daß ihr sie erreicht, indem ihr diesem multidimensionalen Sechsstern ausgesetzt seid.

BEREICHE PERSÖNLICHER ENTWICKLUNG

Wir wollen euch nun eine Liste von Themen geben, mit denen ihr in eurer Entwicklung und Evolution zur universellen Wahrheit hin beschäftigt sein werdet. Eure Reaktionen und euer Verständnis im emotionalen und spirituellen Bereich sind davon betroffen. Und so geht man dabei vor:

Stellt geistig die Bedingung, daß euch die Universelle Wahrheit in Bezug auf das göttliche Selbst bewußt gemacht werden soll. Setzt euch hin und erfahrt die multidimensionalen Vorgänge und Energien, die dann kommen. Schreibt eure Gefühle und emotionalen Reaktionen auf.

Wir bitten euch dringend, euch in diesem Prozeß nicht auf mehr als einen Bereich auf einmal einzulassen. Gelegentlich werdet ihr für einen Bereich mehr als eine Sitzung brauchen. Vervollständigt ihn. Seht, daß ihr ihn ganz angenommen und verstanden habt, bevor ihr zum nächsten geht.

Folgende Bereiche gehören dazu:

1. Wissen um das Göttliche Selbst
2. Angleichung an die Seele, d.h. der Universelle Gott
3. Die Schwingungen von
    - A. Liebe
    - B. Wahrheit
    - C. Verpflichtung
    - D. Annehmen
    - E. Losgelöst-Sein
    - F. Sünde
    - G. Karma
    - H. Schuld
    - I. Untreue
    - J. Fleischlichkeit
    - K. Einheit mit anderen
    - L. Fluß von Materiellem
    - M. Selbstwert
    - N. Akzeptanz des Sinnes von Inkarnation

Über das oben erwähnte hinaus, erfahrt die Energien durch jeweils eines der sieben Chakren im Körper.

Ihr seht, viel Arbeit liegt vor euch. Es wird euch beträchtlich viel Zeit und Arbeit kosten, all diese Bereiche eures persönlichen Ausdrucks in Ordnung zu bringen und zu akzeptieren. Ihr müßt entscheiden, ob ihr bereit seid, so viel Aufwand und Zeit in dieses Projekt zu stecken, um die gewünschten Resultate zu erzielen. Wenn ihr dem entsprecht, von dem ihr glaubt, daß es euer Ziel und eure Wahrheit in Bezug auf euren Dienst hier sei, dann wird euch das die Motivation geben, diesen Weg der Entwicklung zu beschreiten.

Eure Seelen sind sich dessen, was wir euch soeben mitgeteilt haben, bereits bewußt. Es ist jetzt Zeit für eure bewußte Persönlichkeit, sich ganz an das Wissen und die göttliche Wahrheit eurer Seele anzuschließen. Nur so könnt ihr euch wirklich in eurem atlantischen Bewußtsein ausdrücken und als Schafhirten Gottes dienen.

Wir wiederholen noch einmal, daß es für euch von größter Wichtigkeit ist, fortwährend eure Gefühle und Emotionen durch Schreiben auszudrücken. Das wird euch ermöglichen, alles, was in euch passiert, loszulassen und zu erfahren, so daß ihr den Veränderungen und Dingen, durch die ihr geht, angemessen begegnen könnt. Findet einen Menschen, mit dem ihr schwingungsmäßig übereinstimmt. So könnt ihr zu zweit diesen Prozeß in Wahrheit miteinander teilen, so daß jeder von euch ein Unterstützungssystem hat, jemand, an den er sich in diesem Prozeß anlehnen kann.

Wir ziehen nun diese Energien zurück. Sie werden sich im weiteren Verlauf dieses Buches wieder mitteilen.

***

Hier spricht Kryon

DIE GOLDENE TRIADE

Wenn ihr es so einrichtet, daß ihr euch der Farbschwingung eines hellen, sanften, doch starken Goldes zur gleichen Zeit aussetzt, zu der ihr mit den Energien des dreidimensionalen Sechssterns umgeht, wird euch dies magnetisch bei der Vervollständigung und Erfahrung dieser Frequenzen unterstützen. Ihr könnt dies tun, indem ihr eine äußere Lichtquelle benutzt, oder indem ihr euch geistig in diesen Energien der Goldenen Triade badet. Jede Methode wird für euch zufriedenstellend sein.

Als die ursprüngliche Dreiecksform der großen "Feuer"-Kristalle bei der Rekonstruktion von Atlantis an ihren Platz gebracht wurde, waren die Schwingungen der Goldenen Triade die Energie, die benutzt wurden, um diese magnetische Interaktion zu vervollständigen. Von diesen Schwingungen wurden die assimilativen Frequenzen genommen, die es den Ältesten ermöglichten, Energie in Materie umzuwandeln, Gedanken in Realität umzusetzen, Geist und Struktur zu transportieren, wohin immer man es wünschte.

Wenn die Zeit gekommen ist und eure Schwingungen dem entsprechen, werdet ihr symbolisch mit dem Zeichen der Triade auf eurer Stirn gebrandmarkt werden. Dies wird euer Medaillon der Wahrheit und Vollendung sein. Einige von euch werden die Instruktion erhalten, ein Medaillon der Triade physisch um den Hals zu tragen, als Schutz und Vollendung eurer Schwingungen. Dieses Amulett wird als Instrument zur Heilung benutzt werden, als Frequenz zur Projektion des Geistes für euch selbst und zur Anwendung bei anderen. Jene, die das Medaillon tragen, übernehmen universelle Verantwortung für inkarnierte Menschen innerhalb desselben Quadranten des Seelenausdrucks.

Bevor das Medaillon symbolisch an seinen Platz kommt, muß all die Konditionierung, die durch die Energien von Pythagoras geschildert wurde, in der richtigen Ordnung und schwingungsmäßigen Frequenz sein. Dies wird nötig durch die Tatsache, daß man sich, um ganz und gar dienen zu können, über Verstrickungen in karmische Schwingungen, die dem Planeten Erde zugeordnet sind, hinaus gewachsen sein muß. Man muß sich total gelöst haben, denn man darf sich nie mehr, in irgendeiner Form vorwiegend aus einer emotionalen Reaktion heraus ausdrücken. Jeglicher persönlicher Ausdruck muß von der Ebene des Geistes herkommen, und die Emotionen sollten als vervollständigender Faktor innerhalb des Ausdrucks des Geistes genutzt werden. Glaubt nicht, dies würde euch zu einer "gefühlskalten" Person machen. Das wird nicht so sein, aber ihr werdet in die Lage versetzt, ganz und gar die Kontrolle zu haben und euch jederzeit ganz innerhalb eurer Wahrheit auszudrücken.

Wir geben den Kanal für Schwingungen nun zurück an Adamis.

Bevor ihr mit den Übungen beginnt, die Pythagoras beschrieben hat, ist es ratsam, daß ihr euch in Meditation begebt und euch ganz eures atlantischen Erbes vergewissert und euch an dieses gewöhnt. Beruft euch auf Gott, daß er euch die Stärke bringe, euch selbst zu akzeptieren. Wenn ihr gefühlt oder erkannt habt, daß ihr hier anwesend seid, um der Menschheit zu dienen, dann sorgt euch nicht um den Ausdruck eures Egos. Erkennt eure Identität an, den Sinn eures Lebens und schreitet weiter auf dem Weg der Erfüllung. Es gibt viele, die euch unterstützen, denen ihr euch mitteilen könnt und viele, mit denen zusammen ihr Erfüllung im Ausdruck erreichen könnt.

Seid gesegnet.

KAPITEL 4

Hier spricht "Strength" von Atlantis. Seid gegrüßt.

DIE ATLANTISCHEN GESÄNGE

In der Zivilisation von Atlantis gab es Schwingungen, die als Töne gesungen worden sind. Wir haben sie euch bereits als "Atlantische Gesänge" vorgestellt. Die Resonanz dieser Klänge diente den Atlantern, und sie sind nun für euch da, um die Frequenzen eurer Meridiane zu stimulieren und euch in der Erfüllung vieler eurer Vorhaben zu unterstützen. Das betrifft Heilung, bewußte Erinnerung, das Weltall und Aspekte spiritueller Kommunikation.

Es gibt eine fundamentale Beziehung zwischen den zwei miteinander zum Sechsstern verbundenen Dreiecken und dem Gebrauch von Farbfrequenzen und Magnetismus. Hier drückt sich die Mischung der Energien von Wahrheit und Ordnung ganz besonders aus, um Regeneration und heilende, polare Schwingungen hervorzubringen. Die resonierenden Klänge sind universal. Die Farbschwingungen sind Ultra-Frequenzen, also universellen Ursprungs. Wir werden euch nun den Prozeß beschreiben, wie mit Klang, Farbe und Kristallen geheilt wird.

HEILEN MIT KLANG, FARBEN UND KRISTALLEN

#1: A-LE-U   #2: BA-O

Diese Chants werden verwendet, um die Schwingungen eines Menschen für Meditation und zum Lernen vorzubereiten. Sie lösen Energieblockaden und lassen den Informationsfluß und Frieden kommen. Sie bringen die übrigen Energien in euren Meridianen in Einklang. Die Öffnung der Chakren wird in Gleichklang gebracht, denn normalerweise sind einige eurer Chakren offener als andere. Diese Gesänge harmonisieren und verstärken gleichmäßig die sieben wichtigsten Chakren. Bringt den siebenundzwanzigsten Ultra-Licht-Strahl, den Strahl von silbrigem Rosa in eure Gegenwart, bevor ihr beginnt zu singen. Streckt euch aus und legt auf die Chakren sieben einendige Kristalle, die alle zu eurem Kopf zeigen. Dann singt dreimal.

#3: GA-MO-AL

Dieser Gesang wird zur Heilung von Leber, Bauchspeicheldrüse, Milz und Nieren gebraucht. Er wird verwendet in Verbindung mit dem siebzehnten Strahl in Rot-Orange, mit silbernen Rändern. Der Strahl wird durch ein in der Nierengegend am Rückgrat liegendes Chakra eingeleitet. Setzt die Person in ein Muster aus kleinen Kristallgruppen, die auf Kupferdraht gelegt werden. Nehmt zwei auf jede Seite, auf einer Linie mit dem Nabel, dem Punkt der Triangulation und legt zwei Kristallgruppen zwischen die Knie.

#4: DOU-LAE #6: VO-A-A

Diese Chants sind für das Atemsystem und seine variablen Energiefrequenzen. Sie werden verknüpft mit dem sechzehnten Strahl von Zitronen-rosa, auf jeder Seite golden eingefaßt. Legt ein Dreieck aus Kristallen auf die obere Körperhälfte - je eines auf jede Schulter mit den Spitzen nach unten, und eines auf den Nabel mit der Spitze nach oben. Ihr könnt auch ein Muster legen aus je zwei Kristallgruppen, die auf einem zum Dreieck ausgelegten Kupferdraht liegen. Die Spitzen sind außen an den Schultern und eine mitten zwischen den Beinen, auf mittlerer Höhe der Oberschenkel.

#5: HA-JO-HA

Dieses ist die Resonanz, mit der Gottes Licht zum Heilen mit den Kräften der Regeneration gerufen werden kann. Es ist verbunden mit dem zweiundzwanzigsten Strahl von perlweißem Licht, eingefaßt in Gold. Aktiviert geistig die in euren Handflächen implantierten smaragdgrünen Kristalle. Während ihr singt und an den zweiundzwanzigsten Strahl denkt, vollendet die Heilung, und die Energie fließt in einer Schwingungs-Dreiheit durch eure Hände zum Behandelten.

#7: ZOO-UR #8: CHO-RA*[1]

Diese Gesänge werden in Zusammenhang mit Rückführungen und den Erfahrungen vergangener Leben verwendet. Ruft zur Unterstützung den neunzehnten Strahl, der blaß-grün und golden ist, eingefaßt in Silber. Legt einendige Kristalle auf die folgenden Körperstellen: einen mit der Spitze nach unten über euer drittes Auge, einen mit der Spitze nach oben auf euer Herzchakra in der Mitte des Brustkorbs und einen auf jede Handfläche, mit den Spitzen zu den Schultern zeigend. Während ihr singt und den Strahl aus blassem Grün und Gold erfahrt, werden die Erfahrungen und Fähigkeiten, die von vergangenen Leben in euch schlummern, langsam in euer Bewußtsein kommen.

#9: TU-LA-RO

Dieser Chant wird für Arthritis, Nervenentzündungen und Hautschäden verwendet. Mit ihm verbunden ist die Farbe blaß-rosa. Bringt den zu Behandelnden oder euch selbst in ein Muster aus zwölf einendigen Kristallen, oder benutzt das Doppel-Diamant-Muster aus Kristallgruppen. Wenn die Krankheit schon fortgeschritten ist, werdet ihr das Muster aus Kristallgruppen wirksamer finden als die einendigen Kristalle.

#10: YO-OOH-DA

Dies sind die Klänge des Gottes in euch. Sie sollen in Verbindung mit dem sechsunddreißigsten Licht-Strahl gesungen werden, der Wahrnehmung aller Farbe. Wenn ihr bereits die totale Existenz Gottes anerkennt und bereit seid, darüber hinaus in die kreative Masse hineinzugreifen, wird euch dies bei der Ausdehnung unterstützen. Umgebt euch mit einem Muster aus zwölf einendigen Kristallen. Legt ein dreieckiges Muster auf euren Körper: einen Kristall auf das dritte Auge, einen auf die Kehle, und einen auf das Herzchakra, wobei alle mit der Spitze nach oben auf euren Kopf zeigen. Bitte beachtet, daß diese Kristalle, auch wenn sie physisch in einer geraden Linie liegen, spirituell doch ein Energie-Dreieck für euch bilden.

1 siehe auch Chant Nr. 19

#11: CO-LAE-AH

Dieser Gesang bezieht sich auf die Heilung physischer Deformationen, gebrochener Knochen, nachdem sie gerichtet worden sind und auf Heilung nach Operationen. Der Gesang wird in Verbindung mit der Farbe rot verwendet. Diese Zuordnung wurde getroffen, weil es sich dabei vorwiegend um physische Erd-Schwingungen handelt, die in Verbindung mit den Naturgeistern gebraucht werden. Legt ein Muster aus drei einendigen Kristallen über das betreffende Gebiet. Das Muster kann sowohl eine physisch gerade Linie sein, um Arme oder Beine zu heilen, oder es kann in einem Dreieck auf dem Körper liegen. Welches Muster ihr auch nehmt, legt die Spitzen zur Erde hin oder, wenn der Behandelte liegt, in Richtung der Füße.

#12: LAU-RR-U #2: BA-O

Diese Gesänge stehen in Zusammenhang mit Krankheiten in den unteren Extremitäten, die von Durchblutungs-Problemen und Störungen der Muskeln stammen. Wir verwenden den einundzwanzigsten Strahl aus gelb-orange, gefaßt in silberne Ränder. Legt einendige Kristalle auf die Chakren oben auf jede Hüfte und einen auf die Ferse jedes Fußes. Die Kristalle auf den Hüften zeigen nach unten, die auf den Fersen nach oben. Ihr könnt auch ein Dreieck aus doppelten Kristallgruppen verwenden: die Basis an der Taille, und die Spitze etwas unter euren Füßen. Die Kristallgruppen werden auf ein Dreieck aus Kupferdraht gelegt.

#13: MO-RAA-AH

Dieser Gesang wird verwendet, um ein Gleichgewicht zwischen männlichen und weiblichen Schwingungen herzustellen. Er wird in Zusammenhang mit dem zwanzigsten Ultra-Strahl aus flieder- und lavendelblauer Farbe, eingefaßt mit goldenen Streifen, verwendet. Er ist besonders wirksam im Zusammenhang mit Problemen in der sexuellen Selbst-Akzeptanz und dem sexuellen Selbstwert. Legt einendige Kristalle auf folgende Punkte: einen auf das Basis-Chakra nach oben zeigend, einen auf das Kehlchakra nach unten zeigend, und einen mit der Spitze nach oben auf das Herzchakra. Dieses Muster wird euch helfen, Blockaden zu öffnen, die ihr in Bezug auf eure emotionale und sexuelle Selbstakzeptanz und Bewußtheit habt. Versteht, daß das, was damit erreicht werden soll, nichts mit zwischenmenschlichen Beziehungen irgendeiner Art zu tun hat. Diese Übung bezieht sich allein auf euch und die Erfahrung eures eigenen Wertes.

14: NO-OH-RAH #15: SO-MAA-AH

Dies sind universelle Schwingungen der Selbstakzeptanz, die sich auf das Ego und die Seele beziehen. Er wird mit den Frequenzen von tief-violett verwendet für Stärke, um Anregung zu bekommen, spirituell etwas zu erreichen. Haltet einendige Kristalle mit den Spitzen nach oben in jeder eurer Handflächen. Legt einen Kristall mit der Spitze nach oben auf euer Herzzentrum, um das Muster zu vervollständigen.

#16: O-OH-DA #17: FAA-RO

Diese Resonanzen verbinden euch mit den Frequenzen der Naturgeister. Sie werden mit dem dreiunddreißigsten Ultra-Strahl in blassestem Rosa verwendet. Haltet in sitzender Position einen einendigen Kristall in jeder Hand, wobei die Spitzen den Boden berühren. Während ihr singt, wird das eure Energien in Harmonie bringen und euch die Erdenergien und die Naturgeister erkennen lassen. In nicht allzu langer Zeit werdet ihr die Kommunikation auf dieser spirituellen Ebene herstellen.

#18: ZAU-RAAM

Dies ist ein intensiver Klang mit viel Resonanz. Er wird in Verbindung mit den Energien von Smaragdgrün verwendet, in Verbindung mit Lukas, dem Meister für die heilenden Schwingungen auf dem Planeten Erde. Aktiviert geistig die implantierten, ätherischen Kristalle in eurem Körper. Während ihr singt, wird dies eure Energien und besonders eure heilenden Frequenzen anregen. So werdet ihr vorbereitet und gestärkt, wenn ihr Heilungen durchführen wollt. Es kann euch auch schützen, wenn ihr irgendeiner negativen Energie ausgesetzt werdet. Zum Beispiel dann, wenn ihr jemand im Krankenhaus besucht, oder Menschen beratet und ständig Negativität ausgesetzt seid. Alles in allem schafft es ein Kraftfeld aus heilenden Schwingungen, das hilft, euch vor dem Eindringen negativer Energiefrequenzen zu versiegeln.

19: KO-FAA-ROO # 8: CHO-RA

Benutzt diese Gesänge, wenn ihr mit Kindern arbeitet. Wir verwenden sie in Zusammenhang mit dem achtzehnten Strahl aus sanftem, blassem Französisch-Blau, eingefaßt mit goldenen Streifen. Wenn ihr den Strahl angerufen habt, bringt das Kind in ein Sechsstern-Muster und singt diese Resonanz. Diese Energie umgeht die Persönlichkeit und öffnet die Seele des Kindes deinem Bewußtsein. Sie hilft dir, zu erkennen, warum die Seele sich diese körperlichen Bedingungen und Krankheit ausgesucht hat. Diese Methode ist besonders wirksam, wenn man mit karmisch belasteten Kindern zu tun hat, die zum Beispiel geistig zurückgeblieben sind, das Down'sche Syndrom haben, oder autistisch sind, denn so kann man die Seele direkt erreichen und erfahren, was getan werden kann, um das zu erreichen, wofür die Seele hier hergekommen ist.

20: RU-AH-SHIM

Dies ist ein Gesang, um unter Verwendung von Magnetismus zu heilen. Seine Aufgabe ist es, den ätherischen Kristallisationsprozeß zu vereinheitlichen. Außerdem öffnet er dich, indem du den fünfundzwanzigsten, zitronengelben Strahl rufst für die Energien der Raum-Bruderschaften und von Salomon. Sitze an einem Tisch. Errichte ein Dreieck aus sechs einzelnen Kristallen. Eine Spitze zeigt zu dir, die Basis liegt dir gegenüber, und alle Kristalle weisen mit der Spitze zu dir. Wenn das Dreieck vollständig ist, lege drei weitere, einzelne Kristalle in einer geraden Linie von der Spitze des Dreiecks zu dir. Dieses Neuner-Muster wird die Energien, die dir gechannelt werden, verstärken und konzentrieren.

21: SHE-MA

Zusammen mit dem vierunddreißigsten Strahl, einem ganz blassen Violett, gesungen, stimmt dich dies in die Energien von Sananda ein, den weiblichen Aspekt Gottes. Dies sind die Schwingungen der Liebe,

Sanftheit und Einheit. Sitze in einem Dreieck aus einendigen Kristallen, mit der Spitze hinter dir und allen Kristallen so ausgerichtet, daß sie hinter dich zeigen. Singe es für jemanden, den du liebst, und es wird eure Schwingungen in Harmonie bringen. Singe es auch für dich und für Gott.

22: TRI-AAH

Dieser Chant wird zusammen mit einem sanften, pastellenen Rosa gesungen. Lege einen einendigen Kristall mit der Spitze nach unten auf die Schulter, einen in die Hand mit der Spitze nach oben, und einen in das Ellenbogengelenk. Seine Spitze darf auf- oder abwärts zeigen. Dieser Prozeß ist zur Heilung von Beschwerden in den Schultern und Armen gedacht, wie Arthritis oder Krankheiten der Nerven. Er kann auf beiden Seiten gleichzeitig angewendet werden.

23: THU-MAAR

Singe diese Schwingungen in Verbindung mit dem achtundzwanzigsten Strahl. Er besteht aus drei Streifen in Puder-Blau, abwechselnd mit zwei goldenen Streifen - insgesamt fünf Streifen. Verwende das ausführliche Kristall-Legemuster mit neun Kristallen, wie unter #20 beschrieben. Dies wird dir helfen, Universelle Schwingungen und Kommunikation zu empfangen.

24: AU-MA-LAA

Dieser letzte Gesang ist eine Resonanz, die dich vor einem Eindringen fremder Energien und vor Negativität schützt. Er wird zusammen mit dem dreißigsten Strahl aus ganz blassem Orange verwendet. Habe deinen "persönlichen" Kristall immer bei dir. Wenn du diese energetische Dreiheit benutzt, bringe den Kristall über dein Herz und singe dann. Das umgibt dich mit einem Schild zum Schutz deiner Energien, mehr auf der spirituellen als auf emotionaler Ebene.[2]

2 Alle Kassetten erhältlich bei: Arizona Methaphysical Society, P. O. B. 44027, Phönix, A 285064

PERSÖNLICHE ENERGIEFREQUENZEN

In der kommenden Zeit werden eure Wissenschaftler und Mediziner einen Prozeß entwickeln, in dem Menschen bestimmte, energetische Frequenzen gegeben werden. Diese Energiefrequenz wird eine Kombination aus dem Klang, der Farbe und der magnetischen Schwingung sein, die man mit einem bestimmten Organ im Körper verbindet. Dieser einzigen Lichtschwingung ausgesetzt, wird sich ein Organ sofort ganz regenerieren.

Dies wird jedoch nicht geschehen, so lange die Menscheit innerhalb fleischlicher, karmischer Schwingungen lebt. Der Planet Erde ist im Zeitalter des Wassermanns. Neue Rassen, neue Stufen von Seelen inkarnieren auf eurem Planeten. Mit der Zeit werden die niedrigeren Bänder karmischer Energie entfernt und ersetzt werden durch solche, die universellere Beziehungen haben. Alle die emotionalen, fleischlichen Ausdrucksweisen werden aus dem Verhalten der Menschen verschwunden sein. Dann werden diese regenerativen Energien von den Menschen in großem Umfang genutzt werden.

Im Moment ist es in Ordnung, wenn ihr diese Dreiheit der Schwingungen verwendet, so wie wir sie beschrieben haben. Ihr werdet sie in eurer Arbeit sehr wirksam finden. Jedesmal, wenn ihr einen dieser Gesänge anwendet, werdet ihr für euch selbst eine größere Bestätigung in Bezug auf eure Identität finden, und ihr werdet erkennen, daß ihr diese Resonanzen in der Vergangenheit verwendet habt.

ANDERE, ZUKÜNFTIGE FORMEN DER KOMMUNIKATION

Im Laufe der Zeit werden der Menschheit als Teil anderer Methoden der Kommunikation zusätzliche geometrische Strukturen zugänglich gemacht [siehe Buch 3, Kap. 11]. Die Reinheit der Übertragung magnetischer Schwingungen von innerhalb der Raumkommandos wird der Menschheit bewußt gegeben werden. Diese Kommunikation wird in Form fester und flüssiger geometrischer Symbole erscheinen. So können emotionale Störungen beim Empfang der Übertragung verhindert werden.

Viele dieser geometrischen Figuren werden mit verschiedenen Farbfrequenzen innerhalb eures Spektrums assoziiert sein. Indem bestimmte farbige Figuren in Muster gelegt werden, wird ein Energiefluß erzeugt, der einen heilenden Einfluß auf Bewußtsein und Emotionen haben wird. Ihr werdet die richtige Anwendung jeder dieser Figuren noch erfahren. Es wird möglich sein, diese Figuren aus Kupferdraht zu formen, je nach Bedarf mit farbigem Glas oder Kunststoffeinsätzen. Die Figuren können dann von einer anderen Person über den Körper bewegt werden, um die gewünschten geometrischen Frequenzen und Ergebnisse zu erzielen.

GEOMETRISCHE KOMMUNIKATION

Wir werden jetzt die physische Wiedergabe geometrischer Kommunikation mit Mitgliedern der Raumkommandos beschreiben.

Diese Figuren können aus schwerem, festen Kupferdraht hergestellt werden. Sie alle sollten einen Handgriff haben, mit dem ihr sie während der Heilungsarbeit halten könnt. Die inneren Flächen werden mit farbiger Kunststoff-Folie oder Glas ausgefüllt.

Diese geometrischen Formen sind Werkzeuge zum magnetischen Heilen, die tatsächlich an Bord der Schiffe für bestimmte korrigierende Maßnahmen verwendet werden. Der Behandelte sollte immer gerade liegen. Man hält das Energie-"Paddle" am Griff und bewegt es langsam in Kreisen über den ganzen Körper. Ihr könnt es sowohl im Uhrzeigersinn als auch entgegengesetzt kreisen lassen. Die Behandlung mit einem Paddle sollte ungefähr fünf Minuten dauern. Ihr könnt auch Kombinationen der Paddles benutzen und dabei eines in jeder Hand halten, oder sie auch nacheinander anwenden.

Die Paddles brauchen insgesamt, ohne die Handgriffe, nicht größer zu sein als 15 cm x 20 cm.

1. Smaragd-Grün

Dieses Paddle wird mit Grün ausgefüllt. Es wird zur Heilung emotionaler Schwingungen verwendet.

2. Pastell-Rosa oder Pink

Dieses Paddle ist pastell-rosa bzw. pink. Seine Energien reinigen das Aura-Feld und gleichen den Fluß der Meridiane auf beiden Seiten des Körpers aus.

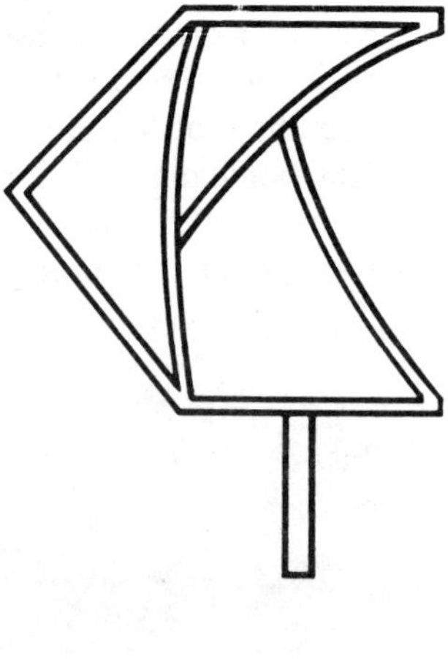

3. Dunkelblau

Dieses Paddle ist in dunkelblauer Farbe. Seine Aufgabe ist es, die Wahrheit des Geistes, des Körpers und des Ausdrucks zu harmonisieren und aufeinander einzustimmen.

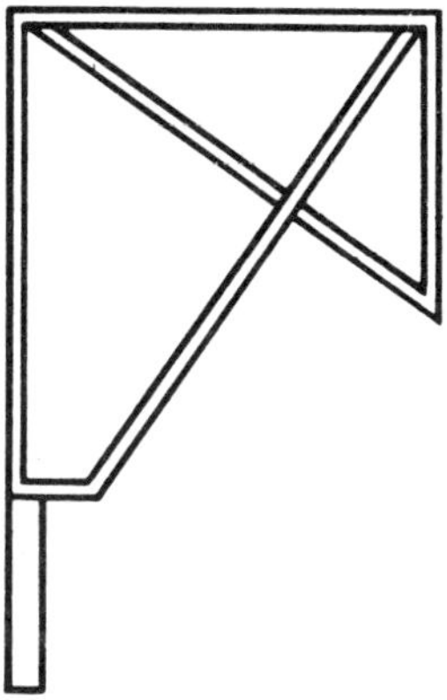

4. Sanftes Gelb

Die Bewegung des Paddles in sanftem Gelb über den Körper gibt dem Geist Klarheit im Wissen und Unterscheidungskraft beim Lernen.

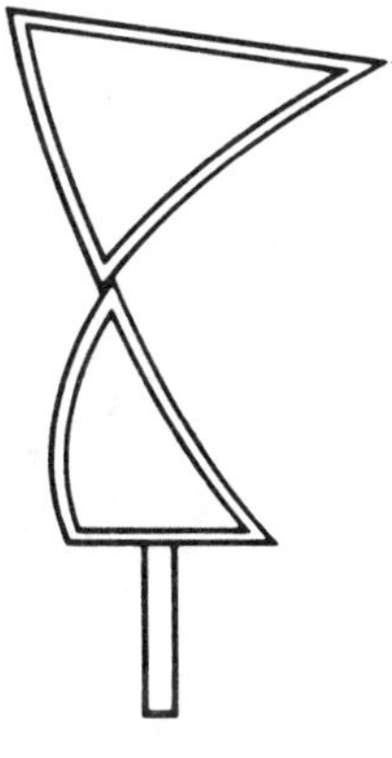

5. Rot

Rot sind die Einsätze dieses Paddles. Seine Bewegung über den Körper schafft körperlichen Ausgleich, Vitalität und die Grundlage für Gesundheit. Es hilft auch, unerwünschte Ablagerungen von Fettgewebe, Cholesterol oder Säuren- oder Basenüberschuß aufzulösen.

6. Dunkel-Violett

Dieses Paddle erhält eine tief-violette Farbe. Seine vornehmliche Aufgabe ist es, negative Energien aus Aura und Körper zu entfernen. In der Schwächung einer Besessenheit ist es besonders wirksam und macht es leichter, diese zu entfernen.

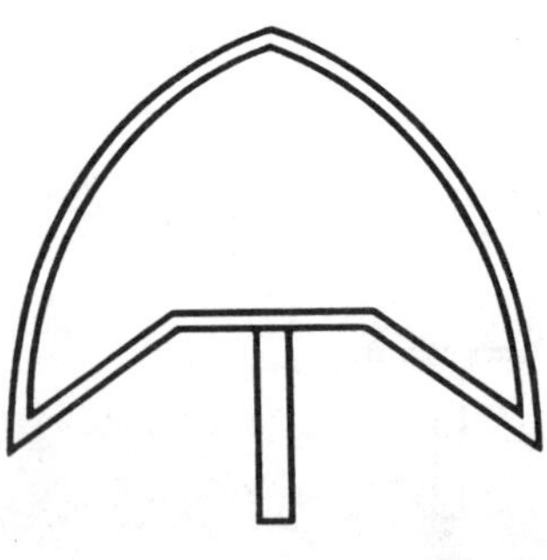

Im Laufe der Zeit, wenn wir sehen werden, daß das, was wir euch nun gegeben haben, zum Nutzen für die Menschheit angewendet worden ist, werden wir euch mehr davon zur Verfügung stellen.

Die Wissenschaft vom universellen Magnetismus und ihr Gebrauch in der zivilisatorischen Entwicklung auf der Erde steckt immer noch in den Kinderschuhen. In größerer spiritueller Entwicklung und Nutzung der Gehirn-Kapazitäten durch die Wissenschaft wird der Schlüssel zur Erforschung der Galaxis und darüber hinaus liegen.

Der Mensch führt sein Leben zum größten Teil in Bezug auf das, was er sieht und fühlt. Eure Gesellschaften waren so orientiert, daß sie ihre Erkenntnis auf reine Wissenschaft und das körperlich Manifeste gegründet haben. All dies muß sich mit der Zeit ändern. Wenn der Mensch wächst und sich entwickelt, wird er anfangen, die Vergänglichkeit seiner physischen Realitäten, wie seines Körpers, zu verstehen. Diese spirituelle Evolution wird ihn an den Punkt bringen, wo er seine Seele mehr akzeptieren wird und all das nicht Greifbare in Bezug auf seine ewige Existenz.

KAPITEL 5

Hier spricht Adamis

SAAT-KRISTALLE

Vor Äonen, als beschlossen wurde, daß der Planet Erde Kinder des Lichts beherbergen würde, wurde zu deren Unterstützung Magnetismus in Form von Materie auf die Erde gebracht.

Dieser Magnetismus nahm die Form an, die wir heute "Saat-Kristalle" nennen. Diese Kristalle, genau so, wie wir sie heute finden, wurden von den Raum-Brüdern auf der Erde eingepflanzt - oder "gesät". Sie wurden an bestimmten, strategischen Punkten eingebracht. Die so entstandenen Triangulationen erzeugten Kraftfelder, die zu den Minen und Kristalldrusen führten, die ihr gegenwärtig auf der Erde findet.

Die Kristalle werden immer wieder in zwei Formen gefunden:

DREIECKIGE PRISMEN

Die erste ist ein gleichförmiges, dreieckiges Prisma. Es ist meist zwischen 10 und 18 cm lang, und in der Mitte mit einem Durchmesser von 2½ cm. Es enthält eine Farbfrequenz wie blasser Amethyst.

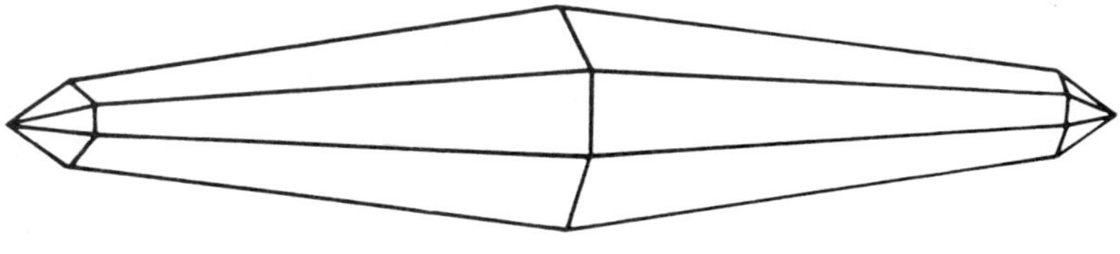

SPITZE PRISMEN

Die zweite Art Prisma hat ihren größten Durchmesser nahe der Basis, ist 15 bis 25 cm lang und ohne Farbschwingung.

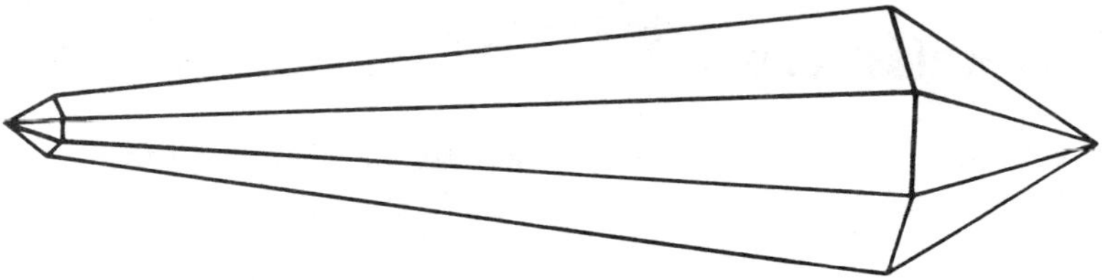

Beide Arten von Saat-Kristallen sind perfekt symmetrisch. Um richtig funktionieren zu können, dürfen sie nicht beschädigt sein und müssen doppelendig sein. Sie haben die normalen sechs Seiten und sechs Facetten an beiden Spitzen.

ANWENDUNG VON SAAT-KRISTALLEN

Die Energien in den Saat-Kristallen werden durch verschiedene Frequenzen manifestiert und für spezielle Zwecke und Aufgaben verwendet. Sie sollen nicht in Legemustern zur Heilung verwendet werden und auch nicht zur Heilung konkreter, körperlicher Krankheiten.

Wenn du einen Saat-Kristall in der Hand hältst, wirst du eine andere Energie spüren als sonst, wenn du mit Bergkristallen umgehst. Diese Kristalle enthalten eine Mischung magnetischer Schwingungen und die regenerativen Energien Gottes. Sie sollen als Instrumente zur geistigen, körperlichen, emotionalen und spirituellen Transformation benutzt werden.

Wegen der großen Kraft dieser Kristalle und ihrer Fähigkeit, Energien umzuwandeln, muß große Sorgfalt in der Auswahl derer walten, die in ihren Besitz kommen. Wenn du einen haben möchtest, wisse, daß er dir gegeben wird, wenn die Zeit reif ist. Suche nicht nach ihnen. Wenn sie nicht zu dir gekommen sind, ist die Zeit für dich noch nicht reif, dieses Instrument zu benutzen. (Das sei eine Lektion für dich in Geduld.)

Die Saat-Kristalle wurden in Atlantis als "Kontroll-Instrumente" benutzt. Wenn jemand behandelt werden sollte, legte er sich hin und mit ihm der Rest der Gruppe. Der Führer hielt dann den "Saat"-Kristall in einer Hand und berührte mit dem spitzen Ende sanft den Körper des Behandelten und führte ihn über ihn.

Wenn im Geist die Bedingung gestellt worden war, daß der Kristall kontrollierend dienen sollte, erfuhren alle anderen im Raum die Bewegung der Körperenergie in der gleichen Intensität und Form wie der Behandelte.

Es ist wichtig, daß ihr euch daran erinnert. In der Zukunft wird es Gelegenheiten geben, wo Gruppen von Menschen Heilung von Störungen der gleichen Art brauchen werden. Sie können alle geheilt werden, indem die Energie an einer Person angewendet wird.

Die Saat-Kristalle wurden benutzt, um vollkommenen Gleichklang der Chakren im Körper zu erreichen. Das spitze Ende wurde über das Kronenchakra gehalten und dann langsam am Körper bis zum Basis-Chakra hinabbewegt. Alle Chakren kamen so in ihre harmonische Position und übereinstimmende Schwingung.

Wenn Energieblockaden in der Wirbelsäule auftreten, in Armen oder Beinen, wird die Bewegung eines Saat-Kristalls von einem Energie-Einlaß-Punkt zu einem anderen die Blockade lösen, und die Energien können wieder normal fließen.

Wenn du einen Saat-Kristall zur Selbstheilung verwenden möchtest, lege dich hin und halte ihn in beiden Händen, so daß er dein Herzchakra mit dem spitzen Ende sanft berührt. Der so entstehende Energiefluß wird deine Energiemeridiane ausgleichen und deine körperlichen, mentalen und spirituellen Prozesse neu vitalisieren.

EMOTIONALE UND SPIRITUELLE BLOCKADEN

Der kraftvollste Dienst der Saat-Kristalle für den Menschen bezieht sich auf die emotionalen und spirituellen Blockaden im Leben des Einzelnen.

Dies gilt für inkarnierte Seelen hier, die Star-Children, Sternenmenschen sind, Walk-Ins, Atlanter oder als Fremde hier dienen. Durch die Art ihrer Sensitivität bedingt, geht die Mehrheit von ihnen durch folgende Erfahrungen:

1. Als Kinder entdecken sie, daß ihre emotionalen Reaktionen auf Menschen und Situationen verinnerlichter und ruhiger sind.

2. Sie fühlen sich nicht wohl dabei, offene Begeisterung oder Freude zu zeigen versuchen das aber, und fühlen sich damit innerlich unwohl und unsicher.

3. Sie beginnen an ihrer Fähigkeit zu zweifeln, Emotionen zu zeigen, und schützen sich vor anderen, um emotionale Konfrontationen zu vermeiden. Dann beginnen Zweifel am eigenen Wert.

4. Ihre Empfindungen unterscheiden sich von denen anderer.

5. Sie versuchen immer, sich ganz unter Kontrolle zu haben, und erlauben sich selten einen totalen Ausdruck ihrer Emotionen und Empfindungen.

Daraus entstehen Verhaltensmuster, die emotionale und sexuelle Blockaden und Minderwertigkeitsgefühle hervorbringen. All dies muß gelöst werden, bevor ein Mensch vorwärts gehen kann, um seinen vollen Dienst für Gott zu leisten.

ÄHNLICHE BLOCKADEN IN ATLANTIS

All dies trat in Atlantis auf. Wenn sich Ehen trennten, regte sich oft einer der Beteiligten darüber sehr auf. Emotional beschuldigte er sich und seine Unzulänglichkeit. In so einem Fall wurde der Betroffene in einen entspannten, meditativen Zustand gebracht und angeleitet, sich auf sein Herz zu konzentrieren. Geatmet wurde durch den Mund, da der Vorgang mit körperlicher Bewegung und Reaktionen ablief.

Das Ziel dieses Vorgangs war es, blockierte Emotionen von Selbstwert im Herzen zu lösen, und den Betreffenen seinen eigenen Wert emotional und sexuell spüren zu lassen.

Über das Herz wurde ein Saat-Kristall gehalten, und sein spitzeres Ende berührte leicht den physischen Körper. Ein Band von Selbst-

Emotion wurde mit dem Kristall verbunden und aus dem Herzen den Körper hinunter gezogen. Beim Ausatmen preßte die Person ihre Energie hinab in den Körper, und erfuhr so eine Lösung und Befreiung ihrer Emotionen.

Das Band aus Licht wurde dann im Basischakra verankert. Dies stellte die Verbindung von Herz und Emotionen mit dem Zentrum des Selbst her, das mit Empfindungen und Selbstausdruck zu tun hat.

Dieser Vorgang wurde sieben mal wiederholt. Jedesmal wurde die Verbindung stärker und stärker. Die Person atmete stärker und preßte tiefer hinunter, während die Verbindung stärker wurde. (Physisch ist das ähnlich, wie wenn eine Frau ein Kind bekommt). Am Höhepunkt dieses Prozesses erfuhr die Person eine völlig emotionale Lösung und kam zu einer friedlichen Selbst-Akzeptanz.

SELBST-AKZEPTANZ

Während des Wassermann-Zeitalters auf eurem Planeten Erde ist es sehr wichtig, daß eure Energien richtig aufeinander eingestimmt sind und ihr euch selbst in allen Bereichen voll akzeptiert. Im Laufe der Zeit, wenn die niedrigeren, karmischen Schwingungen von emotionaler Erfahrung aus den Energien der Erde entfert werden, müßt ihr in Harmonie sein.

Alle, die nicht in Harmonie sind, können nicht dienen. Sie werden sich an alte Schwingungen klammern, die sie nur in ihre Zerstörung führen werden. Emotionale und physische Liebe müssen ihren Ausdruck auf einer höheren Frequenz von Wahrheit und Verstehen finden.

DIE PHYSIS ALS WERKZEUG DER SEELE

Viele der alten Atlanter entwickelten sich nicht bis zu diesem Grad. Dies war einer der Faktoren, die zur Zerstörung ihrer Zivilisation führten. Sie benutzten ihre Körper anstatt ihres Geistes als wichtigstes Medium für ihren Selbstausdruck. Sie ließen zu, daß über die unteren Chakren Bedingungen geschaffen wurden, die andere in fleischlicher, unspiritueller Art beeinflußten. Das schuf Aufruhr im Gleichgewicht von Körper und Geist.

Die Menschen müssen verstehen und akzeptieren, daß die körperliche Struktur ein Werkzeug ist, mit dem sich die Seele ausdrücken kann. Ihre wichtigste Aufgabe ist es, der Seele ein Gefährt zu sein, durch welches sie wachsen und dienen kann. Alle körperlichen Strukturen haben die gleiche Aufgabe. Sie scheinen lediglich verschieden zu sein, je nach den unterschiedlichen emotionalen Reaktionen.

Laßt die Scham für eure körperliche Struktur beiseite. Bringt diese in die richtige Perspektive zu eurer Wahrheit, und benutzt sie als Gefährt für die spirituelle Erfüllung eurer Seele.

***

Hier spricht Kryon vom Universum Quadrille V.

Ich bin hier, um der Menschheit auf dem Planeten Erde weitere Anwendungsmöglichkeiten für die Saat-Kristalle zu beschreiben.

WEITERE ANWENDUNGSMÖGLICHKEITEN FÜR SAAT-KRISTALLE

Im Laufe der Zeit wird die Fähigkeit, mit dem Geist und anderen Quellen der Existenz zu kommunizieren immer wichtiger werden. Die folgenden Übungen werden die Menschheit in die Lage versetzen, diese Entwicklung zu verwirklichen:

ANTENNE FÜR UNIVERSELLE ENERGIEN

Ein Saat-Kristall kann als "Antenne" für universelle, magnetische Energien verwendet werden. Halte ihn mit einer Hand, das dickere Ende zum Körper. Berühre mit ihm fünf Minuten lang dein Kronenchakra. Gehe dann weiter zum dritten Auge, dem Kehlchakra, und dem Herzchakra. Mache jeweils dazwischen fünf Minuten Pause.

Als Resultat werden sich deine Channeling-Frequenzen in Harmonie mit dem universellen Gitternetz der Kommunikation bringen. Damit wirst du dich bewußt diesem Bewußtsein und dieser Erfahrung öffnen und anderen in größerem Maße dienen können.

WERDENDE MÜTTER

Während der Zeit von Atlantis benutzten werdende Mütter Saat-Kristalle als Unterstützung, um die Schwingung der Seele des ungeborenen Kindes bewußt zu empfangen. Jetzt, in eurem Wassermann-Zeitalter, inkarnieren Seelen mit Meister-Schwingung in großer Zahl, und es wird immer wichtiger für werdende Eltern, sich der Aufgabe der Seele bewußt zu werden, der Umgebung, die sie sich wünscht, ihrer Ernährung, etc. Beide Eltern sollten an diesem Prozeß beteiligt sein.

Halte den Saat-Kristall auf den Bauch der Frau, mit dem spitzen Ende nach oben. Halte ihn in beiden Händen und setze die Bedingung, daß der Kristall die Verbindung zwischen den Schwingungen herstellt. Dann wird das Bewußtsein kommen.

REINIGEN ANDERER KRISTALLE

Die Saat-Kristalle können benutzt werden, um andere Kristalle von negativen Schwingungen oder Farb-Implantationen, die du vorher benutzt hast, zu reinigen.

Setze im Geist die Bedingungen dementsprechend und gehe mit dem Saat-Kristall dreimal längs über den anderen Kristall. Dies wird seine Energien in völlige Harmonie und Klarheit bringen. Wann immer du für eine Heilung Farbe in einen Kristall implantierst, kann sie auf diesem Weg leicht wieder entfernt werden.

HILFSMITTEL ZUR ORTUNG

Die Saat-Kristalle können auch als Hilfsmittel zum Auffinden von bestimmten Mineralien etc. benutzt werden, die in der Erde liegen. Halte ihn in mit dem spitzen Ende nach unten in der Hand und sei empfindlich für jede Veränderung der Energie, die du erfährst, indem du den Kristall in der Hand hältst.

PFLEGE DER SAAT-KRISTALLE

Verwahre die Saat-Kristalle normalerweise nicht in der Nähe deiner anderen Kristalle auf. Lagere sie an einem separaten Ort, entfernt von den Schwingungen der anderen Kristalle. Mache dir keine Sorgen darum, wenn andere ihn anfassen. Sie können seine Schwingungen nicht verändern oder in sie "eindringen". Allein sie können von den Energien des Kristalls berührt werden.

Bevor wir unsere Schwingungen zurückziehen, möchten wir eine Warnung aussprechen. Es wird einige geben, die ungerechtfertigterweise von diesen geschriebenen Worten profitieren wollen. Sie werden behaupten, euch Saat-Kristalle zu verkaufen. Sei immer vorsichtig und ziehe deine eigene Führung zu Rate. Wenn du irgendeinen Zweifel hast, geh' vorbei in Liebe.

***

Wir sind der Vater, Mutter, Gott. Eure Seelen seien gesegnet.

Die magnetischen Prozesse und die Kenntnis von Atlantis kommen sehr schnell in eure Reichweite, und ich möchte die Menschheit loben für ihr kontinuierliches Wachstum hin zur Einheit unter allen meinen Kindern.

LOSLASSEN VON ATLANTISCHEM KARMA

Die Evolution des Planeten Erde schreitet nach dem göttlichen Plan vorwärts. Für all jene, die sich mit ungelösten karmischen Verpflichtungen aus Atlantis belastet haben, ist die Zeit gekommen, diese nun in meine Obhut zu entlassen. Nur so könnt ihr eure gegenwärtigen Aufgaben auf dem Planeten Erde erfüllen. Ich warte darauf, daß ihr darum bittet und ich euch dieses Bedürfnis erfüllen kann.

Das neue Atlantis wird nicht so sein wie das alte. Alle Vorkehrungen sind getroffen, um sicherzustellen, daß der Ausdruck von Emotionen nicht wieder die spirituelle Ordnung auf eurem Planeten Erde zerstören wird.

Jene von euch, die freiwillig wieder dienen, sind und werden immer noch tausendfach einer Neukonditionierung ihrer Reaktions-Muster unterzogen, um so einen Mißbrauch auszuschließen. Am Ende wird alles, was ihr durchgemacht habt, zehnfach in Wachstum, Frieden und Glück an euch zurückgegeben werden.

Mit der Zeit, wenn man sehen kann, daß die Menschheit das aufgeschriebene Wissen richtig anwendet, wird noch mehr in das Bewußtsein kommen. Innerhalb von dreißig eurer Jahre wird sich das niedrigere Band emotionalen Ausdrucks vom Planeten Erde gelöst haben. Es wird durch Wachstum und eine Zunahme höher entwickelter Frequenzen ersetzt werden.

Dies an sich wird der Menschheit Frieden bringen. Menschen werden nicht mehr in Zerstörung, Mißbrauch und Verletzung anderer verwickelt sein. Seelen dieser Frequenz werden nicht mehr auf dem Planeten Erde inkarnieren. Sie werden anderswo wieder eintreten, um in Schwingungen, die ihnen entsprechen, weiter zu gehen.

Die Entwicklungsstufe der Seelen auf der Erde wird sich ändern und sich hin zu den neuen Schwingungen des Zeitalters der Erleuchtung entwickeln. Freut euch und seid dankbar, denn die Resultate eurer Anstrengungen tragen die Früchte des Garten Eden - der Planet Erde, das neue Atlantis.

Die Segnungen eures Universums seien mit euch.

KAPITEL 6

Hier spricht Adamis aus der Energie des "Kreativen Quadranten" der ewigen Existenz von Allem.

Es ist Zeit, euch mit einem systematischen Programm von Geräten bekannt zu machen, die ihr bei euren Aufgaben für die Menschheit benutzen könnt. Einige davon haben wir schon vorher beschrieben. Nun sollt ihr beginnen, sie aktiv nach Anleitung anzuwenden.

DER HEILUNGSGENERATOR

Dieser Apparat ist ein atlantischer Heilungsgenerator. Ist er zusammengesetzt, dann sind die beiden Heilungsdrähte je 2,4 m lang. Der Patient legt sich mit dem Rücken auf den Tisch. Bringt jeden Draht mit einer Stelle in Berührung, die mit einem Energieeintrittspunkt korreliert. Es stellt eine magnetische Polarität her, um die energetische Abweichung wieder zu korrigieren.

Dieses Gerät kann zur Heilung aller Probleme, mit Ausnahme derer am physischen Herzen und den rein spirituellen Manifestationen benutzt werden. Es wird folgendermaßen angefertigt:

Baut einen Kasten von 15,3 cm Höhe und 25 cm Länge, wobei das Holz eine Dicke von 1,3 cm haben sollte. Verwendet keine synthetischen Materialien.

Schneidet vier einhalb-Zoll-Kupferröhren auf diese Länge und befestigt sie, wie auf der Zeichnung zu sehen ist.

Schneidet Kerben im Abstand von 1,3 cm in den herausragenden Teil der Kupferröhren.

Füllt natürliche Getreidekörner - vorzugsweise Reis - bis auf eine Höhe von 8 cm in die Kiste; dies dient zur Standstabilisierung des Kristalls. Setzt einen Generatorkristall mit einer Länge von 36 - 46 cm aufrecht in die Körner. Meßt die Länge von der Innenseite des Bodens der Kiste bis zu dem herausragenden Kristallkörper.

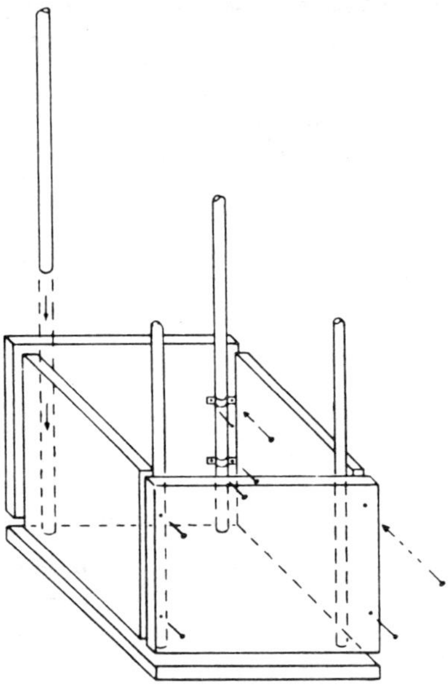

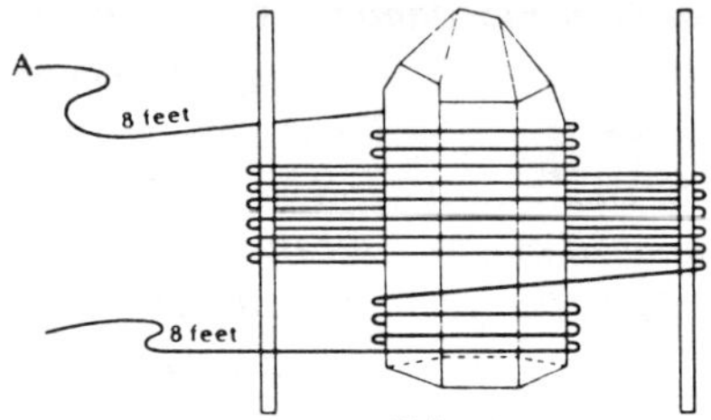

Side View

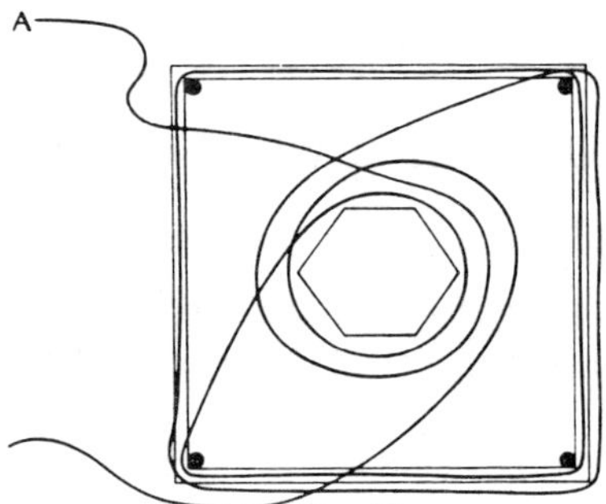

Top View

Nehmt 2,4 m Kupferdraht und windet ihn zunächst dreimal um den unteren Teil des Kristallkörpers, dann bis oben in den Kerben um die Kupferröhren und zum Schluß noch einmal um den Kristall, wobei ein Draht von 2,4 m Länge frei bleibt. Jetzt kann das Gerät benutzt werden.

Die Energiefrequenz, die erzeugt wird, ist sehr intensiv. Ich bitte euch daher, dieses Gerät mit Vorsicht zu verwenden und euch vorher zu vergewissern, ob der Patient auch mit keinen mechanischen oder elektrischen Geräten in Berührung ist und keinen Herzschrittmacher trägt.

Dieses Gerät ist höchst effektiv, wenn eine Unterbrechung des Energieflusses vorliegt, die Krämpfe oder Anfälle zur Folge hat.

DIE METAFORMEN

Der Sinn der Metaformen besteht darin, Menschen durch Anwendung von Energie bei ihrem Wachstum zu helfen. Energie hat katalytischen Charakter und stimuliert Wachstum so wie ein Samen, der - auf seinem Prozeß eine Pflanze zu werden - von der Sonne gewärmt und damit angeregt wird. Energie ist auch die Kommunikationsverbindung mit dem höheren Selbst - z.B. bei der Meditation, die einen Fluß von Information und Verständnis durch das Individuum erlaubt. Außerdem ist Energie als Basis alles Stofflichen fähig, die körperliche Ebene zu transformieren. Dies ist der stärkste und der am schwierigsten zu erklärende Aspekt der Energie, denn wir behaupten, daß eine wirkliche physische Veränderung im Körper stattfinden kann, indem man ihn in einer bestimmten Energiefrequenz badet. Mit einer einzigen Metaform, wie z.B. die "Aquarian Pyramid", habt ihr eine große Variation an verschiedenen Energien zur Auswahl.

Die molekulare und atomare Matrix von Materie zeigt die einmaligen geometrischen Muster von verschiedenen Energiefrequenzformen. Eine Metaform, die die Manifestation von Energie auf der Makro-Ebene (unsere Größe) hervorruft, schwingt in

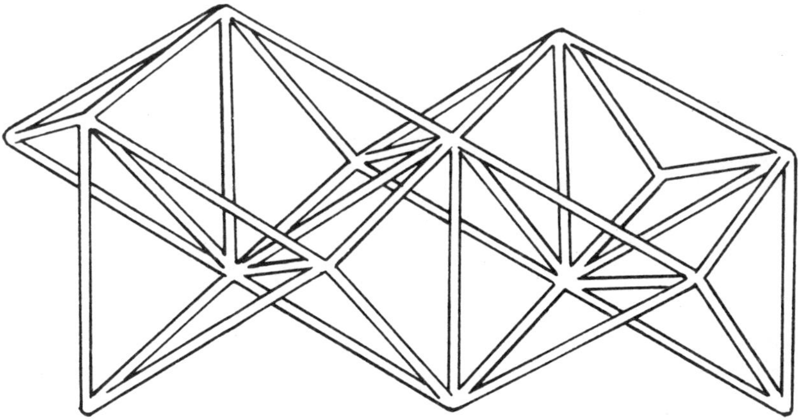

Resonanz mit einer bestimmten Energie. Dies ist einer "C"-Stimmgabel, die mit dem Ton "C" resoniert, ähnlich. So ist es uns möglich, eine starke, reine Konzentration der Energie durch eine Metaform zu erfahren.[3]

DIE "AQUARIAN PYRAMID"

Dieses auf den folgenden Seiten abgebildete Gerät ist eine dreidimensionale "Aquarian Pyramid" aus Kupfer, die in vergangener atlantischer Zeit für vieles verwendet wurde. Die Basis hat die Form eines sechsstrahligen Sterns. Der Überbau verändert es zu einem multidimensionalen, energiekorrigierenden Mechanismus. Beachtet die sechs Pyramiden über den sechs Punkten des Sterns.

[3] Die "Aquarian Pyramid" und der dreidimensionale Davidstern wurden von Gregory Hoag konstruiert, was diesen dazu anregte, weitere Kupferkonstruktionen zu kreieren, die "Metaforms" genannt wurden. Beide Namen "Aquarian Pyramid" und "Metaforms" stehen unter Urheberrecht. Mehr Information oder Kataloge bei: Gregory Hoag, P.O. Box 2262, Boulder, Colorado 80306.

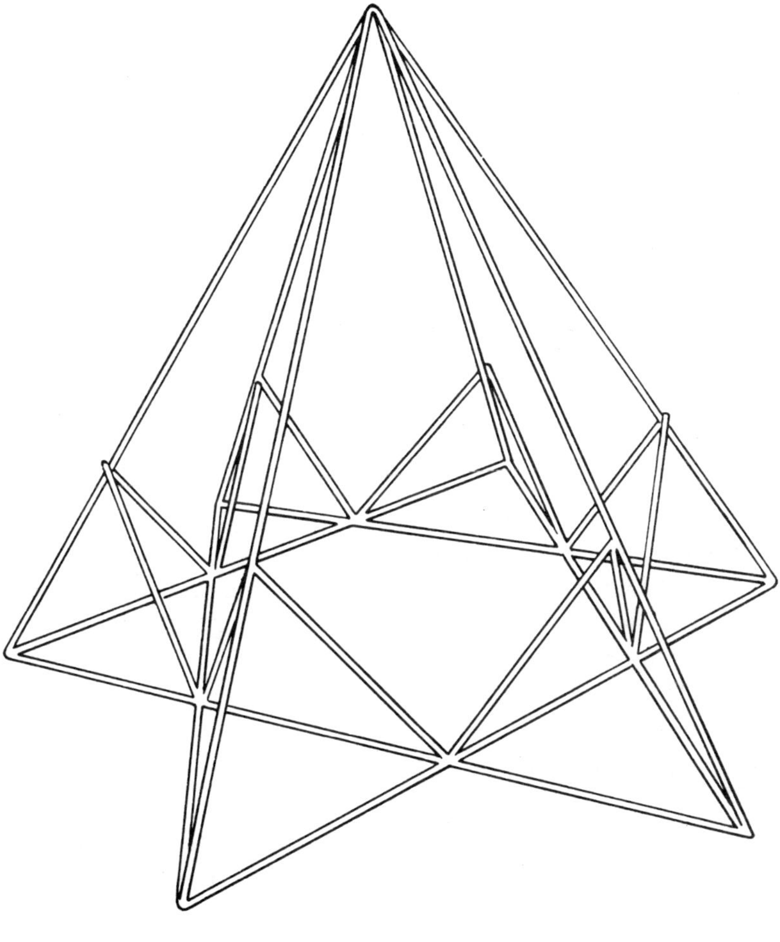

Dieses Gerät erzeugt dasselbe Energiefeld wie das des Musters aus zwölf Kristallen, nämlich das des Prinzips von Ursache und Wirkung, das dem Planeten Erde zugeordnet ist.

Setzt euch in Meditationsposition jedesmal etwa 30 Minuten lang in das Gerät auf den Boden oder auf einen niedrigen Stuhl.

Die "Aquarian Pyramid" kann wie folgt angewendet werden: Ihr seid die kontrollierende Energie. Schreibt jeder der sechs äußeren Pyramidenenergien eine Funktion zu. Wir möchten vorschlagen, sie wie folgt zu belegen: Kommunikation mit dem All, heilender Magnetismus, Ultrafarbenfrequenzen, spirituelle Kommunikation, Wissen über vergangene Leben und Ausrichtung der Chakren. Vielleicht markiert ihr die Funktionen in jeder Pyramide mit einem kleinen Kärtchen.

Wenn ihr anderes benötigt, dann müßt ihr den Energievortexen - denn das sind sie - andere Funktionen zuweisen.

Stellt einen Generatorkristall von mindestens 2 Pfund in die Mitte der Pyramide, mit der ihr arbeitet. Legt ihn auf die Seite mit der Spitze zu euch zeigend. Dies ist alles, was notwendig ist, um das gewünschte Resultat zu erreichen.

Die einzige Gelegenheit, bei der ihr mehr als einen Kristall verwendet ist, wenn ihr in dem Gerät sitzt, um euch vollständig mit Energie aufzuladen.

Dann könnt ihr euch in das Zentrum setzen und einen Kristall oder Generator in jede der Pyramiden legen mit den Spitzen zu euch zeigend. Wir möchten darauf hinweisen, daß ihr nicht länger als fünfzehn Minuten darin sitzen solltet. Sich dieser Konfiguration auszusetzen bedeutet, daß die dort erzeugte Energiefrequenz euer Bewußtsein mit den Energien eurer Seele verbindet.

DAS ENERGIEGITTER

Das Kupferenergiegitter wurde euch schon in früheren Schriften beschrieben. Auf der Seite 319 sind eine Bauanleitung und die dazu erforderlichen Materialangaben zu finden.

Wir können die Wichtigkeit dieses Gerätes, das euch bei eurer sich angleichenden Veränderung an das New Age behilflich ist, nicht genug betonen. Der Abschluß karmischer Erfahrungen wird beschleunigt, was für euch größere Unsicherheit und Instabilität mit sich bringt. Wenn ihr das Zwölfermuster an seine Perimeter plaziert, dient es dazu, eure Schwingungen auszugleichen und sie im Gleichklang mit der Geschwindigkeit eures Wachstums zu halten.

Die beiden Drähte des Generatorgerätes können am Kopf- und Fußende des Energiegitters angebracht werden. Das bewirkt eine gleichmäßige Gesamtverteilung von Magnetenergie, die höchst effektiv ist bei Arthritis, Schleimbeutelentzündung, Nerven-, Kreislauf- und Hauterkrankungen. Es kann auch einfach nur zu eurer eigenen energetischen Aufladung dienen, wenn ihr z.B. müde seid oder körperlichen Stress hattet.

Bedenkt bei allen Anwendungen von Geräten, daß diese nur Werkzeuge sind. Erlaubt daher weder euch selbst noch anderen, sich davon abhängig zu machen. Wenn euer Magnetumfluß vervollständigt ist, könnt ihr sie beiseite legen. Alles, was ihr dann braucht, ist Glaube und geistige Kontrolle über die von euch ausgehenden Energien.
Bitte setzt Kinder unter zehn Jahren nicht in dieses Energienetz und auch nicht in das Zwölfermuster aus Kristallen. Ein Dreieck aus drei Kristallen ist in Einklang mit der Stärke ihrer Energiefrequenz. Erlaubt ihnen nicht länger als fünf Minuten auf einmal in dem Energiegitter zu sein.

DAS KUPFER ENERGIENETZ

Um den größten Nutzen zu erzielen, liegt flach auf diesem Gitter, das von dem Muster der zwölf Kristalle umrahmt ist.
Vorsicht: Maximale Zeit: 15 Minuten.

Materialliste:
172 Nagelstifte (plus ein paar mehr für Fehlschläge) Länge: 5 cm
8 Flachkopfnägel, Länge 9 cm
2 Vierkanthölzer: 92 cm, Stärke 5 x 10 cm
2 Vierkanthölzer: 1,9 m, Stärke 5 x 10 cm
2 Spulen von je ca. 80 m langem etwa 1 mm starkem Kupferdraht
Werkzeugliste:
Hammer, Zange, Drahtschneider

Anleitung:
Baut zuerst den Holzrahmen, wie ihr ihn auf der Abbildung seht. Schlagt die Nägel in Abständen von 3,2 cm ein und windet den Kupferdraht um die Nägel so, wie es die Zeichnung zeigt, um ein Gitternetz zu bilden. (siehe Vergrößerung)
Klemmt oder schweißt die Kreuzungspunkte zusammen.
Löst genug Nägel, um das Gitternetz von dem Holzrahmen abheben zu können.
Das Gitter kann, um etwas Komfort zu erreichen, in Bettücher eingenäht werden.

Zeichnung von oben nach unten
Flachkopfnägel 15 x 10 cm
Balken
Nagelstifte
Kupferdraht
Löte die Kreuzungspunkte mit Silberlot oder drücke sie mit einer Drahtzange zusammen. (Dies gilt für alle Kreuzungspunkte.)

COPPER ENERGY GRID

FOR MAXIMUM BENEFIT, LAY FLAT ON THIS GRID WITHIN THE "PATTERN OF 12 CRYSTALS".

CAUTION: MAXIMUM TIME = 15 MINUTES.

LIST OF MATERIALS:

- 172 - 2" FINISHING NAILS (PLUS SOME FOR MISTAKES)
- 8 - 3½" FLATHEAD NAILS
- 2 - 3'-0" LONG 2×4 WOOD STUDS
- 2 - 6'-2" LONG 2×4 WOOD STUDS
- 2 SPOOLS (± 25'-0" EA.) 20 GA. COPPER WIRE

LIST OF TOOLS:

- HAMMER
- PLIERS
- WIRE CUTTERS

DIRECTIONS:

1. ASSEMBLE WOOD FRAME AS SHOWN. PLACE FINISHING NAILS 1¼" APART AND WEAVE COPPER WIRE AROUND NAILS AS SHOWN TO CREATE A GRID PATTERN. (SEE INSERT.)
2. CRIMP OR SOLDER INTERSECTION POINTS AS SHOWN.
3. REMOVE ENOUGH NAILS TO DETACH COPPER GRID FROM WOOD FRAME.
4. GRID MAY BE SEWN BETWEEN SHEETS FOR ADDED COMFORT

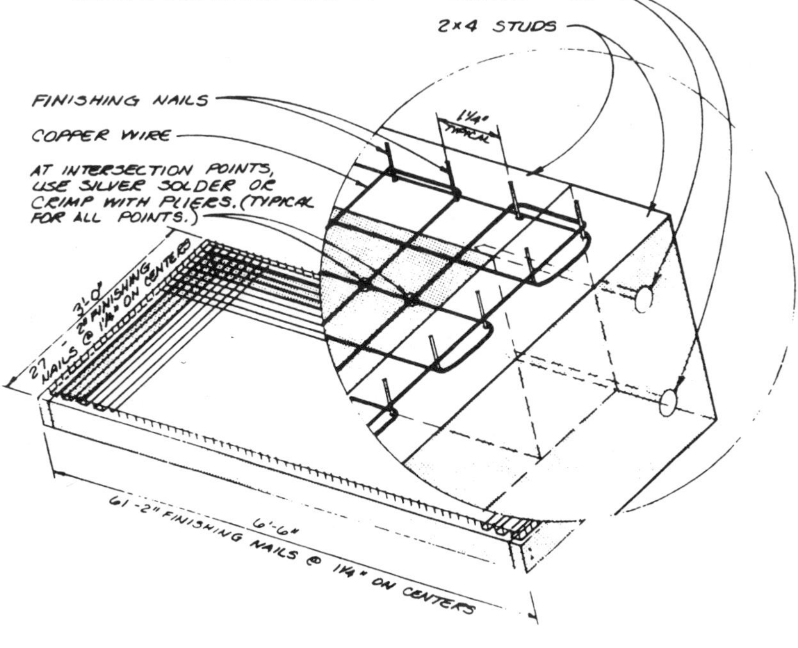

KAPITEL 7

Hier spricht Pythagoras

DIE AUFLEGEMUSTER

Unter den Kristall-Anwendungsfigurationen zur Heilung gibt es viele Dreiecksmuster, die direkt mit oder ohne äußere Kristallmuster auf den Körper aufgelegt werden. Sie heißen "Auflegemuster".

DIE CHAKREN

Die Positionen der Kristalle beziehen sich direkt auf die Energieeintrittspunkte und Chakren des physischen Körpers. Zur Erleichterung werden wir die Positionen und Stellen auflisten:

1 - mitten auf dem Kopf (Krone)
2 - Mitte des Kopfes 2,5 cm über den Augenbrauen (drittes Auge)
3 - in der Mitte am Ende der Kehle
4 - inmitten der Brust in Übereinstimmung mit dem physischen Körper (Herz)
5 - in der Mitte des Körpers unter dem Rippenkasten (Solar Plexus)
6 - in der Mitte 10 cm unter dem Nabel (Milz)
7 - am Ende der Wirbelsäule (Wurzel oder Basis)
8 - in der Mitte, hinten oben am Kopf (Hellsichtigkeit)
9 - in der Mitte, die Schädelbasis, wo der Kopf auf der Wirbelsäule sitzt
11 & 12 - hinter jedem Ohr in Kieferknochenhöhe
13 & 14 - auf jeder Schulter direkt über der Achselhöhle
15 & 16 - auf der Innenseite eines jeden Ellenbogens
17 & 18 - in der Mitte jeder Handfläche
19 & 20 - oben in der Mitte jeder Hüfte
21 & 22 - oben auf den Oberschenkeln der Beine, wo sie an den Rumpf anschließen
23 & 24 - in jeder Kniekehle
25 & 26 - in der Mitte jedes Fußballens
27 & 28 - hinten in der Mitte auf jedem Oberschenkel, dort wo er an das Gesäß anschließt

29 - im Kreuz der Wirbelsäule
30 - Wirbelsäule in Nabelhöhe
31 & 32 - in der Mitte hinten auf jedem Schulterblatt

ENERGIEEINTRITTSPUNKTE

Die Energieeintrittspunkte liegen wie folgt:

1 & 2 - in der Mitte der Ohrenöffnungen
3 & 4 - 2,5 cm direkt hinter dem äußeren Augenwinkel
5 & 6 - 2,5 cm oberhalb der Spitze der Ohrmuschel an beiden Seiten des Kopfes
7 & 8 - die Ausgleichspunkte in den Schlüsselbeinen zu beiden Seiten des Halses
9 - alle Finger und Fußspitzen
10 - an beiden Seiten der Ellenbogen
11 - an beiden Seiten der Knie
12 - an beiden Seiten jedes Fußgelenks
13 & 14 - auf der Innenseite jedes Armes am Handgelenk
15 - der Nabel

BEHANDLUNGEN MIT AUFLEGEMUSTER

Diese Chakren und Energieeintrittspunkte sind Anker für alle Auflegemuster, die auf der Körperoberfläche angewendet werden. Es folgen jetzt Beispiele von Anwendungen in Korrelation zu den Chakren und Energieeintrittspunkten:

A. Zur Behandlung des oberen Atemtrakts und Problemen im Oberkörper, legt einen Kristall auf jede Schulter und einen auf den Nabel, wobei alle Spitzen zur Mitte des Dreiecks zeigen.

B. Zur Behandlung irgend eines Problems des Unterkörpers, legt einen Kristall in die Mitte oben auf jeden Oberschenkel und einen auf das Chakra des Solar Plexus; alle Kristalle zeigen nach innen.

C. Für Arthritis in den Ellenbogen, legt einen Kristall auf die Schulter, einen auf die Innenseite des Ellenbogens und einen in die Mitte der Handfläche.

Dieser Prozeß kann angewendet werden in Verbindung mit dem sechsstrahligen oder zwölfstrahligen Sternmuster. Das optimalste Auflegemuster beschreiben wir anschließend:

Der Patient liegt auf dem Rücken. Legt an folgenden Stellen die Kristalle alle mit den Spitzen nach oben:

- in jede Handfläche
- auf jedes Oberschenkelchakra
- über das Wurzelchakra
- auf den Nabel
- über das Herzchakra
- auf das Halschakra
- auf jedes Schulterchakra
- auf das Kronenchakra

Ihr habt jetzt insgesamt elf Kristalle verwendet. Der Patient ist der zwölfte, die Vervollständigung. Diese Anwendung korrigiert und gleicht Energiestörungen im Körper aus und löst Blockaden. Es löst auch die Gefühle aller Ursachen für emotionalen Stress und Selbstbeschuldigungen auf. Laßt daher niemanden bei diesem Prozeß alleine. Normalerweise treten emotionale Reaktionen auf, bei denen Unterstützung und Sicherheit benötigt wird.

Wie immer ist dieser Prozeß wie auch die anderen von uns beschriebenen, nicht die einzige Anwendungsmethode. Setzt eure eigene Phantasie ein. Schwingt euch auf eure eigene Führung ein, und ihr werdet zu zusätzlichen Anwendungsmethoden der Auflegemuster für Heilungen auf verschiedenen Gebieten geführt werden.

ENERGIEEINPFLANZUNGEN UND KORREKTUREN (ANGLEICHUNGEN)

Vor der Zerstörung von Atlantis wurden die Ältesten, die gewählt hatten, als Zentralwesen auf der Erde zu dienen, an Bord der Schiffe transportiert, um bestimmte Energieeinpflanzungen und Angleichungen zu erhalten. Diese Prozesse waren notwendig, um dem physischen Wesen eine spezielle Kommunikation mit dem ihm als Führung zugeteilten Schiff zu ermöglichen.

Die Geschichte wird sich wiederholen. Es wird nicht allzuviel Zeit vergehen, bis genau die gleichen Seelen für denselben Prozeß wieder an Bord der Schiffe genommen werden. Diesmal werden die Kontrolle und die Strahlungsenergie von der Frequenz der "Goldenen-Triade-Strahlen" des Kreativen Lichts ausgehen. Aus diesen Energien heraus möchten wir jetzt zu euch sprechen.

***

Seid der Kreativen Masse willkommen, denn sie ist diejenige Energie, die jetzt zu euch spricht. Durch den Strom dieser Energien werden Universen geschaffen und Löcher der Schöpfungsmasse mit Licht gefüllt. Durch dieses prismaartige Lichtmuster werden den Seelen in der gesamten Schöpfung in allen Universen für ihr Wachstum und ihre Evolution als Seele und Teil des Ganzen Frequenzen übermittelt.

DIE ATLANTISCHEN TAFELN

Es scheint an der Zeit zu sein, der Menschheit einige Informationen der alten atlantischen Tafeln freizugeben, denn diese Energien sind jetzt mit euch.

RAMTOS

Eine leere Stelle in der Masse wurde für die Schöpfung eines neuen Universums vorgesehen. Energien dieser Masse wurden durch die Frequenzen der Goldenen Triade aus auf diese Stelle projiziert, damit sie auch richtig magnetisiert war. Ein neues Universum ward empfangen und eine neue Quelle ward geschaffen, um allen Wachstum und bestimmte Dimensionen zu ermöglichen.

Die ausdrückbare Schwingung für dieses Universum war und ist "Ramtos" in eurer Sprache und schwingungsmäßiger Korrelation.

Die Auswahl der Frequenzen resultierten in folgenden Ausdrucksweisen für alle Seelen, die sich in diesem Universum inkarnieren. Sie ermutigt alle Seelen, die ewige Einheit in Liebe mit Gott, dem Schöpfer zu suchen, die dieser großen Aufgabe zugeordnet ist. Das Ausdrucksmuster ist eines des Wachstums der Stärke, der Weichheit, der

Erweiterung und Erfüllung, damit die Schöpfung der ständigen Evolution erneut in Gang gesetzt werde.

DIE VIER QUADRANTEN

Die vier Hauptquadranten wurden festgelegt; nun begann die Erschaffung der Seelen. Der evolutionäre Prozeß, der zur Formung des Planeten Erde - wie wir ihn kennen - notwendig war, dauerte unendliche Äonen eurer Zeitrechnung. In eurem Universum, genannt Ramtos, existieren Millionen von Galaxien viele 10male von Quadrillionen von Planeten, die sich alle in verschiedenen Stadien der Evolution und Bewohnbarkeit befinden.

Für den Planeten Erde war vorgesehen, vibrationsmäßig in Resonanz mit "Alta" zu stehen, die Kraft, das Ausmaß und die Widerstandsfähigkeit des allerhöchsten Maßes zu haben. Aus diesem Grunde ließen sich Atlanter auf der Erde nieder, als ihr Planet unbewohnbar wurde. Viele Ausdrucksweisen kamen und vergingen. Jetzt kann das Schicksal des Planeten endlich erfüllt werden.

Projektionen in Form von Weltlehrern aus den vier Quadranten der Kreativen Masse sind auf der Erde inkarniert. Sie sind jetzt unter euch und werden dort in ihren Körpern bleiben, bis die Welteinheit zur Realität geworden ist.

DIE SAMEN DES VOLLSTRECKENS

Die "Samen" des Vollstreckens, die auf dem Planeten Erde gepflanzt wurden, sind jene, die freiwillig aus verschiedenen Quadranten kamen, um teilzuhaben an der atlantischen Rekonstruktion. Ihr, die ihr mit offenem Geist und Herzen hier seid, seid jene "Samen". Euer Gott nennt euch "Hirten", denn durch euch werden die Früchte der Erfüllung für die "Gesamtheit" der Schöpfung wachsen.

ENERGIESTRUKTUREN AUF DER ERDE

Bevor Atlantis zerstört wurde, gab es vier Weltgegenden, die Weltenergie beherbergten und Information in Bezug auf die Zukunft der Erde enthielten. Eine davon ist in den Bergen des Himalaya, eine andere die Pyramide in Ägypten, eine weitere ein magnetischer Berg in Arizona und die letzte liegt in Neuseeland. Konstruktionen aus reiner Energie wurden über diesen Orten installiert, denen dann durch das Licht der Goldenen Triade festgelegte Muster geometrischer Frequenzen eingepflanzt wurden. Diese Information beinhaltet Werkzeuge zur vollkommenen Erleuchtung der Menschheit.

Versteht, daß die vier Konstruktionen heute noch genauso wie schon damals und auch in der Zukunft existieren werden, und zwar als reine Energie. Sie werden - solange der Planet existiert - nie zerstört. Durch ganz komplizierte, mathematische Formeln werden nach und nach Informationen in das energetische Umfeld freigegeben, die sich auf den Planeten Erde beziehen. Wenn die Menschheit eine neue Wachstums -und Evolutionsebene erreicht, werden von dort aus die Freisetzung der Frequenzen höherer Evolution, die erreicht werden soll, ausgelöst.

KREATIVE RELATIVITÄT

Die Formel für diesen Prozeß der Kreativen Relativität lautet: K= 4Q + U hoch 7. Eine einfache Erklärung würde so lauten: die Aufnahme in die Schöpfung ist gleich den 4 Quadranten der Energiemasse plus die Kraft des Universums hoch 7.

Die Atlanter haben diese Information mit Hilfe der Goldenen Triade für den Fortschritt ihrer Zivilisation und dann zu ihrer Zerstörung benutzt. Erlaubt nicht, daß dies nochmals geschieht. Sie wurden sich der universellen Schlüssel zu genetischen Konstruktionen bewußt und riefen durch ihre Experimente Wesenheiten höchst verzerrter Energiefrequenzen ins Leben. Der Geist dieser Wesen strahlte ein solch großes Feld negativer Frequenzen aus, daß das energetische Gleichgewicht aus dem Lot geriet. Dies trug natürlich zu dem Niedergang von Atlantis bei.

DAS AUFRECHTERHALTEN DER ORDNUNG

Euer Gott hat alles in göttlicher Ordnung und Einklang mit dem universellen Bewußtsein geschaffen. Es ist nicht richtig von den Menschen, den Fluß zu unterbrechen, was Auswirkungen auf andere Welten und Zivilisationen haben könnte. Versucht, inkarnierten Wesen das volle Recht auf den Ausdruck ihrer Seelen zu gewähren. Es ist nicht in der Ordnung sich in den Plan karmischer Inkarnation, so wie es von Gott vorgesehen war, einzumischen. Wenn alles vollkommen ist, werden das Wissen und das Licht der Goldenen Triade euch verfügbar sein.

Die letztendlichen Aufgaben und Ziele für das Heilen mit Magnetismus durch die Anwendung von Kristallen haben sich verändert. Diese Aufgabenänderung wird zunehmend wichtig, wenn die Masse der Menschheit beginnt, ihre Bewußtheit zu entdecken.

DER NUTZEN DER KRISTALLE FÜR DIE EVOLUTION

Bisher haben wir uns auf die Kristallanwendung in Bezug auf die körperliche Erhaltung konzentriert aber nicht auf die Evolution. All dies wird sich ändern, wenn sich die Menschheit des Wertes der körperlichen Struktur bewußt wird und ihn erkennt. Der Körper sollte für hunderte von euren Jahren Leben und Gesundheit behalten. Während ihr euch dessen bewußt werdet, werden körperliche Heilungen unnötig und überaltert sein.

Die universelle Definition von Heilung lautet: Die Ewigkeit der unendlichen Kräfte der Existenz beziehen sich auf Energie. Wir geben euch noch eine andere Definition auf der Spirale der Evolution des Verstehens und des Annehmens.

Die Anwendung eurer Kristalle wird sich drastisch ändern - nicht jetzt, sondern in einigen Jahrzehnten. Der Körper ist in seiner Essenz ein Werkzeug für den Ausdruck spiritueller Energien. Daher kann Gott, ist er einmal anerkannt, alle körperlichen Leiden beheben - alle. Das heißt, daß ihr alle körperlichen Probleme heilen könnt, wenn ihr akzeptiert, daß ihr Gott gleicht. Ein Gedanke heilt. Ein Wort heilt.

Das Annehmen heilt. Es liegt viel zu viel Gewicht auf dem Heilungsvorgang des physischen Körpers. Je mehr ihr euch in Rituale und Übungen einbindet, desto weniger Glauben zeigt ihr.

Und nochmals: die Kristalle sind die magnetischen Transportmittel des Universums. Sie sind die arbeitenden, führenden Energien der Erhaltung und der Evolution. Durch ihre Anwendung werden sie zu Werkzeugen bewußter Entwicklung, indem sie dem Geist die Möglichkeit geben, andere Gebiete der Existenz und die Verstärkung der Frequenzen zu erforschen.

DER GEBRAUCH DER KRISTALLE FÜR DIE ANGLEICHUNG DER ENERGIEN

Wir haben bereits gesagt, daß die Bänder karmischen Ausdrucks, die momentan der Erde zugeordnet sind, verändert werden. Das niedrige Band starker emotionaler Erfahrungen wird entfernt. Ihr werdet hauptsächlich eure Kristalle dazu benutzen, um den Ausgleich in den Energiemeridianen des Körpers herbeizuführen und sie ständig in Einklang mit dem Erdplaneten zu halten.

Das folgende Beispiel ist ein typischer Prozeß mit dem ihr es zu tun haben werdet: Jemand kommt in einem recht jämmerlichen Zustand zu euch. Er hat Probleme mit dem bloßen Leben. Er hat das Gefühl, es gäbe keinen Frieden noch einen Platz für ihn und ist meistens nervös. Er kann sich nicht konzentrieren und bringt nichts zustande. (Dies werden in ein paar Jahren Feststellungen sein, die an der Tagesordnung sind.)

Der Grund für diesen Zustand muß verstanden werden. Der Planet Erde hat sich als Teil seiner Evolution in neue Frequenzen hineinentwickelt. Diejenigen, die immer noch "spirituell schlafen" sind nicht im Gleichklang mit den neuen Energien und befinden sich deshalb in dem vorher erwähnten Zustand. Wenn nicht etwas für sie getan wird, wird ihre Welt zu Scherben, und sie finden keinen Frieden. Dies ist eines der Hauptanwendungsgebiete für eure Kristalle.

Es ist korrekt, wenn ihr einem solchem Individuum helft, in kürzerer Zeit durch Ebenen karmischer Erfahrungen zu gehen. (In Atlantis nannten sie es Vorprogrammierung). Ihr beginnt damit, ihm die Ursache für seinen Zustand, und dann was ihr beabsichtigt zu tun und welchem Zweck es dient, zu erklären. Wenn er damit nicht einverstanden ist, laßt ihn gehen und ihn so sein, wie er es sich erwählt hat. Drängt niemals jemandem dieses Programm auf. Wenn zugestimmt wird, dann fahrt weiter fort wie folgt:

Bittet die Person sich auf den Rücken zu legen und laßt dann eure Hände über ihren Körper kreisen. (Die Richtung ist unerheblich). Tut dies für wenigstens fünf Minuten, denn es stimuliert den magnetischen Energiefluß im Körper und bereitet ihn vor auf weitere Anregung und Eingriffe.

Legt einen Kristall über jedes der sieben Hauptchakren mit den Spitzen zum Kopf zeigend. Verbindet den Energiefluß sieben mal und laßt dann denjenigen zehn Minuten so liegen. Nehmt danach die Kristalle herunter und redet mit ihm. Er wird sich zu einem gewissen Grade unsicher fühlen. Bitte ihn eindringlich, dies euch mitzuteilen und beratet ihn entsprechend. Wenn sich der Frieden wieder einstellt, fahrt folgendermaßen fort:

Klebt einen Kristall auf jedes Chakra in der Mitte jedes Fußballens. Legt einen Kristall in jede Handfläche mit der Spitze nach oben. Legt je einen Kristall auf das Chakra oder die Schultern mit den Spitzen nach unten. Legt einen auf das Herzchakra mit der Spitze nach oben zeigend. Nehmt nun einen Kristall in eure Hand - er sollte größer sein als die, die auf dem Körper liegen - und bewegt ihn langsam über den Körper, bis ihr den Kreislauf geschlossen habt. Wenn ihr das Gefühl habt, daß der Kreis geschlossen ist, laßt die Person noch zehn Minuten darin liegen. Wenn die Behandlung abgeschlossen ist, nehmt die Kristalle herunter und laßt denjenigen noch ein wenig ausruhen. Helft ihm sich aufsetzen und sprecht nochmals miteinander.

Dies beendet den ersten Teil der Behandlung. Sagt demjenigen, daß er euch rufen und mit euch sprechen kann, sollte er sich unwohl fühlen. Dies ist sehr wichtig, denn er wird sich unwohl fühlen und Unsicherheit verspüren.

Ihr müßt daran denken, daß ihr den Anfang einer Veränderung bewirkt. Wenn die Person sich der Energie bewußt wird, dann wird sie eine Veränderung empfinden und dies läßt sie vielleicht unsicher werden.

Die zweite Behandlung kann zwei Wochen später stattfinden. Legt denjenigen wieder hin; umgebt ihn mit dem zwölfstrahligen Kristallmuster und laßt ihn zehn Minuten darin liegen. Wenn die Zeit um ist, aktiviert die grünen Kristalleinpflanzungen in euren Handflächen, legt die Hände auf die Schultern derjenigen Person und bewegt sie drei Mal über den ganzen Körper längs nach unten. Die Person liegt dabei immer noch in dem Zwölfermuster.

Diese Behandlung könnt ihr alle zwei Tage wiederholen; insgesamt sieben Mal. Erlaubt der Person nach jeder Behandlung sich für kurze Zeit auszuruhen. Dies bewirkt, daß sich die Energie verteilt und keine Verwirrung hervorruft.

Nun hat eure Arbeit wirklich begonnen. Diejenige Person wird sich langsam verändern und spürt die anfänglichen Formen von Bewußtheit. Es ist sehr wichtig, daß derjenige mit jemandem darüber sprechen kann. Andernfalls kann es geschehen, daß er die Türen wieder aus Angst und fehlendem Verständnis schließt. Bleibt in engem Kontakt und beantwortet seine Fragen; daran wird erwachsen.

Dieser Prozeß der Frequenzveränderung wird den Geist der Menschheit verändern. Die Notwendigkeit für eine solche Behandlung wächst täglich, wenn mehr und mehr Leute sich der Energieveränderung um sie herum bewußt werden. Eure Existenz ist das Geistige. Wenn ihr diesen Bereich in Ordnung bringt, wird sich auch der Körper selbst wieder richten.

Ihr werdet die Kristalle dazu benutzen, die Chakren der Hellsichtigkeit und des Channelns zu öffnen. Diese Zentren sind von Natur aus mit magnetischen Frequenzen verbunden. Wenn ihr zwei Kristalle nahe den Chakren legt, verstärken sie die Empfänglichkeitsfrequenz dieser Zentren. Die Behandlung kann so oft wie gewünscht gegeben werden, aber nicht länger als einige Minuten auf einmal.

Segen.

KAPITEL 8

Dies sind die Energien von Pythagoras, die hier zu euch sprechen.

DER BAUM DES LEBENS

Die Formel K = 4Q + U hoch 7 bezieht sich auf die höchste Evolution der Kraft der Energie, die in der ewigen Frequenz als Seele geschaffen werden kann. Die kabalistische Lebensbaumdarstellung ist das Ergebnis starker atlantischer Einflüsse und Seelen. Was ist mit dem Lebensbaum der Hindus, der Moslems und der Buddhisten? Gibt es nur eine Kabala oder gibt es mehrere?

Die Atlanter sprachen nicht von Gott, sondern nur über die magnetische Ordnung des Universums. Jene gleichen Seelen, die als Hebräer inkarnierten, sprachen von Gott. Was bewirkte diesen Wechsel im Bewußtsein?

In Atlantis wurde das Buch der Gesetze "Jobal" genannt, die magnetische Ordnung im Universum. Es brachte die Atlanter zum Annehmen der kreativen Unendlichkeit von Energie, der Seele. Es gab ihnen das mathematische Verständnis der Multiplikation der Energie als einen Vermehrungsprozeß, der aus der Entwicklung und dem Wachstum resultiert. Je mehr Energie man aufnimmt, desto größer ist die Kraft, die man besitzt.

Daraus folgt, daß viel Zeit für Experimente aufgewendet wurde, die mit Methoden der Verstärkung und Aufnahme von Energie einhergingen. Das führte zu vielen Erfindungen von Geräten und Arten der Nutzbarmachung der Energie, die euch heute zur Verfügung stehen. Jedenfalls muß man bei jeder wissenschaftlichen Anwendung Raum für den Katalysator, für spirituell Unberührbares oder für Gott lassen.

Die Atlanter haben dies nicht getan, und dies führte neben allem anderen zur Zerstörung ihrer Zivilisation. Bei allen Aktionen und Reaktionen, dem Ausdruck von Gleichgewicht und Gegengleichgewicht, Ursache und Wirkung, gibt es einen Katalysator; und dieser Katalysator ist immer Gott. Alles andere ist karmisch, denn es variiert. Gott ist das einzig Konstante, die einzige Realität, auf die man sich beziehen kann.

Die "Q4" in der Formel beziehen sich auf die vier Kreativen Quadranten der Energie, die das Universum Ramtos schaffen. Von diesen Quadranten werden die Frequenzen karmischer Erfahrungen für planetarisch inkarniertes Leben ausgelöst. Jede geschaffene Seele in einem Universum kommt aus der Energie eines der Quadranten, auch wenn sie von Gott geschaffen wurden. Alle müssen Gott erfahren. Alle müssen Magnetismus erfahren und die universelle Liebe. Alle müssen absolute Bruderschaft erfahren.

Dies sind die Hauptenergien der "Quadratiellen Bäume des Lebens" - nicht einer, sondern vier, die in die Einheit der Kreativen Masse führen. Im Laufe ihrer Existenz wird jede Seele den Energien und Erfahrungen aller vier Quadranten unterzogen. Jedoch ist jede nur ein Abkömmling eines solchen.

Daher wird der Ausgleich des Ursache-Wirkungseffekts in einem beliebigen Universum beibehalten.

DIE "ORDNUNG"

Die Schöpfung der Seele ist immer in absoluter Ordnung. Die Ausdrucksarten sind so geschaffen, daß Ausgeglichenheit hergestellt ist und nicht ein quantitativer Überschuß. Es gibt keine Seele, die zu Zwecken der Macht und Kontrolle geschaffen worden ist, sondern nur zum Ausgleich.

Die atlantischen Ältesten kamen alle aus demselben Quadranten, dem des Magnetismus. Auf ihrem eigenen Planeten überlebten und entwickelten sie sich in absoluter Harmonie und Frieden. Als sie jedoch auf den Planeten Erde kamen, war es etwas ganz anderes. Dieser Planet beinhaltet das Annehmen von Gott, Liebe, Bruderschaft und das, was ihr emotionale Antwort und Reaktionen nennt.

Die Seelen begannen die emotionalen, karmischen Frequenzen der Selbstschmeichelungen und Eigenverschönerungen zu erfahren. Verschwunden waren die Bestrebungen nach Überwindung dieser einfachen, reaktiven Muster. Sie waren damit zufrieden, ihre gesamte Existenz auf das physische Leben zu beziehen. Hier und da hielten ein paar Isolierte an ihrer Einheit mit den Energien ihres Schöpfers fest. Sie wurden Seher und Propheten genannt.

Die "Ordnung" muß näher erklärt werden. Als die Seelen der Ältesten von Atlantis auf der Erdoberfläche inkarnierten, lautete ihre Mission, zwölf verschiedene Ausdrucksarten zu schaffen. Eure Bibel nennt sie "die zwölf Stämme Israels".

Sie wurden in alle Gegenden eurer Welt verteilt, um eine Reihe verschiedener Kulturen, Wege zu Gott etc. ins Leben zu rufen, und um ein Gleichgewicht im Ausdruck zu schaffen.

Der Planet war gereinigt worden. Neue karmische Bänder von Erfahrungen wurden errichtet, um die bewußte Evolution der Menschheit zu gewährleisten. Es war nicht vorgesehen, daß der Mensch die Energien außerhalb der Erde ignorieren sollte, aber dies geschah.

Die Energien der Emotion, der Gier, der Maccht, der Angst, des Zweifels und des körperlichen Ausdrucks wurden zum Unterdrücker der Seele. Schaut eure eigenen Leben an. Vernebelt es nicht die Fähigkeit, euch auf eure höheren Ausdrucksformen zu beziehen, wenn ihr emotionalen Stress zulaßt? Dies genau geschah auf einer viel breiteren Ebene und viel intensiver.

Die größte karmische Verantwortung, an die ihr euch zu erinnern beginnt, bezieht sich auf diese Zeit, nicht auf Atlantis, denn es war hier, wo sich die Türen schlossen und das Dienen aufhörte. Von der Zeit an, da die Wiederbevölkerung auf der Erde begann, waren die Schiffe zur Mithilfe bei der Rekonstruktion anwesend. Es war nicht beabsichtigt, ganz von vorne anzufangen, sondern von der letzten Ausdrucksebene aus weiter fortzufahren. Dies geschah jedoch nicht. Die Schiffe zogen sich zurück, denn sie konnten sich nicht in die Schwingungen des freien Willens, die dem Planeten Erde zugeordnet wurden, einmischen, und so schlossen sich die Türen zu den Seelen bewußt.

Im letzten Umlauf der göttlichen Ordnung muß alles zustande kommen. Als die Schwingungen des Fischezeitalters verblaßten und die ersten Ahnungen des Wassermannzeitalters heraufstiegen, begannen sich die Dinge zu ändern. In den Gesellschaften der Erde machten sich Revolution und Rebellion in Bezug auf persönliche Freiheit und deren Ausdruck breit. Die "Beatniks", die "Hippies" und die "Blumenkinder" tauchten überall in eurer Welt auf. Diese Art des Ausdrucks war völlig in Ordnung, denn es waren die Samen des Erwachens der Seele zu ihrer Bewußtheit.

Das Zeitalter der Erleuchtung ist jetzt hier. Es ist einen ganzen Zyklus später aufgetreten als vorgesehen - fast 9000 Jahre - aber endlich ist es da. Jetzt hat die Menschheit andere Probleme geschaffen. Ihr habt Kriege. Entstehen sie wegen Gier, Macht oder aus Kontrollgründen? Oder geht es bei ihnen nicht eher darum, frei zu werden von Gier, Macht und Kontrolle? Vielleicht sind sie eine andere Form der Reinigung und ein letztes Vermächtnis des Fischezeitalters, des "Schwertes der Macht", während die Energien des universellen Magnetismus in das Bewußtsein der Menschheit eindringen.

DIE SIEBEN ENERGIEFREQUENZEN

Ein Teil der Formel lautet "U hoch 7". Dies bezieht sich auf die sieben Hauptunterteilungen der spiralenförmigen Energiefrequenzen, die dieses Universum, Ramtos, erstellen. Wir werden jetzt diese Ebenen in Bezug auf die Zeit von Atlantis sowie eurem Wassermannzeitalter besprechen.

Wir beginnen mit den sieben Frequenzebenen der Schwingung, die "Liebe" genannt werden.

1. Die Seele erkennt die Existenz des Selbstes an.
Die Schöpfung einer Seele beinhaltet die geometrische Angleichung dreier Energieschwingungen, die zu einer einheitlichen Lichtmasse werden. Die Schwingungen sind männlich, weiblich und liebevoll. Wenn eine Seele geschaffen wird, muß sie lernen, diese Schwingungen zu einer Einheit zusammenzufassen und ihr Bestehen als vitalen Teil der Universums anzunehmen. Sie kann nicht nur einen Teil ihrer selbst mehr lieben als einen anderen. Dies ist der Prozeß des ersten spirituellen, karmischen Musters der Seele.

2. Die Seele erkennt Gott als ihren Schöpfer an.
Das universelle Gesetz besagt: "Hat eine Seele einmal die Existenz Gottes anerkannt, kann sie niemals mehr diese Realität leugnen." Dies ist der erste äußere Ausdruck der Frequenz der Liebe und erlaubt der Seele, die Schwingungen einer Kraft außerhalb ihrer selbst zu erfahren. Dies ist vielleicht die wichtigste Erfahrung für die Seele, denn es bereitet das Muster für die spätere Akzeptanz anderer Seelen in den ihnen eigenen Frequenzen und Identitäten vor. Die Seele lernt,

daß sie ein Teil der Gotteskraft des Lichtes ist und dennoch in sich selbst einzigartig.

3. Der emotionale Ausdruck von: Besitzen, Anhaftung, Verpflichtung, Opfer, Schuld, Bestrafung und Mangel an Individualität

Dies ist die erste Ebene, die sich auf den körperlichen Ausdruck, das Bewußtsein und die Persönlichkeit bezieht. Hier ist die Seele oft das "Opfer" des Bewußtseins und der sie betreffenden karmischen Situationen, die hier geschaffen werden. Das Aufarbeiten dieser Frequenzen wurde als Teil des karmischen Musters des Planeten Erde geschaffen, denn sie sind die Grundlage für die nächsten Ausdrucksebenen.

Die Atlantische Zivilisation war ein Kastensystem. Die niedrigeren Kasten entwickelten sich durch diese Schwingungen, aber die Ältesten hatten das Bewußsein und Verständnis schon erreicht. Ihre vorher beschriebenen Methoden der Einheit waren der Beweis dieser Errungenschaft.

Als die Erdoberfläche bevölkert wurde, wurde diese Ausdrucksspirale durch den Einfluß der niedrigeren karmischen Frequenzen getrübt. Der Kampf der Menschheit, sich von allen Superlativen in Bezug auf Liebe zu befreien ist einer der komplexesten aller Erfahrungen auf Erden. Der Mensch ist auf Aufopferung konditioniert, etc... Nun beginnt ihr, universelle magnetische Schwingungen kennenzulernen, was ein gewisses Maß an Unsicherheit und Konfusion in euren reaktiven Systemen mit sich bringt.

Dies geschah auch in Atlantis. Das genetische Experiment "öffnete die physischen Tore" im Wesen vieler Ältesten. Man könnte sagen, daß eine Form der Regression stattfand und ein kontinuierliches Muster wurde ausgelöst.

Viele atlantische Seelen haben es zugelassen, während ihres jetzigen Lebens selbst in dieses Muster der Disharmonie zu fallen. Denkt darüber nach und schaut, ob ihr in der Vergangenheit diesem Muster gefolgt seid. Diese Einstellung muß losgelassen werden, und es geschieht. Eure Methoden der Vereinigung werden herausgefordert. Auf eure Beziehungsformen wird Druck ausgeübt, so daß sie sich ändern und reformieren.

Die reine Definition der "Liebe" ist auf dieser Ebene "das Annehmen aller Umstände, die im Moment als Realität erscheinen". Es hat gar nichts mit Emotionen zu tun. Damit die dritte Frequenzebene abgeschlossen werden kann, ist es notwendig, eure Existenz als "ewige Seele" absolut zu akzeptieren. Wenn ihr dies erreichen könnt, wird alles für euch an seinen richtigen Platz rücken... Eure momentane Einstellung eurem Körper gegenüber, seine Ausdrucksweise und seine Erscheinung sind sehr archaisch.

Versucht daran zu denken, daß der physische Körper und sein Ausdruck ein Vehikel darstellen, durch welches eure Seele sich entwickelt. Legt die rein emotionalen und physischen Einstellungen ab und benutzt eure Körper als Vervollständigungsfaktor des Ausdrucks der Liebe durch eure Seele.

4. Der bewußte Selbstwert und die Seele

Bis nicht der rein emotionale Ausdruck der Liebe losgelassen worden ist, kann der Wert der Seele und des Selbstes nicht erreicht werden. Was wir damit sagen wollen ist, daß alle, aber auch alle Beurteilungen des Selbstes auf jegliche Ausdrucksart aufhören müssen. Das Herz muß sich dem Selbst in ganzer Anerkennung und Annahme öffnen. Ihr müßt über die Generationen der Konditionierung in eurem Wachstum hinauswachsen. Ihr seid Ausdruck der Seele und könnt in keinem Aspekt der universellen Existenz unwürdig sein.

Wahre Liebe ist das Annehmen von Selbst und Seele; dann könnt ihr andere spüren lassen, wer ihr seid. Das Wichtige dabei ist, daß ihr dem anderen erlaubt, euch zu erfahren, indem ihr euch gebt, aber nicht in Aufopferung. Wenn die Menschheit beginnt, diesen Prozeß zu praktizieren, wird sich die Zerstörung von Atlantis niemals mehr wiederholen. Jeder wird die absolute Wertigkeit seiner Schwestern und Brüder anerkennen und je nachdem ihnen in sein Leben Einlaß gewähren oder nicht.

5. Universelle Liebe von Allem

Erweitert euer Geistiges bis in das Universum, erfahrt das totale Gleichsein; dann ist alles zustande gekommen. Jedoch in physischer Form ist es euer Ego, das noch beurteilt. Euer früherer Mangel an Selbstwertgefühl schafft Blockaden in eurer Entwicklung. Wenn ihr die fünfte Stufe erreicht habt, dann wißt ihr, daß alle gleich sind, geschaffen aus derselben geometrischen Energieformel.

Diese Wahrnehmung der Liebe bezieht sich ganz auf die unspezifische Akzeptanz des Rechtes eines jeden, so zu sein, wie er es zu sein wünscht. Es bedeutet auch, daß eure spirituellen Meister so sind wie ihr und daß die Hierarchie so ist wie ihr. Alle sind ein Teil des kreativen Ausdrucks und somit gleich.

Dies ist universelle Liebe und nicht eine emotionale Erfahrung, bei der jede Bewegung von euch, eure Gedanken und Ausdrucksweise bewertete wird. Liebt alle Seelen wie euch selbst. Gebt ihnen das Recht so zu sein, wie sie es sich wünschen.

6. Das symbolische Freigeben der Seele, Gott

Die Menschheit ist heute im Begriff eines magnetischen Erwachens, daß die Menschen veranlaßt, die Türen ihres Geistes zu öffnen. Sie klettern auf der Spirale des Lichts empor, die sie zu der Bestimmung ihrer Seelen führt. Teil dieses Prozesses ist ein symbolisches Freisetzen der Seele als Gott, dem Schöpfer dieses Universums. Diese Freisetzung verlangt nicht mehr als anzuerkennen, daß noch etwas außer diesem Universum existiert. Ich meine damit das Loslassen der Idee, Gott als Limit eurer Entwicklung und totalen Existenz zu sehen.

Die Energiequelle, die Gott benutzte, um eure Seelen zu erschaffen kommt von den Energiequadranten, die Teil der schöpferischen Kraft von Allem sind. Greift danach. Laßt euren Selbstwert zu und geht darüber hinaus. Wenn ihr dies tut, seid ihr bereit für die Vollkommenheit der Schwingung der Liebe, des schöpferischen Annehmens.

7. Kreatives Annehmen

Hier seid ihr nun auf der Erde und nehmt zwanzig Gedanken und Unterhaltungen auf einmal auf. Was ist geschehen? Ihr scheint hier zu sein und zugleich auch nicht. Leute erzählen euch, daß "Ihr" sie während der Nacht besucht habt, um mit ihnen zu sprechen, und ihr wißt nichts davon.

Alles oben Beschriebene ist die Wahrheit und kreative Annahme der Liebe und wird für euch zustande kommen. All dies sind Aspekte eures kreativen Baumes des Lebens unter der Frequenz der Liebe.

ROJANI

Ich, Pythagoras, hatte in Atlantis den Namen "Rojani". Ich konstruierte viele der höchst komplizierten Computer, die weit über das hinausgehen, was euer derzeitiges Vorstellungsvermögen fassen kann. Ich sah und war Teil des mangelhaften Ausdruckes an universeller Liebe und Akzeptanz. Ich versuchte Programme gegen diesen Zustand zu erfinden, jedoch erfolglos. Ich sah das Ende kommen und war nicht fähig, es aufzuhalten. Vielleicht konnte auch ich nicht über mich selbst hinaussehen.

Wenn nur die Atlanter - ich selbst mit eingeschlossen - ihren Seelen nicht erlaubt hätten, sich ihre Konzepte über Liebe trüben zu lassen, was für eine Welt hättet ihr dann heute. Es ist nicht zu spät, denn Zeit gibt es nicht, nur Existenz. Lernt, Brüder und Schwestern, lernt und setzt euer Zeitalter der Erleuchtung für die Menschheit und für Gott in die Realität um.

Während meiner frühen atlantischen Zeit hatte ich es mit vielen Vereinigungen von Schwingungen zu tun, die ihr Heirat nennt. Es gab Zeiten, da verschwanden die vereinenden Schwingungen und es blieb nichts weiter übrig, als das Verhältnis aufzulösen.

Was wäre geschehen, wenn wir eure Einstellungen dazu angenommen und gelitten hätten unter der Unterdrückung unseres eigenen Selbstes, indem wir uns durch emotionale Ängste hätten zwingen lassen, zusammenzubleiben? Es wäre nichts weiter, als Aufopferung von beiden Seiten. Die meisten atlantischen Beziehungen beinhalteten keinen emotionalen Austausch. Sie beruhten auf dem Austausch geistiger Frequenzen und vereinbarer Ausdrucksschwingungen. So waren alle Beziehungen höchst produktiv und anregend. Wir ermüdeten niemals, denn der konstante geistige Austausch erneuerte die Energieeinheit jedesmal, so daß Wachstum für alle daraus resultierte.

Die höchste Frequenzdefinition für das Wort "Beziehung" ist "das konstante Wachstum, das aus verzueinbarendem Austausch von Energie herrührt". Dies ist der ewige Schlüssel und die universelle Schwingung der Evolution dieses Ausdrucks.

EMOTIONEN ALS URSACHE VON KONFLIKTEN

Zwei Zivilisationen, Atlantis und Lemurien, existierten beide zur selben Zeit. Diese beiden Zivilisationen waren sich ihrer Natur und Aufgabe nach sehr ähnlich. Sie waren der Interaktionsausdruck, der das Gleichgewicht halten sollte, einer im Osten und einer im Westen. Seelen hatten wechselweise Inkarnationen in beiden Zivilisationen, um die Kultur und Methoden beider zu erfahren. Aber wenn dies der Fall war, warum kämpften sie von Zeit zu Zeit miteinander?

Dazu gibt es keine rein universelle Antwort, sondern nur eine emotionale, denn Emotionen waren die einzige Ursache für Konflikte. Solange Seelen die Fähigkeit zur Emotion haben und sich körperlich inkarnieren, werden sie immer die Wahl haben. In anderen oder euren Worten ausgedrückt hieße dies "Verführung oder das Wählen negativer Handlungsweise". Ohne dies könnten emotionale, karmische Erfahrungen gar nicht existieren, denn man hätte keine Entscheidungen zu fällen, für die man andere verantwortlich machen könnte oder es selbst wäre.

Jedesmal, wenn die Atlanter oder die Lemurier ein neues Anwendungskonzept entwickelten, litt ihre Beziehung zueinander, denn Gedanken der Kontrolle beeinträchtigten ihre Gedankenmuster. Jedesmal, wenn sich einer dem anderen unterlegen fühlte, entstand Aufruhr in Form von Kriegen. Letztendlich wurde ihre Beziehung zueinander aufgelöst und die Zerstörung war ihr Sieg.

Die Seele, die als Adolf Hitler auf der Erde bekannt ist, diente als ein Ältester auf Lemurien. Während dieser Zeit unterwarf sich die Persönlichkeit den Versuchungen der Macht und Kontrolle. Die Geschichte wiederholt sich solange, bis alle Erfahrungen erlernt worden sind. Die meisten von euch auf diesem Planeten, die sich in der Negativität von Macht und Gier ausdrücken, haben dies auch damals getan und ihre schwingungsmäßige Frequenz nicht korrigiert.

Ist es deshalb an euch, sie zu beschuldigen und zu verurteilen oder gilt es, diejenigen zu verurteilen, die dies zuließen? Warum beschuldigt ihr nicht die Anhänger, die die Zerstörung und die Bestrebungen nach Macht und Kontrolle ausführten? Bedenkt diese Worte. Dann untersucht alle eure Beziehungen wahrheitsgemäß.

Stellt euch diese Fragen:

- Ist diese Beziehung beiden dienlich?
- Opfere ich mich, damit mir gedient wird?
- Ist die Beziehung meiner eigenen Wahl entsprungen oder aufgrund von Druck seitens anderer?
- Was ist die Grundlage dieser Beziehung?
- Ist diese Beziehung immer noch lebendig oder ist sie zur bequemen Gewohnheit geworden?

Solltet ihr ein Atlanter sein, dann wißt, daß ihr die Stärke in eurer Seele habt, euer Leben auf diesem Gebiet zu bereinigen. Wenn ihr eine Beziehung, die nicht ganz in Ordnung ist, aufrechterhalten wollt, dann gesteht es euch ein und ihr werdet nicht so sehr darunter leiden. Wahrheit ist die Antwort, Wahrheit euch selbst gegenüber.

Segen.

KAPITEL 9

Hier spricht Adamis. Seid gesegnet.

FREQUENZEN DER KRISTALLE

Jeder Kristall hat seine eigenen Energiefrequenzen. Dies wird durch Größe, Länge, die Winkel der Facetten und die Breite der Seiten geometrisch bestimmt. Die Atlanter hatten die Fähigkeit, die Größen, die für ihre Funktionen benötigt wurden, perfekt zu erschaffen. Dies bestimmte auch die exakten Energiefrequenzen. Heutzutage sind die Menschen dessen nicht fähig.

Wenn ihr einen Kristall erwerbt, vergleicht immer seine Frequenzen mit euren eigenen Energien. Weichen sie von einander ab, dann sucht einen anderen aus. (Ihr könntet Zeit investieren, um seine Schwingungen zu verändern, aber dies könnte sehr zeitaufwendig für euch werden). Segnet den Kristall und bestimmt die Aufgabe, zu der er dienen soll - Heilung, Kommunikation oder Erziehung.

KRISTALLE ZUR ERZIEHUNG

Wir werden nun über die Verwendung von Kristallen für die Erziehung sprechen. In einem vorhergehenden Kapitel haben wir den Prozeß beschrieben, durch den Kinder in Atlantis gelehrt wurden, nämlich indem ihnen Drähte, die von vorprogrammierten Kristallen kamen, an die Köpfe angebracht wurden, über die dann Energieschwingungen in das Gehirn eingepflanzt wurden. Zum jetzigen Zeitpunkt seid ihr weder bereit, diesen Prozeß zu akzeptieren, noch habt ihr die notwendige Technologie dazu. Es gibt aber andere Methoden, die ihr produktiv einsetzen könnt.

Zum jetzigen Zeitpunkt und im kommenden Jahrzehnt werden atlantische und andere hoch entwickelte Seelen in zunehmendem Maße auf der Erde inkarnieren. Diese Kinder werden die Zukunft des Zeitalters der Erleuchtung sein und eine ungeheuere Anzahl von ihnen wird sich körperlich inkarnieren.

Wenn eine Frau sich dessen bewußt wird, daß sie schwanger ist, kann sie mit der Suche nach einem Kommunikationskristall für ihr Kind beginnen. Er muß in totaler Übereinstimmung mit ihren Schwingungen sein. Sie sollte dazu ihren Körper mit dem Kristall berühren und empfängt dabei von der Seele des ungeborenen Kindes Information über die getroffene Wahl. Ist der Kristall ausgewählt, sollte er für keinen anderen Zweck verwendet werden, noch von anderen äußeren Schwingungen berührt werden. Er sollte vor allen anderen Kristallen und Energieüberträgern geschützt werden, damit die Empfangsfrequenz erhalten bleibt.

Der Kristall sollte mindestens 17,5 cm lang sein. Das genügt, um ein guter Verstärker für die gewünschten Resultate zu sein. Es ist das Ziel, den Kristall in Harmonie mit den Schwingungen der Seele des Kindes zu bringen. Benutzt den Kristall mehrmals in der Woche auf diese Art. Wenn das Kind geboren ist, dann näht den Kristall in einen weichen Überzug ein und laßt ihn dort, wo das Kind sich befindet. Der Sinn des weichen Überzuges liegt alleine darin, das Kind vor den Kanten des Kristalles zu schützen. Es wird die Energieübertragung nicht stören.

Sobald das Kind ansprechbar ist, gebt ihm den Kristall und laßt es sich mit ihm vertraut machen. Dies wird den bewußten Fluß von magnetischer Energie durch des Kindes Energiemeridiansystem einleiten. Macht mit der Zeit das Kind bekannt mit anderen Kristallen und benutzt sie gemeinsam. Legt fest, daß die Verwendung von Kristallen ein normaler Teil des täglichen Lebens ist. Auf diese Weise wird das Akzeptieren von Magnetismus als Teil der Lebensweise im Geiste des Kindes zu einem sehr frühen Zeitpunkt verankert.

Eignet euch einen weiteren Generatorkristall von etwa 10 Pfund an. Dies wird der Erziehungsverstärker für das Kind, denn ein Kristall von dieser Größe hat die Fähigkeit, hohe Wissensgradfrequenzen zu speichern.

Sitzt an einem Tisch und legt beide Hände an den Kristall. Konzentriert euch darauf, daß eure Gedankenenergie durch eure Hände in den Kristall eingepflanzt wird und beginnt, dieses Wissen fließen zu lassen. Beginnt euch selbst eine Geschichte zu erzählen über die Schöpfung der Seele und all euer Wissen und die Philosophie in euren Köpfen, so, als gäbet ihr Unterricht und der Generator wäre euer Schüler. Implantiert all euer Wissen in den Generator. "Lehrt" den

Generator das Alphabet, und euer Kind wird ganz früh beginnen zu lesen. Stellt euch die Buchstaben und dazugehörige Objekte vor: z.B. "A" wie Apfel u.s.w.. Alles, was ihr dem Kind bewußt machen wollt, kann erreicht werden. Ihr könnt diesen Lernprozeß für den Generator jederzeit beginnen. Die Energien werden darin bleiben, bis sie bewußt entfernt werden.

Wenn das Kind Kontrolle über seine Bewegungen hat, macht es mit dem Generator bekannt. Trainiert das Kind, seine Hände an den Generator zu legen; dabei kann es fernsehen oder sich anderweitig visuell beschäftigen. Die Energien werden anfangen, sich auf das Gehirn des Kindes zu übertragen und seine Erziehung beginnt.

Es ist wichtig, den Sinn dieses Erziehungsprogramms vollständig zu verstehen. Im Zuge der Evolution ist es nicht mehr notwendig für Neugeborene, den "Schleier vor das Wissen" zu ziehen. Das Ziel ist es, die Verbindung von der Seele zu dem Bewußtsein offen zu halten, und zwar von Geburt an. Kann dies vollbracht werden, kann viel Zeit eingespart werden, und die Menschheit kommt schneller der Erfüllung näher.

Erzählt euren Kindern von Atlantis. Hängt Bilder über ihre Wiegen; kauft Kinderbücher und Tonbänder und was ihr sonst noch findet. Versucht das spirituelle Wachstum eurer Kinder zu einer normalen Sache werden zu lassen. Laßt nicht zu, daß euer Kind das Gefühl hat, es sei etwas Besonderes, sondern laßt alle Aspekte des Wachstums als einen normalen Reifungsprozeß erscheinen. Dies wird dem Kind innere Sicherheit geben und sein Annehmen dieses Wesensaspektes festigen.

Das Implantieren von Energie in Kristalle und die daraus resultierende Übertragung dieser Energie auf einen anderen ist natürlich telepathische Kommunikation. Das Bewußtsein wird konditioniert, und Kontrolle über die Förderung aller Formen der Energieaufnahme wird erreicht. Es wird eure Kanäle dem Geistigen, dem Magnetismus und den Energien Gottes öffnen.

Beginnt mit diesem Prozeß. Richtet ein Energiezentrum in euren Heimen ein und stellt einen Generator auf. Arbeitet mit einer oder mehreren Personen zusammen und beginnt den Lernprozeß des Einpflanzens und des Entfernens von Kommunikationsschwingungen.

Und vergeßt nicht, daß Hingabe und Ergebenheit an das Ziel den spirituellen Wert der Notwendigkeit schafft. Nur dann kann es erfüllt werden. Es gibt keinen einfachen Weg zur Erleuchtung.

WEITERE ANWENDUNGSMÖGLICHKEITEN FÜR DEN GENERATOR

Das Generatorheilungsgerät kann auch für Kommunikation und Energieübertragung benutzt werden. Wenn ihr es für Kommunikation verwendet, befestigt einen der Drähte an das Chakra für Channeling, das sich an der Schädelbasis befindet und den anderen Draht an das Halschakra. Dies bewirkt einen Kreislauf des Empfangens und Aussendens.

Wenn ihr es dazu benutzt, Information zu löschen, befestigt die Drähte an den Energieeintrittspunkten, die sich etwa 2,5 cm oberhalb der Ohren befinden. Das Wissen wird euch nicht sofort bewußt, aber ihr könnt sicher sein, daß die Energien von eurem Gehirn empfangen worden sind und erst langsam in euer Bewußtsein treten. Sie können in Form von alltäglichen Gedanken, Ideen, u.s.w. kommen, aber sie kommen zu euch und in euer Bewußtsein.

Diese Form des Lernen und sich Ausdrückens ist ein inhärenter Teil der Zukunft des Menschen. Daher bitten wir euch, dies nicht leicht zu nehmen, sondern mit Ernsthaftigkeit und Hingabe zu behandeln. Die Kinder der Atlanter stießen nicht an die Hindernisse, die euch oder euren Kindern im Wege liegen. Sie wuchsen in der Aura des Annehmens und der Entwicklung als ewige Wesen unter dem Aspekt der universeller Existenz auf.

PROGRAMME FÜR DIE KINDESENTWICKLUNG

Erinnert euch daran, was ihr als Kinder ertragen mußtet; die Gefühle der Einsamkeit, anders zu sein und gezwungen zu sein, eure geistige Wahrheit für euch selbst zu behalten. Dies kann euren Kindern nicht geschehen. Sollte es doch so sein, dann wird der Fortschritt verzögert. Um dies zu verhindern, seht euch die folgenden Programme, die wir euch für jetzt und für die Zukunft vorschlagen wollen, an.

1. Das Einrichten eines Elternnetzwerkes spiritueller Kinder für Eltern. Es ist zu eurer Kommunikation, zum Austausch von Problemen, Methoden des Lehrens von Kindern, und Hindernissen, die auftauchen können, etc.. Es stellt ein Unterstützungssystem dar, das als ständige Anregung der Eltern dient, sich dem Wachstum ihrer Kinder zu widmen.

2. Richtet Wachstumsklassen für Kinder in eurem Gebiet ein. Mit fünf Jahren, je nach Individualität des Kindes, sind sie dazu alt genug. Wechselt unter den Eltern ab mit dem Ort, dem Lehrer u.s.w., um eine Atmosphäre der Verpflichtung, der Einheit und am wichtigsten, der Verantwortung zu schaffen.

Lehrt sie in ihrer eigenen Ausdrucksweise mit Büchern, die ihnen helfen und ihre Aufmerksamkeit und Interesse anspornen. Meditiert mit ihnen - und dies ist sehr wichtig - teilt euch ihnen mit und ermuntert sie dazu, das gleiche zu tun.

3. Der wichtigste zu unternehmende Schritt ist, spirituelle Ranchen für Kinder oder Sommercamps für einige Wochen oder sogar für längere Zeit zu errichten. Dies bringt die Kinder unter optimalen Bedingungen für ihr Wachstum zusammen.

Schaut euch selbst an. Wachst ihr nicht am meisten und seid erfüllter, wenn ihr mit euren Brüdern und Schwestern zusammen seid? Helft, dieses Gefühl der Sicherheit in euren Kindern zu entwickeln.

Das Einrichten dieser Camps ist sehr zu wünschen. Bemüht euch, Kontakt zu Lehrern und Gleichgesinnten herzustellen und beginnt mit dieser Methode der Kindesentwicklung.

Es verlautete, daß, wenn die "Ordnung" in den nächsten drei Jahrzehnten bleibt, das öffentliche Schulsystem Lehrstoff für spirituelle Entwicklung bieten wird. Die spirituellen Ranchen sind einer der Schlüssel, diese Worte umzusetzen.

***

Wir sind Pythagoras.

DIE LIEBESSTERNE

Als Atlantis zerstört wurde, förderten die daraus resultierenden Explosionen und Erdveränderungen viele Dinge an die Erdoberfläche. Darunter waren Kristalle, die bei den Atlantern als "Liebessterne" bekannt waren.

Diese Kristalle wuchsen in Atlantis wie hier die Blumen. Ihre ungewöhnliche Form machte sie zu Objekten der Schönheit und Liebe. Sie wurden als Blumensträuße überreicht und als Ausdruck der Liebe verschenkt, wenn man sich miteinander verband. Sie wurden auch bei Heilung von Stress, emotionaler Verspanntheit und Mangel an Selbstwertgefühl eingesetzt. Die Kristalle waren klar und spiegelten das weichste Hellblau wieder.

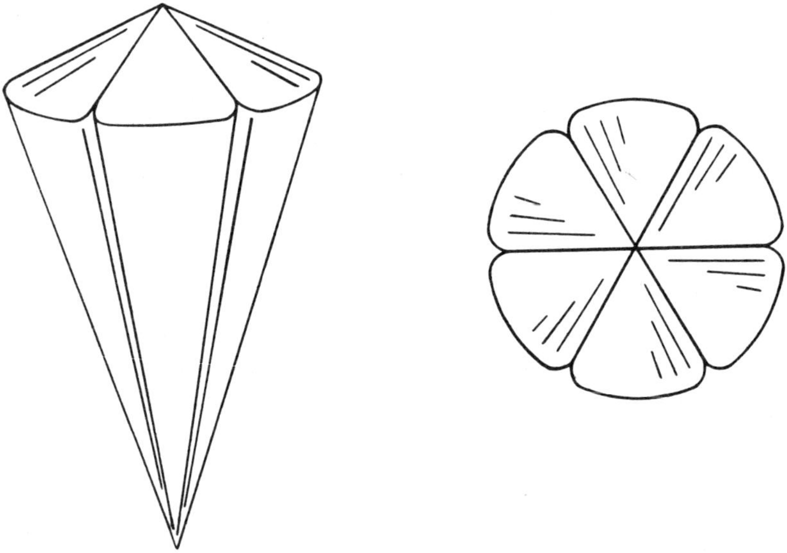

Heute sind die Kristalle in einem Zustand totalen Schocks. Sie schließen Wolken von Tränen der Traurigkeit ein. Hält man einen Liebesstern an seine Brust, dann kommen einem die Tränen, wenn man die Energie der Trauer in ihnen spürt.

Die Kristalle kommen in Gruppen vor. Viele von ihnen sind beschädigt und zerbrochen. Sie liegen einige Meter tief unter der Erde im südlichen Teil dieses Landes (USA). Wenn ihr das Glück habt, einen solchen Liebesstern zu besitzen, dann werdet ihr ihn immer wertschätzen.

Diese Kristalle dürfen niemals verkauft, sondern nur in Liebe miteinander geteilt werden. Ein Austausch ist statthaft, aber sollte euch jemand einen Liebesstern verkaufen wollen, dann geht weiter, denn dies ist nicht rechtens.

Ihr müßt dem Liebesstern erst dienen, bevor er euch dienen kann. Die Energien des Schmerzes und der Qual müssen umgewandelt und entfernt werden. Umgebt sie mit Rosenblättern von zartrosa Schwingungen und heilt sie täglich mit Energie. Mit der Zeit wird die Klarheit zurückkehren. Ist diese wieder hergestellt, könnt ihr sie wieder benutzen.

DIE FUNKTIONEN DER LIEBESSTERNE

Ihre Hauptaufgabe ist es, den "schlummernden" atlantischen Geist wiederzuerwecken - die positiven wie die negativen Aspekte. Legt den Liebesstern jemanden zwei Minuten lang auf das dritte Auge und laßt ihn euch seine Gefühle und Erfahrungen, die dabei auftreten, mitteilen.

Der zweite Schritt liegt darin, einen Kristall über das Herzchakra zu legen. Dies macht es möglich, alle negativen Energie, die in den reaktiven Mustern versteckt waren, an Gott abzugeben. Mit anderen Worten, der Liebesstern ist als ein Transformationskristall für atlantischen Ausdruck einzusetzen.

Das universelle Gesetz besagt, daß eine positive Handlung die Schwingungen ihres Gegenteils auflöst. Wenn man den Liebesstern dazu verwendet, andere zu heilen, dann entfernt man gleichzeitig das Leid aus dem Kristall selbst.

Wenn der Liebesstern einmal klar geworden ist, kann er als Informationsquelle dienen, denn er enthält viel Wissensenergie aus der atlantischen Zeit, die unter den richtigen Bedingungen freigegeben werden kann.

Die Liebessterne geraten nur in den Besitz atlantischer Seelen. Alle anderen werden sich von ihren Energie abwenden und werden sie wenig erstrebenswert finden. So werden sie nie in den Besitz der falschen Personen geraten. Damit ist gemeint, daß zu einem Zeitpunkt nicht alle Energien sich zu denselben Frequenzen hinentwickelt haben. Energien müssen im Einklang stehen, bevor sie mit dem Dienen betraut werden können.

Die Schwingungen der Existenz und Evolution werden von einer geometrischen Ursache von energetischen Reaktionen verursacht. Sie werden als solare, galaktische und universell karmische Erfahrungen bezeichnet. Während eine Seele in den universellen Grenzen existiert, müssen alle Erfahrungen dieser Musterfelder durchlaufen werden. Ohne sich anzuschließen, kann die Seele nicht die schwingungsmäßigen Frequenzen erreichen, um die universellen Grenzen zu überschreiten.

SEELENMEISTERSCHAFT

Jeder Aspekt beinhaltet ein fortschreitendes System von Erfahrungen, die zum Verstehen und Annehmen des universellen Gesetzes führen. Die ersten Aspekte beziehen sich auf Körperausdruck und die Aufnahme planetarischer, natürlicher und emotionaler Schwingungen und spiritueller Essenz in harmonischen Frequenzen.

Dieser Prozeß zieht sich hin über Leben und enthält Erfahrungen, die zurückgehen bis zur Erschaffung der Seele und dauert an bis das erreicht ist, was man physischen Ausdruck nennt und die Assimilation planetarischer, natürlicher, emotionaler Schwingungen und spiritueller Essenz in harmonische Frequenzen.

Dieser Prozeß zieht sich über Leben und Erfahrungen von der Erschaffung der Seele bis sie die sogenannte "Seelenmeisterschaft" erreicht. Damit kommt die Seele in Frequenzbereiche, die die Kraft haben, sich in galaktisches Sein und galaktischen Dienst zu integrieren.

Die meisten atlantischen Ältesten hatten den ersten Aspekt der Evolution abgeschlossen. Dies ist für euch wichtig, zu verstehen, denn nur so könnt ihr beginnen, die Evolution und Fähigkeiten eurer Seele zu akzeptieren.

Wir haben euch erklärt, daß die Ältesten von Atlantis Wesen magnetischer Frequenzen waren. Sie hatten die Energien des "Grades der Beziehung zu Gott" abgeschlossen. Mit anderen Worten ausgedrückt, hat die Seele ein funktionierendes Verhältnis zu Gott. Die Seele benötigt keine Bewunderung für ihren Dienst, kennt kein mangelndes

Selbstwertgefühl, usw. Sie weiß, daß alle ein Teil von allem sind und daß alle in Einheit und Harmonie zusammenarbeiten.

Das emotionale Gewand schafft Unsicherheiten im Wahrheitsaspekt. Es bewirkt Zweifel in Bezug auf Gott und sogar auf seine Existenz. Eure irdischen Religionen haben dem totalen Verständnis und dem Annehmen weitere Hindernisse in den Weg gelegt.

DAS ERLANGEN ATLANTISCHEN WISSENS

Der zweite Aspekt bezieht sich auf die galaktische Existenz, Geist, energetischen Ausdruck und erweiterte Führungsfähigkeiten. Bis zum heutigen Tage wird euer Wassermannzeitalter geführt. Der Hauptsitz der Lernfrequenzen für diesen Aspekt der Evolution ist der Stimulus des atlantischen Wissens und Ausdrucks.

Genau auf diesem Gebiet kann der Liebesstern euch den größten Dienst erweisen, denn er ist durchtränkt von atlantischem Wissen und Information, die euch in dieser Zeit zur Verfügung stehen. Zusätzlich zu dem Gebrauch des Liebessterns könnt ihr euren eingepflanzten Kreislauf ätherischer Kristalle aktivieren und meditieren; dann werdet ihr fähig sein, atlantisches Wissen, das in euren Tiefen vorhanden ist, zum Bewußtsein zu bringen.

In allen Aspekten der Entwicklung und Evolution ist der Gebrauch der Kraft eures Gehirns und die Kontrolle ihres Ausdrucks der Schlüssel. Erweitert ihr eure Wahrnehmung in eurer Galaxie, so werdet ihr Gefühle und Energien von Existenz spüren. Dies muß für euch zur Realität werden und nicht bloß Worte bleiben, die ihr auf Papier lest. Ihr müßt beginnen, Beziehungen zu galaktischen Seelen herzustellen und sie zu befragen und Schritt halten mit Dingen, die auf dieser Ebene geschehen. Alles was ihr dazu tun müßt ist, sich der Energien bewußt zu sein, die zu euch kommen. Spürt sie, auch wenn ihr sie nicht interpretieren könnt, denn das kommt mit der Zeit auch.

DER LETZTE WACHSTUMSPROZESS

Der dritte Aspekt bezieht sich auf universelle Akzeptanz, Wahrheit und Dienen. Dies ist der letzte Wachstumsprozeß, bevor man darüber hinausgehen und alles was ist, erfahren kann. Aus diesen Seelen setzt sich die Hierarchie des universellen Geistes zusammen, die für die ständige Entwicklung galaktischer Seelen verantwortlich sind.

Ich, der auf der Erde als Pythagoras bekannt bin, habe meinen Beitrag zu dieser Dissertation geleistet. Bevor ich die Verbindung zu Adamis unterbreche, möchte ich euch noch etwas mitteilen.

Niemals zuvor in der Geschichte des Planeten Erde waren die Möglichkeiten der Erfüllung der Menschheit größer als jetzt. Die Zukunft eurer Welt liegt in euren Händen und in curem Denken. Eure Wissenschaft steckt noch immer in Kinderschuhen, aber wenn ihr euer Geistiges dem Ungreifbaren, jedoch Wirklichem öffnet, der Wahrheit eures Universums, dann werdet ihr zusammen die Wirklichkeit der Existenz erfahren.

In eurer Galaxie sind fast einhundertmillionen Zivilisationen. Wenn ihr nur zehn davon wahrnehmt, dann habt ihr große Fortschritte im Annehmen universeller Existenz gemacht. Benutzt euer Erbe weise, aber benutzt es. Bezieht euch auf eure Seele und ihren vergangenen Ausdruck, um euer bewußtes Wissen zu erweitern. Sucht eure Brüder und Schwestern, verbindet euch mit ihnen und bringt der Menschheit ihre Erfüllung.

Seid gegrüßt aus der geometrischen Existenz.

KAPITEL 10

Hier spricht Adamis.

DIE RESTLICHEN ENERGIEBEREICHE

In einer vorhergehenden Rede hat Pythagoras begonnen, die sieben Hauptunterteilungen der Energien, die das Universum Ramtos umfassen, zu erklären. Er hat die Frequenz der "Liebe" besprochen, wir wollen die Erläuterungen abschließen.

Die restlichen sechs Bereiche sind:

1. Karma

Die atlantischen Ältesten sagten: "Wir haben alles Karma überwunden. Wir haben nichts zu tun mit den Schwingungen, die uns binden und uns auf universelle Fesseln von Erfahrungen reduzieren. Wir sind hier, nur um zu dienen."

Das universelle Gesetz besagt, daß eine Seele ewig den Erfahrungen der Evolution und der Entwicklung unterworfen ist. Keine Seele, nicht einmal der höchste Meister, existiert, ohne neue Erfahrungen zu machen. Was ist denn eine Erfahrung, meine Kinder? Es bedeutet einer neuen Ebene von Wahrheit, Handlungsweisen und deren Resultaten ausgesetzt zu sein. Die fundamentalen Grundlagen des Karmas werden durch die Polarität des universellen Energiegittersystems geschaffen. Ihr nennt es "Ursache und Wirkung".

In der Quadrantenstruktur, die als "Baum des Lebens" bekannt ist, finden wir ein perfektes Beispiel dieses Systems. Jede Ebene der Seelenentwicklung schließt an eine nächst höhere an. Wenn man die neu erschaffene Seele erreicht, dann ist die Kette vollständig. Alle höheren Ebenen sind dann jeder Handlung und Schwingung, die die neue Seele erlebt, bewußt. Aus dieser Erfahrung wachsen alle, sogar die Quelle des Energiequadranten. Vergeßt nicht, daß Evolution das Resultat des Aufnehmens der Energie einer Erfahrung ist.

Das größte blockierende Hindernis ist das Ego. Keiner steht über irgendetwas; man ist nur zu einem bestimmten Moment aufmerksamer. Das Ergebnis des Verleugnens ist Widerstand, der euch genau an das bindet, was ihr verleugnet habt.

Dies geschah vielen atlantischen Ältesten. Viele von ihnen waren in Wirklichkeit hoch entwickelte Seelen, die gekommen waren, Großes zur Evolution des Planeten beizutragen. Wie es auch in eurer gegenwärtigen Zeit ist, überschreitet das Seelenwachstum alles und steht allem voran. Dies ist nicht eine Behauptung, die der Selbstsucht oder dem Mangel an Rücksicht gegenüber anderen entspringt. Es ist ein universelles Gesetz und ein Teil des von Gott gewollten Seelenfortschritts.

Jede eurer Seelen ist durch das Ergebnis von Erfahrungen gewachsen. Jede eurer Seelen ist zu einem gewissen Grad in die Ebene der Seelenentwicklung und Hierarchie aufgenommen worden. Es resultiert aus der Verbindung zwischen eurer Seele und der Ordnung des Lebensbaumquadranten.

Nun seid ihr hier auf dem Planeten Erde und umgeben von Chaos und geistiger Verschlossenheit. Was sollt ihr tun? Die Antwort ist: wachsen, immer wachsen. Nur auf diese Weise können andere eure Seele erfahren.

Das Kastensystem von Atlantis ist ungültig für die Menschheit. Die "Superrassen", die Klone, die genetischen Abarten der "Verfeinerung" sind universell nicht in der Ordnung. Atlantis ist mit euch, aber nicht das Atlantis von damals, sondern jenes, das sein wird. Was war genügt nicht, wenn man gewachsen ist. Laßt euer Atlantis eine Weiterentwicklung dessen sein, was war und lernt aus euren früheren Fehlern und Erfahrungen.

Die magnetische Kraft ist die Macht der Ordnung. Ihre Hauptaufgabe ist es, das Gleichgewicht herzustellen, nur das Gleichgewicht. Wenn ihr aus dem Gleichgewicht gekommen seid, dann benutzt eure Kristalle nach Anweisung, um euch wieder in eure Wahrheit zu bringen.

Die Ältesten wußten, daß die Auswirkungen jeder Handlung sich kettenreaktionsartig durch das Universum bewegen. Ihr könnt euch nicht vor einer Erfahrung oder Handlung verstecken, denn die Auswirkungen sind überall spürbar und betreffen jede Seele. Denkt bitte daran. Ihr seid niemals vom Universum abgeschnitten, denn es ist bewußt und registriert jeden Teil eurer EExisstenz.

2. Göttliche Ordnung

Um die göttliche Ordnung definieren zu können, muß man selbst göttliche Ordnung sein. Göttliche Ordnung zu sein heißt, mit Gott Eins zu sein. Wir könnten sie als Plan bezeichnen, als Plan eines zu schaffenden Universums, das wächst, heranreift, vergeht und nicht mehr existiert. Wir könnten es bezeichnen als Evolution einer Seele von ihrer Erschaffung bis zu ihrer Einswerdung mit Gott.

Manchmal schafft die Verschlossenheit der Menschheit ihre eingene "göttliche Ordnung" - z.B. das Anhäufen von Geld, Macht, Gier, Kontrolle etc. Sie selbst werden zu Göttern. Dies zieht jeden in Mitleidenschaft. Es beeinflußt diejenigen, die unsicher sind, und sie werden zu Nachfolgern.

Der Weg des Musters eurer Inkarnationen auf der Erde ist dazu konzipiert, euch die göttliche Ordnung des Universums bewußt zu machen. Ihr habt freien Willen und ihr habt ihn zugleich überhaupt nicht. Ihr habt die Wahl des Annehmena und Ablehnens, und doch habt ihr sie nicht. Ihr selbst als bewußte Wesen, seid nur das physische Ausdruckswerkzeug eurer Seele. Ihr existiert und seid zugleich eine Illusion.

Die atlantischen Ältesten wußten über das ewige Leben Bescheid. Sie wußten, daß sie in physischer Form viele hundert Jahre leben konnten. Einige taten es, aber die meisten wurden zum Opfer ihrer eigenen "göttlichen Ordnung". Ihr, die ihr diese Worte lest und diese Schwingungen aufnehmt, fragt euch, ob ihr selbst in eurer eigenen göttlichen Ordnung gefangen seid? Habt ihr die Kraft anzuerkennen, daß ihr nur ein Teil all dessen seid, was ist und immer sein wird?

Im Laufe der Evolution der Seele wird sich diese bewußt, daß sie ein Teil dieser Ordnung ist. Sie hat kein Ego und keine persönlichen Ziele und Wünsche, sondern ist Teil von allem, das ist. Könnt ihr euch dazu bringen, dies als Realität für euch anzunehmen? Könnt ihr als atlantische Seelen die Vergangenheit loslassen, ihre Existenz aber anerkennen und weitergehen? Konzentriert euch auf euer magnetisches Universum und Wissen und Frieden wird in eure Herzen einkehren.

3. Das Erfüllen des Göttlichen

Keine Seele kann erfüllt sein bis dies durch das Göttliche erreicht wurde. Man kann nur durch den Schöpfer wahrnehmen. Wenn eine Person Gott verleugnet, kann Gott nicht "wachsen". Wenn eine Person von ihrem Wege abweicht oder nicht im Dienste steht, wird auch Gott das Wachstum versagt.

Dies sind die universellen Gesetze von Ursache und Wirkung. Gott hat eure Seele ins Leben gerufen und durch die Nahrung "Evolution" wächst Gott. Gebt jeder Seele zu verstehen, daß sie durch ihr eigenes Wachstum Gott dient. Die Skala des Seelenwachstums ist konstant und stark ohne Variationen. Jeder von euch muß Schritt für Schritt die normalen Entwicklungsebenen durchlaufen bis eure Seele als Schöpfer zu dienen beginnt. Nur dann kann sich Gott "erfüllen".

4. Das existentielle "Alleinsein"

Auf dem Weg zur Erfüllung Gottes gibt es eine Schwingung, die Konflikte hervorruft, das "Alleinsein". Meine Kinder, ihr seid auf der Erde mit all eurem freien Willen und all euren Emotionen und fühlt euch dennoch manchmal alleine. Je mehr ihr wachst, desto mehr fühlt ihr euch alleine. Manchmal habt ihr das Gefühl, vollkommen abseits eurer Gesellschaft zu stehen und euch nicht länger auf sie beziehen zu können. Dies ist nicht in Ordnung für euch. Wenn dies nicht stimmt, warum befällt euch dann dieses Gefühl zunehmend? Die Realität des Wachsens sollte das Gefühl der Einheit und nicht des Alleinseins, wie ihr es erfahrt, mit sich bringen.

Dieses Gefühl resultiert daraus, daß ihr euch mit anderen vergleicht. Ihr wachst und durch euer Wachstum glaubt ihr, anders zu sein als andere und seid daher alleine. Je mehr ihr euch eurer Identität bewußt werdet, desto mehr vergleicht ihr und fühlt euch immer mehr allein. In Wahrheit seid ihr alleine, alleine in dem Sinne, daß ihr als Seele einmalig seid, denn kein anderer gleicht euch exakt. Und dabei hört es auf. Der Rest sind emotionale Reaktionen, die das Dienen, das Annehmen von euch selbst und der Erfahrung, daß andere ein Teil von Allem sind, behindern.

In der Geschichte der Menschheit wird gezeigt, daß große Männer und Frauen immer alleine waren. Sie wurden mißverstanden, verlacht und als seltsam bezeichnet. Irgendwie überlebten sie und erfüllten die Aufgabe ihres Daseins. Wie brachten sie dies zustande? Sie isolierten sich nicht von anderen. Sie bleiben unbeirrt in ihrem Glauben und erlauben anderen ein Teil ihres Glaubens zu werden. Gott erlaubt euch, Teil seiner Wahrheit zu werden, wenn ihr euer Alleinsein an der richtigen Stelle akzeptiert.

Das Atlantis der Zukunft muß eines des Verstehens sein, das auf dem Annehmen eines jeden als im Besitz einer Seele seienden Wesens besteht, das in sich selbst alleine ist und doch ein integrierter Teil aller anderen Seelen.

5. Physische und spirituelle Einheit

Wenn die Seele und das Bewußtsein sich miteinander zu Einem verbunden haben, ist eine Einheit entstanden. Das Alleinsein jedes Einzelnen wurde in die richtige Perspektive gerückt und die Suche nach universeller Bruderschaft hatte begonnen. Das höchste Ziel einer Seele ist, universelle Bruderschaft durch Bewußtheit zu erreichen. Wenn die Menschheit den Fußstapfen der Ältesten folgt, wird sie ihr Ziel nie erreichen. Allein aus diesem Grund müßt ihr alle Gedanken und Handlungen, die sich auf das vergangene atlantische Karma beziehen loslassen. Je länger ihr daran festhaltet, desto größer ist die Tendenz, nochmals in dieselbe Falle zu geraten.

Physische Inkarnation ist nicht eine Form der Bestrafung. Es ist eine Gelegenheit für Seelenfortschritt und Wachstum. Ihr seid nicht hier als Ergebnis eines negativen Vorfalls in der Vergangenheit. Ihr seid hier, um euch zu entwickeln. Mit jedem Tag werdet ihr atlantischen Erfahrungen gegenüber aufmerksamer. Benutzt sie um zu wachsen und zu lernen und betrachtet sie nicht als Bestrafungen und für Selbstbeschuldigungen.

Alle von euch haben ihre Seelen in vielfältigen, physischen Formen gezeigt. Ihr habt an Bord der Schiffe gedient, auf anderen Planeten und anderen Galaxien. Jedesmal wurden Fehler gemacht. Wenn ihr sie mit euch herumtragt, werden eure Seelen an den Energieblockaden, die auftreten, leiden. Wenn ihr versucht, sie zu verstehen und von ihnen zu lernen, können sie nützliche Werkzeuge zur Evolution und Einheit zwischen dem Geistigen und der Seele werden.

Wenn man bewußt seinem Ego Ausdruck verleiht bis zu dem Punkt, wo es die Bewußtsein der Seele blockiert, kommt Einsamkeit. Der Sinn für Ziel und Einheit sind dann verzerrt, und die Energien der Macht und Selbstverherrlichung beginnen das Leben zu regieren. Dies ist durch die Existenzgeschichte der Zivilisationen auf der Erde hindurch zu verfolgen. Nun ist es an der Zeit, dem ein für alle Male ein Ende zu setzen.

6. Zu sein wie "Gott"

Die magnetischen Untersuchungen der Existenz der Seele bringen eine funktionelle Bewußtheit über die Stellung aller Seelen mit sich. Die Seele verliert jede Unsicherheit, Mangel an Selbstwert und Bewunderung in Hinblick auf Gott. Jede Seele bezieht sich auf zwei Götter - den einen im Inneren und den einen, der allumfassend ist.

In der Trennung von körperlicher und spiritueller Einheit entsteht ein Konflikt. Die Seele hat die richtige Perspektive, aber die Gefühle sind verwirrt durch Bewunderung und Mangel an Selbstwertgefühl. Die Einheit zwischen magnetischen und Liebesschwingungen werden getrennt anstatt verbunden.

Die Ältesten, die die Zerstörung von Atlantis verursachten, zerteilten diese Einheit. Sie konzentrierten sich auf Magnetismus und vergaßen ihre Beziehung zu jeder anderen Seele, die existierte. Jede Seele ist Gott, und Gott ist jede Seele. Dies muß auf der Bewußtseinsebene absolut akzeptiert werden, wenn das Zeitalter der Erleuchtung und nicht das Ego und der Mangel an Selbstwertgefühl, sondern Annehmen und Frieden zustande kommen soll. Dann kann die Arbeit wirklich ausgeführt werden, und die Evolution schreitet voran.

DIE DREIECKSHAFTIGKEIT DES AUSDRUCKS

Jede der sieben schwingungsmäßigen Ausdrucksweisen sind Teil der mathematischen dreieckshaften Ausdrucksweise. Jede hat ein "Bein" des Dreiecks als "Bein" eines anderen. Sie sind miteinander verbunden und führen eines zum anderen. Wenn man von einem in das andere geht, verstärkt sich die Macht der Reaktion in mathematischer Sequenz, und die Seele wächst. Jede Dreiecksformation lebt von der Stärke und Macht der anderen. Dies schafft eine Einheit und vollkommenes Verstehen universeller Existenz und dem Ziel der Seele.

KAPITEL 11

Hier spricht Adamis.

Die Menschheit wird erst dann fähig sein, sich auf das kommende Bewußtsein galaktischer und universeller Zivilisationen zu beziehen, wenn sie ihre eigene, planetarische Bruderschaft anerkannt hat.
Jeder von euch ist wie ein Kristall, strahlend und ohne Trübung. Von Zeit zu Zeit erlaubt ihr den Wolken der Unentschiedenheit, Angst und Verurteilung in eure Klarheit einzudringen und die Ausdehnung eurer Liebe zu verzerren.

HOHE SEELEN AUF DER ERDE

Die atlantischen Ältesten sind unter euch. Die Jünger Jesu, die Avatare, die Propheten und Seher sind unter euch. Nehmt ihre Anwesenheit wahr, denn sie sind hier, um euch in das strahlende Gotteslicht zurückzuführen.

Niemals zuvor inkarnierten sich so viele Seelen von hohem Status zur gleichen Zeit auf der Erde. Sie sind hier, um als Hirten Gottes zu dienen. Sie sind nochmals gekommen, um die verlorenen Schafe durch die Wüste in den Palast Gottes zu führen.

Seid ihr einer dieser Hirten? Seid ihr einer der erwählten 144.000 Seelen, die diesen Planeten in das Wassermannzeitalter führen? Seid ihr hier, um der Menschheit zu dienen oder muß euch gedient werden? Seid ihr hier aus karmischen Verpflichtungen oder um anderen zu helfen, wie sie ihre karmischen Verpflichtungen erlösen können?

Sucht die Antworten auf diese Fragen indem ihr in eure Seelen schaut. Darin liegt die Quelle eurer ewigen Existenz und der Wahrheit eurer Wesensart als Teil der menschlichen Rasse zum jetzigen Zeitpunkt.

Es ist gleich, ob ihr an die physische Existenz von Atlantis glaubt oder nicht. Es sind nur die Energien und das Wissen wichtig, das von der Menschheit heute und zukünftig genutzt werden kann.

Das Wassermannzeitalter ist sowohl das Zeitalter des Magnetismus und der Mathematik, sowie das Zeitalter der Liebe Gottes. Die Anwendung von Quarzkristallen für Gesundheit, Erziehung und Kommunikation kann nicht genug betont werden.

Die Fähigkeit euren Körper zu energetisieren und die Polarität der Körperorgane zu erhalten, wird mit der Zeit alle Formen von Krankheit - Unwohlsein - beseitigen. Dies wird euch befähigen, eure Lebensdauer auf der Erde zu verlängern.

STRESS- UND ENERGIEBLOKADEPUNKTE

Es gibt sechs Hauptstress- und energieblockierende Punkte im Körper.

1. Das Kehlchakra

Die Ursache für eine Blockade des Halschakras liegt darin, daß man sich bewußt weigert, seine Wahrheit zu sprechen und daß man seine eigenen Bedürfnisse opfert, damit sich andere wohlfühlen, und um Streit zu vermeiden; dies ruft jedoch das Gefühl des Nichts-wertsein und als Reaktion Angst hervor.

2. Das physische Herz

Eine Blockade des physischen Herzens bedeutet unfähig zu sein, sich selbst zu lieben und sich genau so zu akzeptieren, wie man ist. Ihr schafft "Mauern" um euer Herz, um euch vor euch selbst, sowie vor anderen zu schützen. Letztendlich kann euch dann keiner abweisen, wenn er nicht fühlen kann, wer ihr seid. Die Reaktion ist Ärger.

3. Euer Herzchakra

Wenn das Herzchakra, das in der Mitte eures Brustkastens liegt, blockiert ist, bedeutet dies, daß ihr euch als eurer Seele unwürdig empfunden habt und erst recht Gottes nicht würdig. Ihr habt "gesündigt". Ihr habt alle möglichen Vergehen begangen. Ihr mögt euch selbst nicht, denn ihr habt euch mit anderen verglichen. Die Reaktion ist Leere.

4. Das Solarplexuschakra

Blockaden des Solarplexus unterhalb des Rippenkastens beziehen sich auf das Gebiet des Annehmens, des Aufnehmens und Verteilens von Wissen und Reaktionen in euren Körpern. Ihr seid nicht gewillt, etwas in Bezug auf euch selbst zu riskieren, z.B. einen Fehler zu machen; so seht ihr zu, daß alles beim alten und die bestehenden Unsicherheiten aufrechterhalten bleiben. Die Reaktion ist Ängstlichkeit.

5. Das Milzchakra

Blockaden im Milzchakra, etwa 7,5 cm unterhalb des Nabels, stehen in Verbindung mit dem Tor zu eurem emotionalen und sensuellen Ausdruck. Der Zustand des Nicht-wert-seins manifestiert sich hier. Wollt ihr euch selbst annehmen als wundervolle Geschöpfe und eure Emotionen ausdrücken? Ihr wollt den Ausgleich zwischen eurer Existenz und der Wahrheit in Beziehung auf eure Seele verleugnen. Die Reaktion: Ihr fühlt euch bedroht.

6. Das Wurzelchakra

Blockaden des Wurzelchakras, das der Sitz des emotionalen Ausdrucks ist, zeigen den Zustand der Scham, Mangel an Selbstwert, Selbstverurteilung und einen Mangel an Funktionsverständnis an. Die Reaktion ist Kälte, Ängstlichkeit und Mißtrauen.

DIE ANWENDUNG VON KRISTALLEN ZUR LÖSUNG VON BLOCKADEN

Um einen oder alle dieser Blockaden zu jemandes Glück und Erfüllung zu beseitigen, empfehlen wir die folgende Kristallanwendung:

Legt klare, einspitzige, etwa 3,8 cm lange Quarzkristalle, die alle mit den Spitzen nach oben zeigen, auf alle Problemstellen des zu Behandelnden. Führt das rosa und grüne Paddel (siehe Fußnote auf Seite 314) fünf Minuten lang in kreisförmigen Bewegungen über den Körper. Wenn dies beendet ist, legt eine Hand auf das Herzchakra und sendet Liebesenergie in den ganzen Körper.

Diese Behandlung öffnet den Energiekreislauf zwischen den blokkierten Stellen und erlaubt das Heilen der Emotionen. Es ist empfehlenswert, die Behandlung wöchentlich vier Wochen lang zu wiederholen. Wenn eine Blockade bestehen bleibt, legt zwei Kristalle auf diese

Stelle, um die Energie zu intensivieren und die Blockade wird beseitigt.

Damit ihr euch bewußt mit eurer Seele verbinden könnt, müssen alle Selbstverurteilungen aufhören. Ihr müßt den physischen Körper als Tempel eurer Seele erkennen. Ihr müßt ihn ehren und ihn dazu nutzen, wirkliche Liebe durch ihn auszudrücken, denn das ist der Sinn seiner Erschaffung.

Das kommende Zeitalter des Wassermanns bringt die Energien der Entscheidung mit sich. In der Vergangenheit haben viele in einem Stadium der Unentschlossenheit gelebt und darauf gewartet, daß andere durch ihre Handlungen für sie die Richtung bestimmen. Diese Bequemlichkeit kann jetzt nicht länger beibehalten werden. Daher leben viele nicht ihrer Wahrheit gemäß und wissen nicht, wie sie ihre Einstellungen ändern sollen.

Diese Situation hat zu zusätzlichen Formen der Reinigung des Körpers geführt, da das Wahrheits- und Immunsystem durch sie angegriffen ist. Bitte denkt daran, daß die Menschheit Unvollkommenes schafft, solange sie sich als unvollkommen bezeichnet.

DIE BEHANDLUNG VON ZUSTÄNDEN, DIE NICHT DER WAHRHEIT ENTSPRECHEN

Die Behandlung von Zuständen, die aus dieser Art "Unwahrheit" resultieren, erfordert die Anwendung in drei Bereichen: Farbe, Ton und Schwingung.

Laßt die Person in Rückenlage in dem zwölfstrahligen Kristallmuster liegen. Legt zusätzlich noch zwölf Kristalle mit den Spitzen nach oben in folgenden Positionen auf den Körper:

- auf das dritte Auge
- auf das Kehlchakra
- auf jede Schulter
- auf das Herzchakra
- auf den Nabel
- auf jede Handinnenfläche
- oben auf jeden Oberschenkel
- oben auf jedes Fußgelenk

Dieses Muster öffnet das gesamte Energienetz der magnetischen Schwingungen der Kristalle. Nehmt das blaue und das lila Paddel, jedes in eine Hand, und bewegt sie kreisend über den gesamten Körper. (Die Kreisrichtung ist egal). Während der kreisenden Bewegungen singt den Vornamen der Person. Bald werdet ihr eine Veränderung in dem Klang eurer Töne wahrnehmen. Laßt dies zu und singt weiter.

Führt diese Behandlung fünf Minuten lang aus und ruht danach etwa zehn Minuten lang. Dann wiederholt ihr das ganze noch einmal. Dies bereitet den Körper energetisch auf eventuelle Veränderungen vor.

Diese Anwendung ist der Anfang einer kompletten spirituellen Heilungsbehandlung wie sie im alten Atlantis durchgeführt wurde. Manche haben angenommen, daß die Atlanter zu weit fortgeschritten waren, um ernsthaft krank zu werden, aber das ist nicht wahr. Immer wenn jemand der Möglichkeit des freien Willens ausgesetzt ist, können Negativität und Selbstverurteilung sich durch körperliche Unvollkommenheit ausdrücken.

DIE ATLANTER UND UNIVERSELLE SYMBOLE

Während der Planet Erde sich in das atlantische Bewußtsein bewegt, wird die Menschheit aufmerksam auf die Sprache der Geometrie. Es ist eine Art der Kommunikation und des Ausdrucks, die nicht verfälscht oder emotional mißinterpretiert werden kann.

Wir werden euch eine Reihe von atlantischen und universellen Symbolen als Teil dieser Sprache vorstellen. Manche von euch werden vertraut sein mit diesen Formen. Wenn dies der Fall ist, dann meditiert auf diese Symbole, um größere Klarheit und eine Interpretation für euch zu erreichen.

Expansion

Das folgende Bild repräsentiert reine Energie. Es ist stark und zeigt Stärke und Entschlußkraft an, ist jedoch zugleich weich und fließend.

Niedrige Wachstumsebene

Es sieht so aus, als ob sich ein "Kind" innerhalb des Symbols befände, das von einer weichen, fließenden äußeren Energieschale umhüllt wird, die es ernährt. Dies ist ein Symbol der Entwicklung, des Wachstums auf niedriger Ebene und des Schutzes vor Negativität während dieses Wachstums.

Atlantische Energien

Dieses Zeichen kann entweder als Energieblitz oder Leiter des Wachstums interpretiert werden. Beide Interpretationen sind anwendbar. Es wird angewendet, um sich auf die Energien der alten atlantischen Zeit zu beziehen und sie anzuregen.

Das Erreichen spiritueller Stabilität

Dieses Symbol erscheint in seiner Bewegung fließend, obwohl es eine rein geometrische Konstruktion ist. Sie besteht aus mehreren fließenden Dreiecken, die unten größer sind und an der Spitze klarer zum Vorschein kommen. Es symbolisiert das Emporsteigen von der Erde zu einer spirituellen Stabilität, die zur Befreiung von niedrigen Beschränkungen führt.

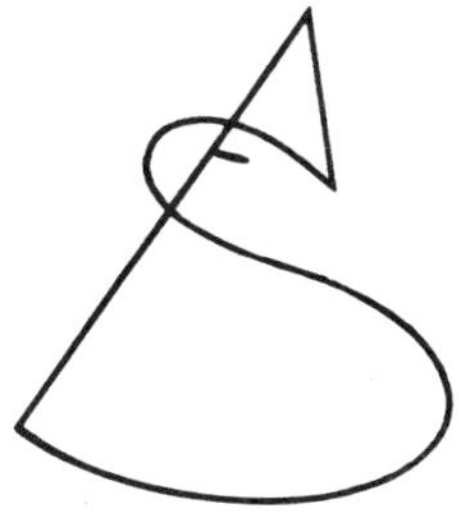

Schutz vor Negativität

Es ist ein abstraktes Symbol, das fließt aber dennoch begrenzt ist. Dieses Fließen dient als Schutz vor Negativität und auch dazu, das Gleichgewicht zwischen euren Energiemeridianen zu verstärken.

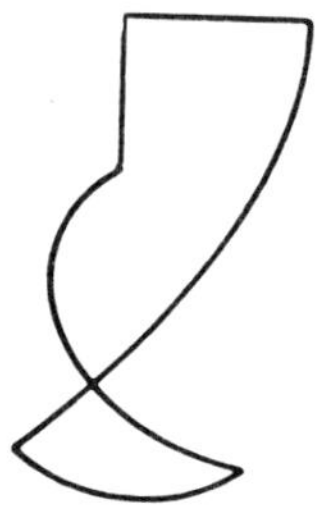

Karmische Ausgeglichenheit

Im nun folgenden Zeichen ist links oben ein Dreieck und eines links unten mit einer abstrakten Form in der Mitte. Dies ist der gesamte Ausdruck des Ausgleichs karmischer Schwingungen und Erfahrungen. Es sagt aus, daß man alle Seiten erfahren muß bevor man die Wahrheit findet.

Ein Katalysator

Im folgenden Bild liegen der Kreis und das Dreieck sich gegenüber mit fließender Form in der Mitte, welche die rigiden Gegensätze der beiden Extreme verbindet. Es symbolisiert eine katalytische Reaktion zwischen Leuten und Situationen.

Hindernisse

Dies ist ein Symbol der Erdkraft und des Überwindens von Hindernissen. Der Weg zur Spitze ist nicht eben, es sei denn, man läuft rundum und schaut auf die andere Seite. Es bedeutet, daß oftmals, wenn ein Weg voll von Hindernissen erscheint, er vielleicht nicht derjenige ist, der zu gehen sei. Ihr müßt ihn nur gehen, wenn ihr glaubt, daß ihr leiden müßt.

Gefahren

Dies ist ein Symbol mit offenem Ende. Es zeigt zwei Höhlen oder Versenkungen, in die man fallen und die Gefahren, denen man während seines Lebens begegnen könnte. Auf andere Weise gesehen, bietet es den Schutz vor Negativität und Unterdrückung in dem Wissen, daß man willentlich aufsteigen kann, denn man ist immer frei.

Gott

In diesem Zeichen drücken sich die gesamten männlichen und weiblichen Energien aus - die Energie der rohen Gewalt und der sanften Liebe. Die Erdebene ist durch die Horizontale und die spirituelle Ebene durch die Vertikale symbolisiert. Das Symbol bezieht sich auf Gott als allwissend, weise und gütig.

Macht

Dies ist ein Symbol der Macht. Ihr könntet die äußeren Punkte mit der Energie der menschlichen Aura vergleichen, die sich ausdehnt und zusammenzieht und immer flexibel ist. Es bedeutet, zu lernen, zu helfen bei der Auflösung von Beschränkungen und Begrenzungen des eigenen Denkens und Lebens.

Wahl

Diese Zeichnung ähnelt einer dreiblättrigen Blume, die unten offen ist, um die Energien der Natur durchfließen zu lassen, damit sie sich öffnet, ausdehnt und blüht. Sie wächst und wird länger, bis sie die spirituelle Ebene erreicht. Dies ist ein Symbol der Wahl. Man war verschiedenem ausgesetzt, nun ist es Zeit, sich zu entscheiden, ob man wachsen oder verwelken will.

Mütterliche Führung

Diese Energien sind weich, jedoch fest. Sie symbolisieren mütterliche Führung. Sie haben die Fähigkeit, zu regieren und Liebe zu teilen, drücken Bestimmtheit aus und führen in die richtige Richtung. Sie raten euch, stark aber liebevoll zu sein in eurer Wahrheit.

Gleichgewicht

Es sollte offensichtlich sein, daß das nächste Zeichen die Fähigkeit hat, jederzeit seine Form zu verändern ohne zu zerbrechen. Es kann in seiner Mitte immer das Gleichgewicht halten. Es sagt aus, sich immer auf beide Seiten einer Situation zu beziehen und nicht rigide zu sein.

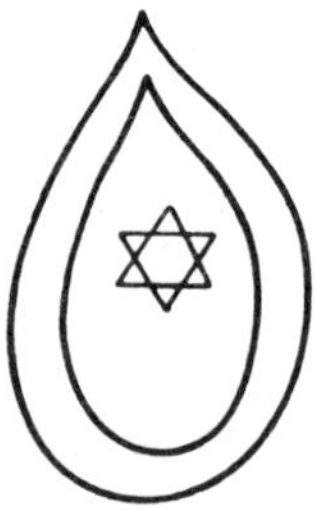

Selbstkontrolle

Dies ist unser Symbol der Symmetrie, und es kann symmetrisch sein, wenn notwendig. Es ist ein Symbol der Selbstkontrolle und Selbstbestimmung von Handlung und Ausdruck. Ihr könnt eure Ziele ohne diese Qualitäten nicht erreichen.

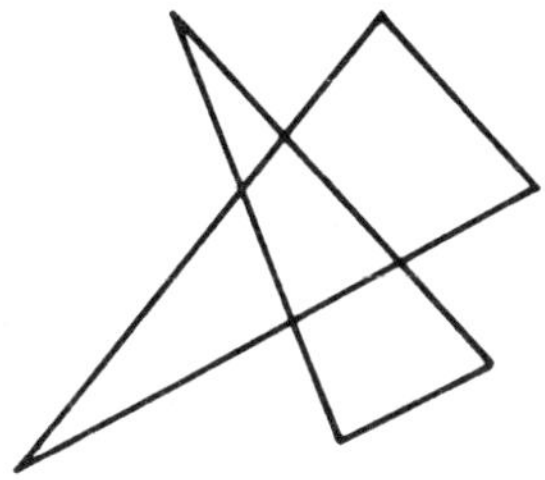

Die Macht der physischen Ebene

Dieses Symbol legt die Kraft in Bezug auf die physische Ebene dar. Energie tritt von oben ein und bildete eine immer größer werdende Basis von Stärke und Wahrheit, auf die man sich beziehen kann. Es benutzt das Wachstum, um der Natur in ihrer Evolution zu helfen.

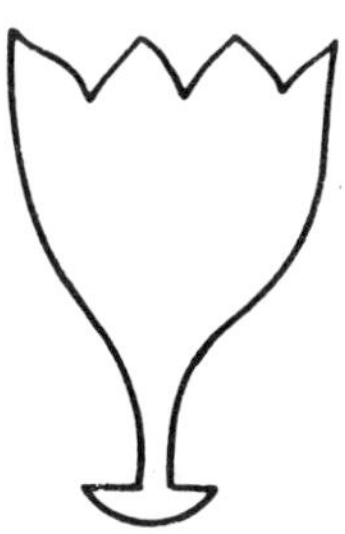

Bewußte Kontrolle

Dieses Symbol ist Ausdruck der unendlichen Fähigkeit, sich auf das Einfache sowie das Komplexe beziehen zu können. Es ist das Symbol der bewußten Kontrolle über das Aufnehmen von Konzepten, Ideen und Wachstum. Es deutet darauf hin, etwas in Bezug auf sich selbst zu wagen.

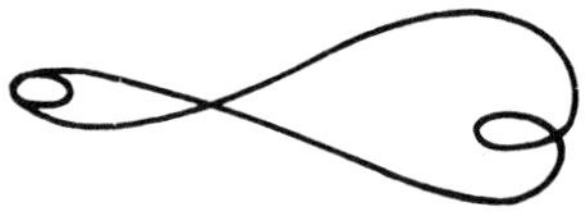

Der ewige Fluß

Dieses Symbol bedeutet den ewigen Fluß. Es ist an allen Enden offen und schließt sich nie, denn die Linien führen ins Unendliche. Es besagt, sich nicht auf vergangenen Lorbeeren auszuruhen. Wenn ihr jemals sagt: "Ich weiß, was ich wissen muß", dann benutzt dieses Zeichen, um vorwärts zu gehen.

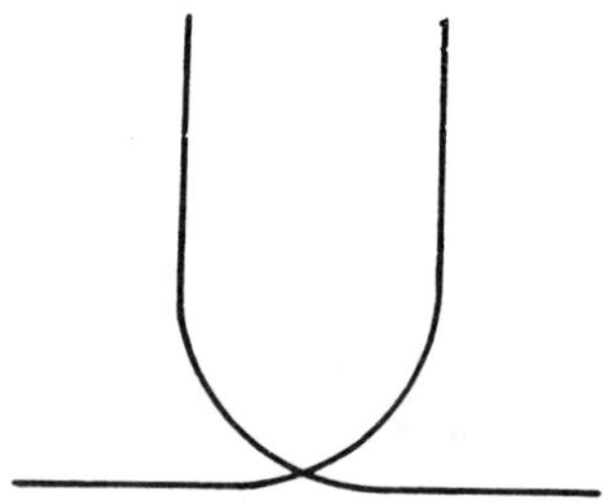

Materielle Errungenschaften

Die folgenden Formen sind insofern bedeutsam, daß sie die Angleichung spiritueller Schwingungen reflektieren, damit sie mit der physischen Welt kompatibel sind. Das Symbol bezieht sich auf materielle Errungenschaften unter Anwendung des spirituellen Reichtums.

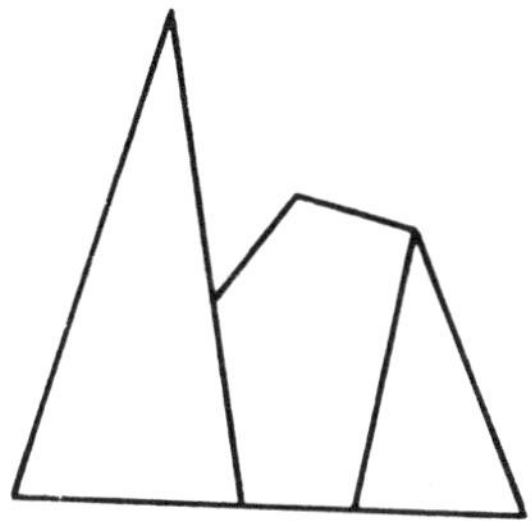

Die Macht des Eingeweihten

Dies ist das Symbol der Macht des Eingeweihten, das Bewegung und Fluß enthält. Es besagt, alles zurechtzurücken und auf die endgültige Wahrheit vorzubereiten.

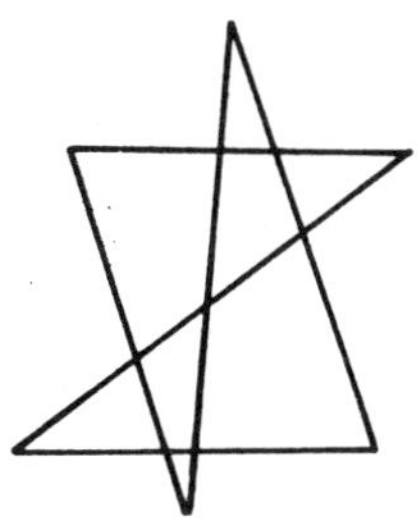

Das Annehmen

Das Symbol des Annehmens und das Wissen um das Gewicht und die Kraft in den Waffen und um die Macht, die man besitzt. Zugleich aber weiß man, daß die Macht mit Vorsicht und Zartheit benutzt werden muß, denn sie kann auch zerstörerisch sein.

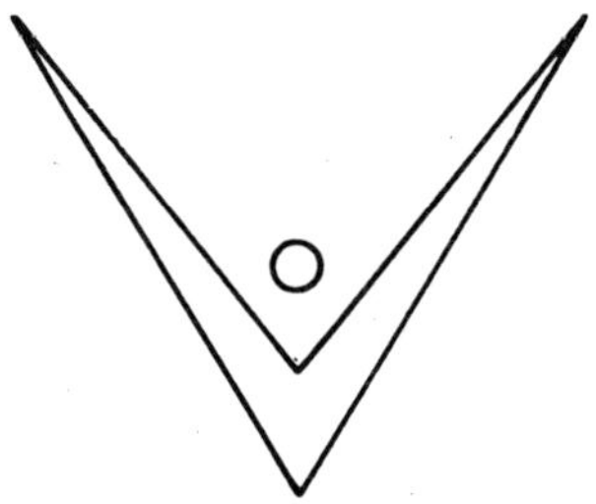

Ewige Erfüllung

Diese Form enthält die Energie aller Schöpfung. Es ist ein Symbol ewiger Erfüllung und Vollendung. Es besagt, die Ewigkeit eurer Seele als Kind Gottes zu akzeptieren.

Diese Symbole waren viele tausend Jahre dem bewußten Sehen verschlossen. Die Zeit ist gekommen, wo die Menschheit an den Punkt angelangt ist, an dem sie fähig ist, diese Schwingungen aufzunehmen.

Laßt alle danach streben zu wachsen und macht euch selbst der Liebe, die der ganzen Menschheit offen steht, würdig.

KAPITEL 12

Hier spricht "Strength" aus Atlantis.

Die Trilogie, die sich auf die alten und neuen Zivilisationen von Atlantis bezieht, nähert sich dem Ende. Ich spreche für alle, die sich über ihre Evolution und Energie mitgeteilt haben, daß es der geistigen Welt ein Vergnügen war, einen Beitrag zum Wachstum des menschlichen Bewußtseins und der Stimulation des Geistigen - in der Hoffnung auf eure Evolution -, zu leisten. Ist dies vollbracht, dann ist unsere Aufgabe erfüllt.

ENTSCHEIDUNG

Die Menschheit ist an der Schwelle eines großen Erwachens des Bewußtseins, und es ist in der Ordnung, euch in eure Einheit mit euch selbst so schnell wie möglich zu bringen. Es ist in der Ordnung für euch, euch inmitten der Kinder Gottes zu stellen, die immer noch schlafen, so daß ihr deren Bewußtsein ihren Seelen gegenüber öffnet.

Eure Ära der Erleuchtung ist jetzt mit euch; ob sie Erfüllung findet oder nicht liegt ganz in euren Händen und Herzen. Entweder nehmt ihr eure Rolle auf der Erde als Dienender an oder ihr verleugnet sie. Jede Entscheidung kommt der Menschheit zugute, denn sie beseitigt eine störende Frequenz der Unentschiedenheit mehr aus eurer Atmosphäre.

Wir, "Strength", sind immer bereit zu dienen. Wenn ihr unser Wissen und unsere vergangene Erfahrung braucht, denkt an uns, und wenn unsere Frequenzen kompatibel sind, werden wir mit euch sein.

Wir hoffen in Zukunft wieder mit euch sein zu können und segnen euch.

***

DIE ARBEIT, DIE VOR UNS LIEGT

Der Gebrauch von Quarzkristallen und wie ihr euer Leben führt, ist von jetzt ab von größter Bedeutung. Wie wir schon bereits sagten, ist es zu eurem Besten, immer zu wissen, daß sie nur Werkzeuge eures Ausdrucks sind, ihr nicht von ihnen abhängig werdet und sie als Krükken benutzen solltet. So werden sie euch auch weiterhin dienlich sein.

Die Arbeit, die vor der Menschheit liegt, beinhaltet das Öffnen des Geistigen jener Kinder Gottes, die immer noch schlafen. Dies muß getan werden, damit sie ihre Kompatibilität mit den Frequenzen eures Zeitalters der Erleuchtung behalten. Dies wird auch ihre Seelen befähigen, auf den Planeten Erde für zukünftiges Wachstum zurückkehren zu können.

So beauftragen wir euch mit der Aufgabe, euren Brüdern und Schwestern, die es brauchen, dienlich zu sein und alle beengenden Schwingungen, die ihr wie Ketten aus Gewichten um euren Hals tragt, loszulassen. Legt sie ab, denn ihr benötigt sie nicht länger. Steht aufrecht mit geraden Schultern und aufgerichtetem Kopf da und erkennt die Einheit mit eurem Selbst an. Erkennt das Verständnis, daß Gott im Leben ist an.

LERNT VON ATLANTIS

Es gibt vieles, was ihr aus dem alten Erbe von Atlantis lernen könnt. Konzentriert euch auf den Gedanken, das alles Wissen, daß zu euch kommt, einer positiven Handlung dient. Das Bewußtwerden von negativen Handlungen wird transformiert, so daß sie nicht noch einmal in der Zukunft geschehen müssen. Sitzt nicht einfach in Meditation und versetzt euch zurück in atlantische Zeiten. Bleibt wo ihr seid und bringt die Energien der Vergangenheit in die Gegenwart. Laßt sie jetzt mit euch sein. Dies gibt euch Klarheit und Verstehen eurer eigenen Frequenzen und stets vollkommene Kontrolle.

Die atlantischen Zivilisationen waren weder alle gut noch schlecht. Größtenteils waren sie recht positiv. Die Bilder, die wir euch gaben, hatten nicht die Absicht, diese Zivilisation mit Schmutz zu bewerfen. Sie wurden euch gegeben, damit ihr nicht in romantischen Illusionen lebt, sondern manche Dinge nicht als das Größte, was es zu erreichen gibt, anseht. In den meisten Dingen gibt es Trübungen, die aber die Möglichkeit zum Wachsen bieten. Erlaubt ihnen nicht, euch in ihre Mitte zu ziehen.

Nehmt unsere Worte in euch auf und erforscht sie bis in die größten Tiefen. Versucht zu verstehen, was man als atlantisches Bewußtsein bezeichnen kann. Es bezieht sich nicht nur auf eine Art von Situationen und Umständen. Es bestand bevor die Erde existierte und wird hier sein, wenn die Erde ihren Dienst erfüllt und ihre Existenz beendet hat. Ihr habt es mit einem Bewußtheitszustand zu tun, mit einem Zustand des Ansporns, der Evolution und vor allen Dingen mit dem Verstehen der sieben Energieaspekte eures Universums, dem Zusammenfließen von magnetischen und liebenden Frequenzen Gottes. Aus diesem Grunde ist allem gedient worden und alles geschehen.

Wir möchten den Vorschlag machen, Zeit und Mühe zu investieren, um die ätherische, kristalline Struktur in euren Körpern zu festigen. Je mehr ihr die Zentren aktiviert, desto mehr werden sie verstärkt, desto mehr könnt ihr für euch und die Menschheit erreichen.

Die meiste Information, die ihr für die Zukunft braucht, ist gespeichert in den magnetischen Frequenzen des Universums. Die einzige Methode, diese Information für euch freizusetzen ist, mit den magnetischen Frequenzen in Einklang zu sein. Der Prozeß der Meditation und der geistigen Aktivierung dieser Zentren wird euch helfen, das Ziel zu erreichen.

Was liegt nicht alles für die Menschheit in der Zukunft der neuen atlantischen Epoche: wissenschaftliche Erfindungen, die vollkommene Anwendung des Prozesses von der Geschwindigkeit des Gedankens für Reisen, reine Energie in Materie umzuwandeln und sie für die Kommunikation mit anderen Welten und anderen Zivilisationen, die im Universum existieren, zu verwenden.

DIE EINHEIT ERREICHEN

Die Einheit und das Annehmen von universeller Existenz wird jedem Wesen auf dem Planeten Erde das Vertrauen und den Ansporn geben, eine einheitliche Welt hier auf eurem Planeten zu schaffen. Die Einheit wird zustandekommen. Mit ihr und dem Frieden werden viele Trennungen unter den Menschen verschwinden. Religionsdifferenzen, Rassenprobleme, sexuelle Bevorzugungen werden für euch nicht länger von Wichtigkeit sein. Alle werden sich dessen bewußt sein, daß jedes Individuum seine Erfahrungen selbst gewählt hat, die ihm helfen, in seiner Evolution andere Facetten von Konstruktionen und Existenz zu verstehen. Frieden und Bruderschaft wird kommen, um auf dem Planeten Erde zu regieren.

Diejenigen Seelen, die gewählt haben, nicht zu wachsen, die weiterhin ihrem Weg emotionaler Muster folgen, werden nach Ablauf ihres jetzigen Lebens sich an einem anderen Ort inkarnieren. Denn keiner Seele wird das Wählen und die Art des Wachstums verweigert, und alle werden mit bestimmten Planetenfrequenzen in Einklang stehen.

Diejenigen, die ihre Evolution vorangetrieben haben, werden auf den Planeten Erde zurückkehren und Teil des New Age, seines Ausdrucks und Wissens sein. Mit der Zeit wird euer Planet Erde ein Planet des Dienens für euer Solarsystem sein. Er wird ein Hauptspeicher für Wissen und Energie sein, an dem niedrigere Zivilisationen zapfen können. Dies ist das Fortschreiten in der "Ordnung". Man ist immer im Dienste der anderen.

Wenn es ein Gebiet der Information gibt, das euch in der Entwicklung und Evolution eurer Existenz helfen kann, dann laßt es die Beziehung zu euch selbst und anderen sein. Schaut euch um; es ist festzustellen, daß selbst jetzt euer Beziehungssystem sich sehr verändert hat. Eure Ausdrucksfreiheit, euer Bestehen auf eure Rechte, Freunde beiderlei Geschlechts zu haben, ohne daß sie eine Bedrohung für euch darstellen, ist euch eigen. Benutzt die Methoden aus dem alten Atlantis. Schafft eure Verbindungen von dem Gleichklang der tiefsten Ebenen, denen ihr gewahr werden könnt, den Ebenen, die anderen nicht offensichtlich sind, aber die in eure Herzen mit der stillen Art des Friedens und dem Wissen eindringen.

KINDER

Am wichtigsten ist es, sich mit euren Kindern zu beschäftigen, denn sie sind die Zunkunft. Versucht zu verstehen, daß die Seelen eurer Kinder nicht aus denselben Gründen hierher gekommen sind, wie eure, sondern um höheren Wesensausdruck zu erlangen. Deshalb ist eure Verantwortung jetzt größer, als die eurer Eltern euch gegenüber. Führt euch ohne Vorbehalte all das vor Augen, was ihr als Kinder ertragen mußtet; den Schmerz und das Alleinsein und laßt nicht zu, daß es euren Kindern genauso geht. Akzeptiert, daß sie nicht gekommen sind, die gleichen Lektionen zu lernen, sondern um zu dienen und die Menschheit zu verbinden; je früher sie ihre Arbeit aufnehmen können, desto eher wird alles geschehen.

Achtet besonders auf den Abschnitt des Buches, der sich auf Kinder und den Gebrauch von Kristallen bezieht. Es ist sehr wichtig für sie, denn es wird sie mit der Stärke ausstatten, aufrecht zu stehen trotz aller Opposition, die sie von ihren Kameraden ernten werden, die immer noch schlafen.

WISSE WER DU BIST

Erlaubt euch selbst anzuerkennen, wer ihr seid. Laßt es zu, ein integrierter Teil eurer Gesellschaft zu sein. Schafft keine Trennung zwischen euch und anderen, denn hier liegt genau eure Arbeit. Immer, wenn die Menschheit in Kategorien eingeteilt wurde und behauptete, daß die eine besser als andere sei, daß eine Gesellschaft fortschrittlicher sei als die andere, kam es zu Kriegen.

Es darf nicht länger gesellschaftliche Trennungen und Vergleiche verschiedener Kulturen und Ausdrucksmethoden geben. Es kann nur noch das Annehmen von Allem sein und damit die Integration und das Teilen von Wissen und Fortschritt, so daß die gesamte Menschheit davon profitieren kann. Alle Angst vor Unterdrückung und Eroberung, jeder Wettbewerb, der den einen über den anderen stellt, muß abgestellt werden. Das Verständnis, daß alle gleich sind, muß in die Herzen der gesamten Menschheit dringen mit einem Gefühl der Sicherheit, des Wissens und in Liebe. Dann kann eure Welt eins werden und alle werden Hand in Hand in die Herrlichkeit und das Licht Gottes wandern.

Die Energien für diese Ausführungen sind jetzt vollständig. Alles ist gemäß der universellen Ordnung, und wir möchten mit dem folgenden Abschnitt schließen, der, so hoffen wir, den Weg und die Richtung eures Lebens in die richtige Perspektive rückt.

"BIN ICH EIN UNIVERSUM?"

Ich bin ein Segment der Menschheit. Ich bin geboren aus einem Samen. Ich wuchs und reifte. Ich schlafe, ich esse, ich arbeite, ich spiele, ich liebe und wachse. Während ich wachse, entdecke ich zwei Realitäten - mich und Gott. Das Heranreifen durch das Wachstum schafft eine Osmose zwischen den beiden, und bald bin ich ich selbst. Ich stehe alleine, bar jeder Verschönerung und erkläre meine innere Einheit mit mir selbst und dem Gott in mir.

Nun ist es an der Zeit, meine Eigenliebe und meine Konzepte in die Realität umzusetzen. Ich breite meine Arme aus und bekenne mich als Kind Gottes. Meine Schwingungen strömen von meinem Wesen und formen einen Schirm aus Licht und Liebe. Ich lade andere Kinder Gottes ein, mit mir unter meinem Schirm zu gehen. Einige finden Frieden und Liebe. Andere segnen mich und gehen weiter. Es ist immer ihre freie Wahl.

Diejenigen, die bleiben, schenken mir durch ihre Schwingungen ihr Vertrauen. Ich nähre und ermutige sie zu wachsen, und ihre Wahrheit zu finden. Ich lehre sie meine Wahrheit, und sie probieren sie aus. Manchmal ist sie ihnen zu groß oder zu klein. Sie lernen, indem sie handeln. Sie stolpern und fallen. Sie erreichen Wachstum und Erfolg. Sie lachen und weinen. Sie sterben und werden wieder geboren. Sie tragen Früchte und sind unfruchtbar.

Langsam aber sicher wachsen sie und ihr Licht beginnt heller und heller zu scheinen. Sie haben in Liebe gelitten, ihre Reaktionsmuster verändern sich, und sie werden sich eines Tages ihrer Identität bewußt. Sie erweitern ihre Schwingungen nach etwas außerhalb meines Schirmes und lassen den Regen auf sich tropfen. Sie beginnen zu lernen, um zu lernen, wer sie wirklich sind; um ihre Wahrheit auszubreiten und zu erweitern.

Eines Tages spüren sie eine Art von vollkommenem Bewußtsein und Einheit mit Gott im Inneren und sie wissen, daß es nun Zeit ist, alleine zu gehen, doch niemals in Einsamkeit. Sie breiten ihre Arme aus und warten auf diejenigen, die ihre Wahrheit suchen, hören und unter ihrem Schirme gehen wollen.

Ein Kind ist geboren, macht Erfahrungen, reift heran und wird zu einem Schirm. Ein Schirm? Ein Universum? Bin ich ein Universum? Sind wir es nicht alle?

Wir segnen eure Seelen.

Das Universelle Gesetz für das Wassermann Zeitalter

Dr. Frank Alper,

14,5x21cm, 136 Seiten

ISBN 3-926388-21-8 DM 24,80

Das Universelle Gesetz ist eine Vibration - ständig in Bewegung und sich erweiternd. Jeder Mensch ist in seinem Leben verantwortlich für die Auslegung und Anwendung dieses Gesetzes. Wird durch eine Handlung ein Fehler begangen, kann er durch eine andere Handlung bereinigt werden. Das nennt man Karma. Das Wachstum der Menschheit wird durch dieses Prinzip gewährleistet.

Dieses Buch ist gechanneltes Wissen. Es wird im Wassermann-Zeitalter immer größere Bedeutung erlangen. Es regt dazu an, die eigene Wahrheit zu finden und in Übereinstimmung mit ihr zu handeln.

Erscheint etwa März 1996:

Die Wächter II

Nah-Tod-Erlebnisse und UFOs

Raymond Fowler

ca. 400 Seiten, 14,5 x 21 cm,

ISBN 3-926388-37-4 etwa DM 36,00

Einzigartige revolutionäre Erkenntnise über Zusammenhänge zwischen Nah-Tod-Erlebnissen und UFO-Entführungen.

Wer sind die Wesenheiten, die von gleißender Energie umgeben sind? Wachen sie über die Menschheit? Steht die Menschheit vor bahnbrechenden geistigen Entdeckungen?

Die Allagash Entführungen

Unwiderlegbare Beweise vom Eingreifen Außerirdischer

von Raymond E. Fowler, Vorw. von Budd Hopkins,
372 Seiten, 32 Abbildungen, 14,5 x 21 cm
G. Reichel Verlag, ISBN-3926388-30-7 DM 36,00

Dies ist die wahre und unglaubliche Geschichte von vier jungen Männern, die im August 1976 bei einer Kanufahrt auf dem Allagash-Wildwasserfluß in Maine, USA, von Außerirdischen entführt wurden. Dieser Fall wird interessant dadurch, daß zwei der Entführten Zwillinge sind. Offensichtlich zog ihre genetische Ähnlichkeit die Aufmerksamkeit der Außerirdischen auf sich. Ein anderer seltsamer Aspekt war ein unerklärliches, tumorähnliches Gewächs, das fünf Jahre später operativ entfernt wurde und aus unbekannten Gründen vom Arzt zur Analyse an das Pathologische Institut der US Streitkräfte geschickt wurde.

Raymond Fowler, Autor weiterer UFO-Bücher, einschließlich des „Betty Andreasson Report" läßt die Entführten mit eigenen Worten ihre außergewöhnliche Geschichte erzählen, die sie unter Hypnose wiedererleben. Im letzten Kapitel wertet der Autor den Allagash-Zwischenfall im Lichte anderer UFO-Entführungen aus.

Der Fall Andreasson

Dokumentierte Untersuchung der Entführung einer Frau durch ein UFO

von Raymond E. Fowler, Vorwort von J. Allen Hynek
G. Reichel Verlag, 280 S. 53 Abbildungen
ISBN-3926388-31-5 DM 36,00

Im Januar 1967 wurde Betty Andreasson von Wesen aus einer anderen Welt besucht. In Gegenwart ihrer sieben Kinder und ihrer Eltern wurde sie von Außerirdischen in das wartende Ufo geführt und zu deren Planeten geflogen. Ihr wurden fremde Wesen, Landschaften und Gebäude gezeigt, die sie beschreibt.

Der Leser sieht die Sphäre der Außerirdischen durch ihre Beschreibungen und zahlreiche Zeichnungen. Betty hatte ebenfalls ein tiefgehendes religiöses Erlebnis während dieses Zwischenfalls. Ihr wurden Informationen über die mögliche Zukunft der Menschheit gegeben, und es wurde ihr aufgetragen, sie der ganzen Welt mitzuteilen. Dieses Buch wurde zu ihrem Kanal.

Die **„New York Times" schreibt** :" Dieses Buch, wenn wahr, muß als großer Klassiker der wissenschaftlichen Revolution angesehen werden".

G. Reichel Verlag - Reifenberg 85 - D-91365 Weilersbach - Tel. 09194-8900 - Fax 09194-4262

Sternensaat

Das galaktische Erbe der Menschheit

Lyssa Royal & Keith Priest,
120 Seiten, 14,5 x 21 cm,
ISBN 3-926388-27-7 DM 26,00

Sternensaat untersucht die Idee des Schöpfungsprozesses aus einer provozierenden Sicht. Die Vorstellungen, daß die Menschen das Ergebnis einer Evolution sind, werden zu Fall gebracht. Die Autoren vertreten das Konzept, daß das humanoide Kollektivbewußtsein (oder Seele) unser Universum zu ganz bestimmten Zwecken schuf. Welches sind diese Zwecke? Wer war und ist an diesem Prozeß beteiligt? Die Antworten auf diese und andere Fragen eröffnen erstaunliche Möglichkeiten. Sternensaat beschäftigt sich ferner mit den verschiedenen außerirdischen Rassen und ihrer Verwicklung mit der sich entfaltenden Erde. Ein einzigartiges Buch, das zum Verständis unseres Hierseins auf diesem Planeten beiträgt. Das Buch ist in Amerika und in Japan bereits in der 6. Auflage erschienen.

Besucher von Innen

Lyssa -Royal u. Keith Priest
200 S., 15 x 22,5 cm,
ISBN 3-926388-26-9 DM 32,00

"Besucher von Innen" untersucht den außerirdischen Kontakt und das Entführungsphänomen auf einzigartige und fesselnde Weise. Eine außerirdische Rasse, die Zeta Reticuli, schildern durch das international bekannte Medium Lyssa Royal die Vergangenheit ihrer Rasse, streifen das galaktische Erbe der Menschheit und geben Antworten auf die am häufigsten gestellten Fragen. Was sucht die fremde Rasse auf der Erde? Warum werden Menschen entführt? Welches ist der Zweck ihrer Genexperimente? Gibt es bereits Hybriden?

Die gechannelten und neuartigen Aussagen ergänzen das bestehende Wissen der UFO-Thematik und tragen zur Erweiterung unseres Bewußtseins als Teil einer intergalaktischen Familie bei.

G. Reichel Verlag - Reifenberg 85 - D-91365 Weilersbach - Tel. 09194-8900 - Fax 09194-4262

Der Armstrong Report

Außerirdische und UFO´s - Sie brauchen uns, wir sie nicht!

Virgil Armstrong, 1. Auflage 1993, 144 S.,
14,5 x 21 cm, ISBN 3-926388-24-2 DM 26,00

Der Autor schildert seine Erlebnisse mit UFOs und Außerirdischen, den Zweck ihres Hierseins, erklärt ihre Experimente mit Menschen und gibt Einblick in die Verschleierungstaktik der amerikanischen Regierung.

Virgil Armstrong nahm an der ersten in den USA bekannten Bergung eines UFO's teil, dem "Project Grudge" auf dem Testgelände White Sands, New-Mexico. Bei seinen späteren UFO-Forschungen entwickelte er telepathische Fähigkeiten, die es ihm ermöglichten, mit höheren Intelligenzen zu kommunizieren. Seit seiner Pensionierung reist der Autor durch die USA und Europa. In seinen Seminaren gibt er sein Wissen über Außerirdische, UFO's und die momentane Reinigung der Erde sowie die Rolle der Weltraumbruderschaften während des Aufstiegs des Planeten Erde in das vierdimensionale Bewußtsein weiter.

Mein Freund aus der Unendlichkeit

Begegnungen mit einer kosmischen Intelligenz

Astrid Rodin, 120 S.,
14,5 x 21 cm, ISBN 3-926388-34-X DM 21,00

Eine kosmische Intelligenz aus dem Kontinuum unseres Alls, die sich vor Urzeiten mit dem Geist des Unendlichen verband und sich zu einem unsterblichen Wesen entwickelte, spricht über ihre Aufgaben in dem den Menschen unbekannten Universum. Sie gibt Antworten auf spezifische Fragen und läßt vor unseren Augen das Leben auf einem Stern der weit entfernten Andromeda-Galaxie entstehen.

Hohe Wesen, die in ihrer Evolution weit vorangeschritten sind, wachen über die Einhaltung kosmischer Gesetze, herrschen über Zeit und Raum und erschaffen im Einklang mit dem Unendlichen Materie und Lebensformen. Der Autorin werden diese ungewöhnlichen Mitteilungen in außerkörperlichen Zuständen in Form von geführten Zeitreisen und im persönlichen Kontakt mit dieser hohen kosmischen Intelligenz vermittelt.

G. Reichel Verlag - Reifenberg 85 - D-91365 Weilersbach - Tel. 09194-8900 - Fax 09194-4262

Erscheint im Frühjahr 1996

Horusauge

Reinkarnationsroman

Eva Hauser, ca. 400 S.,
14,5x21cm, ISBN 3-926388-33-1 DM 36,00

Bel-shalti-Nannar, Hohepriesterin des Mondgottes Nannar in Ur, beschreitet einen gefahrvollen Weg zwischen Machtmißbrauch und Verantwortung für die ihr Anvertrauten. Es gelingt ihr ein durch Handelsbeziehungen getarntes Machtgefüge weit über die Grenzen des heiligen Tempelbezirkes hinweg aufzubauen.
Ihre Kaufleute reisen bis in das Königreich Kush, dessen Herrschaftsgebiet sich vom ersten Katarakt des Nils bis nach Innerafrika erstreckt. Um den Pharao Kushs als Verbündeten zu gewinnen, wird ihre Adoptivtocher und Nachfolgerin Moiria, zum Spielball politischer und spiritueller Kräfte, deren Wirken Bel-shalti-Nannar aus der Ferne zu lenken versucht.
Zwischen Machtgier, Eifersucht, Ritualen und Magie entsteht eine Intriege, in die Moiria hineingerissen wird. Die Ereignisse werden vertuscht und geraten in Vergessenheit, bis Moiria eines Tages die Erinnerung wach ruft und sie die alten Fäden zu entwirren beginnt.

Erscheint im Frühjahr 1996

Der Kurs zum Selbst

in Wahrheit und Liebe von Babaji

Roger G. Lanphear, ca. 150 Seiten
14,5x21cm, ISBN 3-926388-35-8 DM 26,00

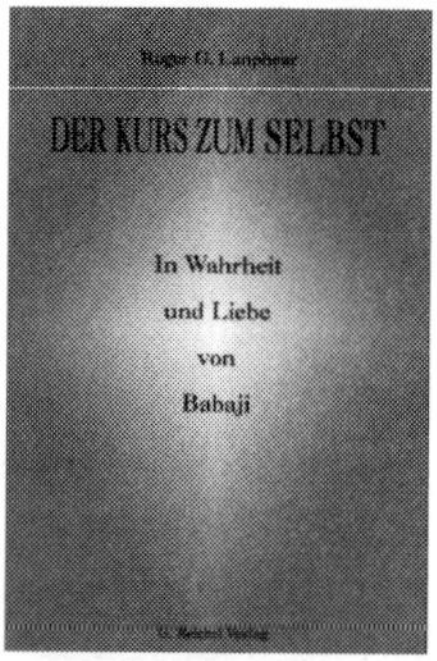

Dies ist ein Leitfaden zur Entwicklung deiner göttlichen Fähigkeiten durch Einswerdung mit deinem höchsten Selbst - allumfassende Liebe, Glück, innere Zufriedenheit, Gesundheit, Wissen. Ein Kurs über 24 Wochen. Ein Buch von unschätzbarem Wert.

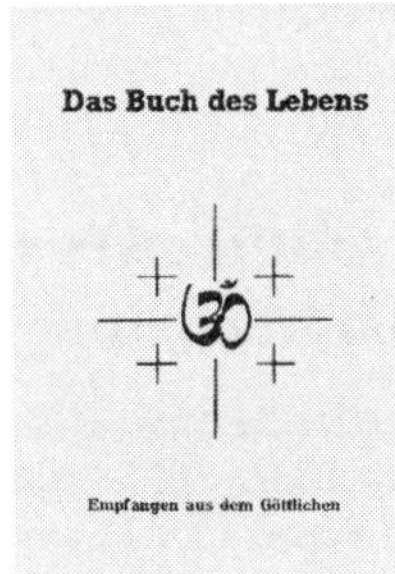

Das Buch des Lebens

v. Radha-Magdalena Bambeck
3. Auflage 1994, 120 S.,
Leineneinband mit Goldschnitt, Fadenheftung,
11 x 15,5 cm, ISBN 3-926388-13-7 DM 19,80

Dieses Buch ist empfangen aus dem Göttlichen. Es enthüllt dir sein Wesen nur, wenn du bereit bist, dein Inneres zu öffnen. Seine Essenz läßt sich nicht mit kritisch-analytischen Gedanken erfassen, aber einem geöffneten Herzen quellen die inneren Reichtümer dieses Buches entgegen.

Ein lesenswertes Buch, das nachdenklich stimmt für jeden, der den geistigen Weg beschreitet.

Baba Blues

Intensivtraining zum
ErfolgReich Glücklich werden
von Ingeborg Oelmann, ca. 220 Seiten
14,5x21cm, ISBN 3-926388-36-6 DM 29,00

Wenn Sie endlich das Leben führen wollen, das Sie sich schon immer erträumt haben, dann nutzen Sie konsequent dieses spannungsgeladene Trainings-Programm und Sie können Ihren Erfolg nicht mehr verhindern.

Dieses Buch enthält außerdem die intimen Erinnerungen der Autorin auf ihrem Weg zu einem erfolgreich-glücklichen und erfüllten Leben.

Die Autorin wurde 1944 geboren und ist Mutter von vier Kindern. Sie ließ sich ausbilden zur: Kauffrau, Schauspielerin, Regisseurin, Schriftstellerin und Theaterleiterin; studierte dann noch Psychologie und arbeitet heute als Psychotherapeutin, Lebenstrainerin und Erfolgs-Coach.

G. Reichel Verlag - Reifenberg 85 - D-91365 Weilersbach - Tel. 09194-8900 - Fax 09194-4262

Leben aus dem Sein

Ein Buch über Babaji

von Radhe Shyam
2. Auflage 1995, 368 Seiten,
14 Fotos, 15 x 21 cm,
ISBN 3-926388-17-X DM 32,00

Das Leben und Wirken von Babaji, dem Meister vom Himalaja, ziehen sich als roter Faden durch dieses Buch. Die Umkehr als Weg: Diese Botschaft richtet sich an alle Menschen, denen die Heilung unserer Erde am Herzen liegt. Jeder Einzelne ist aufgerufen, seinen Beitrag zu leisten, damit der göttliche Plan - die harmonische Entfaltung der Schöpfung - seine Erfüllung finde. Für die entscheidende Aufgabe der kommenden Jahrzehnte weist die Gestalt und das Beispiel Babajis den Weg: Die Selbstfindung des Menschen ist Verwirklichung des Göttlichen in seiner Schöpfung.

Radhe Shyam, ehemaliger Rechtsanwalt, lebte nach seiner Pensionierung viele Jahre in Haidakhan und leitete den Ashram organisatorisch. Er hat mit diesem Buch in 8jähriger Arbeit ein umfassendes Standardwerk über Leben und Wirken Babajis geschaffen.

Ich bin Du - BABAJI

Botschaften des Meisters vom Himalaya

Maria Gabriele Wosien (Hrsg.)
4. Auflage 1992, 118 Seiten, 11 Fotos,
11,5 x 18,5 cm,
ISBN 3-926388-23-4 DM 16,80

Ein authentischer Querschnitt durch die wichtigsten Reden, Lehren und Prophezeihungen Babajis, den viele Menschen als Avatar verehren, erweitert durch eine kurze Einführung in Leben und Werk dieses Meisters.
Während der vierzehn Jahre, die er hauptsächlich in seinem Ashram in Haidakhan verbrachte, reformierte Shri Babaji das "Sanatana Dharma", die ewige, unvergängliche Religion, führte vedische Feuerzeremonien ein und verbreitete das Mantra Om namah Shivay (Herr, Dein Wille geschehe).

BABAJI - Pforte zum Licht

Ein Erlebnisbericht

von Gertraud Reichel

3. Auflage 1995, 168 S., 9 Fotos,
14,5 x 21 cm ,
ISBN 3-926388-12-9 DM 19,80

Durch Traumvisionen geleitet fand 1970 ein junger Mann in einer Himalaya Höhle einen Sadhu "von vollkommener Schönheit", der wochenlang unbewegt in perfekter Yoga Haltung saß. Schließlich gab er sich als Inkarnation des legendären BABAJI zu erkennen, eines Himalaya- Heiligen aus dem 19. Jahrhundert, der seine Rückkehr angekündigt hatte. In den folgenden Jahren lebte und lehrte Babaji im nordindischen Haidakhan, bis er schließlich auf Ankündigung und - wie er sagte - "nach Erfüllung seiner Aufgabe" freiwillig 1984 seinen Körper verließ.

Dieses Buch ist ein bunter Querschnitt durch den Alltag in Haidakhan, den Reflexionen der Besucher, das Wirken Babajis sowohl im Ashram als auch auf Reisen. Es gibt die ganz persönlichen Erfahrungen und Erlebnisse der Autorin wieder, die, durch einen Traum gerufen, Babaji mehrmals in den Jahren 1979 bis 1984 besuchte und ihn auf einigen Reisen durch Indien begleitete.

Babaji-Von Herz zu Herz

von Gertraud Reichel (Hrsg.)

1. Auflage 1991, ca. 230 Seiten, 15x21 cm,
ISBN 3-926388-20-X DM 24,80

Aus Amerika, Indien, Afrika und Europa berichten Menschen ihre tiefgreifenden oft sehr persönlichen Erlebnisse mit Babaji, dem Meister. Sie erfahren wundersame Wandlungen durch die Begegnung mit ihm, durch seine persönlichen Lehren, seine Einfachheit und Wahrheit und durch seine allgegenwärtige Liebe. Die anschaulichen Berichte stimmen nachdenklich und fordern uns auf, unsere eigene heutige Weltanschauung, die oftmals vom Materialismus geprägt worden ist, zu überdenken und zurückzukehren zum wahren menschlichen Sein, zur Menschlichkeit, zu seiner Lehre von Wahrheit, Einfachheit und Liebe.

Babaji - Am Quell der Wahrheit in Haidakhan Vishwa Mahadham

von Shdema Goodmann
2. Aufl. 1991, 144 Seiten, 7 Fotos,
11,5 x 18,5 cm, ISBN 3-926388-08-0 DM 16,80

Die Autorin, bekannt durch ihre psychotherapeutischen Workshops in den Vereinten Nationen (United Nations), schildert ihre Besuche bei Babaji mit großer Intensität und Offenheit. Sie macht keinen Hehl aus ihren anfänglichen Zweifeln und letztlich ihrer Dankbarkeit. Ihre innersten Erlebnisse, humorvoll dargestellt, berühren den Leser und lassen ihn teilhaben an ihren Erfahrungen.

"Das Licht, das Babaji umgab, wurde stärker und stärker, sein Körper schien beinahe durchsichtig zu sein, fast wie eine Silhouette. .. Licht strömte aus seiner Gestalt, und dieses Licht schien die Aktivitäten ringsum zu dirigieren... Es war, als ob Wasserfälle sich aus meinen Augen ergossen, während ich ständig wiederholte: "Bitte öffne mein Herz - mein Herz ist so verschlossen."... Jeder Blick auf Babaji und das Licht, das ihm umgab, führte meine Erfahrung in eine tiefere Schicht. Licht war um mich, göttliches Licht. Ich badete darin."

Unergründlich tief wie das Meer: Babaji - 108 Begegnungen

G. Reichel (Hrsg.)
4. Auflage 1992, 130 Seiten, 11,5 x 18,5 cm
ISBN 3-926388-22-6 DM 18,00

1970 von einem jungen Mann in einer Höhle am Fuße des Kailash bei Haidakhan entdeckt, lebte und lehrte Babaji von 1979 bis 1984 unter uns. Seine Besucher und Anhänger wurden auf die verschiedensten Weisen immer wieder mit seiner Größe und den übernatürlichen Kräften des Meisters konfrontiert. Dieses Buch enthält 108 kleinere und größere Erlebnisberichte, die der Herausgeberin direkt von Indern und "Westlern" berichtet wurden. Ein bewegendes Buch.

Das Abenteuer einer Transformation

12 Jahre bei Babaji

von Gora Devi
1. Auflage Dez. 1994, 216 Seiten,
zahlreiche Fotos, 14,5 x 21 cm
ISBN 3-926388-28-5 DM 32,--

Ein ungewöhnliches Frauenschicksal. Die Geschichte klingt so unglaublich, als sei sie der fiebrigen Fantasie entsprungen - und doch ist sie wahr, ist sie hier und heute mitten unter uns geschehen.

Dieses Buch enthält die intimen Erinnerungen einer in Gott Verliebten, es ist der Bericht einer erhabenen Liebe und Gora wurde sie geschenkt. Sie hat dieses Geschenk zwölf schwierige und fantastische Jahre in einem realistischen Märchen gelebt. Und sie schildert es in all seinen Gesichtern. Gora Devi (Valeria Bonazzola) promovierte in Philosophie, reiste 1972 nach Indien und war die erste italienische Schülerin Babajis und eine der ersten aus dem Westen, die ihm begegneten.

BABAJI spricht:

Prophezeiungen und Lehren

3. Aufl. 1995,
190 S., 6 Fotos, 11,5 x 18,5 cm
ISBN 3-926388-03-X DM 16,80

Dieses Buch enhält die Ansprachen Babajis an seine Schüler. Sie beinhalten Weisungen, Prophezeiungen und Lehren und richten sich nicht nur an einzelne Gruppen, sondern sind allgemeingültig für die gesamte Menschheit.

Shri Babaji sagte, daß der Menschheit am Ende des Kali Yugas, des "dunklen Zeitalters", des Überhandnehmens des Materialismus und des Zerfalls geistiger Werte, große Gefahren bevorstehen. Er prophezeite Zerstörungen in großem Ausmaß und Sterben von unzähligen Menschen für dieses Jahrzehnt; aber auch, daß alle diejenigen gerettet würden, die im Einklang mit dem kosmischen Gesetz lebten, die wahrhaftig Gott - in beliebiger Form - verehren und seine Namen preisen.

So ist es das Anliegen Shri Babajis, die Menschheit zurückzuführen zum Ursprung ihres wahren Seins: zur Menschlichkeit.

BABADSCHI
Botschaft vom Himalaya

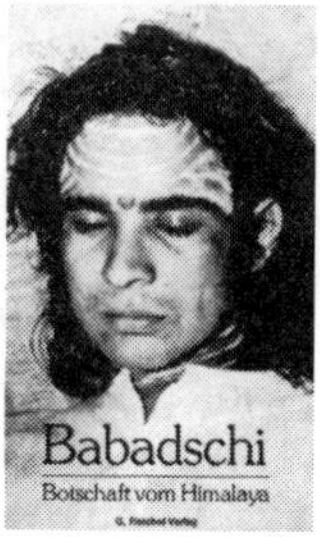

von Maria-Gabriele Wosien, 5. Auflage 1995,
mit zahlr. Abbildungen, erweitert um das
Kapitel „Der Weise Vasishta“, 135 S.,
11,5 x 18,5 cm, ISBN 3-926388-00-5 DM 19,80

Wir befinden uns an der Schwelle zu einem Neuen Zeitalter und, wie viele fürchten, am Abgrund, der endgültigen Vernichtung der menschlichen Rasse. Tatsächlich kann nur noch ein radikaler Wandel des Bewußtseins das "Ruder herumwerfen" und das Raumschiff Erde einer sicheren Zukunft entgegensteuern. An solchen Wendepunkten der Geschichte wird dem Menschen aus anderen Seinsbereichen auch immer verstärkt Hilfe zuteil. Viele große Seelen inkarnieren sich, um den verirrten Menschen den Weg aus dem drohenden Chaos zu weisen.

Babadschi gilt als ein Avatar, d. i. eine Verkörperung des Göttlichen selbst - Avatare erscheinen selten, und immer nur dann, wenn nur noch das direkte Eingreifen des Göttlichen selbst den Lauf der Geschichte ändern kann. Babadschi gilt als die Inkarnation des Gottes Schiwa, des großen Zerstörers und Erneuerers. Yogananda spricht in seiner "Autobiographie eines Yogi" von ihm als dem großen Führer der Menschheit im Verborgenen. Welchen Weg werden die Menschen wählen?

Der Weg des Tänzers
Selbsterfahrung durch Bewegung
Bernhard Wosien

Maria Gabriele Wosien (Hrsg.)
zahlr. Abb., 17 x 24 cm, 135 Seiten
ISBN 3-926388-29-3 DM 26,00

Thema dieses Buches ist der Tanz als Weg zur Ganzheit.

Bernhard Wosien, Künstler im umfassenden Sinn - Tänzer, Tanzpädagoge, Choreograph, Zeichner und Maler - vermittelt seine ganz persönlichen Erfahrungen und gibt einen Überblick über die Entwicklung des Tanzes: von den Mythen und Symbolen der Antike über das Exercice des klassischen Balletts hin zum höfischen Tanz und der europäischen Folklore. Die von ihm entwickelte *Meditation des Tanzes* (Sacred Dance) hat der religiösen Dimension dieser Kunst neue Impulse gegeben.

G. Reichel Verlag - Reifenberg 85 - D-91365 Weilersbach - Tel. 09194-8900 - Fax 09194-4262